高等教育自学考试指定教材
法律专业

中国法制史

（2008年版）

（附：中国法制史自学考试大纲）

全国高等教育自学考试指导委员会　组编

主　编　王立民
副主编　高　珣
撰稿人　（按撰写章节顺序）
　　　　王立民　高　珣　洪佳期
　　　　沈大明　侯欣一
审稿人　汪世荣　丁凌华　任　强

图书在版编目(CIP)数据

中国法制史:附中国法制史自学考试大纲/王立民主编. —2版.
—北京:北京大学出版社,2008.3
(高等教育自学考试指定教材.法律专业.专科)
ISBN 978-7-301-08638-4

Ⅰ.中⋯ Ⅱ.王⋯ Ⅲ.法制史–中国–高等教育–自学考试–自学参考资料 Ⅳ.D929

中国版本图书馆 CIP 数据核字(2008)第 024371 号

书　　　　名:	中国法制史　附:中国法制史自学考试大纲(2008 年版)
著作责任者:	王立民　主编
责任编辑:	李　霞　谢海燕
标准书号:	ISBN 978-7-301-08638-4/D·1091
出版发行:	北京大学出版社
地　　　　址:	北京市海淀区成府路 205 号　100871
网　　　　址:	http://www.pup.cn
电　　　　话:	邮购部 62752015　发行部 62750672　编辑部 62752027
	出版部 62754962
电子信箱	编辑部 law@pup.cn　总编室 zpup@pup.cn
印　刷　者:	河北滦县鑫华书刊印刷厂
经　销　者:	新华书店
	880 毫米 ×1230 毫米　32 开本　14.375 印张　411 千字
	2005 年 2 月第 1 版
	2008 年 3 月第 2 版　2024 年 6 月第 17 次印刷
定　　价:	21.00 元

未经许可,不得以任何方式复制或抄袭本书之部分或全部内容。
版权所有,侵权必究
举报电话:010-62752024　电子邮箱:fd@pup.cn

组编前言

21世纪是一个变幻莫测的世纪，是一个催人奋进的时代。科学技术飞速发展，知识更替日新月异。希望、困惑、机遇、挑战，随时随地都有可能出现在每一个社会成员的生活之中。抓住机遇，寻求发展，迎接挑战，适应变化的制胜法宝就是学习——依靠自己学习、终生学习。

作为我国高等教育组成部分的自学考试，其职责就是在高等教育这个水平上倡导自学、鼓励自学、帮助自学、推动自学，为每一个自学者铺就成才之路，组织编写供读者学习的教材就是履行这个职责的重要环节。毫无疑问，这种教材应当适合自学，应当有利于学习者掌握、了解新知识、新信息，有利于学习者增强创新意识、培养实践能力，形成自学能力，也有利于学习者学以致用、解决实际工作中所遇到的问题。具有如此特点的书，我们虽然沿用了"教材"这个概念，但它与那种仅供教师讲、学生听，教师不讲，学生不懂，以"教"为中心的教科书相比，已经在内容安排、形式体例、行文风格等方面都大不相同了。希望读者对此有所了解，以便从一开始就树立起依靠自己学习的坚定信念，不断探索适合自己的学习方法，充分利用自己已有的知识基础和实际工作经验，最大限度地发挥自己的潜能达到学习的目标。

欢迎读者提出意见和建议。

祝每一位读者自学成功。

全国高等教育自学考试指导委员会
2005年1月

目 录

导 论 ……………………………………………………………（1）

第一章 中国法的起源与夏、商的法律制度
　　　　（约前21世纪—前11世纪）………………………（7）
　第一节 中国法的起源与夏朝的法律制度 ……………（7）
　第二节 商朝的法律制度 ………………………………（13）

第二章 西周的法律制度
　　　　（前11世纪—前770）………………………………（19）
　第一节 西周的法制指导思想 …………………………（20）
　第二节 西周的法制概况 ………………………………（25）
　第三节 西周法制的主要内容 …………………………（27）
　第四节 西周的司法制度 ………………………………（38）

第三章 春秋战国时期的法律制度
　　　　（前770—前221）……………………………………（42）
　第一节 春秋时期成文法的公布 ………………………（42）
　第二节 战国时期的变法 ………………………………（48）

第四章 秦朝的法律制度
　　　　（前221—前206）……………………………………（56）
　第一节 秦朝的法制指导思想 …………………………（56）
　第二节 秦朝的立法概况 ………………………………（58）
　第三节 秦朝法制的主要内容 …………………………（60）
　第四节 秦朝的司法制度 ………………………………（71）

第五章 汉朝的法律制度
　　　　（前206—220）………………………………………（74）
　第一节 汉朝的法制指导思想 …………………………（75）
　第二节 汉朝的立法概况 ………………………………（78）
　第三节 汉朝法制的主要内容 …………………………（82）

第四节　汉朝的司法制度 …………………………………（96）
第六章　三国两晋南北朝的法律制度
　　　　（220—589）………………………………………（104）
　　第一节　三国两晋南北朝的法制指导思想 ………………（106）
　　第二节　三国两晋南北朝的立法概况 ………………………（108）
　　第三节　三国两晋南北朝法制的主要内容 …………………（114）
　　第四节　三国两晋南北朝的司法制度 ………………………（123）
第七章　隋唐的法律制度
　　　　（581—907）………………………………………（127）
　　第一节　隋朝的法律制度 ……………………………………（128）
　　第二节　唐初的法制指导思想 ………………………………（130）
　　第三节　唐朝的立法概况 ……………………………………（133）
　　第四节　唐律的主要内容 ……………………………………（143）
　　第五节　唐朝的司法制度 ……………………………………（153）
第八章　五代十国与宋朝的法律制度
　　　　（907—1279）………………………………………（160）
　　第一节　五代十国的法律制度 ………………………………（161）
　　第二节　宋朝的法制指导思想 ………………………………（164）
　　第三节　宋朝的立法概况 ……………………………………（167）
　　第四节　宋朝法制的主要内容 ………………………………（171）
　　第五节　宋朝的司法制度 ……………………………………（179）
第九章　辽、西夏、金和元朝的法律制度
　　　　（947—1368）………………………………………（182）
　　第一节　辽、西夏、金的法律制度 …………………………（183）
　　第二节　元朝的立法概况 ……………………………………（190）
　　第三节　元朝法制的主要内容 ………………………………（194）
　　第四节　元朝的司法制度 ……………………………………（198）
第十章　明朝的法律制度
　　　　（1368—1644）………………………………………（201）
　　第一节　明朝的法制指导思想 ………………………………（201）
　　第二节　明朝的立法概况 ……………………………………（204）

第三节　明朝法制的主要内容 …………………………（208）
　　第四节　明朝的司法制度 ……………………………（221）
第十一章　清朝的法律制度
　　　　　（1644—1840）……………………………………（227）
　　第一节　清朝的法制指导思想 ………………………（228）
　　第二节　清朝的立法概况 ……………………………（231）
　　第三节　清朝法制的主要内容 ………………………（235）
　　第四节　清朝的司法制度 ……………………………（246）
第十二章　太平天国的法律制度
　　　　　（1851—1864）……………………………………（252）
　　第一节　太平天国的法制指导思想 …………………（253）
　　第二节　太平天国的纲领性文件 ……………………（254）
　　第三节　太平天国法制的主要内容 …………………（258）
　　第四节　太平天国的司法制度 ………………………（261）
第十三章　晚清的法律制度
　　　　　（1840—1911）……………………………………（264）
　　第一节　晚清的预备立宪 ……………………………（265）
　　第二节　晚清的修律活动 ……………………………（273）
　　第三节　晚清的司法制度 ……………………………（281）
第十四章　南京临时政府的法律制度
　　　　　（1912年1月—1912年3月）……………………（286）
　　第一节　南京临时政府的制宪活动 …………………（286）
　　第二节　南京临时政府的革命法令 …………………（296）
　　第三节　南京临时政府的司法制度 …………………（299）
第十五章　北洋政府的法律制度
　　　　　（1912—1928）……………………………………（303）
　　第一节　北洋政府的立法指导思想 …………………（304）
　　第二节　北洋政府的制宪活动 ………………………（306）
　　第三节　北洋政府法律制度的主要内容 ……………（311）
　　第四节　北洋政府的司法制度 ………………………（317）

第十六章　南京国民政府的法律制度
　　　　　　（1927—1949） …………………………（321）
　　第一节　南京国民政府的立法概况 ………………（321）
　　第二节　南京国民政府的宪法和行政法 …………（326）
　　第三节　南京国民政府的民法和刑法 ……………（336）
　　第四节　南京国民政府的司法制度 ………………（344）
第十七章　革命根据地时期人民民主政权的法律制度
　　　　　　（1927—1949） …………………………（348）
　　第一节　人民民主政权的宪法性文件 ……………（349）
　　第二节　人民民主政权的民商事法制 ……………（356）
　　第三节　人民民主政权的刑事法制与劳动法 ……（366）
　　第四节　人民民主政权的司法制度 ………………（374）
后记 ……………………………………………………（384）

中国法制史自学考试大纲

出版前言 ……………………………………………（387）
Ⅰ　课程性质和设置目的 …………………………（389）
Ⅱ　课程内容和考核要求 …………………………（390）

第一章　中国法的起源与夏、商的法律制度
　　　　（约前21世纪—前11世纪） ………………（390）
第二章　西周的法律制度
　　　　（前11世纪—前770） …………………………（392）
第三章　春秋战国时期的法律制度
　　　　（前770—前221） ………………………………（395）
第四章　秦朝的法律制度
　　　　（前221—前206） ………………………………（398）
第五章　汉朝的法律制度
　　　　（前206—220） ……………………………………（401）
第六章　三国两晋南北朝的法律制度
　　　　（220—589） …………………………………………（404）

第七章　隋唐的法律制度
　　　　（581—907）……………………………………（407）
第八章　五代十国与宋朝的法律制度
　　　　（907—1279）…………………………………（411）
第九章　辽、西夏、金和元朝的法律制度
　　　　（947—1368）…………………………………（415）
第十章　明朝的法律制度
　　　　（1368—1644）…………………………………（418）
第十一章　清朝的法律制度
　　　　　（1644—1840）………………………………（421）
第十二章　太平天国的法律制度
　　　　　（1851—1864）………………………………（424）
第十三章　晚清的法律制度
　　　　　（1840—1911）………………………………（427）
第十四章　南京临时政府的法律制度
　　　　　（1912年1月—1912年3月）…………………（430）
第十五章　北洋政府的法律制度
　　　　　（1912—1928）………………………………（433）
第十六章　南京国民政府的法律制度
　　　　　（1927—1949）………………………………（436）
第十七章　革命根据地时期人民民主政权的法律制度
　　　　　（1927—1949）………………………………（439）

Ⅲ　有关说明与实施要求 ……………………………………（443）
Ⅳ　题型示例 …………………………………………………（445）
Ⅴ　后记 ………………………………………………………（447）

导 论

一、中国法制史的研究对象

中国法制史的全称是中国法律制度史。它是中国法学中的一门基础学科,被列入普通高等教育法学专业中的核心课程。同时,它还是中国高等教育自学考试和国家统一司法考试的必试科目。可见,中国法制史在中国的法学教育中占有很重要的地位。

中国法制史是一门专门研究中国历史上法律制度的产生、发展、演变及其规律的学科。它的研究对象包括中国历史上各个时期比较重要的法律思想、立法和司法活动等在内的各种法制现象及其发展规律。研究中国法制史,可以从中发现中国法制发展的经验和教训,并为今天的法治建设所借鉴。

中国法制史是一门交叉学科。它把法学与史学交叉在一起,其内容既与法学有关,又与史学相关。因此,既可以从法学的角度去研究中国法制史,也可以从史学的角度去研究中国法制史。但是,要成功地研究中国法制史,必须把法学理论与史学知识结合起来,否则就会出现偏颇,以致不能真实地再现中国法制发展的历史,这就与这一学科的任务背道而驰了。

对中国法制史的研究出现得很早。早在春秋末期,随着成文法的公布和律学的兴起,中国法制史的研究便有了很大的发展。《汉书·刑法志》中已记载有汉前法制历史的内容。清末以后,中国法制史的研究出现了高潮,到20世纪30年代已出现了中国法制史的通史著作,以后这类著作不断问世。新中国成立后,中国法制史的研究虽出现过起伏,但总的来说,研究规模、人数、成果都大大超过以往,特别是党的十一届三中全会以后。1999年出版的多卷本《中国法制通史》是对这一研究的阶段性总结,它标志着这一学科在中国已有了相当大的发展。

今天,把中国法制史作为学习对象有其重要的意义。首先,可了解中国法制发展的历史。中国法制史作为中国文明史的一部分,源远流长,内容丰富。中国古代法制还是世界五大法系之一的中华法系的本源,在世界法制史上占有重要地位。一个法学专业的学生应该了解中国的这一历史,就好像学哲学的要了解哲学史,学经济的要了解经济史一样。如果不了解这一历史,缺少这方面的知识,那么所学的法学知识就不完整,欠科学。其次,可为今天的法治建设提供借鉴。中国正在建设一个社会主义法治国家,需要借鉴古今中外的法治经验和教训,特别是中国前人的经验和教训,因为它更为直接,更易起到借鉴作用。中国传统法制与当今的中国法制有天然的联系,传统法制中的调解制度、综合治理等一些有益经验还可为今天的法治建设所借鉴。最后,还可在国际学术交流中发挥作用。中国法制的悠久历史和中华法系特有的魅力,吸引了诸多国家的学者,他们亦在本国从事中国法制史的教学与研究,其中包括有日本、美国、德国、韩国等国家的学者。随着中国的改革开放和学术交流的进一步扩大,这些学者也会有更多的机会与中国同行进行更广泛的交流。我们要进行这种交流,进一步扩大国际间的合作,不学习中国法制史不行。

二、中国法制史的学习方法

要学好中国法制史,就要把握好正确的学习方法,这样才能提高学习的效率,做到事半功倍。唯物辩证法是基本的、主要的方法。它是一种正确的世界观和方法论,不仅客观地揭示了世界的本源、物质与意识的关系问题,还科学地阐明了世界物质运动的基本规律,要求人们全面、联系、发展地看问题。这一方法是高层次的研究方法。不把握、使用这一方法,就不可能辩证地认识中国法制史中的问题,更不可能正确地把握其中的发展规律,而陷入片面、独立、静止看问题的歧途,对学习中国法制史产生不好的影响。因此,把握好唯物辩证法至关重要,不可忽视。

除此以外,学习中国法制史还需要其他一些具体方法,作为唯物辩证法的补充,以使这一学习方法更为完善。这些方法主要是归纳、联系和比较等方法。中国法制史源远流长,留下的史料也极其丰富。要在瀚海如烟的资料中去发现、总结中国法制史中的一些问题,并进一步摸索其发展规律,没有归纳的方法不行。使用归纳的方法,可把零乱无序的史料中存在的相关内容集中起来,同时排除无关的内容,去伪存真。在这一基础上,再对这些史料进行必要的分析,从史中出论,史论结合。这样的学习会比较科学,研究成果也会比较成熟。

联系的方法在学习中国法制史中也很重要。中国法制史延绵几千年,经历了奴隶制、封建制、近代和现代等多个历史阶段,其中的具体法制不仅有千丝万缕的联系,还不断演进。另外,任何一种法制都与当时社会的政治、经济和文化等联系在一起,有其自己产生、发展和演变的背景。孤立地学习其中任何一种法制,都无法客观地揭示其全貌,更不能准确地反映其实质和发展规律。只有用联系的方法,从法制的广泛联系中去进行考察和分析,全面掌握其中的内容,才能真实地反映其本来面貌,找到正确的结论,推进中国法制史的学习。

比较的方法也是学习中国法制史不可缺少的一种方法。通过比较可以发现法制间的差异,准确找到其特点,进一步探索其变化的规律。这种比较的范围比较广泛,其中包括:中国前后朝代背景的比较,不同朝代间法制思想和法制内容的比较,中国与外国法制的比较,等等。在法制内容中,还可以是立法的比较,司法制度的比较,等等。目前,比较多的是法律文本的比较,这很有必要;没有这种文本的比较,无法发现法制中的差异,更不能找到其特点。但是,单是法律文本的比较往往不够,不足以挖掘产生这种差异和特点背后的深层次原因,还不能真正体现高层次的学习价值。因此,不仅要学会使用比较的方法,还要扩大比较的视野,在大范围中进行比较,对中国法制史进行科学的学习。

以上这些方法可以单独使用,也可以结合起来使用,这要根据具体情况来定。一般而言,对一个涉及两个以上朝代问题的系统性学习,就可能会涉及两个以上的方法。比如,用归纳的方法选择相关的资料,用联系的方法探索其中的变化,用比较的方法发掘其差异和特点,等等。当然,辩证方法更能发挥其优势,可以使大家正确地学习中国法制史的问题,避免犯形而上学的错误,少走弯路。因此,要学习中国法制史,这些方法都是基本的方法,一个也不能少。

三、中国法制史的发展线索

中国法制史延续数千年,内容丰富,沿革不断,大体可分为古代和近现代两大部分,而且各有特色。

中国法制史的古代部分,是中国传统法制部分,由奴隶制法制和封建制法制两个部分组成。但是,从整个发展过程来看,可以分为五个阶段。第一阶段为初创阶段,时间从夏至西周。在这一阶段中,中国法制创立起来了,禹刑、汤刑、九刑等先后诞生。第二阶段为确立阶段,时间从春秋至秦。在这一阶段中,中国法制得到了确立,第一部内容较为系统、完整的封建成文法典《法经》在此时面世,接着秦律也出现了,从此中国的封建朝代大多把本朝代的主要法典称为律。第三阶段为发展阶段,时间从汉至魏晋南北朝。在这一阶段中,中国法制向成熟阶段发展,礼与法开始结合,许多反映礼的制度纷纷入律,为中国法制的成熟创造了有利条件。第四阶段为成熟阶段,时间为隋唐两朝。在这一阶段中,礼法结合的过程完成了,礼法达到了统一,中国现存第一部内容系统、完备的法典唐律颁行。第五阶段为调整阶段,时间从五代至清。在这一阶段中,各朝统治者都以唐律为楷模,大量沿用唐律的内容,并根据本朝的实际情况作些调整。唐律对这些朝代立法的影响很大。

综观中国古代的法制,在以下四个方面比较突出:首先,法制的指导思想以儒家思想为主,强调德主刑辅。儒家思想渗透到法制的各个领域,三纲五常在法制内容中得到了充分体现。同时,强调德治是中国的治国方略,法制只是一种辅助的治国方式。其次,法典的结构是诸法合体,以刑为主。中国古代的法典是立法的主要成果。其中,不少法典都包含有多种部门法的内容,但以刑法的内容为主。这从一个侧面说明中国古代的法制是重"刑"轻"民"的法制。再次,法律的内容是礼法结合,维护等级特权。中国古代法制的内容以礼法结合为特征,主要表现为:礼是立法的指导原则,法又维护礼的要求。"三纲"和等级特权在法制中表现得淋漓尽致。最后,在司法上,则是行政与司法合一,司法不独立,也无权威。中国古代的行政力量很强,司法依附于行政,行政官吏往往兼理司法事务。地方的行政长官就是当地的司法长官,中央的许多非司法官通过会审等多种途径,也参与司法;等等。这样的司法没法独立,也不会有权威。中国古代法制的这些突出方面到了清末法制改革以后,才渐渐丧失。

中国近现代法制也可分为两个部分,即剥削阶级法制部分和人民民主法制部分。在剥削阶级法制中还可分三个阶段。第一阶段是初创阶段,时间从鸦片战争爆发到清末。在这一阶段中,中国开始大量引进西方的法制理念、原则和制度,并通过改革使它们在中国法制中扎下了根。第二阶段是发展阶段,时间从南京临时政府到北洋政府时期。在这一阶段中,西方法制的影响不断扩大,有更多的西方法制理念、原则和制度被移植进中国,中国也颁行了类似西方的宪法、宪法性文件和法律,如《中华民国临时约法》、《中华民国宪法》、《暂行新刑律》等。第三阶段是成熟阶段,时间为南京国民政府时期。在这一阶段中,六法体系不断完善,六法的内容日趋成熟。《六法全书》总合了六法的内容,不断印行,它的产生标志着中国的法制基本实现了西方法制的中国化和中国法制的现代化。

综观中国近现代法制,在以下四个方面表现得比较明显,而且均与古代法制的突出方面相反:首先,法制的指导思想以西方的法制思想为主,主张自由、平等、民主,强调法律面前人人平等、维护人权、树立法制的权威等。其次,法典的结构不再诸法合体,而是各法独立,都以宪法或部门法法典(除行政法外)的形式出现。一部部门法法典中只有一个部门法的内容,不再有其他部门法的内容混杂在其中,诸法合体的情况消失了。再次,法律内容不再礼法结合、维护等级特权,而是强调民主、自由和平等。清末法制改革以后,大量引进的是西方法学理论与法律制度,其中贯穿的是西方的法治精神和民主、自由、平等原则。随着这种引进,中国古代法制中的礼、等级特权制度随之逐渐退出历史舞台。最后,在司法方面,不再是司法与行政合一、司法依附于行政,而是司法独立,同行政并立,互相制约。这从根本上改变了中国古代的司法制度,使中国司法的面貌为之一新。与之相配套,中国还设立了专门的司法机关和专职的司法官。从以上这些方面可以看到,中国近现代法制受到西方法制的深刻影响,与原来的传统法制相差甚远,而与西方法制则十分相近。

在中国现代法制中,还有根据地人民民主政权的法制。这一法制的发展大致可分为第二次国内革命战争时期、抗日战争时期和第三次国内革命战争时期这三个阶段。有关这一法制,以下这些方面值得特别关注:首先,根据地人民民主政权的法制也是现代法制。它是中国现代法制中的一个重要组成部分,具有现代法制的一般特征,也有宪法和部门法,法条结构和语言等也都与现代法制吻合。其次,根据地人民民主政权的法制充分反映了广大工农民众的意愿和要求。它以维护广大工农民众的权益为己任,充分反映他们意愿和要求,在参政议政、分田分地、打击犯罪、男女平等、婚姻自由等的规定都是如此。再次,根据地人民民主政权的法制有一个不断完善的发展过程。它经历了从确立、发展到成熟的过程,法制不断完善,也更适合中国革命的需要。例如,土地立法就不断克服不足,不断排斥各种机会主义的影响,最后形成的《中国土地法大纲》就是一部相当完善的土地法了。最后,根据地人民民主政权法制的地域性比较明显。中国革命的道路是一条农村包围城市,最终夺取城市的道路。人民民主政权的根据地分散在全国各地,而且地区差别往往还比较大。各根据地便根据本地的革命需要,创制自己的法制,于是这一法制的地域性就比较强,比较适合本地的实际情况。根据地人民民主政权的法制是人民自己的法制,也是新中国法制的直接渊源,在中国法制史中同样占有十分重要的地位。

王立民

2007 年 10 月

第一章 中国法的起源与夏、商的法律制度

（约前 21 世纪—前 11 世纪）

相传约公元前 21 世纪，禹传位给自己的儿子启，突破"禅让制"的传统，代之以"家天下"的王位世袭制，建立了中国历史上第一个国家"夏朝"。依赖以河南省偃师县二里头村遗址为代表的考古发掘，揭示了夏朝的政治、经济、文化及生活的诸方面情况，夏朝自启至桀，共存在了约四百余年。夏朝末年，政治黑暗，阶级矛盾尖锐，约公元前 16 世纪，生活于黄河下游的古老部落商，在其首领汤的率领下攻击夏桀，夏朝灭亡，商朝建立。商朝在盘庚时曾几次迁都，最后定都在殷，所以商朝也叫做殷朝。在河南安阳小屯村发现的甲骨文，使商朝成为我国历史上第一个有文字可考的朝代。商朝的政治、经济、文化都有了空前的发展，但到商朝末年，商纣王暴虐，国内矛盾十分尖锐，四方诸侯起来反叛，牧野一战，商王的军队毫无斗志，前徒倒戈，为周武王的军队开道，商纣王看到大势已去，逃到鹿台，自焚而死，商朝灭亡，商朝历时近六百年。

夏朝、商朝是中国最早的国家，这两个朝代的法制是中华法系的重要渊源，它的内容深刻地影响了日后中国法律的发展。本章将介绍中国法的起源及夏、商法律制度的主要内容。学习本章，重点在于掌握夏朝、商朝的法制概况与法制的主要内容。

第一节 中国法的起源与夏朝的法律制度

一、中国法的起源

中国法的产生，经历了漫长的历史过程。马克思主义法理学认

为,法律是由社会经济基础决定、由国家制定或认可、由国家强制力保障实施、规定人们在社会中权利和义务的社会规范。基于这一认识,人们通常认为法律与国家有着不可分割的紧密联系,法律不是从来就有的,是随着生产力的逐步提高,私有财产的逐渐出现,人类由无阶级的社会进入阶级社会,原始氏族组织逐步转化为国家组织,原始习惯逐步演变为法律,即法是随着私有制、阶级和国家的产生而产生的。应该指出,理论上可以将法律的产生与国家的产生相联系,但并非国家产生之时就突然产生了法律。法律作为一种社会规范,有其发展的独立的客观规律,它经历了由原始禁忌、习惯到习惯法再到成文法的过程。原始社会虽不能产生体现为国家意志的法,但却产生了法的胚胎形态——氏族习惯。作为调整人们行为的社会规范,法以维护秩序为其第一要义,在国家产生之前,这种维护社会秩序、调整人们相互之间关系的"法"(即社会规范)就已经存在,法的起源,实质上是氏族习惯向奴隶制习惯法的质变过程。从这一角度来看,"法"的具体内容本身与国家并没有必然联系,而是社会中早已存在的习惯、规范随着国家的产生被赋予了法律的性质。正因为如此,虽然夏朝被大多数学者认为是中国历史上第一个国家,但是对中国法起源的探讨不应停留在夏朝,而应追溯到夏以前的社会。

　　世界上各个民族都有其独特的生存、发展空间,由此决定了其独具特色的生产、生活方式,从而产生了各具特色的法。中国的先民主要生活于黄河流域和长江流域,这片土地的四周,东面为一望无际的大海,西南面为层峦叠嶂的高山,西面为茫茫戈壁,北面为广阔的草原,形成相对封闭的环境。在相对封闭的环境中,自然条件却比较优越,水源丰富、土壤肥沃,非常适合农业生产。大约在六千年前左右,这块土地上的人们就已摆脱狩猎和采集经济,进入原始农业经济阶段。由于技术的低下,农业生产主要靠天吃饭,耕种之外,乞求风调雨顺及治理水患成为生产生活的主题,这些均需群体性的活动才能完成。同样由于技术的低下,在群体生活中,生产的提高主要靠经验的积累,年长者具有较为丰富的经验使其在群体生活中自然而然地获得了更多的尊重。中国先民最初的这种生活状况,决定了法的两个重要组成部分——行为规则及制裁方法,均与这一特定的自然环境下独特的生产及生活方式密切相关。下文我们首先归纳中国作为法的组成部分的行为规则及制裁方法的起源,再归纳这一起源的特色。

（一）礼化为法

礼是中国先民生活中最重要的规则之一。"礼"古字写作"禮",意为盛有两块玉的器皿,王国维在《观堂集林·释礼》中解释说:"盛玉以奉神人之器谓之豊若豐,推之而奉神人之酒礼亦谓之礼,又推之而奉神人之事通谓之礼。"也就是说,礼原来是祭祀时盛玉的器具,后来祭祀时用的酒也称之为礼,再往后祭祀之事统称为礼,这一解释获得普遍认可。祭祀是古人生活中的头等大事,祭祀活动有一整套严格的规矩,这些规矩具有强制性,被普遍遵守。不同氏族祖先不同,崇拜的神灵不同,祭祀的对象也就各不相同,从是否可以参加某种祭祀活动以及所祭祀之物可以区分出不同氏族;在同一氏族内部,位高权重者占据着主祭权,握有与"天"与"神"进行沟通的主动权与优先权,在氏族内部的地位便较高。可以说,"区分"是礼在仪式之外最主要的功能,是人们生活中最重要的行为规则之一,具有"法"的意义。随着国家的形成,原始状态的礼逐渐由氏族社会的习惯演化为具有法的性质和作用,成为确定人们在国家组织中等级地位的法。

（二）刑起于兵

氏族社会晚期,为了争夺土地、水源,获取更好的生产生活条件,氏族之间的战争不断。为了使被征服者及战俘就范,胜利者往往会运用与战争属同一性质的暴力手段,这便是刑。后来,对于氏族内部的矛盾往往也运用刑杀的手段来解决。《说文解字》云:"俐,到也",到就是杀头的意思。后来,刑由原来具体的砍头含义发展到泛指所有的刑罚。《玉篇》也说:"刑,罚总名也。"中国古代"刑"的含义往往是指刑罚,是为了保证礼和其他规范实施的重要手段。因此,作为法律另一组成部分的惩罚措施来源于战争,即刑起于兵。《汉书·刑法志》中有:"《书》云'天秩有礼,天讨有罪'。故圣人因天秩而制五礼,因天讨而作五刑。大刑用甲兵,其次用斧钺;中刑用刀锯,其次用钻凿;薄刑用鞭扑。"所谓天讨,即奉天讨罪,甲兵、斧钺、刀锯、钻凿、鞭扑都是战争的武器,相对应恰好是五刑。甲兵就是武力征讨,斧钺行大辟之刑,刀锯行劓、刖之刑,钻凿行髌、黥之刑,鞭扑行鞭、杖之刑。可见,刑罚与战争密切相关,刑起于兵,兵刑同制,军事武器成为刑具,军事处罚成为刑罚,军事长官转变成为司法官。中国古代对司法官的称呼,如"士"、"士师"、"司寇"、"廷尉"等,原来都是军职。

(三) 中国法起源的主要特征

上述中国所处的具体历史条件决定了中国法的起源。夏朝建立后,这些原始社会的习惯转变为奴隶社会的法律,使得中国法的起源具有如下特色:

第一,法律以氏族血缘为纽带。夏朝建立之前的中国社会处于父系氏族社会阶段,在这种社会形态下,血缘纽带是维系社会关系的唯一手段。夏朝建立,并未彻底瓦解以血缘为纽带的贵族宗法统治关系,而是他们以承认夏启统治地位的方式,使各个具有同盟关系的氏族,按照新的宗法制度,保留下来,实行家国相通、亲贵合一的国家制度,夏朝的法律在维护其国家制度的同时也维护着以氏族血缘为纽带的宗法制,氏族血缘纽带强固。在宗法体制下,各个家族以农业生产谋身,农业生产安土重迁的特性,又使得氏族血缘纽带进一步强固,家国一体的格局更加牢靠。

第二,法律内容上以刑事法制为主。由于刑起于兵,"内行刀锯,外用甲兵"[①],在当时的人看来,惩罚与制裁是法的本质内涵;又由于家国一体的国家制度,使得维护君主的专制统治成为这一社会法律的最主要任务,因而,制裁那些有悖君主专制统治的行为成为法的最主要内容;再由于以氏族血缘纽带建立起来的早期中国社会,以自给自足的小农生产方式为其主要的社会经济模式,商品经济难以发达,因此法起源时期的中国法律在内容上即以惩罚犯罪的刑事性法律为其主要内容。由于礼的存在,人们在社会生活中彼此间的大量关系通过礼便得以调整,使得即使民事法律等刑事法律以外的法律不发达,中国的古代社会仍得以维系并不断发展。

---

① 《商君书·画策》。

第三,法律具有早熟性。早期中国法以氏族血缘关系为纽带,以刑事法制为主要内容的特色,较有效地维护了早期的中国社会,夏朝的法律维护专制王权,这一特质经商、周一直遗传到后来的封建各朝,使得古代中国的法律在维护君主专制统治的功能上不断强化。中国法起源时形成的以刑事法律为主、礼法结合的特色,既沿袭了传统,又保证了在立法技术较为低下的情况下,法律的完备性。大量民商事行为可以通过礼加以调整,国家法并不干预。这种较为成熟的法创造了辉煌的文明,使中国成为人类四大文明古国之一,中国法起源时的这些特色在以后的封建朝代中得以沿袭,未发生根本性的变革。中国独特的条件所产生的法具有早熟性。

中国法起源的这些特色因素在中国法的形成中交互作用,并决定了日后中华法系的形成。日后中华法系法自君出,法以礼为精神内核,强调维护宗法伦常关系,法律内容偏重刑法,诸法合体,行政兼理司法等特点的形成,均与中国法的起源息息相关。

二、夏朝的法律制度

由于历史久远,文献资料稀少,我们对我国历史上第一个国家夏朝法制的了解十分有限,就连春秋时期的孔子也感叹文献的缺少,子曰:"夏礼,吾能言之,杞不足征也;殷礼,吾能言之,宋不足征也。文献不足故也,足则吾能征之矣。"[①]现代出土文物对于我们了解夏朝的法制起了很大的作用,尽管如此,要有确凿的论证仍很困难,我们仅能根据有关文献资料,对夏朝法制作简要概述。

(一) 法制指导思想

夏朝法制的指导思想可概括为奉"天"罚罪的法制观。在原始社会里,生产力极其低下,面对自然界的许多现象,诸如雷、电、灾异等,古人百思不得其解,于是他们认为应该是有一种超越于人的力量在主宰一切,掌控一切,这种超凡力量的拥有者在抽象意义上是"天",具体表现为各氏族崇拜的图腾,原始的宗教迷信思想由此产生。进入阶级社会以后,这种原始的宗教迷信思想与阶级统治结合

---

① 《论语·八佾》。

到一起,成为统治者进行统治的重要依据。

奉"天"罚罪的法制观表现为:一方面,统治者统治的依据来自于天命。《尚书·召诰》中有:"有夏服天命",即夏是从上天那里接受了天命,建立起了统治秩序,只有夏王才能"面稽天若",接受并传达天意,代表上天对人间进行统治。另一方面,打着"天"的旗号实现统治。当禹把帝位传给自己的儿子启时,启把根据"禅让制"应继承帝位的益杀了。《竹书纪年》载"益干启位,启杀之",这一举动引起一些氏族首领的反对,从《尚书·甘誓》可知启与其中一位首领有扈氏"大战于甘",启在出兵前的誓师大会上说:"有扈氏威侮五行,怠弃三正,天用剿绝其命,今予惟恭行天之罚。"可以看出,由于有扈氏违背上天,启因此代表"天"要对他进行惩罚。《甘誓》被不少学者誉为我国第一部军法。不仅如此,启对手下宣布作战要求时,也是打着"天"(神)的旗号的,"左不攻于左,汝不恭命;右不攻于右,汝不恭命;御非其马之正,汝不恭命。用命,赏于祖;弗用命,戮于社,予则孥戮汝。"①即要求兵士们各司其职,努力作战的,将在祖先神面前对他们进行奖赏,不努力杀敌的,将在社神面前对他们进行杀戮,而且还要连及其妻与子。

(二) 法制概况

《唐律疏议·名例律》中有"夏刑三千条",郑玄注《周礼》说:"大辟二百,膑辟三百,宫辟五百,劓墨各千。"虽然有不少学者认为"夏刑三千条"可能不符合事实,但夏朝法律数量应较多,规定应该比较细密,法制应已初具规模。

《左传·昭公六年》有:"夏有乱政,而作禹刑",后人大多将《禹刑》作为夏朝法律的总称。以禹命名,一方面是禹的后继者为了纪念大禹;另一方面,也表明该法是继承大禹时期的有关规定制定而成。由于年代久远,《禹刑》是否是一部成文法目前尚无定论,其具体内容现也无法详考。根据一些史料记载,大体可知夏朝已初步形成奴隶制五刑,并有一些罪名及定罪量刑的基本原则。

此外,《尚书·胤征》中有"政典曰:'先时者杀无赦,不及时者杀

---

① 《尚书·甘誓》。

无赦。'"可见夏朝还有《政典》,它可能是夏朝比较简单的行政法规,含有规范官吏严格办事的规定,官吏办事提早与迟延都将被处死。当然,前文中提到的《甘誓》也可以说是夏朝的军事法规,有学者认为它是中国古代最早的军法。

(三) 法制的主要内容

夏朝的刑罚根据由轻至重依次为墨刑、劓刑、膑刑、宫刑、大辟五种。墨刑即用刀先在面颊或额头刺字,再涂上墨;劓刑即割鼻子;膑刑即剔去膝盖骨;宫刑即毁坏生殖器;大辟即死刑。这五种刑罚均以残损人自身身体作为行刑的方式,被称为肉刑,非常野蛮和残酷。这五种刑罚通常也被称为"奴隶制五刑"。在河南偃师二里头遗址的墓穴中,可以看到有砍下头颅或砍去四肢被下葬的,很有可能就是当时被执行刑罚者的遗骨。

据《左传》引《夏书》说:"昏、墨、贼,杀",可见夏朝已有昏、墨、贼三种罪名。据叔向的解释,"己恶而掠美为昏",即自己做了坏事却窃取别人的美名;"贪以败官为墨",即贪得无厌,败坏官纪;"杀人不忌为贼",即肆无忌惮地杀人。对这三种犯罪的处罚是施以死刑。

此外,《孝经·五刑》中有:"五刑之属三千,而罪莫大于不孝。"章太炎在《孝经本夏法说》提出,夏朝时已有不孝罪。

(四) 司法制度

夏朝中央最高司法官为"大理",地方司法官为"士",基层司法官为"蒙士",他们分管着从中央到地方的司法审判工作。

《竹书纪年》载:"夏帝芬三十六年作圜土",《释名·释宫室》中有:"狱又谓之圜土,言筑土表墙,其形圜也",可见夏朝的监狱称为圜土;另据《史记·夏本纪》记载,夏桀曾经将商汤"囚之夏台",可见"夏台"应该也是夏朝监狱的一种,而且可能是夏朝的中央监狱。

第二节 商朝的法律制度

继夏而起的商朝,在政治、经济、文化等领域有更进一步发展,法律制度也达到一个新的高度。今天对商朝法制的了解,除了依靠文献资料记载外,甲骨文也是非常宝贵的资料。殷墟出土的甲骨文主要是商代后期(约前14世纪—前11世纪)王室用于占卜记事而刻在龟甲和兽骨上的文字,是中国已发现的古代文字中年代最早、体系较为完整的文字。目前发现有大约15万片甲骨,其中包含有4500多个单字,已识别的约有1500个单字。这些甲骨文所记载的内容极为丰富,涉及商代社会生活的诸多方面,不仅包括政治、军事、文化、社会习俗等内容,而且涉及天文、历法、医药等科学技术,是研究商代社会宝贵的资料。

一、法制指导思想

商朝的法制指导思想在夏朝奉"天"罚罪法制观的基础上有进一步发展,更加强调"神",尤其是祖先神的作用。

殷人继续以"天"作为自己统治依据的来源。早在氏族时代,殷人以玄鸟为自己的图腾,《诗经·商颂·玄鸟》中有:"天命玄鸟,降而生商";商朝建立后,他们塑造一个抽象的"上帝"作为商朝全民崇拜的图腾。商王自称是上帝的儿子,即"下帝",也称为天子,是上天在人世间的代表,代表"天"来统治人民,即所谓"有殷受天命"[1],商王因此获得了至高无上的地位。直到商朝末年,政权岌岌可危时,"纣曰:'我生不有命在天乎!'"[2]这种天命观的宣传为王权蒙上一层神秘色彩,愚弄百姓,便利了统治。

在这种天命观的影响下,商人十分迷信鬼神,《礼记·表记》中有:"殷人尊神,率民以事神",由甲骨文的卜辞可知,殷商统治者每遇大事,必须先行占卜,依占卜的结果来指导统治者的行动。因此,执行占卜的神职人员——巫、史等,在商朝社会生活中占有重要地位。"神"是"天"的具体化,在商朝,他们首先是祖先神。这样,商朝统治者就将对上帝的崇拜与对自己祖先的崇拜结合起来了,人们敬畏上天,崇拜上帝,表现在生活中,即要敬畏商王,听从商王的统治。这种帝祖合一的转变,具有重大的政治价值,使商王的统治更加理直气壮。如《尚书·商书》中,便充斥着要人们虔诚听天命,听祖命,即

---

[1] 《尚书·召诰》。
[2] 《史记·殷本纪》。

听王命的言论。

在王权神授观下,商朝的法律也都是以"天"与"神"的名义制定的。如《尚书·汤誓》中:"有夏多罪,天命殛之。""尔尚辅予一人,致天之罚,予其大赉汝!尔无不信,朕不食言。尔不从誓言,予则孥戮汝,罔有攸赦。"以"天"的名义对夏进行讨伐。

二、法制概况

《荀子·正名》中有:"刑名从商",这一论断从一个侧面反映出商朝的法制应该比较成熟了。

《左传·昭公六年》载:"商有乱政,而作汤刑。"与夏朝一样,它也是后继者为了纪念汤,而以汤来命名他们的法典,同时亦表明法律之间的承袭关系。根据《竹书纪年》记载,商代后期祖甲二十四年重作《汤刑》,即对《汤刑》作进一步的修改。《汤刑》在当时应该是存在的,但是,一般认为当时的《汤刑》是处于秘密法状态的,不对老百姓公开颁布。当时的统治者奉行"刑不可知,则威不可测",即当法律是什么,老百姓无从知晓时,统治者垄断了法律,法律的威力就是无穷的。这可能是由于当时立法技术水平低下及其他客观条件所限导致,同时也符合统治者专制统治的需要。

除《汤刑》外,《尚书》中的《甘誓》、《盘庚》、《伊训》等篇章也都记载有许多法律资料,由这些资料可知商王的命令、国家的文告等,也都是商朝具有效力的法律文件。

三、法制的主要内容

(一) 刑事法制

1. 刑罚

商朝全面继承了夏朝的五刑体系,但处罚的方式较为多样,如从甲骨文资料中可以看出当时的死刑有活埋、沉水、火焚等形式,有一定随意性,未形成一整套规范的刑罚制度。

由其他文献资料还可看出,商朝还有炮烙、剖心、醢、脯等酷刑。

除"纣乃重刑辟,有炮烙之法"①外,其余四种均为针对特定人与特定事施行的法外酷刑。剖心,据说是比干"强谏纣,纣怒曰:'吾闻圣人心有七窍。'剖比干,观其心"②;所谓醢刑,即把人剁成肉酱;脯刑,即晒成肉干。《史记·殷本纪》记载了此事:"九侯有好女,入之纣。九侯女不喜淫,纣怒杀之,而醢九侯。鄂侯争之疆,辨之疾,并脯鄂侯。"

从殷墟和其他商朝陵墓及坟墓的遗址发掘中可以发现大量的人祭、人殉现象,表明商朝盛行"人祭"、"人殉"。这些墓穴中,殉葬人数从几人至几十人、几百人不等,有的甚至多达几千人,十分惊人。他们大多是战俘,也有奴隶主贵族的家内奴隶,为主人陪葬。生产力的低下,使他们无法养活更多的人,对待战俘,最好的办法自然是处死;同时统治者也希望通过"人祭"与"人殉"起到一定的镇压与威慑作用,使人们不敢反抗。

2. 罪名

商朝没有严格的罪名体系,商朝的罪名比较集中地反映在以下两段文字中:

第一段文字是在盘庚五次迁都,将治亳殷时,民众相互抱怨诉苦,为此盘庚作三篇训令,其中有:"乃有不吉不迪,颠越不恭,暂遇奸宄,我乃劓殄灭之,无遗育,无俾易种于兹新邑。"③意思是说谁敢胡作非为,不恭奉上命,实行诈伪奸邪等犯罪行为的,我将把他们斩尽杀绝,不让他们的劣种带到新城去。严厉惩治违抗王命及破坏秩序的行为。

第二段文字记载于《礼记·王制》:"析言破律,乱名改作,执左道以乱政,杀;作淫声、异服、奇技、奇器以疑众,杀;行伪而坚,言伪而辩,学非而博,顺非而泽以疑众,杀;假于鬼神、时日、卜筮以疑众,杀。此四诛者,不以听。凡执禁以齐众,不赦过。"惩治破坏法治,以邪术扰乱政治的行为及用奇异的事物、矫揉造作,貌似博学实则狡黠诡诈

---

① 《史记·殷本纪》。
② 同上。
③ 《尚书·盘庚中》。

的言行和装神弄鬼的手段来动摇和蛊惑民心的行为,给这些犯罪行为安上的罪名是"乱政"与"疑众",都是严重的犯罪,施以死刑。

(二) 民事法制

在所有权方面,对于农业社会最主要的财物——土地,商朝奉行"溥天之下,莫非王土"①的土地国有制,即全国土地名义上归商王一人所有,其他奴隶主贵族只享有使用权。

在婚姻家庭方面,此时逐步确立了一夫一妻制的婚姻家庭制度。作为该制度的补充,法律允许男性王族纳妾,以至于在王公贵族中纳妾成风。

在继承制度上,这里主要指爵位的继承制度上,起初盛行"父死子继、兄终弟及"制,且"弟及为主,子继为辅"。也就是说,哥哥死了,由弟弟继承;在没有弟弟的情况下,才由死者的儿子继承;在由弟弟继承时,当弟弟也死了,应由死兄之子再继承。这样做是由于哥哥去世时,其弟弟往往比死者的儿子更加年长,经验更丰富,更有利于国家的治理或是家族治理。但是,实践中叔伯兄弟为争夺继承权,经常爆发激烈的斗争,不利于家族或是国家的稳定。

(三) 行政法制

商朝实行"内服"、"外服"制,商王所在的地方称为"内服",由商王直接管辖;"外服"为诸侯王、卿大夫及士的封地,他们在各自的封地内,有一定的自主权。这种制度一定程度上承认了地方的自治权,长久下去,必然会削弱商王的权力。另外,据称商朝还制定有行政法律规范——《官刑》,加强对各级官吏的管理。

四、司法制度

(一) 司法活动的参与者

商朝司法活动的参与者有商王、贵族和卜者。商王是国家的最高统治者,理所当然享有最高的司法权,王命就是最高的法律。但由于商朝实行"内服"、"外服"制度,实际上商王的最高司法权往往主要限于内服地区,外服地区的司法权掌握在诸侯王手里。

---

① 《诗经·小雅·北山》。

商朝中央专职的司法机构为"司寇",司寇设有"正"、"史"等审判官,基层司法官称为"士"、"蒙士"等。

由于商朝信神,诸多判决往往也是经过占卜,假托神意进行断罪,因此,卜者也是商朝司法活动的重要参与者。

(二)诉讼审判制度

在奉天罚罪及帝祖合一法制观的影响下,商朝的审判制度可以概括为"天罚"、"神判"。这从中国古代"法"字的写法上亦可看出。东汉许慎在《说文解字》中有:"灋,刑也,平之如水,从水;廌,所以触不直者去之,从去。"该字右边的"廌",据说为"兽也,似牛一角",据说皋陶时即已用这种一只角的动物来代表"天"进行审判。进行审判时,这只独角兽代表着神,由它来主宰审判。

在审理的过程中,也形成一些基本的原则:例如,注重证据,"有旨无简不听"①,即如果没有足够的证据,不能对案件定罪量刑;又如,对待疑案主张态度审慎,"疑狱,氾与众共之;众疑,赦之。必察小大之比以成之"②。即疑案应首先广泛征求意见,如果大家对案件仍有疑问,应赦免;但还必须与同类案件相比较,再作出判决;再比如,"附从轻,赦从重"③,即对人定罪量刑时,尽可能要从轻,相反在赦免他人的罪责时,要尽可能宽大。

(三)监狱制度

商朝的监狱仍有称为"圜土"的,即在地下挖成圆形土牢,或在地上围起圆墙,以防犯人逃跑,故名"圜土"。还有说称为"羑里"的,因为有些土牢是在地下挖窨穴,上面盖上棚,并开有牖,类似今天的天窗,因此叫"牖里"或"羑里"。

商朝的监狱遍布全国,对监狱实行严格的监管,如从河南安阳小屯村出土的带有手梏的男女陶俑可知,在商朝监狱中关押的人是需要戴械具的,以防止囚犯逃亡;对于越狱逃亡的犯人进行严厉制裁,他们甚至要被施以死刑。

---

① 《礼记·王制》。
② 同上。
③ 同上。

第二章 西周的法律制度

（前11世纪—前770）

　　周是居住在今陕西渭水中游以北的一个部族,约在公元前12世纪,为避免西北游牧部落的侵扰,在首领古公亶父的率领下,迁至岐山之下的周原(今陕西岐山县),成为商朝的一个属国。通过王季、文王、武王三代的建设,逐渐强大起来。文王死后,武王继位,迁都至镐。公元前1027年,商纣王正东征,京师空虚且政治腐败,周武王联合各部落,亲伐纣。牧野一战,纣王大败,商朝灭亡,周朝建立,都城镐京(今陕西西安市西南),史称西周。至公元前770年周平王时期,周朝的国都从镐京迁到雒邑(今河南洛阳),西周结束,东周开始。西周是我国历史上第三个奴隶制国家,从武王灭商到幽王为犬戎所杀,共传十一世,十二王,历时二百五十七年。孔子曾说:"周监于二代,郁郁乎文哉！吾从周。"[①]在中国历史上,西周是中国古代政治与文化变革的重要时期,也是中国伦理文化和法律文化形成的重要时期。

　　西周总结前朝的经验教训,适应新形势,对法制进行重大改革,达到奴隶制法发展的最完备状态,成为中国传统法制的蓝本。西周发展完备的礼治及其所构建起来的礼制秩序,对西周乃至日后的传统中国社会产生了深远的影响。本章是学习的重点,应全面理解与掌握西周法制的主要内容。

---

① 《论语·八佾》。

第一节 西周的法制指导思想

夏、商两朝"天命"、"天罚"观盛行,西周建立后,新统治者面临着一个必须解决的难题——如何解释商朝的灭亡及周朝的建立,即如何为自己的统治寻找到一个合理的理论依据。周朝的统治者创造性地解决了这一难题,不仅为自己的统治找到了一个合理的理论基础,而且,这套理论的创立也完成了中国古代政治思想及法律思想的重大转变。

一、"敬天保民,明德慎罚"

天命不可转移的观点在夏、商两朝影响深远。在商朝危机四伏之时,商纣王自恃"我生不有命在天乎"![1] 但他的倒行逆施,最终还是导致朝代的灭亡。如何解释朝代的更替现象?也就是说,如何解释西周统治的合理性是摆在西周统治者面前的一个难题。西周统治者深刻地体会到,天命是会转移的,"天命靡常"[2],天不会永远眷顾某一族姓,神的意旨或自然规律不是一成不变的,它变化莫测,"天惟时求民主"[3],天总是选择能够为民做主的统治者,天就曾分别选中夏人和商人作统治者,因此"天不可信"[4]。西周建立后,周武王曾经彻夜难眠,周公旦问他为什么睡不着觉?武王回答说:"我未定天保,何暇寐!"[5] 即我们还不能确定上天是否保佑周朝,哪有时间休息。

那么,到底什么样的人能够为民做主,天命依何而转移呢?从夏、商相继灭亡的经验教训来看,西周提出"德"的概念,天命总是归属于有"德"者。夏商因"惟不敬厥德,乃早坠厥命"[6],夏商因为不

---

[1] 《史记·殷本纪》。
[2] 《诗经·大雅·文王》。
[3] 《尚书·多方》。
[4] 《尚书·君奭》。
[5] 《史记·周本纪》。
[6] 《尚书·召诰》。

敬德所以就丧失了生命。上天不是根据祭祀行为,而是根据德行的好坏选择统治者,有德的统治者才能得到上天的眷顾与保佑,所谓"皇天无亲,惟德是辅"①,周人想要保住所受的天命,就必须"王其疾敬德"②,"以德配天"。

那么什么是有德呢？周人认为"德"表现于社会生活即"敬天保民",就是要统治者尊敬上天,同时要时刻小心翼翼地以高标准的德严格要求自己,要"怀保小民"。标榜"敬天",最终落实到"保民"上。"敬天保民"在最高统治者与最下层的老百姓之间搭建起紧密的联系,最高统治者再也不是绝对高高在上了,他必须关注民生,让老百姓生活得好；"德"表现于法律上即为"明德慎罚"。所谓明德,就是提倡尚德、敬德,它是慎罚的指导思想和保证。所谓慎罚,就是刑罚适中,不乱罚无罪,不乱杀无辜,由此形成了一系列定罪量刑的刑法适用原则,即无论立法、司法都必须崇德,慎重从事,制定法规,任用法官,审理案件,施用刑罚,不可轻率。与商朝末年的滥用酷刑相比,慎罚的提出无疑具有极大的进步性。这一思想对后世影响极大。

二、礼治思想

"敬天保民、明德慎罚"的提出,完成了理论上的创造,解决了西周统治合理性的问题,但用这一思想来具体指导国家的建设,显然还是较为抽象,不够具体,难以操作。于是,"周公制礼",以夏商的礼为基础,发展出一整套以维护宗法等级制为核心的行为规范以及相应的典章制度、礼节仪式,即"周礼"。

现存《周礼》一书并非出自周公之手已为多数学者所认可,但其内容在很多方面能反映西周的制度。另外,否定周公编订《周礼》一书并不意味着要否定周公制礼的事实,周公制定的礼仪制度,不少内容确实包含在《周礼》一书之中。除此之外,《仪礼》和《礼记》也记载着周礼的丰富内容。《仪礼》是夏、商、周三代礼制的集成,《礼记》

---

① 《左传》僖公五年。
② 《尚书·召诰》。

则叙述了人们修养德性即所谓格物、致志、修身、齐家、治国、平天下的要义。我国历史上的礼,就包括在《周礼》、《仪礼》和《礼记》这三部巨著之中。①

可以说,礼是德的具体化,是"德"落实于实际社会的表现。礼治的思想在西周达到完善,从此贯穿于整个中国古代社会,它是中国传统文化的核心,成为中华民族精神的重要内涵。此处,出于保持内容完整性的考虑,我们将对西周的"礼"作较为完整的介绍。

(一) 礼的核心原则:亲亲、尊尊

西周的礼已不单纯是原本意义上的祭祀中的器皿或是祭祀的仪式,它已经发展成为维护等级制度、调整统治阶级内部关系和加强专制统治的重要工具,是治理国家最基础也是最重要的制度,它的核心原则为亲亲和尊尊。

所谓"亲亲"即亲其所亲,亲爱自己的亲属,它相对于疏而言,着眼于调整家族内部的关系。至亲莫如父,要求父慈、子孝、兄友、弟恭,关键是做到"孝";"尊尊"即尊其所尊,尊爱自己的尊长,它相对于卑而言,不仅调节父子、夫妻之间的尊卑关系,更主要的是调整君臣之间、贵族之间、贵族与平民之间的尊卑关系。至尊莫如君,臣对君要"忠"。按《论语》中所言:"其为人也孝悌,而好犯上者鲜矣,不好犯上而好作乱者,未之有也。"②孝于亲与忠于君是一致的,能够做到孝顺的人是不会去犯上作乱的,孝于亲即是为了忠于君。"忠"与"孝"成为中国古代社会最核心的价值观。

(二) 礼的基本内容:五礼

周礼的内容非常丰富,大到国家的政治、经济、军事、文化制度,小到个人的言行视听,社会的风俗习惯、礼节仪式,无不包括在其中。古人有"经礼三百,曲礼三千"③,"礼仪三百,威仪三千"④等说法,即礼的总纲有三百条之多,细目有三千条之多,足见其规模庞大。古代的典籍对这么多的礼的内容有不同的归类,有分为五方面的,也有分

---

① 参见胡留元、冯卓慧:《夏商西周法制史》,商务印书馆2006年版,第353页。
② 《论语·学而》。
③ 《礼记·礼器》。
④ 《礼记·中庸》。

为六方面、九方面的,但周礼最主要的内容大体可分为吉礼、凶礼、宾礼、军礼及嘉礼五方面,总称"五礼"。

吉礼,即祭祀之礼,也就是有关祭祀方面的礼节仪式。要求虔诚敬侍鬼神,包括禋祀(祀昊天上帝)、实柴祀(祀日、月、星、辰)、血祭(祭社稷)、肆献祼(享先王)等十二种形式。

凶礼,主要是丧葬之礼,是对各种不幸事件进行悼念、慰问等方面的礼节仪式。要求哀痛、忧思,包括丧礼(哀死亡)、荒礼(哀凶荒)、吊礼(哀祸灾)、禬礼(哀围败)、恤礼(哀寇乱)等五种形式。

宾礼,即宾客之礼,是天子款待来朝会的四方诸侯和诸侯派遣使臣向周王问安的礼节仪式,称为"以宾礼亲邦国",要求礼貌,"春见曰朝,夏见曰宗,秋见曰觐,冬见曰遇,时见曰会,殷见曰同,时聘曰问,殷覜曰视"。

军礼,即军队之礼,是军事活动方面的礼节仪式,要求兴师动众要果毅,包括:"以军礼同邦国,大师之礼,用众也;大均之礼,恤众也;大田之礼,简众也;大役之礼,任众也;大封之礼,合众也。"

嘉礼,主要是冠婚之礼,是饮宴婚冠、节庆活动方面的礼节仪式。"以嘉礼亲万民;以饮食之礼,亲宗族兄弟;以婚冠之礼,亲成男女;以宾射之礼,亲故旧朋友;以飨燕之礼,亲四方之宾客;以脤膰之礼,亲兄弟之国;以贺庆之礼,亲异姓之国。"①

西周的五礼,已不专指祭祀时的礼仪制度,而是涉及人们日常生活方方面面的行为准则,这些准则大都具有法律效力,起着规范人们行为、调整人们之间的社会关系并最终维护国家统治秩序的作用,具有"法"的性质。

(三)礼与刑的关系

除了"礼",西周还存在有以定罪量刑为主的"法",当时称为"刑",如《吕刑》等,礼与刑是西周法律制度的有机组成部分,互为表里,它们的关系体现为三方面:

第一,作用上,礼"禁于将然",刑"禁于已然"。"礼"侧重于从积极层面进行规范,告诉人们行为的准则,用道德教化的方法禁恶于

---

① 以上引文均参见:《周礼·春官·大宗伯》。

未然;"刑"侧重于从消极层面对违法行为进行制裁,通过刑罚镇压的方法,纠正违法行为。正如《汉书》所言:"夫礼者禁于将然之前,而法者禁于已然之后"①,两者从不同层面发挥作用,共同服务于统治秩序的构建。

第二,地位上,礼外无法,出礼入刑。"礼"与"刑"的不同作用,决定了它们对统治而言是缺一不可的,一方面,制定和执行"刑"的依据在于"礼",即礼外无法,礼是刑的指导;另一方面,"礼"需要以"刑"作为保障,违反了"礼",就纳入到"刑"的制裁范围,所谓"礼之所去,刑之所取,失礼则入刑,相为表里者也"②,刑是礼的保障和必要补充。

第三,适用对象上,"礼不下庶人,刑不上大夫"③。这句话很容易引起误解,它出自《礼记·曲礼上》,原文为:"国君抚式,大夫下之;大夫抚式,士下之;礼不下庶人。刑不上大夫,刑人不在君侧。"可见它们原不是一句话,而是作为前句话的结尾与后一句话的开头,认识这一点,有助于我们正确理解它们的含义。所谓"礼不下庶人",并不是说礼的规范对庶人没有约束力,郑玄注释为:"遽于事而不备物",应该是说老百姓忙于生产劳动,又不具备贵族的身份和施行各种礼所需要的物质条件,因而可以不按照贵族的礼仪行事,但作为社会最基本准则的"亲亲"、"尊尊"之类的礼,庶人是一定要遵守的。所谓"刑不上大夫",也不是说大夫以上的贵族就不用刑了,而是指大夫以上的人犯罪,在一定条件下,可以获得某些特权,如不施以肉刑,或执行死刑时不在闹市中执行,而是在郊外执行等。这些执行刑罚的优待是为了保持贵族作为一个整体的尊严,不让他们终身带着曾受刑辱的标记。可见,礼与刑在适用对象上有所区分。

综上,西周社会秩序是在礼治思想指导下构建起来的礼制秩序,这种以宗族血缘关系为纽带,与国家制度相结合,以维护贵族世袭统治的制度被称为宗法制,其特征就是族权与政权的合一。西周的社

---

① 《汉书·贾谊传》。
② 《后汉书·陈宠传》。
③ 《礼记·曲礼上》。

会也被称为"宗法社会"。宗法制的详细内容将在下文行政法制与民事法制中分别介绍。可见,在国家形成的过程中,中国氏族血缘的关系不但没有解体,反而在新的条件下结合得更为紧密,走向了族权与政权合一,宗权和君权合一。

第二节 西周的法制概况

在敬天保民、明德慎罚及礼治思想的指导下,西周的法制有进一步的发展。本节将介绍西周主要的法制及主要的法律形式,有助于对西周法制状况的总体了解。

一、主要法制

此处的法制指的是西周所有具有起到像今天法的作用的全部社会规则,包括了礼与刑两方面。

(一) 周礼

西周建立初期,社会仍比较动荡,周公亲自平定内乱,出师东征,政权逐步趋于稳固。周公深刻意识到,单靠武力征服或刑罚镇压,是不可能真正实现国家的长治久安的,必须要有一套完善的制度。于是,周公亲自主持立法活动,制定一整套典章礼仪制度与宗法等级秩序,即"周礼",历史上称这次事件为"周公制礼"。《史记·周本纪》称:"既绌殷命,袭淮夷,归在丰,作周官。兴正礼乐,度制于是改,而民和睦,颂声兴。"前文已谈到今存《周礼》一书并非周公所作,但这并不能否认周公在西周时期制定周礼一事,而且可以看出,周礼的制定,在当时社会上起到良好的效果。周礼是西周最主要的法律制度之一。

(二)《九刑》

《左传·昭公六年》有:"周有乱政,而作九刑。"关于"九刑"有两种解释:一种认为"九刑"指一部刑书,如《汉书·艺文志》中有:"《周法》九篇。法天地,立百官";另一种观点认为"九刑"指奴隶制的五刑加上流、赎、鞭、扑四种刑罚,共九种刑罚。由于"九刑"已佚失,无法知道其究竟是什么,但根据《左传·昭公六年》的原文:"夏有乱政而作禹刑,商有乱政而作汤刑,周有乱政而作九刑,三辟之兴,皆叔世也",可以看出,九刑是与禹刑、汤刑并列而言的,如果我们承认夏的《禹刑》、商的《汤刑》,据此推理西周时有《九刑》这样一部刑书是可以成立的。可见《九刑》是西周的法律制度之一。

(三)《吕刑》

西周中叶,社会危机加剧,"王道衰微","诸侯有不睦者,甫侯言于王,作修刑辟"①。《尚书·吕刑》中也有:"吕命穆王训夏赎刑,作《吕刑》",可见穆王时命令司寇吕侯(亦称"甫侯")立法,所制定出来的法律被称为《吕刑》或《甫刑》。今天对《吕刑》内容的了解,主要依据《尚书·吕刑》篇,尽管该篇为后世所作,但它保留了西周《吕刑》的许多内容,因而仍具有很高的价值。《吕刑》通篇贯穿"明德慎罚"的思想,首先追溯刑罚的来源,认为各种肉刑为苗民首创,他们滥用刑罚,终得"遏绝苗民,无世在下"②的恶报,表明应该德刑并用。其次,阐述了以五刑与赎刑为基础的刑罚体系及刑罚适用原则,强调用刑适中。最后,再次强调德刑关系并对司法官员的办案提出要求。《吕刑》在很多方面完善了周初的制度,如夏商时期已有的赎刑在此达到制度化,又如"罪疑从赦"、"明德慎罚"等原则成为法律的组成部分等,均表明西周的法制有进一步的发展。

二、主要的法律形式

礼与刑是西周最主要的法律形式,除了这二者以外,西周还有誓、诰、命等其他法律形式,它们均是王命的不同表现形式。《周礼·秋官·士师》有:"誓,用之于军旅";"诰,用之于会同",表明誓是作战时王命的表现形式。周武王伐纣经孟津时,作有《泰誓》,战于牧野时有《牧誓》,周公伯禽伐余淮东夷时有《费誓》等。诰是统治者施政的训令,如周公辅政平息三叔之乱时发布有《大诰》,后又有周公代成王发布的训示康叔的《康诰》等。命有《文侯之命》等。这些法律形式,也具有很高的法律效力,也是西周法律形式的重要组成部分。

---

① 《史记·周本纪》。
② 《尚书·吕刑》。

第三节 西周法制的主要内容

西周法制的发达与完善,需通过其法律制度的具体内容来体现。本节我们将重点介绍西周的刑事法制、行政法制及民事法制,从中分析西周法制的发展及其对中国传统法制的重大意义与深远影响。

一、刑事法制

(一) 定罪量刑的原则

1. 矜老恤幼原则

《礼记·曲礼上》有:"八十、九十曰耄,七年曰悼。悼与耄,虽有罪,不加刑焉。"可见80岁以上的老人及7岁以下的儿童犯罪不必承担刑事责任。《周礼·秋官·司刺》中有"三赦之法":"一赦曰幼弱,再赦曰老旄,三赦曰蠢愚。"儿童、老人及痴呆者犯罪,除故意杀人外,一般均可依法赦免,不追究刑事责任。以上这些史料均进一步证明西周时期对老弱病残等社会弱势群体的爱护与照顾,是贯彻"明德慎罚"思想的体现。但必须指出的是,这些人对社会的危害性本来就不大,实行矜老恤幼原则,既可以彰显统治者的仁德,又不会对社会造成实质性的危害,这是这一制度在西周及其后的中国传统社会中能够被采用的根本原因所在。

2. 区分故意与过失、惯犯与偶犯原则

《尚书·康诰》中有:"人有小罪,非眚,乃惟终,自作不典,式尔,有厥罪小,乃不可不杀;乃有大罪,非终,乃惟眚灾,适尔,既道极厥辜,时乃不可杀。"这句话中,眚是过失之意,非眚,不是由于过失,即故意;非终为偶犯,惟终即惯犯。整句话的大意是:虽犯有小罪,但不是由于过失,且是惯犯,虽犯的是小罪,仍不可不杀;反之,犯有大罪,但是由于过失所致,而且是偶犯,按刑法研究他的罪过时,是不应该杀掉此人的。可见,西周时已对犯罪主观状态的故意与过失有所区分,对惯犯与偶犯的不同危害性有所认识,对故意犯罪和惯犯从严惩处,对过失犯罪及偶犯从轻处罚。《周礼·秋官·司刺》中有"三宥之法","一宥曰不识,再宥曰过失,三宥曰遗忘",即未能识别加害对象的误犯行为及过失犯罪和无法预见行为后果的失误行为予以宽宥处理,减轻其刑事责任,也可看出对过失犯罪从轻处罚。定罪量刑时注意区分故意、过失、惯犯与偶犯,是刑罚适用原则的重大发展。

3. 罪疑从轻、众疑从赦原则

《尚书·吕刑》:"五刑之疑有赦,五罚之疑有赦,其审克之!"凡适用五刑有疑义者,从轻宽宥,以赎刑代罚。凡适用赎刑有疑义者,应当赦免,不追究刑事责任。即要求对可疑案件要认真明察,务求定罪量刑恰当。《礼记·王制》还有:"附从轻,赦从重"及"疑狱,氾与众共之;众疑,赦之"的说法,表明在行刑时,有可轻可重的余地时,应从轻;在遇到赦免的机会时,应从重罪之上进行赦免,体现疑罪从轻原则;并要求对疑案,应征求大众的意见,当大家都认为案件仍有可疑情形时,应赦免其罪,体现众疑从赦原则。这种罪疑从轻、众疑从赦的做法,同样是"德"的思想在司法中的反映,是"明德慎罚"的直接体现。

4. 世轻世重原则

《周礼·秋官·大司寇》中有:"一曰刑新国用轻典;二曰刑平国用中典;三曰刑乱国用重典。"西周在取代商王朝后,又平定商贵族的反叛,逐步将其统治扩展到黄河下游、南方及于淮河流域。其统治区域内,各国情况不同,西周统治者认为应根据不同社会状况采取不同治理方法,对新征服的国家,应用轻典去治理,以安抚人心,巩固统治;对社会较稳定的国家,就应以常刑对待;对待社会动荡的乱国,要运用重典去达到社会的治理。这种根据社会危害性大小区别对待的做法,体现出周统治者刑事政策灵活,反映了统治手段的成熟。这种思想也为后世的统治者所继承。

(二) 刑罚

在继承夏商刑罚的基础上,西周对刑种的设置、刑等的使用、刑具的改进等都作了改革,使西周的刑罚制度有进一步的发展。西周刑罚的主体是以墨、劓、剕、宫和大辟为基础的五刑。《尚书·吕刑》有:"墨罚之属千,劓罚之属千,剕罚之属五百,宫罚之属三百,大辟之罚其属二百。五刑之属三千。"从名称上看,西周的五刑与夏商的五刑区别在剕刑,剕刑又称为刖刑,是断足的处罚,与夏商的膑刑无本质差别,均是对人的腿部的用刑。墨、劓、刖、宫仍是四种肉刑,死刑的执行方式较多,有斩(腰斩)、杀(杀头)、焚(活活烧死)、脯(肢解后曝晒其尸)、辜(先杀后肢解)、踣(击毙于市后陈尸三日)等,这些处罚方法仍比较残酷,但与商朝的酷刑相比,野蛮性有所减弱。

五刑之外还有流、赎、鞭、扑四种刑罚,与五刑合称"九刑"。

流刑,是将罪犯放逐到偏远的地方并限制其人身自由的刑罚。西周的流刑主要用于处罚犯变礼易乐罪、拒绝从征罪及故意违约罪三种行为。①

赎刑,是以钱财代替或抵销其刑罚。西周时赎刑只适用于疑案,是用锾(铜)来赎罪,赎金的数额在不同时期有不同的规定,但数额都非常巨大,从墨刑至死刑,赎金的金额有从一百锊至一千锊的,甚至有更大数额的。可见,赎刑只能是贵族才能享有,平民百姓是交不起数额巨大的赎金的,因此,赎刑被后世认为是贵族与官吏的特权。赎刑在西周时制度化了,并被后来的中国社会所沿用,在中国历史上存在了几千年。

鞭刑,是用荆条或株木痛击犯人背部或臀部。《尚书·舜典》有:"鞭作官刑",可见鞭刑主要是用于对贵族犯罪的惩罚。

扑刑,扑即杖,因此扑刑又称为杖刑,《尚书·舜典》有:"扑作教刑"。扑刑与鞭刑都是鞭打刑,主要惩罚官僚贵族,但两者工具不同,鞭刑用荆条,扑刑用株木;两者的目的也不同,鞭刑侧重于惩罚,扑刑侧重于教化。

(三) 罪名

西周的罪名尚不成体系,也没有统一的固定的名称,缺少一定的规范性,显得比较杂乱,这里我们选取比较有代表性的几组罪名加以介绍。

1. 违抗王命罪

《国语·周语》中有:"犯王命必诛,故出令不可不顺也。"要求臣下绝对服从王命,凡违抗王命的,处以死刑。

---

① 参见胡留元、冯卓慧:《夏商西周法制史》,商务印书馆2006年版,第391页。

2. 不孝不友罪

《尚书·康诰》:"元恶大憝,矧惟不孝不友。子弗祗服厥父事,大伤厥考心;于父不能字厥子,乃疾厥子。于弟弗念天显,乃弗克恭厥兄;兄亦不念鞠子哀,大不友于弟。惟吊兹,不于我政人得罪,天惟与我民彝大泯乱,曰:乃其速由文王作罚,刑兹无赦。"在宗法制确立后,家庭内部亲属之间必须严格按照"亲亲"、"尊尊"的要求行事,要做到父慈、子孝、兄友、弟恭,否则即是犯不孝不友罪。西周认为不孝敬父母,不友爱兄弟是罪大恶极者,"刑兹无赦",严加惩罚。

3. 杀人罪

《周礼·秋官·掌戮》有:"凡杀人者,踣诸市,肆之三日。"杀人是严重侵犯他人生命的行为,西周规定对杀人者,要刑杀于市,并陈尸三日以示众。

4. 寇攘奸宄罪

《尚书·康诰》:"凡民自得罪:寇攘奸宄,杀越人于货,暋不畏死,罔弗憝。""自得罪",即由以下行为获罪,"寇"为抢劫,"攘"为夺取,"奸"为在内为乱,"宄"为在外作恶,即出于劫货目的而杀人的,一般处以死刑。

5. 失农时罪

《礼记·月令》:"是月(仲秋之月)也……乃劝种麦,毋或失时;其有失时,行罪无疑。"可见,西周时期已注意到规劝老百姓按农时进行农业生产,违反者要受到法律的制裁。与夏商时期所看到的惩处"不事农业"①的行为相比,似乎更进一步,不仅要求老百姓从事农业生产,而且注意到了应按农时进行生产,反映出一定的进步性。

6. 群饮罪

《尚书·酒诰》有:"'群饮',汝勿佚,尽执拘以归于周,予其杀。"意思是说有人聚众饮酒,你不要让他们跑掉,要把他们逮捕起来,解送到京城,我要把他们处死。这一方面是西周的统治者吸取商朝统治者嗜酒而不理朝政招致灭亡的教训;另一方面,也是怕百姓聚

---

① 《尚书·汤誓》:"汝曰:'我后不恤我众,舍我穑事而割正夏?'予惟闻汝众言,夏氏有罪,予畏上帝,不敢不正。今汝其曰:'夏罪其如台?'夏王率遏众力,率割夏邑。"

众饮酒闹事。

二、行政法制

此处西周行政法制主要介绍王权和各级行政组织的建立及其权限的划分以及官吏管理制度等。西周各级行政管理组织建立的最突出特点便是行政组织与宗法组织相结合,通过分封制,将政治、经济的组织套在血缘系统之上,以血缘为基础,封邦建国,构建起国家的行政管理体制。宗法制通过分封,在行政组织上体现为国家行政组织的构建,在经济上体现为土地所有权的划分。土地所有权的划分将在民事法制部分介绍。

在宗法制下,周王是全国最大的族长,称为"天子";天子之位由嫡长子继承,天子之弟及庶子被封为"诸侯";诸侯除保留"公室"直辖封地外,将其余土地分赐给自己的兄弟和亲属,称为"卿大夫";卿大夫又以同样的方式将土地进行分赐,受封者为"士"。士是贵族的最底层,士的庶子就是平民了。西周还通过分封异姓诸侯和与异姓联姻等方法,使天下为一家,整个国家形成以周王为中心,下领诸侯、卿大夫、士的金字塔式的等级结构。

通过分封构建起全国的统治秩序的同时,各级行政管理组织的权利与义务也确立起来,其原则是"小宗"服从"大宗"。周王是国家政治权力的最高统治者,是全国的大宗,其他领主是小宗;在诸侯国中,诸侯王是大宗,对自己领地范围内的事务有相对独立自主权。总之,大宗可以向小宗提供政治庇护,调解小宗之间的纠纷,也有权剥夺小宗的身份、降低其职位、剥夺或缩小其领地;小宗必须向大宗纳贡、跟随出兵征伐等,对大宗负有政治上、经济上和礼仪上的义务和责任。

在这种政治与血缘紧密结合的统治模式中,官吏的选拔完全采用"任人唯亲"、"世卿世禄"的原则,按照血缘关系的亲疏远近确定地位与职位的高低,父死子继,世代相传,保证夺取政权的家族对全社会进行家族式的专制统治,实现了"家天下"。这样一来,礼制的"亲亲"、"尊尊"原则不仅在一个家族之内,在整个国家内部也得到了体现。

三、民事法制

西周社会的人主要分为三类：奴隶主贵族、自由民、奴隶，三者的地位不同，民事权利能力与行为能力也各不相同。奴隶主贵族是社会的统治者，内部又划分为不同等级。周天子是奴隶主贵族中的最高等级，享有完全的民事权利能力和民事行为能力，其余的奴隶主贵族的民事能力要受制于天子或上级奴隶主贵族；自由民是社会上最广泛、人数最多的劳动阶层，包括农民、牧民、商人及其家属等。他们有一定人身自由，有自己的家庭、生产工具及财产，但必须向国家承担缴纳贡赋、服力役、兵役的义务，并且他们会随国有土地被周王封赐给诸侯，他们对土地有一定的人身依附关系；奴隶是西周社会中最低贱的阶层，他们是"物"而不是"人"，他们与牛、马一样可以被任意买卖和杀戮，他们不是民事法律关系的主体。

（一）所有权制度

在一个以农业为主的社会里，土地是最重要的生产资料，关于所有权制度我们主要介绍西周时期的土地所有权制度。

西周实行的是国家土地所有制，由周王代表国家对全国的土地享有所有权。"溥天之下，莫非王土；率土之滨，莫非王臣"①，便是对西周土地制度的形象描述。以分封制为基础构建起来的宗法社会在经济上主要表现为对土地的分配方式与占有方式上。天子拥有对全国土地的所有权，他直接统治的区域称为王畿，对王畿之外的土地进行分封，诸侯所分得的土地称为诸侯国，卿大夫所分得的土地称为采邑，士所分得的土地称为禄田。他们对自己所分得的土地享有使用权，不能任意处分，所谓"田里不鬻"②；他们还必须定期向周王交纳贡赋，土地的所有权还是掌握在周王手里，周王可以"削地"的方式收回分封给诸侯的土地。

西周的奴隶和土地是联系在一起的，他们附着于土地上，当周王把土地分封给诸侯时，附着于土地上的奴隶作为财产也一同被分赐

---

① 《诗经·小雅·北山》。
② 《礼记·王制》。

给诸侯王们占有。据《大盂鼎》铭文记载,康王一次就赏赐给盂各种奴隶千名以上。

西周初期,土地与奴隶均不得进入流通领域,但由于这二者是农业社会最主要的生产资料,随着经济的发展,诸侯势力不断增长,周天子对各地诸侯的控制减弱,这种限制必然被打破。到西周中后期,以土地和奴隶为对象的交换经常出现,并且在事实上得到了法律的认可。出土的西周青铜器铭文记载了关于土地和奴隶进行买卖、交换的事件便是最好的证明。这表明,周初土地绝对王有的局面正日趋松动,国有制在社会经济生活中被打破。

(二) 契约制度

西周初期,在土地国有制盛行之时,交易的对象多集中于生产资料和动产,到西周中后期,随着经济的发展,私有观念的增强,土地和奴隶也纳入到交易的范围,且交易的现象日渐增多,为规范这类行为,加上交易过程中已逐渐形成的习惯,西周中后期出现了名目繁多的契约,这里主要介绍买卖契约与借贷契约两种。

《周礼·地官·质人》中有:"质人掌成市之货贿、人民、牛马、兵器、车辇、珍异。凡卖儥者质剂焉,大市以质,小市以剂。掌稽市之书契,同其度量,壹其淳制,巡而考之。犯禁者,举而罚之。凡治质剂者,国中一旬,郊二旬,野三旬,都三月,邦国期。期内听,期外不听。"可见西周的买卖契约称为"质"和"剂",两者的区别在于:(1) 形状不同,"质"较长,"剂"较短;(2) 买卖的对象不同,"质"用来买卖牛、马、奴隶等有生命的物品,"剂"用来买卖兵器、车辇、珍异物品等没有生命的物品。由"质人"对买卖进行管理,他负责稽查券书并统一货物度量,巡查各种交易是否符合规定,对违反规定者进行处罚。

西周还有一种适用于借贷关系的契约,称为"傅别"。《周礼·天官·小宰》有:"听称责以傅别",据郑玄的解释:"傅,傅着约束于文书;别,别为两,两家各得一也。"可见,傅别是一种书面的契约,债务人执左券,债权人执右券,记载有债的标的、返还期限以及双方当事人的权利、义务等,当发生纠纷时,"傅别"就成为官府是否受理诉讼的前提条件,同时也是官府处理纠纷的主要依据。

(三) 婚姻、家庭和继承制度

1. 婚姻制度

在西周的宗法制社会里,社会的最基本构成单位是家庭,婚姻是组成家庭的基本方式,因此婚姻制度在西周具有重大意义。"天地合而后万物兴焉。夫昏礼,万世之始也。"①"昏礼者,礼之本也。"②为此,西周构建起一套比较完整且比较成熟的婚姻制度,对后世产生了深远的影响。

(1) 婚姻的基本原则:一夫一妻多妾制

西周婚姻实行一夫一妻多妾制。对夫而言妻确为一人,但妻之一人仅仅是名号上的一种称谓,指某一特定时期,正妻只能有一人,至于妾的数量则可以很多。《礼记·曲礼下》有:"天子有后,有夫人,有世妇,有嫔,有妻,有妾。""公侯有夫人,有世妇,有妻,有妾。"《礼记·昏义》进一步明确:"古者天子后立六宫、三夫人、九嫔、二十七世妇、八十一御妻,以听天下之内治,以明章妇顺,故天下内和而家理。"妻妾的名号各不相同,地位也有高下。嫡妻只能有一人,这是由宗法制所决定的,关系到爵位的继承与家族的延续,嫡庶必须有别,否则会导致整个宗法社会的混乱。

(2) 婚姻成立的要件:父母之命、媒妁之言

"昏礼者,将合二姓之好,上以事宗庙,而下以继后世也,故君子重之。"③婚姻在西周承载着家族传宗接代的重要功能,因此,婚姻的成立取决于父母的意志,即"父母之命"。其实无论是结婚还是离婚,都取决于父母的意愿,这是父权家长制在婚姻中的体现。《诗经·南山》就有:"取妻如之何?必告父母。"还有:"取妻如之何?匪媒不得。"除了父母之命外,还需要经过媒氏,正所谓"男女无媒不交"④。媒氏"掌万民之判"⑤,判即耦合,也就是说媒氏管理天下万民的婚配。只有经过媒氏介绍,才是合法的婚姻,否则即为私奔,不

---

① 《礼记·郊特牲》。
② 《礼记·昏义》。
③ 同上。
④ 《礼记·坊记》。
⑤ 《周礼·地官·媒氏》。

合礼制。

(3) 婚姻成立的限制：同姓不婚

姓是出自同一氏族的人的共同称号,同姓代表着有共同的血缘关系。关于结婚,周人限制同姓结婚,理由有二：其一,"男女同姓,其生不蕃"①。他们注意到同姓结婚,不利于子女的健康,这一认识是婚姻发展史上的一大进步,但当时人们的认识与今天的优生学说还是不能相提并论的。其二,"取于异姓,所以附远厚别也"②。即通过与异姓联姻,对远邦起到安抚的作用,使边远地方的异族归附,使别姓与自己亲厚,有利于国家的稳定与发展。可见,周人强调同姓不婚还出于政治上的需要考虑。

(4) 婚姻成立的程序：六礼

婚姻的成立还有严格的程序要求,需经过六道程序,称为"六礼",按其先后顺序分别为：纳采、问名、纳吉、纳征、请期、亲迎。

纳采,是男方通过媒氏把愿与女方结亲的意愿告知女方,女方如若允婚,男方便会派人交纳采择礼品。最初礼品可以是羔、雁、雉等,后来一律用雁。据说这是因为大雁"木落南翔,冰泮北徂",有着"顺阴阳往来"即妇人从夫之义；并且因为大雁一雌一雄终身相守,"不再匹配",暗喻女子一旦成婚,必须忠贞不二。

问名,主要是询问女方的姓氏及生辰八字等,几乎与纳采同时进行,即"宾执雁,请问名"③。问名一方面避免同姓为婚,另一方面又可以占卜婚姻的吉凶。

纳吉,问名之后,男方对婚姻的吉凶进行占卜,如果求得吉兆,便将结果告知女方,称为纳吉。"纳吉用雁,如纳采礼"④,纳吉的程序如同纳采,也需要大雁。

纳征,征即成的意思,"玄纁束帛、俪皮,如纳吉礼"⑤,即纳币后,两家的婚姻关系即确立。因此,纳征是非常重要的一个环节,经过这

---

① 《左传·僖公二十三年》。
② 《礼记·郊特牲》。
③ 《仪礼·士昏礼》。
④ 同上。
⑤ 同上。

道程序后,标志着婚姻关系正式成立,女子不可以再另聘他人了。

请期,纳征之后,男方会再行占卜,求得良辰吉日,再派人到女方家,告知婚期,请求女方家认可。按《仪礼·士昏礼》:"请期用雁,主人辞,宾许,告期,如纳征礼",即还需要雁,履行与纳征相同的礼仪。由于很多家庭是自幼订亲,订亲多年才会迎娶。这样,到迎娶前数月或一年,男家主人也有必要专门到女家,约定婚期。

亲迎,即男方按父命去迎接女方到男方家。再经过成妇礼,该女子就正式成为男方家庭的一员了。

这六道程序非常繁复,因此老百姓是很难一一照办的,正所谓"礼不下庶人",所以宋朝时民间有将"六礼"简化为"纳采、纳征、亲迎"三道程序的。

(5) 婚姻的解除:"七出"、"三不去"

有婚姻的成立就会有婚姻的解除,西周时期,婚姻的解除以男方家庭的单意离婚为主,称为七出。《仪礼注疏·丧服》有:"七出者:无子一也,淫佚二也,不事舅姑三也,口舌四也,盗窃五也,妒忌六也,恶疾七也。"另外《大戴礼记·本命》中也有类似七出的说法。① 无子,指妻子不能给夫家生育后代,有违婚姻传宗接代的重任,自然要休弃。淫佚,指女子不贞节,即违背了女子对丈夫要忠贞的义务,又会导致子嗣身份不明,引起家庭内部辈分不清,为宗法所不容。不事舅姑,指不孝顺公公婆婆。由于婚姻不是当事人双方的事,而是两个家庭间的事,自然婚姻的存续与否就与家长的意志相关,如果公婆不满,即使夫妻恩爱,也是要休弃的。口舌,妇女多口舌,会引起家族内部的不和睦和不团结。妒忌也是一样,妻妾之间争风吃醋,会破坏家庭内部的稳定。盗窃,不是说女子有偷窃的行为,而是指女子藏有私产,甚至娘家所带来的财物在嫁入夫家后都要归夫家所有,不允许女子私自享有与处分。恶疾,是女子患有恶性、传染性疾病,这有可能传染给家族的其他人,又有可能影响后代的健康,也要休弃。

---

① "妇有七去:不顺父母去,无子去,淫去,妒去,有恶疾去,多言去,窃盗去。不顺父母去,为其逆德也;无子,为其绝世也;淫,为其乱族也;妒,为其乱家也;有恶疾,为其不可与共粢盛也;口多言,为其离亲也;盗窃,为其反义也。"

男方家庭只要以上述七种理由的任何一种,即可将女子休弃,而这七种理由又都缺少具体客观的标准,可见,对女子而言是非常没有保障的,于是后来又出现了对"七出"进行限制的"三不去"。《大戴礼记·本命》中有:"妇有三不去:有所取无所归,不去;与更三年丧,不去;前贫贱后富贵,不去。"是说女子在具备三种条件之一,是不可以任意休妻的。这三个条件分别是:第一,"有所取无所归",即娶妻时女子娘家有人在,但要休妻时,娘家父兄俱无,是不可以休妻的;第二,"与更三年丧",指女子与丈夫一起为公公婆婆服丧三年,这是尽了孝道的,对于这种妻子,也是不可以休弃的;第三,"前贫贱后富贵",即娶妻时生活贫困,妻子陪同丈夫苦度日月,在生活好转后,丈夫不可以随意休弃妻子。"三不去"在一定程度上对男方的单意休妻起到一定的限制作用,但其精神实质并非维护女子的权益,其出发点更主要的是维护礼治和倡导宗法家族伦理道德。

2. 家庭制度

在西周的宗法社会里,家庭是构成亲属关系的基础,家庭内部关系的放大,即形成家族间彼此的关系。

在一个家庭中,主要有两类关系,一为夫妻关系,一为父子关系,《礼记·昏义》有:"男女有别,而后夫妇有义;夫妇有义,而后父子有亲;父子有亲,而后君臣有正。"后来发展的"君为臣纲,父为子纲,夫为妻纲"更直观表现了处理这些关系的准则。《礼记·郊特牲》:"妇人,从人者也:幼从父兄,嫁从夫,夫死从子。"因此,夫妻关系的处理与处理父子关系是类似的,这种家庭内部关系的处理准则被称为父权家长制。后来有将家长在家庭中的权利归结为四种的,即教令权、主婚权、财产权和立嗣权。教令权是指父母有权教育及惩罚子女;主婚权是指子女婚姻大事的决定权在父母,也只有遵从父母意志而成立的婚姻才是合法的婚姻;财产权是指只有父母亲有权处分家庭的财产,子女只有使用权,《礼记·坊记》有:"父母在,不敢有其身,不敢私其财,示民有上下也";最后是立嗣权,当需要指定继承人时,由父母在辈分相当的人里进行指定。可见,在宗法社会的家庭里,儿子是没有独立人格的,他的人身大事均由父母掌控。

3. 继承制度

在西周,继承主要包括宗祧继承、爵位继承与财产继承三种,继承时最主要的原则是嫡长子继承制。对祖先的祭祀是周人生活中的大事,这种祭祀必须由大宗亲自履行,因此,大宗去世时,就产生确立祭祀继承人的问题,即宗祧继承。宗祧继承更多是一种形式上的意义,与之相伴的是与继承时所产生的对被继承人的身份地位及财产的继承,即爵位的继承与财产的继承,西周均奉行嫡长子继承制的原则,避免诸子纷争甚至残杀。正所谓"立适以长不以贤,立子以贵不以长"①。必须指出的是,在宗法社会里,在财产继承问题上,继承人实际上只是继承了财产的管理权。

第四节　西周的司法制度

一、司法机关

(一) 中央司法机关

与宗法等级制相适应,周天子既是全国最高行政长官,又是全国最高的司法官,有权处理全国性的重大案件,并负责处理各诸侯间的争讼。

中央设司寇,也有称为"大司寇"的,作为中央最高司法机关,"掌建邦之三典,以佐王刑邦国,诘四方"②;《尚书·周官》:"司寇掌邦禁,诘奸慝,刑暴乱",辅佐周王,全面处理司法事务,主要包括掌管国都刑狱,维持京都治安,复审地方上报的案件等;司寇下有小司寇,"以五刑听万民之狱讼,附于刑,用情讯之"③,负责直接审判案件,司寇以下,根据刑事、民事案件的不同性质,分设处理不同案件的官职,如士师等。

(二) 地方司法机关

在周王直接统治下的王畿地区,地方分为"国"、"乡"、"遂"。

---

① 《春秋公羊传·隐公元年》。
② 《周礼·秋官·大司寇》。
③ 《周礼·秋官·小司寇》。

"国"即王城、国都,在王城的城郭以内,称为"国中";王城以外百里之内称为"乡";王城百里以外二百里之内称为"遂",也可称为"郊";王城二百里以外三百里以内称为"野";野以外为"县",县以外为"都"。从广义上讲,"国"、"乡"、"遂"均可称为"国",属王畿之内,"野"、"县"、"都"均可称为"野",属王畿之外。这是西周时周王直接统治下的地方建构制度,地方的行政长官即是地方的司法官。乡设乡士,"乡士掌国中,各掌其乡之民数而纠戒之,听其狱讼,察其辞,辨其狱讼,异其死刑之罪而要之"①。遂设遂士,"遂士掌四郊,各掌其遂之民数而纠其戒命,听其狱讼,察其辞,辨其狱讼,异其死刑之罪而要之"②。王畿之外设有县士、方士等,职责与乡士、遂士基本相同。

在诸侯国内,基本上按周王室的职官机构,设官分职,建立起自己的地方政权组织。诸侯王统揽地方大权,对诸侯国内的事务有相对独立的自主权,不受中央直接管辖,掌握有最高的司法权;同时也设立司寇等专职司法官;另外宗族组织也拥有一定的司法权。

二、诉讼审判制度

(一) 诉讼种类

《周礼·地官·大司徒》:"凡万民之不服教而有狱讼者……"郑玄注曰:"争罪曰狱,争财曰讼。"可见,西周对刑事诉讼与民事诉讼已有一定区分,刑事诉讼称为"狱",民事诉讼称为"讼"。

(二) 起诉与受理

诉讼均要求由原告提起,司法机关才予以受理。一般诉讼,原告口头诉说即可;重要的案件,原告必须持有书面的诉状,称为"剂",官府才会受理。同时,要使案件得以继续进行,还必须缴纳一定诉讼费,称为"束矢"和"钧金",民事案件要"入束矢",即交纳一束箭,刑事案件要"入钧金",即交纳三十斤铜,然后案件才会进入审理程序,不交纳诉讼费会被认为"自服不直",以败诉告终。当时这种对诉讼

---

① 《周礼·秋官·乡士》。
② 《周礼·秋官·遂士》。

费用的限制,必然会使许多百姓因无法承担诉讼费用而无法起诉。

(三) 审理

西周审理案件要求"两造具备"①,"两造"即两曹,指诉讼双方,即原告、被告双方当事人必须到庭,法官才开始审理案情。

对质开始前,原告、被告得盟誓,"有狱讼者,则使之盟诅"②。盟诅即盟誓,盟誓是一种誓于神的活动,书于策便为可信。法官审理案情主要是核对双方的供词,检验物证。运用"五听"的方法进行审讯,听取双方供词,即:"以五声听狱讼,求民情:一曰辞听,二曰色听,三曰气听,四曰耳听,五曰目听。"③根据郑玄的注释,辞听,即"观其出言,不直则烦",也就是说,听被审讯者的供诉,属实则理直气壮,不属实则烦乱无章;色听,即"观其颜色,不直则赧然",观察被审讯者的神色,供诉属实则表情坦然,供诉不实则神色有变;气听,要"观其气息,不直则喘",即观察被审讯者的气息,属实则平和气顺,不属实则喘乱结哽;耳听,为"观其听聆,不直则惑",即注意被审讯者的听力,供诉属实则应对敏捷,不属实则听不清,答非所问;目听,即"观其眸子,不直则眊然",即观察被审讯者的眼神,目光炯炯有神的,是供诉属实,目光无神,眼神游移不定的为供诉不实。可以说是通过察言观色来判断供诉是否属实。应该说,人们的心理会通过他的言行表现出来,这些方法有点类似今天心理学的方法,在获取证据手段比较低下的当时,是比较进步的。这种审理案件过程中"五听"的审讯方法,被后世所继承,如《唐律疏议·断狱》有:"察狱之官,先备五听,又验诸证信,事状疑似,犹不首实者,然后拷掠。"

当遇到重大疑难案件时,则要用"三刺"之法处理,即"一曰讯群臣,二曰讯群吏,三曰讯万民。"④也就是说,遇到疑难案件,要听取朝廷大臣、百官及百姓的意见,再对案件作出决断。

(四) 判决

案件审理完毕后,会制作判决书,并由法官向当事人宣读,称为

---

① 《尚书·吕刑》。
② 《周礼·秋官·司盟》。
③ 《周礼·秋官·小司寇》。
④ 同上。

"读鞫"。宣读完判决书后,如果当事人对判决不服,可以要求重新审理,称为"乞鞫"。"乞鞫"按照路途的长短不同有不同的时间要求,只有在规定的时间内提出,才有效。"期内之治听,期外不听。"①

（五）刑罚的执行

西周死刑的执行一般是公开执行,"凡杀人者,踣诸市,肆之三日,刑盗于市"②。不仅公开执行,还要暴尸三日。但是,在一个宗法等级森严的社会,"王之同族"和"有爵者"在需要执行死刑时享有优待,会被秘密处死。此外,对女犯一般也不采用公开处决的办法。在其他肉刑的执行上,奴隶主贵族也享有特殊待遇。

在死刑的执行时间上,西周奉行秋冬行刑。他们认为,应顺天道立法,顺天时行刑,春夏时节,万物生长,人不能违背天时去进行杀戮,而秋冬季节,万物萧瑟,大地肃杀,此时适合进行杀戮。秋冬行刑的做法自西周出现后,在中国历史上持续了几千年。

三、监狱制度

西周的监狱称为圜土或囹圄,囚犯在监狱内要带狱具,有桎、梏、拲等。束缚足的叫桎,即脚镣;束缚手的叫梏或拲,其中两手分别加械的叫梏,两手合用一具的,称为拲。囚犯在监狱内不仅人身自由受到限制,还必须从事一定的劳动,服刑的时间为三年至一年不等。

---

① 《周礼·秋官·朝士》。
② 《周礼·秋官·掌戮》。

第三章　春秋战国时期的法律制度

（前770—前221）

公元前770年周平王时期，由于西北犬戎族的侵入，周朝的国都从镐京迁到雒邑（今河南洛阳），史称"东周"。从公元前770年至公元前476年，与孔子编订的鲁国史书《春秋》的起止年代相当而得名"春秋"。公元前476年至公元前221年，经过各诸侯国接连不断的兼并战争，原来的一百多国，只剩下二十多个，其中，最强大的有齐、楚、秦、燕、赵、魏、韩七国，史称"战国七雄"。西汉末年的刘向，将这段历史的各种资料编成一本书，取名《战国策》，从此，人们都将这一历史阶段称为战国时期。

春秋战国时期，社会形态发生巨大变化，法律制度也发生了深刻的变革。法律思想领域发生了新与旧的冲突，法律呈现变化的特色，法律由秘密状态变为向民众公开，体现奴隶主贵族意志的奴隶制法逐步被体现新兴地主阶级意志的封建制法所取代。

春秋战国时期，是中国历史上非常重要的转型时期。学习本章，关键要把握法律的变革，重点把握春秋时成文法的公布及战国时期的变法两方面内容。

第一节　春秋时期成文法的公布

春秋时期，铁制农具逐渐应用于农业生产，牛耕开始普遍推广，农业生产力迅速提高，大量的荒田被开垦，在"井田"之外，出现了"私田"；另一方面，由于战争的频繁与剥削的严酷，大批奴隶与平民逃亡或迁徙，为荒地的开垦提供了劳动力，于是私田的数量不断增多,生产关系随之发生改变。春秋中晚期,土地交易也出现。在开垦私田之外,奴隶主贵族间争夺公田的斗争也愈演愈烈,加速了公田向私田的转化,原有的井田制遭到破坏。一些诸侯国为保证财政收入,相继改革田制,如齐国"相地而衰征"①,根据土地的肥瘦征收赋税;晋国"作爰田"②,改变井田制度,把土地赏赐给国人;鲁国实行"初税亩"③,以按亩收税的方式承认了私田的合法性。这一切使以井田制为基础的奴隶制土地国有制度从根本上发生动摇,带动社会全方面的变革。

由于私田的不断增多和诸侯王势力的不断增强,他们纷纷起来争夺霸权,周初"王室独尊"的局面遭到破坏,周天子名义上仍是天下共主,但王室的经济、军事实力大大削弱,政治权威显著降低,"礼乐征伐自诸侯出"④,周礼名存实亡,呈现"礼崩乐坏"的局面。为了在新的政治经济形势下取得争霸战争的胜利,各诸侯国纷纷开始"变乱旧章"的改革,建立新的政治管理体制和各项规章制度,封建制逐步兴起。

伴随着经济、政治生活领域的变革,思想文化领域也呈现出争鸣的局面。不同的社会主体从自己的立场出发,思考社会的出路,提出各自的治国主张,思想文化领域呈现出前所未有的"百家争鸣"的繁荣景象。

经济、政治及思想文化领域的变革也促成了法律在春秋时期的变革,其最突出的表现是成文法的公布,法由秘密法状态转为到法的公开。

一、立法活动

夏、商、西周时期,即使有成文刑书,也是不向老百姓公布的,奴隶主贵族奉行"刑不可知,则威不可测"⑤,认为法律处于秘密状态,

---

① 《国语·齐语》。
② 《左传·僖公十五年》。
③ 《左传·宣公十五年》。
④ 《论语·氏季》。
⑤ 《左传·昭公六年》孔颖达疏语。

其威力是无穷的,因为此时判定是否违法完全掌握在奴隶主贵族手中。春秋时期社会变革的出现,尤其是大量私田的开发,新兴地主阶级力量逐步壮大,他们希望自己的权益得到保护,秘密法的状态显然是无法保障其对新开垦土地的权益的,因为国家随时可以收回土地。此时,新兴地主阶级迫切要求法律公开,将他们对新开垦土地的权益以公开的成文法的形式予以确认,这是当时不可逆转的趋势。顺应这一趋势,各国开始了新的立法活动,并逐渐走上法律公开之路。这里,分别介绍楚国、晋国及郑国的立法活动。

(一) 楚国的立法活动

根据现有史料,楚国在春秋时期有两次立法活动。第一次是在楚文王时期,约公元前689年至公元前677年,楚文王制定《仆区法》。《左传·昭公七年》记载:"周文王之法曰:'有亡,荒阅',所以得天下也。吾先君文王,作仆区之法,曰:'盗所隐器,与盗同罪',所以封汝也。若从有司,是无所执逃臣也。逃而舍之,是无陪台也。"这段话首先提示了《仆区法》的存在,表明楚文王模仿周文王"有亡荒阅"之法,制定了《仆区法》。"有亡荒阅"是严禁奴隶逃亡的法律,可见《仆区法》有类似规定。此外,《仆区法》的内容还包括对隐匿盗窃所得之器物该如何处理的有关规定。杜预注:"仆区(读音为'殴'),刑书名。"服虔曰:"仆,隐也。区,匿也。为隐匿亡人之法也。"可见,《仆区法》是有关隐匿逃亡之人及窝藏赃物的法律。

史料可见的楚国的第二次立法活动是在楚庄王时期,时间为约公元前613年至公元前591年,制定了《茆门法》。关于《茆门法》的内容《韩非子·外储说右上》提到有两种说法,一种为:"荆庄王有茅门之法,曰:'群臣大夫诸公子入朝,马蹄践霤者,廷理斩其辀,戮其御。'"茅门,即茆门,也称为雉门,是楚王宫宫门之一,从上面这段话可以看出,如果群臣、大夫、公子等人入朝廷时,马蹄践踏排水槽的积水,当时的司法官廷理就要把他的车辕砍断,把驾马车者处死;另一种为:"楚王急召太子。楚国之法,车不得至于茆门。天雨,廷中有潦,太子遂驱车至于茆门。廷理曰:'车不得至茆门。至茆门,非法也。'"这里讲的是禁止车进入宫门之内。可见,《茆门法》是规范有关进入宫廷的禁止事项的法律。

(二) 晋国的立法活动

晋国先后有四次大的立法活动。第一次是在晋文公四年,约公元前633年,晋文公称霸时,作"被庐之法"。《左传·僖公二十七年》有:"冬,楚子及诸侯围宋……于是乎蒐于被庐……晋侯始入而教其民,二年,欲用之……子犯曰:'民未知礼,未生其共。'于是乎大蒐以示之礼,作执秩以正其官,民听不惑而后用之。出谷戍,释宋围,一战而霸,文之教也。"《左传·昭公二十九年》有谈及此事:"文公是以作执秩之官,为被庐之法,以为盟主。"杜预注:"僖公二十七年文公蒐被庐,修唐叔之法。"被庐,晋国地名(今不详),当时晋楚争霸,楚围攻宋,宋求助于晋,晋楚即将开战,晋文公在被庐举行大蒐礼,即阅兵,制定"被庐之法",其应是遵守晋祖先唐叔的法度,内容可能与官吏爵秩有关。

晋国第二次立法活动是约公元前621年,赵盾(赵宣子)为晋国执政时,制定"常法"。《左传·文公六年》记载:"宣子于是乎始为国政,制事典(制定施政方针),正法罪(制定刑罚律令),辟狱刑(清理诉讼积案),董逋逃(督察追捕逃犯),由质要(依靠契约文书定夺财物出入之争议),治旧洿(治理污秽),本秩礼(使回复旧有贵贱秩序),续常职(使贤能的人就任空缺官职),出滞淹(从百姓中选拔人才)。既成,以授大傅阳子与大师贾佗,使行诸晋国,以为常法。"这部法典在当时并没有公布。

晋国第三次立法是约公元前593年,范武子为执政时,制定的"范武子之法"。《左传·宣公十六年》记载:"武子归而讲求典礼,以修晋国之法",这部法律的内容应与官吏爵秩有关。

晋国第四次立法活动是约公元前513年,晋国大臣赵鞅、荀寅将赵盾所作的法典铸在鼎上,公之于众,这是新势力在晋国取得政权后采取的一项重大举措,但遭到了孔子的反对。

(三) 郑国的立法活动

郑国有两次立法活动。第一次是约公元前536年,《左传·昭公六年》有:"郑人铸刑书",杜预注:"铸刑书于鼎,以为国之常法"。鼎是人们祈祷祭祀之神器,子产"铸刑于鼎",既预示着法的权威与神圣,也是用鼎这一载体表明法的稳固与彰明。子产"铸刑书"意味着过去一直被神秘化的法律变成了公开的法律,过去奴隶主贵族"临事议制,不豫设法"的做法行不通了,"刑不可知,则威不可测"的时代结束了。与其他改革一样,铸刑书遭到了激烈的反对。《左传·昭公六年》记载,晋国大臣叔向得知此事后专门给子产写信,对其公开法律的行为表示强烈的反对与不满。

郑国第二次立法活动是郑国执政驷歂杀邓析而用其《竹刑》。邓析不满于子产对周礼仅采取改良做法,对子产的刑书也持否定态度。他私自编定了一部更能适应新兴地主阶级要求的法律,写在竹简上,历史上称为"竹刑",由此开创了私家法学著述的先例。《左传·定公九年》记载:"郑驷歂杀邓析而用其《竹刑》。君子谓子然:'于是不忠。苟有可以加于国家者,弃其邪可也。'"据晋代杜预的注释,驷歂杀邓析是因为他"不受君命而私造刑法",违背了"法自君出"的原则,但当时的君子也批判驷歂的枉杀行为。在《吕氏春秋·离谓》篇中记载了邓析的另一种死法,"子产治郑,邓析务难之……以非为是,以是为非,是非无度,而可与不可日变,所欲胜因胜,所欲罪因罪。郑国大乱,民口欢哗,子产患之,于是杀邓析而戮之。民心乃服,是非乃定,法律乃行。"这里邓析与子产"作对",还造成郑国的大乱,导致子产将其处死。邓析究竟为谁所处死,因何被处死,今已很难考证,但这些史料都反映出与刑鼎的笨重相比,邓析的竹刑便于携带和流传,在当时的影响巨大,被国家认可后,具有了法律效力。

二、成文法的公布引起的争论

从上述立法活动可以看出,春秋后期,郑国子产铸刑书于鼎,将成文法公之于世,是中国历史上第一次公布成文法,后来其他国家如晋国也将法律公之于众。之前的夏、商、西周时期虽然也有法律,但那些法律并未向老百姓公开,公布成文法的举动在当时社会中引起了剧烈的震动,虽有许多国家纷纷效仿,但这一变革遭到激烈的批评。

郑国公布成文法时,晋国的叔向特地写信给子产,说:"始吾有虞于子,今则已矣。昔先王议事以制,不为刑辟,惧民之有争心也……民知有辟,则不忌于上,并有争心,以征于书,而徼幸以成之,弗可为矣……今吾子相郑国,作封洫,立谤政,制参辟,铸刑书,将以靖民,不亦难乎?……民知争端矣,将弃礼而征于书。锥刀之末,将尽争之。乱狱滋丰,贿赂并行,终子之世,郑其败乎! 肸闻之,国将亡,必多制,其此之谓乎!"①叔向的话主要有三层意思:其一,先王时期法是不公开的;其二,法律公开会使老百姓弃礼而征于书,凡事都要争个明白;其三,子产这样做是要亡国的。子产回信给叔向,他非常坚决地回答叔向说:"若吾子之言,侨不才,不能及子孙,吾以救世也。既不承命,敢忘大惠?"②表明他这样做是为了"救世",是顺应历史潮流的举动。

公元前513年,晋国大臣赵鞅、荀寅将赵盾所作的法典铸在鼎上时,招来了孔子的反对。孔子认为,晋国先前所制定的法律,如"被庐之法"、"常法"等,因为能保证贵贱等级秩序,所以晋国能成为盟主;现在废弃旧有法度,铸刑鼎,将法律公开,将会使百姓都依法律行事,贵族的尊贵无从体现,贵贱无序,必将招致亡国。他感叹道:"晋其亡乎! 失其度矣。"③

可见,叔向反对法的公开,认为法律公开,会使百姓多争心,法律必将增加,会带来国家的灭亡;孔子也反对法的公开,认为法律公开,百姓凡事依法行事,无须依赖于贵族,最终导致贵贱无序,也会带来国家的灭亡。两人反对的理由虽有所不同,但他们的目的是相同的,即都不希望维护奴隶主贵族利益的宗法等级制被破坏,被更多体现新兴地主阶级利益的法所取代。

三、成文法公布的意义

春秋时期成文法的公布是中国法制史上的一件大事,具有重大意义。成文法公布后,法的公开成为历史潮流,从此以后,秘密法再也无法延续。同时,秘密法时代的结束也标志着刑依法定的局面逐渐打开,以刑统罪宣告结束。并且,成文法的公布,打破了"礼治"的

---

① 《左传·昭公六年》。
② 同上。
③ 《左传·昭公二十九年》。

传统,"法治"开始进入人们的视野,奴隶主贵族的特权受到限制,为新的封建制法律制度的形成奠定了基础。此外,中国法学也伴随着成文法的公布及由此所带来的争论而初步萌芽,私家法律教育逐步兴起。①

第二节 战国时期的变法

进入战国时期,新兴地主阶级的力量更加壮大,春秋晚期出现的法的公开日渐成为大多数人的共识。此时,人们的关注焦点,不再局限于法的公开这一问题上,人们更关注公开的法律的内容问题,即法律内容的变革问题,或称为变法问题。本节,将介绍战国时期法制指导思想,并重点介绍战国时期重要的一部法律《法经》和战国时期最著名的一次变法——商鞅变法。

春秋战国时期社会的剧烈变革,不仅提供了人们探讨治国良策的土壤,社会的动荡也提供了相对宽松的环境,使各种新的思想得以诞生和发展。社会转型时期存在的不同利益主体,从各自的立场与利益出发,对政治、经济等问题进行长期的辩论,出现了"百家争鸣"的局面,其中,影响最大的是儒、墨、道、法四家。

儒家反映的是封建贵族的利益,创始人为孔子,代表人物还有孟子和荀子。儒家法律思想强调"民为邦本"的民本思想,强调"为政在人"的人治论,强调"过犹不及"的中庸学说,儒家法律思想的核心可归纳为强调"礼治"、"德治"与"人治"思想,主张建立伦理法。在"德治"观的影响下,儒家继承周礼,并加以改造,要求建立以家族为本位,以伦理道德为中心,以宗法等级为基础的法律制度。

墨家反映的是小生产者的利益和要求,创始人为战国初期的墨翟,主张"兼相爱,交相利"。从小生产者的角度出发,墨家主张通过相互交换的爱达到普遍平等的爱,"兼相爱"落实到"交相利",互相帮助,共谋福利。这些思想反映了小生产者保有私有财产和互助互

---

① 参见何勤华:《"中国古代无法学论"质疑》,载何勤华:《中国法学史》(第一卷),法律出版社2000年版,第54—55页。

利的要求,反对宗法世袭特权和等级剥削压迫。

道家是反映隐居山林的没落贵族,即"隐士"阶层思想要求的学派,创始人为老子,先秦时期以老子和庄子为代表。其法律思想以"道"为出发点,主张"无为而治"。道家认为"道"是万物的本源,"道法自然",因此主张"无为而治",对社会的变革他们采取消极态度,反对人为制定的法,希望社会回到"小国寡民"的状态。

法家代表了新兴地主阶级的利益,先秦时期集法家之大成者是韩非子,法家主张"以法治国",并提出一套行之有效的推行"法治"的理论和方法,成为战国时期最重要的法律思想,各国在变法时多采取法家的做法。

一、法制指导思想

(一) 厉行法治

作为先秦时期最重视法律作用的一个学派,法家认为法能确定名分,防止争夺。早期法家人物慎到以"百人逐兔"的故事解释法的定分止争的作用。法还能够禁止恶民乱臣犯罪,基于人性本恶的观点,法家认为道德教化不能改变人的恶性,只有"服之以法",才能"国治而民安"。法还能够制民胜民,"胜民之本在制民"[①],通过法律使民众致力于农业与战争,以求富国强兵。因此,法家强调厉行法治,做到"不别亲疏,不殊贵贱,一断于法"[②],也就是不管血缘关系的亲疏远近,不管爵位贵贱,只要违法犯罪,一律按法律论罪处刑。所以说:"亲亲尊尊之恩绝矣。"

(二) 法律公开

法家主张用来治国的法律必须是向百姓公开的,所谓:"法者,编著之图籍,设之于官府,而布之于百姓者也。"[③]也就是一方面,法令要公开,力求做到家喻户晓;另一方面,"以法为教",让官吏与民众都明白法律,"以吏为师",由通晓法律的人担任法官,并向其他官

---

① 《商君书·画策》。
② 《史记·太史公自序》。
③ 《韩非子·难三》。

吏和民众传授法律,教育的内容也是以法令为主要内容,做到"天下之吏民无不知法者,吏明知民知法令也,故吏不敢以非法遇民,民不敢犯法以干法官也。"①

（三）轻罪重罚

法家主张适用刑罚时采用轻罪重罚的重刑主义。商鞅认为："故行刑,重其轻者,轻者不生,则重者无从至矣。此谓'治之于其治'也。"②也就是说,对轻罪适用重刑,那么轻罪就不致产生,轻罪没有了,重罪也就无从出现了,这种观点也被称为"以刑去刑"。商鞅的这一观点被法家所推崇,后世法家多采重刑主义。但这一论调本身却包含着谬误,因为并非先有轻罪再有重罪,当对轻罪适用重刑时,对重罪的处罚显然无力,"轻罪重罚"不仅难以真正达到"去刑"的目的,相反由于其对重罪的打击不力,可能适得其反,使得重罪增加。

在社会动荡的战国时期,法家的"法治"主张非常适合于当时社会的需要,所谓"治乱世用重典",这使得法家在战国时期逐步成为最主流的思想,其他学说纷纷借鉴其合理之处,如儒家在此时由荀子将法引入礼,争战的各国在进行改革时,也纷纷以法家学说为指导。

二、《法经》

战国时期,各国为了在争战中取胜,先后进行变法改革,在法家思想的指导下,陆续制定并颁布了一批成文法典,如魏国魏文侯时期的《法经》,襄王时期的《大府之宪》,楚国楚怀王时的《宪令》,赵国的《国律》,齐国的《七法》,韩国的《刑符》,秦国的《秦律》,等等,在这些法典中,魏国李悝主持制定的《法经》最具代表性。

（一）制定

相传魏文侯在位期间（前445—前395）,为了富国强兵,任用李悝为相,吴起为将,西门豹为邺令,着手进行变法改革。这是战国时期各国变法最早的一次。在经济方面,推行"尽地力之教"和"善平

---

① 《商君书·定分》。
② 《商君书·说民》。

籴",充分发挥土地效力,提高粮食产量,针对谷贱伤农、粮贵伤民,实行丰年由国家平价籴粮,储存备荒,歉年平价出售存粮,平抑粮价,调动广大农民的积极性;在政治方面,废除世卿世禄制,确立量才任用的新型选官制度;在法律方面,李悝总结并参考各国的立法经验,编撰《法经》,推行法治。《法经》既是变法的一个主要内容,又是推行变法和巩固变法成果的有力工具。

(二) 内容

《法经》已经失传,今天主要是根据《晋书·刑法志》、《唐律疏议》和明代董说的《七国考》转引西汉桓谭《新论》等文献的记载,得知它的相关内容。由于《晋书》之前的史书未提及《法经》,有学者怀疑《法经》存在的真实性。从现有记载《法经》的资料来看,《法经》共六篇,即《盗法》、《贼法》、《囚法》、《捕法》、《杂法》、《具法》。

从六篇的编排体例看,《法经》是一部比较系统的成文法典。据《七国考》引述《新论》记载,六篇编排的逻辑关系是:"以为王者之政,莫急于盗贼,故其律始于《盗》、《贼》。盗贼须劾捕,故著《囚》、《捕》二篇。其轻狡、越城、博戏、借假不廉、淫侈逾制以为《杂律》一篇,又以《具律》具其加减。是故所著六篇而已,然皆罪名之制也。"[①]也就是说,对国家来说,盗、贼是两种最重要的犯罪,因此放于篇首;有了盗、贼犯罪,就需要囚捕查办,因此,在《盗法》、《贼法》之后,有《囚法》(又称《网法》)、《捕法》两篇。其他的犯罪,以《杂法》进行规范。最后,对以上犯罪在量刑时,不同情节有加、减量刑需要的,以《具法》进行规范。《法经》的体例已体现出较为严格且完备的特色。

从内容上看,《法经》六篇可分为三个组成部分,即正律、杂律和减律。正律包括《盗法》、《贼法》、《囚法》、《捕法》四篇。所谓盗,据《荀子·修身》:"窃货曰盗",即侵犯官私财产所有权的犯罪行为;所谓贼,"害良曰贼"[②],即侵犯他人人身安全及危害政权等的犯罪行为。可见,对统治者来说,首要惩治的是侵犯其人身安全与财产安全的犯罪行为,对这两类犯罪行为的制裁非常严厉。《囚法》、《捕法》

---

① 《晋书·刑法志》。
② 《荀子·修身》。

规定与缉捕有关的犯罪。第二部分杂律,据《晋书·刑法志》记载:"其轻狡、越城、博戏、借假不廉、淫侈、逾制以为《杂律》一篇",轻狡,即盗窃官府符玺或议论国家法令的政治狡诡行为;越城,即翻越城池或偷渡关津的行为;博戏,即赌博诈欺行为;借假不廉,即贪污贿赂行为;淫侈,即奢侈淫靡;逾制,即违反法律规定,享用不应享有的特权或器物服饰等僭越行为。第三部分减律即《具法》,"具其增减",即根据不同情节在量刑时予以加刑或减刑的规定,主要是刑罚适用原则的有关规定,相当于后世法典中的《名例律》部分及今天刑法的"总则"部分。

(三) 历史地位与影响

《法经》被誉为是中国历史上第一部比较系统的封建法典,它以先秦法家思想为指导,参考、总结并汲取春秋战国时期各国立法与公布成文法的成功经验,代表当时最高的立法成就,它所开创的法典编纂体例与法典的内容都具有划时代的意义,对后世立法产生了深远的影响。

首先,以镇压盗、贼为立法宗旨。从封建统治者的角度出发,《法经》把侵犯官私财产安全与人身安全作为法律重点打击的对象,并将其列为篇首,充分体现封建法律制度的本质,成为后世封建律典奉行的指导原则。

其次,贯穿重刑主义的法制原则。为了巩固新建立的封建专制政权,《法经》不惜动用最残酷的肉刑、死刑、族刑、连坐等刑罚手段,并创立以言论或思想治罪的先例,这些做法许多为后世所继承。这一原则的确立在当时固然有乱世推行变法的必要性,但另一方面,也充分反映出封建专制政权是建立于残酷的刑事镇压的基础之上的。

再次,编纂体例与编纂思想成为后世立法的基础。一方面,《法经》本身篇章结构有内在的逻辑关系,具有其系统性与合理性。据说,商鞅携《法经》入秦,以《法经》为基础制定秦律;后来汉承秦制,在《法经》六篇的基础上,增加户、兴、厩三篇,制成《九章律》,后来曹魏的《新律》、西晋的《泰始律》到北齐的《北齐律》,均在《法经》的基础上不断完备,最后形成唐律12篇500条的结构;另一方面,从《法经》的编纂思想来看,具有明显的刑事性,即通过立法打击危害政权及社会的行为来维护统治,这种刑事性立法的特色成为日后各朝代主要的立法思路,对中华法系以刑为主特色的形成具有重要影响。

三、商鞅变法

(一) 背景

商鞅(前390—前338),卫国贵族,姓公孙,名鞅,亦名卫鞅。公元前340年,因有功于秦,秦孝公封卫鞅于商(今陕西商州市),号为商君亦称商鞅。商鞅少喜读刑名之学,到了青年时期,他已经成为一个有学问有才干的人。最初,他在魏惠王的相国公孙痤手下做小官,深得公孙痤重视。公孙痤临死时推荐商鞅继任他的相位,未被魏王接受。公元前361年,秦孝公即位,下令招贤,商鞅携《法经》入秦,受到秦孝公的赏识和重用,主持秦国的变法。

商鞅依据李悝的《法经》,结合秦国实际,制定出一套变法方案,先后两次进行变法。第一次变法是在秦孝公三年(前359),主要是以剥夺旧贵族的特权为主,兼及其他;第二次是秦孝公十二年(前350),以废除旧贵族赖以统治的经济基础为主,兼及其他。

(二) 主要内容

商鞅两次变法的内容可以归纳为以下几方面:

1. 改法为律,明法重刑

商鞅变法时,改法为律,此后中国封建各朝的主要法典一般均称为"律"。夏、商、西周时期,法律的名称多称为"刑",强调的是刑杀;春秋战国时期,各国立法时,多将法律命名为"法",与"刑"相比,"法"在一定程度上包含有公平的含义;到商鞅变法时,改法为律,《说文解字》说:"律,均布也。"即像调节音律一样,规范人们的行为举止,强调法律的整齐划一,反映出要求适用法律的普遍性、稳定性及必行性。

商鞅推行"法治",主张"法必明,令必行"[①],主张轻罪重罚。"明法",即强调法律要公开,要使人人皆知,所谓"故圣人为法,必使

---

① 《商君书·画策》。

之明白易知",使"万民皆知所避就"①,并强调法律必须要被贯彻实施。在适用法律的问题上,商鞅强调"重刑",体现为"刑用于将过",即在将要犯罪而尚未着手实施的时候,就对其施以刑罚,以此来预防犯罪,这就意味着对人们的思想进行重罚,而不是依据犯罪行为的危害后果来进行惩罚。商鞅还发展法家"刑无等级"原则,打破"刑不上大夫"的传统,无论是谁犯了罪决不宽宥。为了发挥刑罚预防犯罪的作用,商鞅颁布连坐法,实行同居连坐、什伍连坐、军事连坐、职务连坐等连坐制度,使一个人要受到与之相关的一定范围内的人犯罪的牵连,要求大家彼此监督,互相告发,国家则奖励告奸。

2. 废除世卿世禄制,奖励耕战

商鞅变法的重要举措是废除世卿世禄制,将旧有奴隶主贵族依靠其血缘所获得的一切特权予以剥夺,实行按军功赐爵授禄的制度。除国君嫡系以外的一切宗室贵戚,如果没有军功,就取消其爵禄和贵族身份;废除分封制,奖励耕织。对于积极耕织致生产粟帛多的,法律免除其徭役负担,并可以用多余的粮食捐买官爵;对于弃农经商和因懒惰而贫穷的,则要被罚没为奴婢。还规定统一度量衡、增加赋税收入等措施,如颁布"分户令",规定凡家中有两个男劳动力以上而不分家另立门户的,要双倍征收其赋税。这些措施彻底改变了旧有的社会基础,对于秦国的作战与生产非常有利,但由于这些措施大大削除了旧奴隶主贵族的利益,招致了他们的强烈反对,为商鞅的悲剧命运埋下伏笔。

3. 置县迁都,实行郡县制

商鞅"集小乡邑聚为县,置令、丞,凡三十一县"②,即在全国设置31个县,县下设乡、邑,乡下设里、亭,民按什伍之制进行编制。县设有县令,为一县之长,还设县丞,掌管民政,县尉掌管军事。县制的普遍推行,打破了以宗法血缘为基础,依靠分封制所构建起来的国家组织方式,有利于巩固地主阶级的统治和农业经济的发展。

---

① 《商君书·定分》。
② 《史记·商君列传》。

4. 焚毁诗书,禁止游宦

商鞅主张厉行法治,专任法治,取缔儒、墨、道等各家各派异端学说,尤其是儒家的"德治"、"礼治"等学说,主张用封建国家的法律、法令来统一人们的思想。还主张不能让那些凭着博学广识、能言善辩、信义廉洁、结党友众的人,取得富贵,非议法令,也不能让他们散布自己的主张;禁止请托、游说求官的活动。在意识形态领域进行新兴地主阶级的文化专制。

(三) 意义

商鞅变法是战国七雄中最晚却是最彻底的一次,抛弃了奴隶制的各项制度,并较完善地建立了一整套新的符合封建经济发展需要的行政管理体制与经济制度等,使秦国的政治经济很快得到发展,法制完备起来,国家得到统一,逐渐具备了雄厚的政治经济实力,成为七国中最强大的国家,为以后秦统一中国奠定了基础。东汉王充在《论衡·书解》中称:"商鞅相孝公,为秦开帝业。"

第四章 秦朝的法律制度

（前221—前206）

秦国原地处西陲,发展较缓。公元前7世纪后半叶在政治、经济和军事上开始得到较大发展。秦献公、孝公时,秦国相继采取一系列改革措施,尤其是公元前356年开始的商鞅变法,使秦国国力迅速强盛起来,彻底改变了秦国面貌,秦国一跃成为先进的富强之国。公元前230年至前221年的十年间,秦国先后灭掉韩、魏、楚、赵、燕、齐六国,最终完成统一大业,建立秦朝,成为中国历史上第一个统一的专制主义中央集权王朝。秦王朝建立后,以法家思想治理国家,重视法制建设,采取种种措施维护国家统一,发展社会经济,促进民族融合。但是,秦朝统治者在实践中将法家理论推向极端,实行严刑峻法,无限制役使民力,终使民众不堪忍受,揭竿而起,曾经辉煌一时的秦朝二世而亡。

秦朝继承秦国商鞅变法的改革成果,坚持先秦法家"法治"、"重刑"的法制原则,建立统一的君主专制中央集权特色的法制体系,对汉代及后世均产生深远的影响。这一时期法律制度的重点是:以法家思想为指导思想;律、制、诏等主要法律形式;较繁杂的刑罚体系;区分故意与过失、诬告反坐、犯罪连坐等刑法原则;廷尉等中央司法机构的建立;公室告与非公室告,等等。

第一节 秦朝的法制指导思想

秦朝以法家思想为其法制指导思想,主要包括"事皆决于法"、"法令由一统"及"轻罪重刑"等几个方面。

一、事皆决于法

法家主张"任法而治"。从商鞅到韩非子,形成系统的法治理论,认为法是客观的准则,是天下之公器,主张"一断于法"。对任何人的行为,都必须用法这一客观标准来衡量,不能因人而异。秦王朝建立后,确立"事皆决于法"的原则。在这一法制思想指导下,秦朝在立法上越发细密,制定了一系列法律法规,调整范围非常广泛,所谓"治道运行,诸产得宜,皆有法式"①。从出土的睡虎地云梦秦简来看,从政治到经济、从生产到生活,一切均有相关法律进行调整。

二、法令由一统

先秦法家主张"明法",取缔其他各家尤其是儒家的礼治学说,以国家的法律法令统一思想,并且认为法律的贯彻实施离不开权势的强制性,而国家的最高权力只能掌握在君主之手。秦始皇继承这一思想并予以实践,确立"法令由一统"的立法原则,包含两层含义:一是指国家立法权掌握在君主手里,其他人不得篡夺;二是法度统一,全国各地适用同样的法律,即"海内为郡县,法令由一统"②。在这种法制思想指导下,秦朝建立君主专制的中央集权,皇帝集立法、司法、行政大权于一身,强调君主独断,法自君出。

三、轻罪重刑

法家认为法可以禁奸止暴。商鞅强调"禁奸止过,莫若重刑"③,即对付奸邪之事莫过于用重刑。韩非提出轻刑伤民、重刑爱民的观点,认为明主应"峭其法而严其刑",严刑峻法是治理国家的有效手段。在法家看来,对轻罪处以重刑,人们不敢以身试法,轻罪不发生,重罪也就不会出现,这样达到用刑的目的,社会也就稳定了。"行罚,重其轻者,轻者不至,重者不来,此谓以刑去刑,刑去事成"④,即

---

① 《史记·秦始皇本纪》。
② 同上。
③ 《商君书·赏刑》。
④ 《商君书·靳令》。

表达这一意思。这是法家的重刑主义理论,以期通过轻罪重刑的手段达到预防犯罪的目的。当然,这一思想存在逻辑错误,以重刑制止轻罪的发生,并不必然使得人们重罪不犯,而达到"以刑去刑"目的也成为空想。秦自商鞅变法后一直奉行重刑主义原则。秦王朝建立后,更是将严刑峻法推向极至。《汉书·刑法志》描述秦始皇专任刑罚,以致造成"赭衣塞路,囹圄成市"的局面。秦二世上台后,更是"法令诛罚,日益刻深"。秦朝统治者将法家重刑理论诉诸实践,迷信刑罚,导致用刑的残酷和刑罚的滥用,这成为秦朝仅二世灭亡的直接导因。

第二节　秦朝的立法概况

秦朝法律制度主要是对秦国法制的继承和发展。公元前213年,秦始皇命令丞相李斯"明法度,定律令",对原有法律进行较大规模的整理修订,颁行全国。秦二世时"更为法律"。但秦朝的法律文本未能完整保留至今,我们只能通过各种史籍的零星记载,尤其是通过湖北云梦睡虎地秦墓出土的秦简了解秦朝的立法活动与主要法律形式。

一、法制概况

1975年12月,在湖北省云梦县城关睡虎地发掘了十二座战国末至秦朝的墓葬,从其中的11号墓中出土了大量秦朝竹简。经过考古工作者的整理拼复,共得秦简1155支(另有无法缀合的残片80片)。这批竹简统称为"睡虎地秦墓竹简",简称"云梦秦简"。据考证,11号墓主人名喜(前262—前217),生前历任安陆御史、安陆令史、鄢令史及狱吏等司法职务,死后以法律文书殉葬。其中所见秦律,是喜生前抄录的部分内容,并非秦律的全部。但它基本反映了商鞅变法后的秦国至秦朝初年的法制内容,为研究秦国及秦朝法制提供了珍贵的第一手资料。

云梦秦简内容共分六类十种。

第一类,私人摘抄的秦律,如《秦律十八种》、《效律》和《秦律杂抄》三种。其中所见律名,计有《田律》、《厩苑律》、《仓律》、《金布律》、《关市律》、《工律》、《工人程》、《均工律》、《徭律》、《司空律》、《军爵律》、《置吏律》、《效律》、《传食律》、《行书律》、《内史杂》、《尉杂律》、《属邦律》、《除吏律》、《游士律》、《除弟子律》、《中劳律》、《藏律》、《公车司马猎律》、《牛羊课》、《傅律》、《屯表律》、《捕盗律》、《戍律》等近三十种之多,内容极为丰富而庞杂。

第二类,官方对法律的解释说明,如《法律答问》。

第三类,国家对治狱、讯狱的一般原则和法律公文程式的规定,其中附有某些典型式例,如《封诊式》。

第四类,地方长官发布的具有法律效力的文告,如《语书》。

第五类,私人记的有关国家和个人经历中的大事,以及要求官吏遵守的一些行政规则和要求,如《为吏之道》。

第六类,类似后世的农历、卜筮的书籍,如《日书》甲种和《日书》乙种。①

二、主要的法律形式

秦朝以先秦法家的法制原则为指导,通过一系列立法活动,建立起律、令、制、诏等多种法律形式构成的统一法律体系。秦朝的法律形式主要包括以下几种:

(一) 律

律是经过一定立法程序制定的由朝廷正式颁布的规范性文件,具有较强的稳定性。自商鞅"改法为律"后,确定了这种法律形式的名称。律成为秦朝主要的法律形式,包括商鞅改名后的《法经》六篇及大量单行法律。

(二) 制、诏

制、诏是皇帝针对某事发布的带有规范性质的命令。秦始皇二十六年(前221)改命为制、改令为诏,确定了这种法律形式的名称。由于皇帝具有至高无上的权威,因此,制、诏的法律效力一般高于其他法律形式,甚至凌驾于成文法典之上,具有较强的灵活性。

---

① 参见刘海年:《战国秦代法制管窥》,法律出版社2006年版,第58页。

（三）式

式即格式、程式，是关于国家机关在某些专门工作中的程序、原则及有关公文程式的法律文件。如秦简《封诊式》即属此类法律形式，是关于司法审判工作的程序，对司法审判工作的要求以及诉讼文书程式的法律文件。《封诊式》中除两则关于"治狱"和"讯狱"的一般原则规定外，还有"封守"、"覆"、"有鞫"等有关法律文书程式的规定和选编的典型式例。①

（四）法律答问

秦简《法律答问》是以问答的形式，利用案例的方式，对法律内容、法律适用及诉讼程序等问题作出具体说明。它既是对律文的详细解释，也是对律文的补充，与所解释的法律一样，具有同等的法律效力。这种法律形式是秦统治者为维护法律的统一性，而委派专门的司法官吏对现有律典进行的解释。《法律答问》为后世的法律解释提供了经验。

（五）廷行事

秦的"廷行事"是一种成例，是司法机关对案件进行审理判决的先例，它可作为审理判决案件的法律依据。如秦律规定："盗封啬夫可（何）论？廷行事以伪写印。"②即假冒啬夫封印该如何处罚？成例是按伪造官印论罪。廷行事是律的补充形式之一。

此外，还有"程"、"课"等法律形式。程是关于劳动定额等确定额度的法规，如《工人程》。课是关于工作人员考核标准的法规，如秦简中的《牛羊课》，即是考核、督课畜牧人员饲养管理牛羊的专门法规。

第三节　秦朝法制的主要内容

秦朝在法家思想指导下建立了较为完备的法律体系，"治道运行，皆有法式"。本节就秦朝刑事法律制度、民事法律制度、行政法

---

① 参见刘海年：《战国秦代法制管窥》，法律出版社2006年版，第62页。
② 睡虎地秦墓竹简整理小组：《睡虎地秦墓竹简》，文物出版社1978年版，第175页。

律制度、经济法律制度等方面的主要内容作一叙述。

一、刑事法制

秦朝刑事法律在定罪量刑、刑罚制度及罪名等方面均有较大发展。

(一) 定罪量刑的原则

与前代相比，秦朝在定罪量刑的原则方面有所发展。从云梦秦简材料看，秦朝定罪量刑原则主要有以下几个方面。

1. 以身高确定刑事责任能力

秦以一定的身高标准来确定刑事责任能力。《法律答问》载："甲小未盈六尺，有马一匹自牧之，今马为人败，食人稼一石，问当论不当论？不当论及偿稼。"又载："甲盗牛，盗牛时高六尺，系一岁，复丈，高六尺七寸，问甲何论？当完城旦。"上引二例中，前者身高未足六尺，不负刑事责任，后者身高六尺七寸，负刑事责任。云梦秦简《仓律》："隶臣、城旦高不盈六尺五寸，隶妾、舂高不盈六尺二寸，皆为小。"可见，男子六尺五寸、女子六尺二寸为成年人，达到此身高者即具有刑事责任能力，就开始承担刑事责任，否则不负刑事责任。

2. 区分有无犯罪意识

有无犯罪意识是认定构成犯罪的标准之一。《法律答问》载："甲盗，赃值千钱，乙知其盗，受分赃不盈一钱。问乙何论？同论。"又载："甲盗钱以买丝，寄乙，乙受，弗知盗。乙论何也？毋论。"上引二例中，前者乙知道甲盗窃，虽然分赃不足一钱，但与甲同罪论处；后者乙虽然为甲寄存赃物，但不知是甲盗窃所得，故不予论罪。可见，两者的区分在于有无犯罪意识。

3. 区分故意与过失

秦律称故意为"端"或"端为"，过失为"不端"。依据犯罪主体的主观动机，将犯罪区分为故意犯罪与过失犯罪，前者从重处罚，后者从轻处置。《法律答问》载："甲告乙盗牛若贼杀人，今乙不盗牛、不杀人，问甲何论？端为，为诬人；不端，为告不审。"即甲控告乙盗牛或杀人，但所告不实，若甲控告是故意所为，构成诬告罪，若是过失则属于控告不实。如果是官吏量刑不当，故意者构成"不直"罪，过失者为"失刑"罪。

4. 共犯加重处罚

共犯是指两人或两人以上所实行的犯罪。秦律中,五人以上的共同犯罪是重大犯罪,更要加重处罚。《法律答问》:"五人盗,赃一钱以上,斩左止(趾),又黥以为城旦;不盈五人,盗过六百六十钱,黥劓以为城旦。"五人共犯盗罪,赃仅一钱,但五人都要被斩左趾、黥为城旦;而不满五人共犯盗罪,要赃满六百六十钱以上才黥劓为城旦。

5. 自首减刑

秦律中"自出"即"自首",规定对犯罪后主动自首者可酌情减轻刑罚。《法律答问》载:"把其假以亡,得及自出,当为盗不当?自出,以亡论;其得,坐赃为盗。盗罪轻于亡,以亡论。"即携带借用的官府财物逃走,如果自首则以逃亡罪处罚,如果被捕获则以赃数定其盗窃罪;如果赃数较少,按盗窃罪处罚比逃亡罪轻,则按逃亡罪处罚。可见,自首者可以减轻其自首的罪刑。

6. 诬告反坐

秦律中的"诬人"即"诬告"。诬告罪的成立,必须是"端告",即故意捏造事实,向司法机关控告他人,使无罪者入于有罪,或罪轻者入于重罪。诬告他人者,以所诬陷的罪名予以处罚。

7. 犯罪连坐

犯罪连坐即一人犯罪,其他有关联的人连同受罚。秦时为严格控制民众,打击犯罪,实行广泛的连坐,主要有亲属连坐、邻里连坐、职务连坐及军伍连坐等。

(二) 罪名

秦朝律令所规定的罪名种类很多,按其性质可分以下几类,各包括一些较典型罪名。

1. 危害专制皇权罪

这是最严重的犯罪,主要罪名有:

(1) 不敬皇帝罪。秦王嬴政统一天下,称自己为"始皇帝"。秦律规定,对皇帝本人有失恭顺、对其命令有所怠慢,都被视为对皇帝不敬,要予以严惩。如《秦律杂抄》:"听命书……不避席立,赀二甲,废。"听命书(即皇帝的命令)时,要下席站立,以示恭敬,否则罚二甲,并撤职。

(2) 诽谤与妖言罪。即禁止诽谤皇帝,甚至禁止聚集私下讨论。秦始皇三十五年(前212)侯生、卢生议论秦始皇"乐以刑杀为威",秦始皇便以"诽谤"和"为妖言以乱黔首"罪名坑杀了卢生等四百六十余名诸生方士,这就是历史上有名的"坑儒"事件。

(3) 妄言罪。即指发布反对或推翻秦朝统治的言论。《史记·郦生列传》载:"秦法至重也,不可以妄言,妄言者无类。""无类"意为"无遗类",即族刑。《史记·项羽本纪》记载秦始皇巡视会稽,渡钱塘江时,项羽和他的叔叔项梁正在远处观看皇帝的威严仪仗,项羽不禁对项梁说:"彼可取而代也。"项梁急忙掩住他的口:"毋妄言,族矣!"

(4) 以古非今罪。即以过去之事非议或指责当朝政策和制度。公元前213年,因博士建议恢复西周分封制引起争论,秦始皇下令凡是引用与当时政策相违的各家学说,议论当时的政策和制度,均构成"以古非今"罪,处以族刑。

(5) 非所宜言罪。即说了不该说的话。秦末,陈胜、吴广起义,秦二世召集博士诸儒咨询对策,诸生有的说是造反,有的说是"盗",秦二世下令将凡说是造反的诸生都抓起来治罪,罪名即是"非所宜言"。

(6) 投书罪。即投递有害于统治秩序的匿名信。秦律:"有投书,勿发,见辄燔之;能捕者购臣妾二人。"

(7) 挟书罪。即收藏违禁书籍罪。《史记·秦始皇本纪》载:公元前213年,秦始皇接受李斯的建议,实行"禁书令",规定民间收藏的书籍,除医药、卜筮、种树之书外,所有其他国家史书、诸子百家的书籍全部限30日以内上缴官府烧毁,想学习法律的要向官吏学习,不得私相授受。只有朝廷的博士官才可收藏《诗》、《书》之类的经籍。收藏违禁书籍的构成"挟书罪",黥为城旦舂。

2. 侵犯财产和人身罪

(1) 盗窃罪。秦时的"盗"罪,指以公开或秘密的方式将他人的财物据为己有的行为。秦律对所有的盗罪均以严惩。如《法律答问》规定盗采他人桑叶,价值不足一钱,仍要判处"赀徭三旬",而且盗罪的知情者或家属也要连带处刑。

（2）贼杀伤罪。云梦秦简中有许多关于"贼杀"、"贼伤人"的规定，"贼杀"、"贼伤人"即故意杀人、故意伤人罪。秦律严惩此类严重威胁统治秩序的犯罪行为。《法律答问》规定在凶犯入室行凶时，如果邻居因外出没有听到呼救声的情况属实则可以不予处罚，但里典、乡老等即使外出未能听到呼救声，仍要受处罚。四邻在家听到呼救而不追捕罪犯的，则负刑事责任。

3. 破坏经济秩序罪

秦简关于这方面罪名主要有：

（1）逋事、乏徭罪。前者是拒绝报到应征，逃避服役；后者是报到后逃亡避役。

（2）匿户罪。隐匿户口，不征发徭役，不缴纳户赋。

（3）盗徙封罪。私自移动田界，处赎耐刑。

（三）刑罚

秦朝的刑罚体系较为庞杂，主要由死刑、肉刑、劳役刑、耻辱刑、身份刑等构成。

1. 死刑。这是剥夺罪犯生命的极刑。秦时死刑执行方式繁多，主要有以下几种：

（1）具五刑。这是一种极端残忍的肉刑与死刑并用的刑罚。执行方式为先对罪犯施加黥、劓、斩左右趾等肉刑，再用笞杖活活打死，然后枭首示众，并将尸骨剁成肉酱；有诽谤谩骂行为者，先割断其舌。《汉书·刑法志》载："当夷三族者，皆先黥、劓、斩左右趾，笞杀之，枭其首，菹其骨肉于市。其诽谤詈诅者，又先断舌，故谓之具五刑。"

（2）族诛。这是一种因一人犯罪而诛灭其亲族的刑罚。

（3）腰斩。即斩腰处死。商鞅变法时曾规定："不告奸者腰斩。"[①]

（4）车裂。这是一种分裂肢解罪犯人体的刑罚。具体行刑方式是将犯人的头和四肢分别绑在五辆车上，套上马匹，向不同方向拉以撕裂人的肢体。

---

① 《史记·商君列传》。

（5）磔刑。这是一种碎裂肢体而致死的刑罚，即裂其肢体而杀之，一说"刳其胸而杀之"。

（6）弃市。在人众聚集的闹市区，对罪犯执行死刑，表示罪犯为众人所摒弃。《汉书·景帝纪》引颜师古注："弃市，杀之于市也。谓之弃市者，取刑人于市，与众弃之也。"

（7）枭首。这是将犯人的头砍下，悬挂于木杆上示众的刑罚。

除此之外，秦朝还有凿颠、抽胁、镬烹等残酷的死刑。

2. 肉刑。这是残害犯罪者肢体器官的刑罚，是仅次于死刑的酷刑。秦朝基本保留了先秦时期的黥、劓、斩左右趾、宫等肉刑，并常与劳役刑复合使用，如黥劓以为城旦、斩左趾又黥为城旦等。

3. 劳役刑。这是限制罪犯自由并强制其从事劳役的刑罚。当时的劳役刑名目繁多，基本形成了一套由重到轻的劳役刑体系：

（1）城旦舂。即强制筑城、舂米的徒刑。城旦，指男犯为筑城等劳役；舂，指女犯为舂米等劳役。这是秦汉广泛使用的刑罚，还有与髡钳结合使用的，即髡钳城旦。汉朝确定其刑期为五年。

（2）鬼薪、白粲。即强制罪犯从事为宗庙砍柴伐薪、择米一类的劳役。鬼薪，指男犯为祭祀鬼神而上山砍柴；白粲，指女犯为祭祀鬼神择米做饭。是秦汉广泛使用的刑罚，汉朝规定刑期为3年。

（3）隶臣、隶妾。即强制犯人从事不同场所劳役的刑罚。男犯为隶臣，女犯为隶妾。这是秦汉广泛使用的刑罚，汉朝规定刑期为3年。

（4）司寇。即强制罪犯到边远地区"伺察窃盗"兼服劳役的刑罚。这不同于商周时期的中央司法官吏"司寇"。这是秦汉时广泛使用的刑罚，汉朝时规定刑期为2年。

（5）候。秦时最轻的劳役刑，是将犯人发往边地伺望敌情的刑罚。

4. 耻辱刑。这是带有羞辱性质的刑罚。主要有：（1）髡刑，即强制剃除鬓发胡须。（2）耐刑，即强制剃除鬓毛胡须而保留头发，故轻于髡刑。

5. 身份刑。这是剥夺违法者官职爵位等身份地位的刑罚，主要刑名有：（1）废刑，即废除官籍，开除公职，终身不得重新叙用。

(2)夺爵,即削夺爵位,剥夺其特权地位。

6. 财产刑。这是罚没财产之类的处罚,主要刑名有:(1)赀刑,是缴纳财物或以劳役抵偿的刑罚。分为赀布、赀盾、赀甲、赀徭、赀戍等,有罚金、罚物、罚役之别。(2)赎刑,即以铜、盾、甲等财物或力役赎抵原定刑罚。(3)没刑,即没收财产充入官府。

7. 流放刑。这是强制被流放者迁徙到指定地区,不准擅自迁返原处的刑罚,包括迁、徙、谪等不同刑名。

二、民事法制

（一）所有权

秦朝的所有权形式有国家所有与私人所有两种。

国家所有的包括土地、河流、山川、园池、田地等,法律禁止私人侵占。如《田律》明确规定不得任意砍伐山林,不得任意捕捉幼鸟、幼兽和鱼鳖等。秦时国有土地的经营,主要采取租佃和受田等形式。

秦律规定以"封"为土地所有权的标记,明确法律对土地私有权的保护。秦简《法律答问》中规定:"盗徙封,赎耐。可(何)为'封'？'封'即田千佰(阡陌)。"[①]禁止擅自移动田界标志的"封",违法者处以"赎耐"的刑罚。其次是牲畜和其他财产等。如《法律答问》有"甲有马一匹自牧之"的规定,以示法律保护牲畜的私人所有权。作为主要生产资料,其所有权受法律保护。而奴隶与牲畜一样,视同为所有物,承认主人对其所有权。

（二）债权

秦朝的契约形式包括买卖契约、借贷契约、租借契约等。根据云梦秦简所记载的有关秦朝债权关系的内容,主要有:

第一,禁止使用人质抵押方式。如《法律答问》载:"百姓有责（债）,勿敢擅强质。擅强质及和受质者,赀二甲。"百姓之间的债务关系,禁止擅自强行索取人质作为债务担保,即使是双方同意以人质作为债务担保,依然视为犯罪,均处以"赀二甲"的刑罚。可见,秦朝

---

① 睡虎地秦墓竹简整理小组:《睡虎地秦墓竹简》,文物出版社1978年版,第178页。

已排除以人质作为债务担保方式。

第二,可以用劳役抵偿官府债务。如秦《司空律》中规定,无力偿还官府债务者,可通过给官府服役方式抵偿债务,并规定具体折算方式,即每劳役一天,抵偿8钱债务;但服役时由官府提供饭食的,则每日劳役抵偿6钱;劳役时不得担任监工,待遇与官府奴隶相同;债务人可以用自己的奴隶、牛马代为劳役,或请人代役;为抵偿债务而服役的农民,可以在每年农忙季节回家从事农耕20天。

第三,租借关系主要是官府出借财物给人使用。官府出借的财物可包括牛马、工具、车辆及奴隶等。租借人在使用完必须交还原物,若有损坏,则借用人与主管人均予以处罚。

(三)婚姻家庭制度

秦朝基本继承西周以来的婚姻家庭制度,在此基础上,对一些相关制度有了更具体的规定。

首先,秦律对婚姻成立的条件、婚姻的解除等均有比较明确的规定。秦简《法律答问》载:"女子甲为人妻,去亡,得及自出,小未盈六尺,当论不当?已官,当论;未官,不当论。"[①]即女子甲身高虽不满六尺,其有夫而私逃的行为,若婚姻关系经官府承认,即具刑事责任能力,要受处罚;若婚姻关系未经官府承认,则不当论处。丈夫休弃妻子,也必须到官府登记。

其次,夫妻关系上,秦律规定相对要平等些。如处理丈夫殴伤妻子和妻子殴伤丈夫时,秦律一视同仁。秦律规定通奸、重婚均为犯罪,男女都要受罚。而且,一方有罪,另一方有义务告发,否则会被连坐。

最后,秦律对到女家就婚的赘婿采取歧视态度,赘婿的法律地位很低。云梦秦简引魏国《户律》规定:"假门逆旅,赘婿后父,勿令为户,勿予田宇。"

---

① 睡虎地秦墓竹简整理小组:《睡虎地秦墓竹简》,文物出版社1978年版,第222页。

三、行政法制

秦朝建立以君主专制为核心的中央集权制,形成三公九卿的中央行政体制,地方上采用郡县制,开创了中国古代的行政体制格局。而且,秦朝统治者为保证国家机器的正常运行,创建了一整套行之有效的官吏选任、考核和奖惩制度等。

（一）行政机关

第一,确立皇帝制度。秦王嬴政统一六国后,自以为"德兼三皇,功包五帝",以"皇帝"为号,自称"始皇帝",开始确立皇帝制度。制定详备的礼仪规范,确认皇帝至高无上的地位。秦律规定,皇帝自称"朕",臣下尊称其为"陛下",史官记事则称之为"上"。皇帝的"命"为"制","令"为"诏",以区别于其他长官对属吏的命令。总之,皇帝是封建国家的最高统治者,独揽全国政治、经济、军事、行政、立法、司法和监察等一切大权,所谓"天下之事无大小皆决于上"[①]。

第二,在中央设立三公九卿。三公即丞相、御史大夫和太尉。丞相是皇帝之下最高行政长官,辅佐皇帝管理全国行政事务。御史大夫负责百官奏章和传达皇帝的诏令,并且监察文武官员,地位相当于副丞相。太尉是中央掌管军事的长官。

九卿是三公之下的执行机构,分掌祭祀、礼仪、军事、行政、司法及文化教育等事务。具体包括:(1) 奉常,掌管皇室祭祀宗庙等礼仪活动,由商周时的占卜官发展而来。(2) 郎中令,统领郎中(皇帝身边的卫士),负责皇宫内廷的安全警卫。(3) 卫尉,统率卫士,负责皇城的警卫。(4) 太仆,掌管皇帝的车马仪仗和国家的马政。(5) 廷尉,负责司法审判。(6) 典客,掌管朝廷与少数民族的交往事务。(7) 宗正,掌管皇帝宗室事务。(8) 治粟内史,掌管全国租税和国家财政事务。(9) 少府,掌管皇室产业的税收和财政事务。

第三,地方行政区划采取郡县制。秦始皇统一全国后,采纳李斯意见,废除分封制度,在地方上建立郡县制。全国分三十六郡(后增至四十余郡)。郡设郡守,掌管一郡重要事务。郡守以下设郡尉,主

---

① 《史记·秦始皇本纪》。

管本郡军政。同时,由朝廷派出的监察御史负责一郡之内的行政监察和法律监督工作。郡下设县,县设县令,掌管一县行政事务,兼理司法审判工作。县令下设县丞,协助县令掌管县内事务;设县尉,掌管县内治安防范和镇压犯罪之事务。

县下设乡、亭、里等基层行政组织。乡设有"秩"管理本乡行政事务,设"三老"掌管本乡教化事宜,设"啬夫"掌管辞讼和赋税征收,设"游徼"掌管治安防范与管理工作。乡下设里,里设里正,掌管本里什伍组织,编制里内居民。

(二) 官吏管理制度

1. 官吏的选任

秦统治者严于治吏,明确规定选任官吏的原则和条件,主要内容包括以下两个方面:

第一,官吏选任的标准与限制。秦朝对官吏的选任有严格的道德标准和才能标准。道德方面,在秦简《为吏之道》中,明确规定了官吏应具备的道德和行为准则,概括为"五善":一是"忠信敬上",即尽忠皇帝;二是"清廉毋谤",即廉洁奉公;三是"举事审当",即办事审慎妥当;四是"喜为善行",即乐善好施;五是"恭敬多让",即为人恭敬谦让。才能方面,则要求明悉法律令,以此作为区分"良吏"与"恶吏"的标准。

秦朝对官吏选任的限制也有明确规定。第一,不准任用"废官"。"废官"是指曾经担任过国家官吏,但已被撤职永不叙用的人。第二,长官调任新职,不准带走原属佐吏。第三,年龄的限制,即所用佐吏必须是壮年。

第二,官吏选任的方式与程序。秦朝中央和地方长官均由皇帝任免,长官可以自己选任下属,选任的方式主要有察举、征召和任子等几种。

察举也称荐举,是自下而上举荐人才为官,由朝廷或主管官员进行考察任用的制度。被推荐者在品德操守及财产方面都应当符合一定要求。征召是指朝廷对各地有名望的人士采取自上而下的征召方式到官府做官。任子是官吏保举自己的子弟为官。秦律规定,二千石以上的官员可以任一子为郎。

秦律不仅规定官吏选任方式,而且在程序上也作了相关规定。秦简《置吏律》:"除吏、尉,已除之,乃令视事及遣之;所不当除而敢先见事,及相听以遣之,以律论之。"即官吏在正式任命后才能派遣出任,行使职权。若是未经任用而擅自行使职权,以及私相谋划令其就任,则必须依法予以处罚。

2. 官吏的考核

战国时期的秦国就以考课严谨、赏罚分明而著称。秦朝对官吏的考课分两种,一是实行每年定期的地方对中央的上计制度。上计制度是以年度赋税、财政收入及社会治安状况等为主要内容,对地方官吏的政绩进行评价的一种考核方式。具体要求是每年年终,郡守将所管辖地方的人口、垦田、各种税收、粮食收入和治安状况等编制上计报告,呈报中央,由主管部门进行考核。二是对诸曹官吏结合具体职司予以定期或不定期的考核。

此外,秦统治者要求官吏必须严格依法办事,在有关刑典中对官吏的违法行为做了详细的规定。

3. 官吏的监察

秦朝是中国监察制度的发端。中央有御史大夫,以监察百官为责;地方上在郡设监察御史,对郡及下属官吏行使监察之权,直接对中央负责。秦的监察机构虽尚未专门化,但已为中国历史上的监察制度开创了先河。

四、经济法制

秦自商鞅变法以来,注重以法律手段推动经济的发展。秦朝经济法律规范种类繁多,内容详备,涉及农业、畜牧业、手工业以及市场贸易等各领域。

(一) 农业和畜牧业管理法规

秦视农业为立国之本,其法律详细规定了保障农业生产的具体措施。具体包括:规定种子的保管、不同作物的用种量;规定官吏必须及时报告庄稼生长、受雨面积及遭虫、涝、旱灾情况;规定必须按时整修水利。

畜牧业方面,秦律规定,负责畜牧业管理的官员,要及时向国家缴纳粮草,上报饲养耕畜的数字;为加强对牛羊的饲养考核,规定每年四月、七月、十月和正月对耕牛进行定期检查评比,优秀者给予奖赏,低劣者予以处罚。

(二) 手工业管理法规

秦朝手工业基本属于官营,由九卿之一的"少府"统一管理。为加强对手工业的管理,秦朝制定《工律》、《均工律》、《工人程》等相关法律,对产品规格、质量等做了规定。第一,关于产品规格,《工律》规定:"为器同物者,其大小、短长、广袤亦必等。"即制作同类产品,其大小、长短和宽窄都必须相同。这是我们看到的中国古代最早关于手工业生产标准化的规定。第二,关于产品质量。秦律规定生产责任和产品检验评比制度,在生产的器物上要注明制作的官署或者工匠的名称或名字,以便检查。第三,规定不符合规格和质量不合格的产品,不得进行买卖,同时对责任人要给予相应的处罚。

(三) 市场贸易管理法规

为维护正常的市场秩序,秦律制定了较为细密的市场管理法规。如对商品价格、度量衡等均作了相关规定。第一,关于商品价格。《金布律》规定凡出售的商品上必须明码标价,价格不到一钱的小商品除外。为防止交易过程中的欺诈行为,《关市律》规定,商家在收到钱后,必须当面将钱放入鈲(钱筒)中,违者依法予以处罚。第二,关于度量衡。秦统一中国后,制定统一的度量衡制。为保证市场上使用的度量衡器的准确性,秦律严格规定了度量衡器的标准规格和误差,县及主管手工业的官吏工室,每年应检查校正一次,在使用前也应先校正,度量衡不准确要予以处罚。

第四节 秦朝的司法制度

一、司法机关

皇帝拥有最高审判权和最终裁决权。据记载,秦始皇"躬操文墨,昼断狱,夜理书"①,厉行专制政治,重大案件均由皇帝亲自裁决。

皇帝之下,中央常设司法机关为廷尉,其长官亦称廷尉,主要有两个职责:一是审理皇帝交办的诏狱等重大案件;二是审核平决各郡上报的重大或疑难案件。

地方行政机关为郡、县两级,既是行政机关,同时又是地方司法机关,由郡守、县令(长)兼掌司法职能,下置郡丞、县丞协助处理司法事务。他们有权审结一般案件,但死刑或重大疑难案件须上报廷尉审核裁决。

县以下设乡,乡以下是亭,亭以下是里。这些基层机构也有一定司法权。乡设有秩、啬夫,主调解纠纷,平断曲直,征收赋税等;设游徼,掌巡察禁奸,缉捕贼盗。

二、诉讼审判制度

(一)诉讼的提起

秦朝诉讼形式一般有两种:一是官吏或者百姓非因本人被侵害,而向司法机构纠举犯罪,提起诉讼。云梦秦简《封诊式》所载的"盗马"、"群盗"、"贼死"、"经死"等皆属此类诉讼。二是受害人为维护自身利益而向司法机构提出的告诉,类似近现代的自诉。

秦律运用奖惩手段引诱和强迫人们"告奸"的同时,对诉权进行限制,主要有:

第一,禁止"子告父母,臣妾告主",子女告发父母、奴婢告发主人,都不得受理。

第二,将告发案件分"公室告"与"非公室告"两种。云梦秦简《法律答问》:"贼杀伤、盗他人为'公室告'","子盗父母、父母擅杀、刑、髡子及奴妾为'非公室告'"。"公室告",是指告发他人的杀伤和盗窃行为,百姓对此类案件必须告发,官府必须受理。"非公室告",是指告发子盗父母,父母擅杀、刑、髡子及奴妾等,百姓对此类案件不得告发,官府也不得受理。

---

① 《汉书·刑法志》。

第三,为防止诬告,规定"州告",即指控告他人犯罪不实,又以其他罪名相告,官府不予受理,并追究控告者的指控不实之罪。对于诬告,秦律实行反坐原则。

(二) 审讯

从云梦秦简资料来看,秦朝案件的审理一般包括双方当事人到庭、讯问、调查、制作审讯记录、判决等程序。主要内容有:

第一,秦朝比较注重收集证据,各种证据必须详载于笔录,即爰书。如对死伤尸身的检验爰书、麻风病人的鉴定、犯罪现场勘验笔录等。

第二,重口供与慎用刑讯。审讯重口供,讯问是必经程序,包括讯问告发人、被告和证人,其中被告人口供是判案的主要证据,故取得口供是讯问的重要目的。因此,秦律允许司法官实施有条件的刑讯,而且一般不提倡司法官员动辄刑讯。将审讯效果分为"上"、"下"、"败"三类。"上"是指"能以书从迹其言,毋笞掠而得人情为上",即根据口供而不用刑讯就能查证、弄清事实的为最好;"下"是指"笞掠为下",即审讯时动用刑具才查清事实的为能力低下;"败"是指"有恐为败",即通过恐吓手段进行审讯的为失败。而且,秦律要求对刑讯的详情以爰书的形式记录下来。可见,秦朝统治者已认识到不使用刑讯所得到的口供较为真实可靠,应慎用刑讯。

(三) 判决与再审

秦律规定,审讯后必须作出判决,并宣读判决书,称为"读鞫"。判决案件的主要依据是秦律,有时也援引判例作为补充。判决后,若是当事人不服判决,允许要求重新审判,称为"乞鞫"。乞鞫由当事人提出,也可由他人提出,秦律允许"为人乞鞫"。

(四) 司法官员的责任

秦律对司法官员的责任有专门规定,严禁司法官员徇私枉法或渎职失职。过失造成量刑不当构成"失刑"罪,故意重罪轻判或轻罪重判构成"不直"罪,故意有罪不判或减轻案情使罪犯逍遥法外则为"纵囚"罪。

第五章 汉朝的法律制度

(前206—220)

公元前206年,秦王朝在农民起义的浪潮中被颠覆。公元前202年"楚汉战争"结束后,以刘邦为首的地主集团建立了新的政权,国号为汉,定都长安,史称西汉。西汉末年,社会矛盾日益尖锐,公元9年,外戚王莽篡夺政权,建国号"新",但很快被绿林、赤眉农民起义军推翻。公元25年,原汉室支系后裔刘秀称帝,重建汉朝的统治,因定都洛阳,史称东汉。东汉末年,社会矛盾又趋尖锐,公元184年爆发黄巾起义,虽被镇压,但东汉统治名存实亡,政权被军阀控制,公元220年曹丕称帝,东汉政权随之灭亡。

汉承秦制,坚持秦朝中央集权的政治制度,但吸取秦朝二世灭亡的经验教训,注意"与民休息",实行轻徭薄赋、约法省刑等措施,利于社会的稳定和经济的发展。经过文景帝时期的发展,到汉武帝时期,国力强盛。社会的稳步发展、经济文化的空前繁荣,促进了法制的建设与发展,汉朝成为中国法制发展史上一个重要时期。首先,汉朝形成以经过改造的儒家思想为主体的正统法制指导思想,为后世所继承。其次,制定以《九章律》为主体的法律制度,在法制发展史上起着承前启后的作用。《明史·刑法志》所言:"历代之律,皆以汉九章为宗,至唐始集其成"。最后,汉文景帝对刑制的改革,促使中国刑罚由野蛮走向文明,为后世封建五刑的确立奠定了基础。而司法实践中盛行的"春秋决狱"更是法律儒家化的标志,对后世影响深远。

这一时期法律制度的重点在于:汉初法制指导思想的演变;"汉律六十篇";律、令、科、比等法律形式;上请、亲亲得相首匿等刑法原则;文景帝时期刑制改革;职官考课制度;"御史九法"、"六条问事"等监察制度;盐铁专营制度、均输法与平准法;录囚、春秋决狱、秋冬行刑等审判制度。

第一节 汉朝的法制指导思想

汉朝法制指导思想的发展和演变,可分为两个时期:第一,汉高祖至汉武帝即位前的六十多年间,黄老"无为而治"思想居统治地位,辅之以儒、法思想;第二,自汉武帝起,强化中央集权,以儒家思想为主,礼法并用。

一、黄老"无为而治"思想

（一）汉初的政治形势

汉初统治集团推行黄老学派的无为而治,并非偶然,有其必然的社会原因。其一,貌似强大的秦王朝在农民起义的打击下顷刻瓦解,这使亲身体验秦末战火的汉朝统治集团心怀警惕,易于接受"与民休息"政策。其二,秦王朝的过度压榨本已使社会经济趋于崩溃,加之秦亡后的多年战乱,西汉政权建立之时,到处是荒凉、破败景象,社会经济凋敝、民不聊生,也迫使统治者实行"无为而治"政策。根据《汉书·食货志》记载:"汉兴,接秦之弊,诸侯并起,民失作业,而大饥馑。凡米石五千,人相食,死者过半。"

面对如此社会状况,为避免重蹈秦二世灭亡之覆辙,以及巩固统治、恢复和发展经济的现实需要,加之深受一批鼓吹道家学说大臣的影响,自刘邦至汉景帝的汉初统治者,奉行黄老学派的"清静无为"思想,采取"轻徭薄赋"、"约法省刑"的"与民休息"政策,从而缓和社会矛盾,恢复经济发展。

（二）黄老学派与"无为而治"思想

"无为而治"是黄老学派思想在政治上的运用。黄老学派是战国时期兴起的假托黄帝、老子为其创始人的学派,道、法兼容,排斥儒术,但至汉初黄老学派已具有道、儒、法相结合的特点,认为最高规则是"天道",法律的权威源于自然的"道",即"道生法"。"道"的基本内容就是"无为而治",即顺应自然和社会规律实行统治。因此,在黄老学派看来,治理国家的根本在于安民而非扰民,法律的作用是兴利除害、尊主安民。"无为而治"是顺民之情,与民休息。

黄老学派这一思想非常符合汉初统治者需求,既要以亡秦为鉴,深刻反思,又需恢复经济、完善制度、稳定社会秩序。因此,在黄老思想指导下,汉初经由刘邦到文景帝的几代君主的身体力行,以及萧何、曹参等辅相的实践,社会发展取得显著成效。

(三)"无为而治"思想的运用

1. 轻徭薄赋

贯彻黄老"清静无为"思想,汉初统治者对外尽量避免战争,对内节省开支,施行轻徭薄赋,减轻民众负担。汉高祖规定田租十五税一;汉文帝十三年(前167)免除一年的田租,二十三年诏谕州县"务省徭役以信民";汉景帝更是把田租减为三十税一。

轻徭薄赋还体现在对徭役的征发进行一定的节制。如汉惠帝时修长安城征发徭役,一般利用农闲时间,每年不超过三十天。

2. 约法省刑

鉴于秦律的过分严苛和繁密,汉统治者认为法律内容应尽可能简单易懂,便于官民掌握,主张"禁网疏阔"、"务在宽厚"。汉初几十年间,统治者不断对秦之"苛法"予以废除。

刘邦初入关,就与咸阳民众"约法三章",废除秦朝繁苛律令;汉惠帝废秦朝《挟书律》,高后废除"三族罪、妖言令",恢复"商贾之律";文帝废除"收孥相坐律"以及"诽谤律",尤其是废肉刑,进行刑制改革。当然,汉初"约法省禁"与实际情况亦有距离,如废除"三族罪"后,史书上仍见"夷三族"事例的记载。不过,在"无为而治"思想指导下,与秦朝相比,汉朝较为轻刑慎罚。"刑罚大省,至于断狱四百,有刑措之风。"[①]

汉初统治者推崇黄老思想,但并不排斥其他各家学派。他们一方面崇尚黄老,一方面也标榜仁义,并且以法治正之,从而形成道家"无为"、儒家"仁义"与法家"刑名"三者糅合的"黄老刑名之术"。

---

① 《汉书·刑法志》。

一旦社会发生变化,其统治理论也会随之调整与变更。

二、以儒为主,礼法并用

(一) 独尊儒术

经过六十多年的发展,至汉武帝在位时,中央政权日益巩固,社会趋于稳定,整个中国逐渐形成大一统的局面。汉初奉行的"清静无为"思想无法适应西汉中期出现的社会局面:同姓诸王势力膨胀威胁中央政权;豪强地主宗室贵族大肆兼并土地,加剧社会矛盾;匈奴屡犯边境等。面临新的社会形势,汉朝统治者希望以一种扩张进取的积极政治学说取代汉初的"无为"黄老思想,化解社会矛盾,巩固中央专制主义政权。

董仲舒应时改造儒家理论,儒家强调皇帝的权威,而董仲舒利用神权使这权威合法化。他宣扬君主对臣民拥有绝对的权力,君权是"天"赋予的,法权的渊源来自"天",而"天"与最高统治者完全一致,君主意志即是天的意志,并主张以法律维护皇帝的至尊地位,任何侵犯皇权的言行都视之为大逆不道的罪行,处以最严厉的刑罚。无疑,董仲舒宣扬法自君出、维护君权的至高无上性,符合汉武帝即位后的政治需求,即进一步巩固中央集权统治,并实现意识形态方面的大一统。为此,在思想上,汉武帝认可并推行董仲舒提出的"罢黜百家,独尊儒术"的方针。

(二) 德主刑辅、礼法并用

董仲舒在法律方面,主张"大德而小刑",德主刑辅。董仲舒的理论学说是在先秦儒学基础上,吸收各家学说中有益成分而形成的以儒法合流为特色的一种新的思想体系。董仲舒认为,天地万物以阴阳转化为大,阳主生,阴主杀,与此相对应,人间统治以教化为德,德为阳,刑罚为杀,刑为阴。因此,统治应"大德而小刑"。而人性分三等:"圣人之性",不经过教化便可从善;"中人之性",身兼善恶两性,经过教化可以成为善者;"斗筲之性",恶性顽固不化,必须运用刑罚。因此,统治应以教化为主要手段,法律制裁为辅助手段,实行"德多而刑少",同时,刑不可废。

董仲舒主张的"德主刑辅"、礼法并用的思想被汉武帝采纳,并以此为核心,形成封建正统法律思想,影响了以后各朝代的法制建设。

第二节　汉朝的立法概况

一、主要立法

从现有史籍来看,汉朝立法活动主要经历了三个阶段。

(一) 西汉初期的主要立法

1. "约法三章"

刘邦在公元前206年占领秦都咸阳时,为争取民心并速定天下,遂与百姓约法三章:"杀人者死,伤人及盗抵罪,余悉除去秦法。"①这是汉初立法之始。"约法三章"虽是一种策略性的权宜措施,但它对刘邦争得民心,迅速打败项羽,最终夺取政权起着非常重要的作用。

2. 《九章律》

汉朝正式立国之后,"四夷未附,兵革未息",统治者深感"三章之法,不足以御奸",于是命令相国萧何参酌秦律,"取其宜于时者,作律九章"。②《九章律》是在《法经》六篇"盗、贼、囚、捕、杂、具"的基础上,参照秦律,增加户律(主要规定户籍、赋税等事)、兴律(主要规定征发徭役等事)、厩律(主要规定牛马畜牧驿传等事)三章,合为九章,构成汉律的核心内容,是汉朝最重要的一部法典。

《九章律》作为汉朝基本法典,促进社会发展、政权稳定,对后世立法有很大影响。然而其立法体例存在缺点,如相当于总则的"具律"既不在律典之首,也不在律典之末。

3. 其他主要立法

除萧何制定《九章律》外,西汉初期立法活动还包括以下方面:韩信、张苍参与立法,分别制定"军法"与"章程";叔孙通就九章之律"所不及"者加以补充,制定《傍章》十八篇,主要内容为朝觐、宗庙、婚丧等方面的礼仪制度及法律规定。

---

① 《史记·高祖本纪》。
② 《汉书·刑法志》。

此外,汉初还就废秦苛法方面发布了一些单行律令,如前面所论及的废除秦《挟书律》、《收孥相坐律》等,这同样是汉初的重要立法活动。

(二) 西汉中后期的主要立法

这一时期的立法主要是在汉武帝时期完成,针对当时社会矛盾日益尖锐的现状,为强化西汉专制政权,开始大规模修订和增补法律,并制定许多相关单行性法规。

1. 汉律六十篇的完成

汉武帝时期继续立法活动,令张汤、赵禹等制定法律,如张汤制定《越宫律》二十七篇,是有关宫廷事务和警卫方面的法律;赵禹制定《朝律》六篇,是有关诸侯百官朝贺制度的相关法律。自此,这一阶段制定的《越宫律》(27篇)、《朝律》(6篇),与先前完成的《九章律》(9篇)、《傍章》(18篇),合称"汉律六十篇",成为汉律的主干部分。

2. 其他单行法规的制定

这一时期除上述修律活动外,还制定了诸多单行法规,以巩固政权,打击可能危害统治的各种势力。如为镇压农民起义,制定《沈命法》和《通行饮食法》;为打击对统治不满之人,制定"腹诽之法";为削弱诸侯王的势力,制定"左官之律"和"附益之法"。

汉武帝时期大规模修订后的律令,成为汉律基础。此后,汉宣帝和成帝时期虽有增删之举,但基本未予大的修改。

(三) 东汉时期的主要立法

光武帝建立东汉政权后,为缓和社会矛盾,恢复和发展生产,对法律进行了一些改革。主要是废除王莽时的新律,恢复西汉的旧律,即所谓的"解王莽之繁密,还汉世之轻法"①。光武帝因而发布了不少释放奴婢法令以及弛刑诏书,以减轻对百姓的剥削压迫。当然,即便如此,当时法律仍十分严苛,"光武承王莽之余,颇以严猛为政"②。

针对律令严苛庞杂,汉章帝采纳廷尉陈宠建议,"遂诏有司,绝

---

① 《后汉书·循吏列传》。
② 《后汉书·第五伦传》。

钻诸惨酷之科,解妖恶之禁,除文致之请谳五十余事,定著于令"①。此后陈宠又钩校律令,准备进行一次重大删改,但后来因被免去廷尉之职而作罢。陈宠之子陈忠对律稍作修改。东汉末年,只是在"旧章埋没,书记罕存的"情况下,应劭对汉律作了一次较大整理和修订。可见,东汉时期除了光武帝进行一些立法活动外,基本上未进行有效的较大立法活动,所谓"后汉二百年间,律章无大增减"②。

二、主要的法律形式

汉朝建立后,基本沿袭秦朝的法律制度,在法律形式上也有所继承和发展,并使之更为规范,主要有四种,即律、令、科、比。

（一）律

律,是汉朝基本法律形式,经过一定立法程序修订后颁布的,具有相对稳定性和普遍适用性。"汉律六十篇"是汉朝律基本组成部分,但此外还有大量单行律条,如关于对地方官进行审核的《上计律》,关于田租赋税的《田租税律》,规定王侯献金助祭制度的《酎金律》,贬抑诸侯王国官吏政治权利的《左官律》,禁止中央官员与诸侯王结党营私的《阿党法》《附益法》,督责主管官吏缉捕盗贼的《沈命法》,等等。这些律,以刑法为主,兼有民事、经济、行政、诉讼以至朝贺礼制等内容。因此,汉朝的律比较齐备,不过汉律是各代君主根据社会形势的变化进行增损逐渐发展而来的,没有经过全面而系统的整理修订,各律之间存在重复矛盾,内容相当繁杂。

（二）令

令,是汉朝法律的一个重要来源。它指皇帝发布的诏令,是一种单行法规。所谓"天子诏所增损,不在律上者为令",令是皇帝在律之外发布的命令、文告等。

令,这一法律形式具有很大灵活性,非常适合统治者的需要,因此其涉及范围较广,以至于"盈于几阁,典者不能遍睹",朝廷对它进行整理分类,编为"令甲"、"令乙"、"令丙"等。正因为皇帝发布的

---

① 《后汉书·陈宠传》。
② 《魏书·刑罚志》。

命令涉及面太广,有的诏书仅规定了一些基本原则,凡具有规范性的诏书有"具为令"或"议为令"的文句,要求大臣进一步拟定法规的细节。大臣拟定后再上奏给皇帝,皇帝"制曰可",予以批准。

律、令之间的关系,所谓"前主所是著为律,后主所是疏为令",即前皇帝所颁布的令在他死后仍被认定为具有法律效力,就上升为"律",在位皇帝所颁布的命令一般称为"令"。而令系皇帝因时制宜所发布,凡律所不及或律需要因时变更的,则用令以补充。令既是有关典章制度的规定,也是处理刑案解决纠纷的依据和贯彻"教民"、"导民"的指令性文件。

(三)科

科,东汉时期比较频繁使用的单行法规,是关于规定犯罪和刑罚的一种条文,称为"事条"或"科条"。按《释名》:"科,课也,课其不如法者,罪责之也。"汉朝科的种类很多。史书记载说,到东汉章帝时期,"宪令稍增,科条无限"①。

科,大多是弥补律、令不足的专门规定。汉以后,三国、南北朝皆有科,直到东魏制定《麟趾格》,"以格代科",科才失去其独立的法律形式地位。

(四)比

比,是汉朝一种独立的法律形式,亦称"决事比"、"辞讼比"。《周礼·秋官·大司寇》注云:"若今律,其有断事,皆依旧事断之;其无条,取比类以决之,故云决事比。""决事"一词包括处理各种类型的事务,由之派生出来的决事比,在理论上既包括行政先例又包括司法判例。②作为司法判例的"决事比"是指,在法律没有正式规定的情况下援引以往已经判决执行的典型案例作为判决依据。

比,作为司法实践的重要依据,具有相当的灵活性,可以补充法律规定之不足,为适用法律提供范例,从而被广泛采用。汉武帝时,仅"死罪决事比"就达到"万三千四百七十二事"。东汉时不断增加,如司徒鲍公撰"嫁娶辞讼决事比"就达906卷之多。不过,"比"有很

---

① 《汉书·刑法志》。
② 刘笃才:《中国古代判例考论》,载《中国社会科学》2007年第4期。

大的灵活性,缺乏统一的制约因素,用之不当,则会产生负面效果。《汉书·刑法志》称:"其后奸猾巧法,转相比况,禁网寖密,死罪决事比万三千四百七十二事,文书盈于几阁,典者不能遍睹,是以郡国承用者驳,或罪同而论异,奸吏因缘为市,所欲活则傅生议,所欲陷则予死比。"

第三节　汉朝法制的主要内容

一、刑事法制

（一）定罪量刑的原则

汉朝定罪量刑原则进一步发展,不仅继承秦律原有的区分故意与过失、诬告反坐、族刑连坐、再犯加重、自首得减免刑罚等原则,还根据新的法制指导思想,确立了新的刑法原则。

1. 矜老恤幼原则

先秦儒家继承西周"明德慎罚"思想,主张适用刑罚要矜老恤幼,以体现仁恕之道。汉朝法律制度大体继承秦制,但在刑罚的减免等方面受先秦儒家"宽刑主义"思想影响,对老、幼、有疾、妇女采取恤刑之原则,具体表现在：

（1）除特殊犯罪和诬告及杀伤罪外,一般可以免刑。《周礼·秋官·司寇》郑玄注引汉律:"年未满八岁,八十以上,非手杀人,它皆不坐。"汉宣帝时下诏:"自今以来,诸年八十以上,非诬告、杀伤人,它皆勿坐。"①

（2）具体刑罚上给予宽宥。汉惠帝规定:"民年七十以上,若不满十岁,有罪当刑者,皆完之。"②以完刑代替肉刑。汉成帝规定:"年未满七岁,贼斗杀人及犯殊死者,上请廷尉以闻,得减死。"③未满七岁幼童杀人减免死刑。

（3）监禁期间免戴刑具的优待。汉景帝下诏:"其著令:年八十

---

① 《汉书·宣帝纪》。
② 《汉书·惠帝纪》。
③ 《汉书·刑法志》。

以上,八岁以下,及孕者未乳、师、侏儒当鞠系者,颂系之。"①

（4）女徒顾山。为女徒犯规定专门的赎罪办法。汉平帝下诏："天下女徒已论,归家,顾山钱月三百。"颜师古曰："谓女徒论罪已定,并放归家,不亲役之,但令一月出钱三百,以顾(雇)人也。"这是对女犯的一种矜恤方法。

2. 上请制度

上请,是指贵族官僚犯罪后,一般司法官员无权审理,必须奏请皇帝裁断,皇帝根据犯罪者的具体情况决定减免刑罚的制度。汉高祖规定"郎中有罪耐以上,请之"②,即由皇帝来决定处罚方式,而不是直接按照法律来处置。这是汉朝实行"上请"制度之始。

之后,各代皇帝逐渐降低"上请"官员的级别,扩大享有该特权官员的范围,该制度适用的犯罪面也日渐扩大。东汉光武帝下诏："吏不满六百石,下至墨绶长相,有罪先请之。"③

3. "亲亲得相首匿"原则

"亲亲得相首匿",是指亲属之间可以相互首谋隐匿犯罪行为,不予告发和作证。汉初沿袭秦律,主张亲属之间必须互相揭发罪行,否则连坐处罚。但汉朝标榜"孝治天下",儒家一贯提倡亲属间应相互隐瞒罪行这一道德原则,孔子就曾宣称："父为子隐,子为父隐,直在其中矣。"④董仲舒据《春秋》经义,也肯定"父为子隐,子为父隐"的合法性。至汉宣帝地节四年(前66)正式确立"亲亲得相首匿"刑法原则,颁布诏令："父子之亲,夫妇之道,天性也。虽有患祸犹蒙死而存之,诚爱结于心仁厚之至也,岂能违之哉！自今子首匿父母,妻匿夫,孙匿大父母,皆勿坐。其父母匿子,夫匿妻,大父母匿孙,罪殊死,皆上请廷尉以闻。"⑤即祖孙三代、夫妻之间,卑幼隐匿尊长罪行的,不负刑事责任；尊长隐匿卑幼罪行的,除死罪要上请,其他不负刑事责任。这一刑法原则是汉朝引礼入法的重要体现,对后世法律有

---

① 《汉书·刑法志》。
② 《汉书·高帝纪》。
③ 《后汉书·光武帝纪》。
④ 《论语·子路》。
⑤ 《汉书·宣帝纪》。

着深远的影响。

（二）主要罪名

汉朝刑法内容广泛，其罪名除沿袭秦朝法律外，还增设很多新的罪名。比较有特点的罪名主要有：

1. 维护皇帝专制权力

汉朝实行以君主为核心的中央集权政治，皇帝地位至高无上，法律对侵犯皇帝人身安全、权威及亵渎尊严者给予严厉处罚，主要罪名有：

（1）不敬、大不敬。指侵犯皇帝尊严，即所谓"亏礼废节，谓之不敬"①。这一罪名涉及范围甚广，如触犯皇帝名讳、干犯乘舆、征召不到、轻慢皇帝所用器物等，均构成大不敬罪，罪至处死。

（2）矫制、矫诏。篡改为"矫"，传达皇帝制诏有所篡改谓之矫制或矫诏，并根据是否伤害制诏本意及有无危害后果，分"大害"和"不害"两种情况，前者处腰斩或弃市，后者免官。东汉时"矫诏"罪分故意与过失，前者处罚从重，后者从轻。

（3）僭越。又称"逾制"。规定凡是属于皇帝御用的车马乘舆、服饰器皿等，任何人不得僭用，否则治以重罪。

（4）诽谤、非所宜言、腹非。指思想、言论上对皇帝不敬或对统治怀有不满情绪者以犯罪论处。

（5）犯跸。指冲犯皇帝仪仗、车骑影响通行。《汉书·张释之传》如淳注引汉令："跸先至而犯者，罚金四两。"

2. 巩固中央集权政治

汉朝统治者为巩固中央集权政治，一方面积极防范、严厉镇压人民的反抗行为，另一方面削弱打击诸侯割据势力。主要罪名有：

（1）首匿。指首谋隐匿犯罪。犯此罪者，则处以弃市之刑。

（2）通行饮食。指为对抗朝廷者充当向导、提供食物及传递情报。犯此罪者，处以大辟之刑。

（3）见知故纵。指官吏见知犯罪必予追究，否则将获同罪。《汉书·刑法志》颜师古注云："见知人犯法不举告为故纵，而所监临

---

① 《晋书·刑法志》。

部主有罪并连坐也。"

（4）左官。汉朝尚右，擅自仕于诸侯谓之左官。汉景帝时为打击地方势力，制定《左官律》，规定地方官吏由天子任命，不经中央委派而出任诸侯国的官职即为"左官"，命官者及受命者双方都要受严厉处罚。

（5）酎金不如法。酎金指王侯献于天子的醇酒和赤金，若是色量不合标准则构成此罪，失去领地和爵位。《史记·平准书》注解引《汉仪》解释说："侯岁以户口酎黄金，献于汉庙，皇帝临受献金，以助祭。大祀日饮酎，受饮酎金，少不如斤两，色恶，王削县，侯免国。"

（6）阿党附益。由中央委派的诸侯国丞相对诸侯的罪名不予揭露，构成"阿党"罪；中央朝臣与诸侯勾结，构成"附益"罪。东汉光武帝时将此合称为"阿附藩王"罪。

此外，为维护统治秩序，打击侵犯政权的犯罪行为，还设"沈命法"，即督促各级官吏加强镇压各地暴动和造反的法令。《汉书·咸宣传》说："散卒失亡，复聚党阻山林，往往而群，无可奈何，于是作沈命法，曰：'群盗起不发觉，发觉而弗捕满品者，二千石以下至小吏主皆死。'"应劭注云："沈，没也。敢蔽盗贼者，没其命也。"即地方各级官吏对聚众造反者未发现或发现而未全部捕获皆处以死刑。

3. 巩固以纲常礼教为核心的婚姻家庭制度

汉律严格维护父权。"不孝"是汉朝最严重的犯罪之一。即使揭发父亲谋反，仍以不孝罪处死。《汉书·衡山王传》："太子爽，坐告王父，不孝，弃市。"若是殴打父亲，则以"枭首"处罚；若是子女杀父母，则构成"大逆"罪，本人腰斩，妻与子弃市。父母死，子女在丧期内与人通奸也以不孝罪处死。

婚姻方面，汉朝仍实行一夫一妻多妾制度，并严格维护夫权，夫主妻从，妾受制于丈夫和作为正室的妻。汉律规定，丈夫与人通奸，最多处以"耐为鬼薪"刑罚，而妻子若与人通奸、私自改嫁，或丈夫死后未葬改嫁，皆处以死刑。

（三）西汉中期的刑制改革

1."文景"时期刑制改革的社会背景

西汉初年基本沿袭秦朝刑罚制度，继续使用黥、劓、斩左右趾等肉刑,保留"具五刑"等残酷刑罚。《汉书·刑法志》记载:"汉兴之初,虽有约法三章,网漏吞舟之鱼,然其大辟,尚有夷三族之令。令曰,当夷三族者,皆先黥、劓、斩左右趾,笞杀之,枭其首,菹其骨肉于市,其诽谤詈诅者,又先断舌。故谓之具五刑。"期间虽有改革刑罚之措施,但变化不大。汉朝初建,国基不稳,恢复发展经济成为首要任务,因此统治者无暇也无力对刑罚制度进行大的变革。

随着经济的恢复发展、社会的逐步稳定,人民生活比较安定,政权也日益稳固,汉文帝继位后,出现了"吏安其官,民乐其业,畜积岁增,户口寖息"的繁荣景象。为促使法律制度适应汉王朝的整体社会发展政策,统治者面临进一步减轻刑罚的任务,汉文帝即以废除肉刑入手进行刑制改革。具体起因源于当时发生的一个案件。据《汉书·刑法志》记载,文帝十三年(前167),齐太仓令淳于意有罪当处刑,下诏狱,逮系长安,临行前责骂五个女儿。小女儿淳于缇萦闻言伤心,一路追随父到长安,上书皇帝:"妾父为吏,齐中皆称其廉平,今坐法当刑。妾伤夫死者不可复生,刑者不可复属,虽后欲改过自新,其道亡由也。妾愿没入为官婢,以赎父刑罪,使得自新。"文帝怜之,感到刑罚确有改革之必要,遂下令御史提出废除肉刑办法。后经丞相张苍、御史大夫冯敬等集议,文帝允奏废除肉刑。

2. 主要内容

文帝十三年正式改革刑制,主要是废除肉刑,以笞、徒、死刑来取代原有的刑罚。具体为:把黥刑改为髡钳城旦舂,劓刑改为笞三百,斩左趾改为笞五百,斩右趾改为弃市。

但文帝这次改革存在一些弊病,一是将原来的斩右趾上升为死刑,由轻改重;二是斩左趾和劓刑分别改为笞五百和笞三百,笞数过多,难保活命,往往是笞未毕人已死。班固评论说:"外有轻刑之名,内实杀人。"需要进一步改革。

汉景帝执政之后,进一步完善文帝改制的内容。一方面,两次减少笞的数量。第一次是景帝元年(前156)下诏将取代斩左趾的笞五百减为笞三百,取代劓刑的笞三百改为笞二百。第二次是景帝中元六年(前144)再次下诏将笞三百减为笞二百,笞二百减为笞一百。另一方面,景帝命丞相刘舍和御史大夫卫绾制定《箠令》,具体规定执行笞刑的刑具尺寸、重量、规格,行刑时中途不得更换人。至此杖刑开始规范化,"自是笞者得全"。

3. 历史意义及其局限

汉文景帝废除残人肢体、刻人肌肤的肉刑,具有进步历史意义,不仅符合经济发展的需要,顺应历史发展趋势,而且还使中国刑罚制度摆脱原始形态,由野蛮残酷走向更为人道文明的道路。这也是中国法制史上的一次重大改革,为后世以身体刑、劳役刑为主体的"五刑"体系的建立奠定了基础。

当然,汉朝这次刑制改革仍存在局限性。如改革过程中,局部范围曾有一定程度的反复、倒退,斩右趾改为死刑弃市,由轻变重,宫刑本已废除,后来又予恢复等,改革后的刑制仍十分繁杂。即便如此,其进步意义是不可否定的。

二、民事法制

(一) 所有权

汉朝所有权主要是指土地所有权,同时也包括其他财物所有权。

1. 国有土地所有权

汉朝国有土地范围广泛,除了一切荒地、山野、河湖水面等未开垦农耕的土地,在法律上都视为国有土地外,已开垦的"官田"或"公田"归国家所有。这部分田地来源包括国家组织的垦荒和没收罪犯的田产所得。"公田"占有形态主要有:一是将公田或国有荒地出租给农民耕种;二是授田给有军功爵者;三是汉武帝时期开始的边疆屯田。

法律严禁盗卖官田,否则处以死刑。《汉书·李广传》曾记载:"广死明年,李蔡以丞相坐诏赐冢地阳陵当得二十亩,蔡盗取三顷,颇卖得四十余万,又盗取神道外壖地一亩葬其中,当下狱,自杀。"

2. 私人土地所有权

汉朝限制私有土地的占有,初年对"田宅逾制"采取行政打击手段。西汉中后期,土地兼并现象更为严重,土地日益集中,大量土地归官僚贵族和大商人私有。汉武帝在公元前114年发布《告缗令》,鼓励告发富豪偷漏"缗钱",即资产税。禁止商人名田,限制贵族名田。汉哀帝即位当年(前7)发布限田令,但法令并无多大震慑力,兼并之风难抑。王莽篡汉后曾发布《王田令》,剥夺一切私人对土地的处分权,引起社会动荡,三年后宣布"王田及奴婢许私买卖",该制度就此结束。东汉光武帝平定全国后下令"度田"(土地清查),但遭世族豪强抵制,法令无法贯彻。

3. 其他财物所有权

除土地所有权外,其他财物所有权也得到法律保护。有关遗失物和埋藏物的归属,法律条文已佚失,只能从史籍若干记载中予以推证。

按照《周礼·秋官·朝士》郑玄注:"若今时得遗物及放失六畜,持诣乡亭、县廷,大者公之,大物没入公家;小者私之,小者自畀也。"即拾得遗失物,要送到乡亭或县廷地方官府,十日之内无人认领,则贵重物品归官府所有,小物件归拾得人所有。

关于埋藏物,汉律规定如系无主荒地,归发现人所有。土地、房屋所有人在自己土地房屋中发现埋藏物,则拥有完全所有权。

(二) 债权

两汉时期,债的关系比较普遍,主要有买卖、借贷、租佃契约等。

1. 买卖契约

买卖契约是汉朝最主要的契约种类。汉朝买卖契约称"券书"或"券"。契约主要内容包括标的、价金和担保。订立契约,一式两份,买卖双方各执其一,若日后发生纠纷,则以契约为证。即所谓"今时市买,为券书以别之,各得其一,讼则按券以正之"①。

汉律对买卖行为规定严格,违反法律规定的买卖行为,以刑罚处罚。即使是列侯买卖田宅违法,也要下狱处罚。如西汉公元前136年,乐平嗣侯卫侈"坐买田宅不法,有请赇吏,死"②。汉律特设"阑出边关财物"罪名,严禁偷越边关私自买卖财物,尤其是铁器、兵器等特殊物品。

---

① 《周礼·秋官·士师》郑玄注。
② 《汉书·高惠高后文功臣表》。

2. 借贷契约

汉朝借贷关系非常活跃,尤其是官僚巨贾参与其中,出现专门从事高利贷的集团,称为"子钱家"。师古言:"富贾有钱,假托其名,代之为主,放与他人,以取利息而共分之,或受报谢,别取财物。"①

放债往往是高利盘剥,影响社会稳定,为缓和社会矛盾,汉律曾明确限制利率,禁止"取息过律",否则重罚。如汉武帝元鼎元年(前116),河间献王子旁光侯刘殷"坐贷子钱不占租,取息过律,会赦免"②,因逢大赦,才得以免罚。

汉朝借贷契约关系的担保主要采用抵押方式,一般称为"质"、"贽",契约成立同时转移抵押物的占有。法律维护债权人的利益,债务人违期还要承担法律责任,即使是列侯负债不还者,也要承担重责。如河阳侯信"坐不偿人责,过六月,夺侯,国除"③。汉朝对于债务人无法按期清偿债务的处分,除卖田宅、鬻子孙抵偿债务外,还可以债务人的劳务抵偿债务。

3. 租佃契约

汉朝土地兼并盛行,农民大多向官府或地主租种田地,因此,租佃契约在汉朝十分普遍。民间租佃契约所规定的地租高达收获量的50%。国家出租公田给农民耕种也收取"假税",但假税地租率和法定地租率具体数字尚无明确史料。

除上述的契约种类外,汉朝还有雇佣契约、租借契约、合伙契约等。

(三) 婚姻家庭制度

1. 婚姻制度

汉朝婚姻制度仍沿袭秦朝法律制度。以"父母之命、媒妁之言"作为婚姻成立要件,并遵循"六礼"之程序。

关于男女结婚年龄,法律无明确规定。汉惠帝时,面临人口大减,为鼓励繁衍生息、增殖人口,下诏:"女子年十五以上至三十不嫁

---

① 《汉书·谷永传》。
② 《汉书·王子侯表》。
③ 《史记·高祖功臣侯年表》。

者,五算。"①规定女子十五岁以上至三十岁仍未成婚,则要征收五倍的人头税。

汉律仍确认男子单方面解除婚姻关系的权力,只要妻子符合"七出"条件之一,丈夫有权休之。当然,为防止滥用"七出",仍规定"三不去"加以限制。

法律维护一夫一妻多妾制,禁止以妻为妾或以妾为妻。如孔乡侯傅晏"坐乱妻妾位,免,徙合铺"②。

2. 家庭制度

汉朝尊崇儒家思想,将礼法融合为一体,奠定了中国传统社会的纲常伦理基础。汉儒董仲舒将人际关系提炼为三纲五常,家庭关系上,即为"父为子纲、夫为妻纲"。汉朝不再严格实行秦朝时家有两个成年男子以上必须分家的法律,而是倡导大家庭同居共财。

汉律严格维护家庭伦理,确立"父为子纲"父权家长制,并严禁家族成员之间不正当的性行为。常人奸,只处以"耐为鬼薪"的劳役刑,若以卑奸尊,对于"立子奸母"、"与父妾奸"等逆天的"禽兽行",则予以诛杀。

(四) 继承制度

1. 身份继承

汉朝仍实行嫡长子继承制,特别规定"非正"与"非子"罪。凡不是嫡系正宗继承爵位的,即为"非正"罪;凡不是亲生之子继承爵位的,即为"非子"罪,犯者依律皆免为庶人。

2. 财产继承

财产继承与身份继承分开,根据《史记·陆贾传》记载:"陆生病免居,千金分五子,人匀二百。"似乎汉朝在财产继承方面已采用诸子均分制。

此外,汉朝已出现遗嘱继承。如汉成帝绥和元年,司空何武判决的一起遗产纠纷案件。根据记载:"沛县有富家翁,赀二千万。一男才数岁,失母,别无亲属。一女不贤。翁病困思念,恐其争财,儿必不

---

① 《汉书·惠帝纪》。
② 《汉书·外戚恩泽表》。

全,遂呼族人为遗书:悉以财属女。但余一剑,云:儿年十五付之。"后来儿子长至十五岁,向姐要剑,遭拒绝,弟告至官府。何武看完遗书称:"女既强梁,婿复贪鄙。畏贼害其儿,又计小儿正得此财不能全护,故且付女与婿,此实寄之耳!夫剑,所以决断。限年十五,力足自居,度此女、婿不还其剑,当闻州县,或能明证,得以伸理。"最后判将所有财产归儿子,"弊女恶婿,温饱十年,亦已幸矣!"[①]此案的判决在于维护儿子的优先继承权,甚至为此改变遗嘱。

三、行政法制

汉朝在沿袭秦朝政治制度基础上进一步发展,无论是行政机构还是职官管理制度等均日臻完善。

（一）行政机关

1. 中央行政机关

第一,继续沿用皇帝的称号,进一步将皇权神秘化、制度化。在"君权神授"说的支配下,宣扬皇帝是沟通天与人的中介,皇帝对臣民的统治是天意所为,而且将皇权神圣地位法律化,如规定汉天子正号为"皇帝",自称"朕",臣民称之为"陛下";皇帝命令为"制诏",史官记事曰"上";车马衣服器械百物称"乘舆",所在称"行在",所居称"禁中",所到称"幸";其印称"玺",等等。

第二,实行"三公九卿"制。"三公"仍为丞相、太尉和御史大夫,丞相辅佐天子总理国政,职权甚重;太尉掌管军事;御史大夫以副相之职,掌管监察。三公之下为"九卿",即太常、光禄勋、卫尉、太仆、廷尉、大鸿胪、宗正、大司农、少府,分管礼仪祭祀、宫廷禁卫、皇室服务、司法审判、财政赋税、外交等事务。

第三,尚书台的形成与发展。自汉武帝时起,为加强皇权,与国家行政机构相抗衡的皇帝侍从机构开始参政,原本只在内廷掌管图书、奏章的尚书逐渐被委以处理军国大事的重任,由尚书、中书、侍中等组成的"中朝"决策国家大事。随后建立尚书台,扩充组织,在主管尚书令之下设尚书仆射、尚书丞、尚书郎等职。东汉光武帝时,尚

---

① 《太平御览》卷八三六。

书台组织日益庞大,增设六曹,每曹设尚书一人,左右丞各一人,侍郎六人。尚书台成为"出纳王命、敷奏万机"的主要行政机构,三公形同虚设。

由上可见,汉朝中央机构的发展具有以下的特点:一是以皇帝为最高权威,以三公为中央行政中枢,以九卿分领中央行政管理部门的权力结构体系基本确立,并成为后来中央集权政治的基本模式;二是皇权的强化,导致宫廷组织对中央行政机构权力的侵蚀,掌握实际的决策权,由此演变为外戚和宦官的交相专权。

2. 地方行政机关

地方行政机关方面也有较大变化,西汉前期为封国与郡县并存,中期以后封国名存实亡,东汉时期发展为州、郡、县三级行政体制。

汉初,刘邦在翦灭异姓王势力后广建同姓封国,形成封国制与郡县制并存的局面。分封后的诸侯王势力日益膨胀,对中央政权构成极大威胁。自汉文帝开始,中央对诸侯王采取一系列抑制打击措施,汉武帝时"削藩"更为激烈,除推行《推恩令》,使藩国自行解体外,还颁布诸多贬抑打击王侯权力的法律,藩国对中央政权的威胁已不复存在。

汉武帝初年,为加强对地方官吏的监督,将全国划分为十三个监察区,称十三州或十三部,每州设刺史一人,隶属御史中丞。汉成帝时改刺史为州牧,逐渐由最初的专司监察扩张到地方行政权力,十三州的监察区性质也开始向行政区演变。东汉末年,州已成为郡之上的地方行政组织,自秦以来的郡县二级地方行政体制转变为州、郡、县三级体制。

(二) 官吏管理制度

两汉时期,对职官的选任、考课、奖惩及弹劾等已形成较为完备的管理制度。

第一,职官的选拔。汉朝官员的选拔主要有察举、辟举等方式。察举是两汉最主要的选官方式。由中央和地方官员按规定科目考察推荐人才,经考核后委以官职。分岁举和特举两类。岁举每年一次,科目有"孝廉"、"察廉"、"茂材"等。特举又称诏举,是根据皇帝的诏令而确定察举者和察举对象等,不定期而科目多,主要有"贤良"、

"明经"、"明法"、"勇猛知兵法"等。辟举也称辟除,是指郡守以上的高级官员,对其主管或所辖范围内的人才向朝廷推荐为官,或任命为自己属吏的选官方式。另外,自汉武帝时开始设立"太学",博士弟子学习儒家经典,每年考试一次,合格者可为官。

第二,职官的任用。汉朝实行回避制度,专门制定《三互法》,规定:"婚姻之家及两州人士,不得对相监临。"防止因婚姻及地域关系而结党营私。规定了官吏的休假制度,如汉高祖时曾制定"宁告之科",对有功之臣给予省亲的假期,或令有病官员归家养病等。此外,还实行致仕(退休)制度。官员七十而致仕的做法,基本为后世所沿袭。

第三,职官的考课。汉朝有"上计律",对官吏的考核主要用"上计"的方式。所谓上计,即每年年终由郡守派出上计掾和上计吏各一人,携带写有本郡内农业生产状况、户口增减、治安情况等内容的上计簿,到中央向丞相(东汉时为司徒)汇报。经过考核,根据其考核结果决定赏罚。有成绩者可逐级升迁,称为"平升",政绩卓著者可越级升迁,称为"巨升";无成绩者,轻则申诫,重则罢黜。

(三) 监察制度

汉朝监察制度有了较大发展。

第一,御史台成为专门的监察机关。汉初沿袭秦制,中央设御史府,亦称御史大夫寺,总揽全国监察,为最高监察机关。长官是御史大夫,下设御史中丞和侍御史等属官。西汉中期以后御史大夫改为"大司空",东汉初改为"司空",实际职权变为掌管土木工程,原监察职权由御史中丞担任。因此,御史中丞开始成为专职的最高监察长官。原御史府更名御史台,亦称兰台,成为专门的监察机构。

第二,设州部刺史和司隶校尉。汉武帝时期,将全国划分为十三个监察区,称"州部",每州部设刺史一名,专司监察,受御史中丞管辖。在京师地区设司隶校尉,纠举包括丞相在内的百官,直接弹劾三公。

第三,汉朝在继承秦朝上计考课制度、严惩贪污贿赂官员的做法基础上,又建立一些具体制度来加强对官吏的监察。主要有"御史九法"和"六条问事"。

（1）御史九法。西汉惠帝时建立。规定御史官要以九条规则来监察纠举不法之事，根据《唐六典》记载，京畿地区的监察御史负有九项职责，即词讼、盗贼、铸伪钱、狱不直、徭赋不平、吏不廉、苛刻、逾移、擅作于礼不合之物。

（2）六条问事。汉武帝建立刺史制度后，规定刺史以六条问事，行使监察权。六条即："一条，强宗豪右，田宅逾制，以强凌弱，以众暴寡；二条，二千石不奉诏书、遵承典制，背公向私，旁诏守利，侵渔百姓，聚敛为奸；三条，二千石不恤狱，风厉杀人，怒则任刑，喜则淫赏，烦扰刻暴，剥截黎元，为百姓所疾，山崩石裂，妖祥讹言；四条，二千石选署不平，苟阿所爱，蔽贤宠顽；五条，二千石子弟怙荣势，请托所监；六条，二千石违公下比，阿附豪强，通行货赂，割损正令也。"①其目的在于督促郡守平理狱政，严防其与豪强势力勾结。

四、经济法制

汉朝在赋税、工商业及市场管理方面的立法有一定的发展。

（一）赋税制度

汉朝的赋税主要包括人头税、田税、工商税等。

第一，汉朝的人头税分口赋和算赋。口赋也叫口钱，是针对不满十四岁的未成年人所征的人头税。起征年龄初为三岁，汉元帝时改为七岁起征。每人每年纳二十钱，汉武帝时增加三钱。算赋是对成年人所征的人头税，征收对象是十五岁至五十六岁，每人每年纳一百二十钱，称为一算。

第二，田税。汉初为恢复生产，采取轻徭薄赋政策，实行十五税一，后改为三十税一，并曾一度全免天下田税。汉景帝时又恢复三十税一，此后成为定制。东汉初年曾一度实行十一之税，但很快又恢复为三十税一。

第三，工商税。包括手工业税、商业税和关税。两汉商业较为发达，各种商业税成为国家重要的财政收入。其中较重要的是"市租"，即商业的营业税。而关税是对进出关隘的商贾、行人及所携带

---

① 《汉书·百官公卿表》。

的货币、货物所征收的税,税率大体实行十一税制。

(二) 工商业法律制度

汉朝工商业的法律调整在继承秦制基础上进一步发展。

第一,管理手工业生产,汉朝沿袭秦朝体制,由少府负责。在京师与地方设有专门管理手工业生产的机构和官吏,对产品的生产、质量、规格等进行管理。

第二,实行盐铁专营制度。自汉武帝时起,为增加国家财政收入,将关系国计民生或利润丰厚的行业实行国家专卖制度。汉武帝时期实行盐铁官营法,在全国产盐地和产铁区设立盐官和铁官,对盐铁生产实行统一管理;盐铁的销售、交易由官府统一负责,禁止私人贩卖和交易;凡是贩卖私盐和私铸铁器的,均处以重罚。此外,还实行酒类专卖等。

第三,加强对市场管理,主要包括:对从事经营活动的商人实行登记制度,规定必须纳税,对牛、马等标的数额较大的商品交易的契约依法进行公证,对市场贸易活动进行管理等。而且为规范市场管理、平抑物价,"通委财而调缓急",实行均输法与平准法。"均输法"指在各地设均输官,负责将原来由商人收购的物产按照当地价格折换成贡赋之物,转运至京师以供军需。均输法的实施可以减少运输过程中的不必要损耗,以增加国家财政收入。"平准法"是指垄断各地输送至京师的物资,根据物价行情,贱时由官府收购,贵时由官府以平价卖出,以行政手段平抑物价。

第四,汉朝实行抑商政策,不仅规定盐铁由官府垄断经营,重征商税,而且颁布贬抑商人和限制商贾的法令。如汉高祖对商人实行"重租税",令商人不得穿丝绸服饰和乘车,以此打击和贬抑商贾。汉武帝颁布"算缗"令与"告缗"令,前者是以两千钱抽取一算的方式向商人征收财产税,一般手工业者的产品则是每四千钱抽取一算;后者是规定凡是隐匿财产不报或申报不实者将罚戍边一年并没收财产,告发者赏应没收的被告者财产的一半。汉武帝通过这一经济手段获得"民财以亿万计",同时造成许多中等以上的商人大量破产。汉朝统治者采取重农抑商的国策,在于维护农业为本的自然经济。以法律贱商人,防止富商大贾与国家争利,反对商业与农业争夺劳动力,从而造成对农业的威胁,而且在传统观念中,重农抑商可以抑奸诈之风、长淳朴之风,维护社会贵贱尊卑等级秩序。

（三）对外贸易法律制度

中国古代严格意义上的对外贸易,是从汉武帝时开始的。汉武帝时期,为政治与军事需要,通过外交与贸易手段,加强与西域国家的往来,开通著名的"丝绸之路"。随着双方交流频繁与贸易往来的密切,汉律亦有相关规定。

汉朝严格控制和管理对外贸易。规定对外贸易出入关卡,必须得到国家发给的通行证书,即"传"。若是不经国家批准而私自出入关卡贸易,则构成"阑出入关"罪,要处以死刑。同时,汉律严格限制进出口物资,一是规定"塞外禁物"不得买入;二是严禁内地商人以铁、兵器和马匹等违禁物品出口交易。因此,汉朝是在一定条件下允许发展与境外的正常贸易,既有利于经济发展,也维护了国家的边防安全。这一对外贸易制度影响了后世。

第四节　汉朝的司法制度

汉朝司法制度在继承秦制的基础上有了较大发展,尤其是春秋决狱的司法实践,体现出礼法的融合。

一、司法机关

两汉的司法机关,中央大体由皇帝、廷尉、丞相和御史大夫组成,地方上则由州、郡、县三级行政长官兼理司法。

（一）中央司法机关

汉朝,皇帝是国家最高立法者,享有最高的司法决断权,对疑难案件作最后裁决,有时还亲自参加案件审判。如东汉光武帝"留心庶狱,常临朝听讼,躬决疑事"[①]。

廷尉,皇帝之下专设的审判机关,长官亦称廷尉。其主要职责有二:一是受理地方上报的疑难案件,并审批地方的死罪案件;二是审

---

① 《晋书·刑法志》。

理皇帝交办的诏狱。

丞相是中央最高行政长官,御史大夫协助丞相,监察百官,他们都参与司法审判。东汉时尚书省属下的"三公曹"及"二千石曹"也有一定的参与审判权。在发生重大疑难案件时,中央各部门高级官员则可能会同审理。

(二) 地方司法机关

汉初沿袭秦制,地方司法机关分郡、县两级。汉武帝时期,建立十三个监察区,设置十三部刺史,加强地方控制。东汉末年,改刺史为州牧,州成为地方最高一级行政机关,地方司法审级变为州、郡、县三级。

郡守(太守)和县令(县长)兼任主要司法审判官,其下属专职司法佐吏,即郡"决曹掾史"、县"狱掾"等,负责具体的审理办案。

二、诉讼审判制度

(一) 起诉

1. 起诉种类。汉朝起诉称为"告劾"。"告"指吏民告发违法犯罪,其中包括原告直接去官府告诉,相当于现代诉讼中的自诉。"劾",指由官吏请示司法机关立案审理的诉讼行为。

2. 告奸与诉权限制。汉承秦制,建立连坐告奸制度。法律强制人们互相监督并检举他人的违法犯罪行为,"其见知而故不举劾,各与同罪"。

汉律对诉权加以限制。一是不准越诉,必须严格按照司法审级逐级告诉;二是根据"亲亲得相首匿"原则,禁止卑幼控告尊长,违者依法严惩;三是实行诬告反坐。

(二) 逮捕与羁押

诉讼一经提起,被告人即遭逮捕,即使未见罪状,也得先捕后审。逮捕后送至监狱羁押,直至定罪、执行刑罚。西汉时,"天下狱二千余所",洛阳一地就有官狱二十六所。

人犯羁押期间必须戴桎梏刑具,按照汉律规定,老幼孕妇等可以免戴,即"颂系"。而贵族犯罪则享有"上请"特权,即使逮捕也可不戴刑具。汉惠帝时规定:"爵五大夫、吏六百石以上,及宦皇帝而知名者,有罪当盗械者皆颂系。"①

(三) 审判

汉朝对被告人进行审讯及判决称为"鞫狱",主要包括辩告、讯、读鞫等程序。

1. 辩告,即审理案件前司法官员要向当事人告知有关法律要求。如《居延汉简·侯粟君所责寇恩事》中记载,地方官员在讯问前,首先向被告人宣布,如果故意提供虚假证言,且三天内不主动更正者,则按出入人罪反坐的规定惩处。

2. 讯,即讯问被告人和证人。汉朝仍实行西周以来的"五听"断狱法,以获得被告的口供,称为"辞服",是定罪量刑的主要依据。司法官员依所告罪审问,若是不服,可以进行刑讯。不过刑讯有一定限制,刑讯方式仅限于"榜笞立",即竹板抽打和强迫站立。但司法实践中官员广泛使用刑讯逼供,这是获取口供最简便的方法。

3. 读鞫,即司法官员在判决前,对审理获得的违法犯罪过程和事实加以归纳和总结,并向被告宣读其内容。读鞫完毕进入判决阶段,即"论",引用相关法律进行定罪量刑。

(四) 复审与上报

1. 乞鞫,即复审,指被告或其亲属对判决不服,可要求重审。请求复审须在法定期限内进行,汉时"徒论决满三月,不得乞鞫",乞鞫期限为三个月,超过期限则不能提出复审要求。

2. 报与奏谳

报,指遇到法律规定需要上报的案件,包括死刑案件、被告具有特殊身份的案件等,要等到上级批准才能使判决生效。

奏谳,是汉朝创设的疑狱平议、上报复审制度。《汉书·刑法志》记载:"高皇帝七年,制诏御史:'狱之疑者,吏或不敢决,有罪者久而不论,无罪者久系不决。自今以来,县道官狱疑者,各谳所属二千石官,二千石官以其罪名当报之。所不能决者,皆移廷尉,廷尉亦当报之。廷尉所不能决,谨具为奏,傅所当比、律、令以闻。'"即规定了凡基层不能解决的案件应逐级上报,直到廷尉;廷尉也难以解决

---

① 《汉书·惠帝纪》。

的,则上奏皇帝,并附上相关法律,以供皇帝裁决时参考。

(五) 录囚

录囚是皇帝或上级司法机关通过对在押犯人的复核审问,监督和检查下级司法机关的决狱情况,以平反冤狱及督办久系未决案件的一项制度。录囚制度始于西汉。当时限于州刺史或郡太守每年定期巡视自己所辖地区的狱囚,以平反冤案。东汉时皇帝开始亲自录囚,如汉明帝即位后,就曾到洛阳诸狱录囚,听讼审判。

汉朝通过皇帝、刺史、郡守等定期或不定期的录囚,对于平反冤狱、改善狱政、监督司法活动均起了一定作用,是古代实行审判监督的一个途径,为后世所继承。

(六) 大赦

大赦是国家遇有喜庆大典或有灾异时,皇帝颁布命令,赦免犯人刑罚的一种制度。汉朝开始形成朝廷经常性发布大赦的惯例。凡大赦令下达后,除若干重罪罪名外,已发现但未审结的案件全部撤销,在押的待决犯全部释放,未发现的犯罪也全部赦免。告发大赦前的犯罪作为诬告处理,告发者反坐其罪。

三、春秋决狱与秋冬行刑

汉朝法制指导思想的演变以及正统法律思想的形成,对汉朝司法活动产生了重大影响,主要表现为"春秋决狱"和"秋冬行刑"。

(一) 春秋决狱

春秋决狱,是指引据《春秋》论断刑狱。《春秋》作为儒家经典之一,最常被引用,其他经典,如《诗经》、《礼记》、《论语》、《孟子》等也时被引用。因此,春秋决狱也称"经义断狱"、"引经决狱",概指以儒家思想作为判案的指导思想,直接引用《春秋》等儒家经义或事例作为分析案情、认定犯罪的根据。它是应时而产生,是法律儒家化的重要过渡形式,对后世司法产生了较大影响。

1. "春秋决狱"的兴起

春秋决狱的兴起,有一定的社会历史原因。其一,汉朝经过文景帝较长时期的发展,到汉武帝时期,社会经济迅速发展,国力增强,加强中央集权成为最高统治者迫切的任务。而汉初实行的"无为"黄老思想已不符合社会需要,儒家的大一统主张及其较为积极入世的思想,适应了当时加强中央集权的政治形势。其二,汉律是继受秦律基础上发展而来的,一定程度保留了"惨刻寡恩"的秦制,加之社会形势的变化,立法的滞后性也就日益突出。为适应社会需要,以及弥补法律的不足,将儒家思想引入司法实践的"春秋决狱"便应运而生,成为汉儒"通经致用"的一种重要价值取向。

"春秋决狱"是西汉武帝时期董仲舒等人提倡的一种断狱方式。以儒家经典在汉朝作为审案的依据,其中以《春秋》最为常见。《春秋》是孔子修订的一部鲁国编年史,其基本精神是正名分、尊王室、提倡宗法等级原则,文字特点是隐晦、"微言大义",适合当时统治者加强中央集权的需要。经过董仲舒等人的渲染和大力提倡,《春秋》被奉为最高法典,为以经代律、引经决狱创造了条件。根据后汉应劭记载,时任廷尉的张汤每遇到疑难案件,都去请教退休在家的董仲舒。董氏就援引《春秋》提供审判意见,并将所判案件汇编为《春秋决事比》,为当时审判实践广泛引用。由此,以儒家经典判决案件的风气更加盛行起来。

2. 董仲舒"春秋决狱"的几则案例

(1)"拾道旁弃儿养以为子"

时有疑狱曰:甲无子,拾道旁弃儿乙养之,以为子。及乙长,有罪杀人,以状语甲,甲藏匿乙,甲当何论?仲舒断曰:甲无子,振活养乙,虽非所生,谁与易之。《诗》云:螟蛉有子,蜾蠃负之。《春秋》之义,父为子隐,甲宜匿乙,诏不当坐。①

依照汉朝法律,有首匿之科,即藏匿罪人要论罪处罚。本案之所以被认为是疑案,在于甲与乙之间存有养父子关系,而根据汉律,养父甲藏匿养子乙,是否应该如凡人之间藏匿进行论罪?董仲舒断案依据有二:其一,春秋之义是"父为子隐,子为父隐",首匿之科不适用于父子之间;其二,根据《诗经》所言:螟蛉有子,蜾蠃负之,养父子关系应同于父子关系。因此,判定甲隐匿乙是正当行为,不当坐罪。

---

① 《通典》卷六十九,东晋成帝咸和五年散骑侍郎乔贺妻于氏上表引。

（2）"乞养子杖生父"

甲有子乙以乞丙，乙后长大，而丙所成育。甲因酒色谓乙曰："汝是吾子。"乙怒杖甲二十。甲以乙本是其子，自告县官。仲舒断之曰：甲能生乙，不能长育，以乞丙，于义应绝矣。虽杖甲，不应坐。①

依照汉律，殴父当枭首。本案中甲为乙生父，但未养育；乙杖甲，是否构成殴父罪？董仲舒断之，认为甲生乙但未养育之，则于义已绝，乙杖甲，不应坐。

（3）"殴父"

甲父乙与丙争言相斗，丙以配刀刺乙，甲即以杖击丙，误伤乙，甲当何论？或曰殴父也，当枭首。论曰：臣愚以父子至亲也，闻其斗，莫不有怵怅之心，扶杖而救之，非所以诟父也。《春秋》之义，许止父病，进药于其父而卒，君子原心，赦而不诛。甲非律谓殴父，不当坐。②

依汉律，殴父枭首。本案中甲以杖击丙，原本救父，但不料误伤其父，是否论罪枭首？董仲舒断之，引用《春秋》许止进药于父之事例，论证甲动机是好心救父，实有可原，不应坐罪。

（4）"私为人妻"

甲夫乙将船，会海风盛，船没溺流死亡，不得葬。四月，甲母丙即嫁甲，欲皆何论。或曰："甲夫死未葬，法无许嫁，以私为人妻，当弃市。"论曰："臣愚以为春秋之义，言夫人归于齐，言夫死无男，有更嫁之道。妇人无专制擅恣之行，听从为顺，嫁者归也，甲又尊者所嫁，无淫之恣，非私为人妻也。明于决事，皆无罪名，不当坐。"③

按汉律，夫死未葬，擅为人妻者，当弃市。本案中甲是否当依私人为妻者论以弃市？董仲舒断之，依春秋之义：夫人归于齐，大归也。夫死无男，有更嫁之道（依此，丙遣嫁甲亦无罪）；而且甲的更嫁是遵其尊长之命，无淫心，因此甲不坐罪。

---

① 《通典》卷六十九，东晋成帝咸和五年散骑侍郎乔贺妻于氏上表引。
② 《太平御览》卷六百四十引。
③ 同上。

3. "春秋决狱"的原则

董仲舒自"春秋决狱"之后,兴起经义决狱之风气。汉朝开创的这种以儒家经典的原则和语句作为分析案情、认定犯罪及适用法律根据的"春秋决狱"或"经义决狱",促进了法律儒家化的进程。

董仲舒提出审理案件应贯彻"原心定罪"的原则。他说:"《春秋》之听狱也,必本其事而原其志。志邪者不待成,首恶者罪特重,本直者其论轻。"①即依据《春秋》精神审理案件,应当以犯罪事实为根据,考察行为人的动机。如果某人动机不纯,即使尚未作为或犯罪未遂,也要给予处罚,对共同犯罪的首犯更要从重处罚,而如果行为人目的、动机纯正,即使违法犯罪,也可免除或减轻处罚。如上述"殴父"案中,董仲舒所认为的"君子原心,赦而不诛"。

此外,还有其他一些适用原则,如"为亲者讳";"子为父隐,父为子隐";"善善及子孙,恶恶止其身";"妇人无专制擅恣之行";"君亲无将,将而诛之";等等。

4. 影响及评价

董仲舒的"春秋决狱",将儒家仁恕思想和道德伦理引入司法实践,并进而染指立法实践,开启儒家道德法律化的进程,对后世产生了极其深远的影响。

"春秋决狱"的实施,一定程度上纠正了秦朝以来法律严酷的现实情况,缩小了刑罚适用范围,所贯彻的"原心定罪"原则,定罪量刑时注意犯罪者动机、目的和心理状态等,矫正酷吏横行,"务求深文"的弊端,具有其合理性及进步性的一面。从以上所引的董仲舒"春秋决狱"几则案例中,我们也可看出这点。

但不可忽略的是,片面地以犯罪动机作为定罪依据,会导致罪同而论异,导致司法的随意性;将判断行为人主观动机的权力委诸法官之手,也为徇私枉法打开方便之门。另一方面,直接将儒家思想作为定罪依据,而儒家经典简约深奥,缺乏法律条文的明确性,司法官员也不可能都通晓儒家经典,以致产生对法律的适用和解释牵强附会的现象。在一定程度上便于酷吏舞文弄法,任意断案,营私舞弊,出

---

① 《春秋繁露·精华》。

现"奸吏因缘为市,所欲活则傅生议,所欲陷则予死比"的司法腐败局面。

（二）秋冬行刑

秋冬行刑,是指古代将死刑的执行安排在秋冬两季进行的制度。这一制度源于先秦,当时人们认为对罪犯执行"天罚"必须合乎天意,阴阳家明确提出"赏以春夏,刑以秋冬"理论。董仲舒发展为"天人感应"说,认为:"阳为德,阴为刑。刑主杀,而德主生。"[1]春夏是万物生长之季,不宜执行死刑;而秋冬有万物肃杀之气,应申严百刑。在这种思想影响下,汉朝法律规定,一般死刑立春后不能执行,必须等秋后才能处决。东汉章帝元和二年(85)下诏强调:"王者生杀,宜顺时气。其定律:无以十一月、十二月报囚。"[2]秋冬行刑不仅顺应天时,而且也不误农时,利于维护社会秩序。此后遂成为定制,并为后世长期沿袭。

---

[1] 《汉书·董仲舒传》。
[2] 《后汉书·章帝纪》。

第六章 三国两晋南北朝的法律制度

（220—589）

东汉末年,爆发了黄巾大起义,在镇压起义的过程中,各地豪强军阀势力迅速发展,最终形成以曹操、刘备、孙权为首的三个势力较强的武装集团,曹操"挟天子以令诸侯",占据中原,公元220年,曹操之子曹丕代汉称帝,改国号为魏;刘备居西蜀,公元221年,刘备在成都称帝,建国号汉,史称蜀汉;同年,孙权在建业(今江苏南京)称吴王,公元229年改称皇帝,建立吴国。至此,三分天下的局面正式形成。

经过近半个世纪的三国鼎立,公元253年,魏灭蜀,但此时曹魏政权已旁落于司马氏之手,公元265年,司马炎代魏称帝,定都洛阳,建立晋朝,史称西晋。西晋于公元280年统一全国。晋武帝司马炎病逝不久,爆发了历时16年之久的"八王之乱",耗尽了西晋的国力,国内人民纷纷起义反抗暴政,域外匈奴、鲜卑诸族也对西晋的统治虎视眈眈。西晋王朝是一个门阀贵族的政权,曹魏时制定的"九品中正制"到此时已发生相当大的变化,成为培植门阀私家势力的重要工具,造成"上品无寒门,下品无士族"的局面。豪强大族的势力得到发展,士庶之间的矛盾不断扩大,削弱了西晋的统治力量。公元316年,匈奴兵攻入长安,俘虏了西晋皇帝,西晋灭亡。此后,中国进入了一个长达二百余年的战乱时期。

在南方,先后有东晋与南朝政权。公元317年,司马睿为避战乱而南迁,重建晋朝,在建康(今江苏南京)称帝,史称东晋。公元420年,东晋大臣刘裕废晋帝自立,东晋结束,南朝开始。南朝是指南方相继出现的宋、齐、梁、陈四个朝代,直到公元589年,隋政权灭陈,南朝结束,南北分立对峙的局面才宣告结束。

在北方,先后有"五胡十六国"及北朝政权。西晋末年到北魏统一北方期间,以匈奴、鲜卑、羯、氐、羌为主的五个少数民族先后建立了前凉、后凉、南凉、西凉、北凉、前赵、后赵、前秦、后秦、西秦、前燕、后燕、南燕、北燕、夏、成汉等十六个政权,此外还有代国、冉魏、西燕、吐谷浑等共有二十个大小政权,史称"五胡十六国"时期。五胡世代居住在中国的西北部,因对抗晋政府的腐败和官员的贪污残暴,而叛变晋王朝。他们所建立的都是短命的王朝,各自征战,民不聊生。公元439年,鲜卑族拓跋氏统一了混战于黄河流域的北方各国,建立了北魏王朝。公元534年,北魏分裂为东魏和西魏,公元550年,东魏为高欢取代,建立北齐;公元557年,西魏为宇文觉所取代,建立了北周。公元577年,北周灭掉北齐,统一了北方。公元581年,北周大将杨坚取代周静帝,建立隋朝,北朝宣告结束。

三国两晋南北朝是中国历史上一段漫长的动荡时期,除西晋的短暂统一外,三百多年的时间处于分裂、对峙的状态。这段动荡的历史有两个突出的特征,其一是民族的融合,传统汉族所在的中原地区,在这一阶段的很长时期里为外来的少数民族所占据,并建立起他们的政权。但汉族更为先进的文化使得进入中原地区的少数民族不断进行汉化改革,出现前所未有的民族融合的局面。另一特征是南方的开发。随着政权的南移,北方地区的人民随政权南迁,给南方带来了先进的生产经验与技术,使得南方在这一时期获得了一定的发展。这两个新的特色,使得三国两晋南北朝成为中国历史上上承秦汉下启隋唐的重要阶段。

在法制方面,社会的动荡、民族的融合、南北方的交流等因素促成了法制在这一时期有重大进展。三国鼎立时期,取得作战的胜利是三国最主要的任务,法制建设有一定发展,但取得的成就有限。西晋时期,社会局势相对稳定使法制的发展成为可能,加上西晋实行的门阀士族制度,导致一方面法律的儒家化程度大大加深,体现儒家等级思想的法律被写入法律;另一方面,律学在此时取得重要进展。东晋主要沿袭西晋的法律。南北朝时期,南朝仍主要沿袭西晋的法律,北朝在继承传统汉族法制的基础上,在法律形式、法律内容等方面均有许多创新,使法律儒家化程度继续加深,最终形成以《北齐律》为代表的北朝法制。《北齐律》成为隋唐法律的蓝本。可见,在法制层面上,三国两晋南北朝时期也是一段承上启下的关键阶段,在这一时期里,纳礼入律,法律走向儒家化,为隋唐法律制度的完备奠定了坚实的基础。

本章是学习的难点,在把握三国两晋南北朝朝代更替的基础上,重点掌握各个时期体现法律儒家化的内容,并理解礼律结合对后世法制的影响。

第一节 三国两晋南北朝的法制指导思想

东汉末年的军阀混战及之后三百多年的动荡,使汉武帝以来儒家思想的绝对统治地位遭到动摇,法制指导思想上出现变化,在儒家"礼治"的基础上,杂糅法家、道家等其他学说,在不同时期不同的社会背景下,法制指导思想有所不同。但总体上,三国两晋南北朝时期的法制指导思想是在坚持封建正统法律思想的前提下,针对不同的形势,对礼与法有不同的侧重。

一、三国时期:"治定之化,以礼为首,拨乱之政,以刑为先"

三国时期,战乱不止,统治者急需以法律安定社会秩序,树立自己的权威。因此,三国统治者在肯定礼治对法制具有指导作用的同时,格外强调法律在治理乱世、拨乱反正中不可替代的作用,主张建立完备的法律制度,执法从严,依法行赏罚,务使百姓相信令必行、禁必止。

曹操认为:"治定之化,以礼为首,拨乱之政,以刑为先。"①即治理太平之世,统治者应致力于礼乐教化,以淳朴风俗;而治理乱世,统治者应首先树立法律的权威,以安定社会。主张在不同社会条件下"礼"与"刑"应有不同的侧重。毫无疑问,三国时期是一个乱世,于是他们特别强调"术兼名法"、"揽申商之法术",但并不反对推行儒

---

① 《三国志·高柔传》。

家的仁义道德;蜀国主张一手施教,一手施法,如诸葛亮提倡"威之以法"、"科教严明",主张厉行法治,强调法治教育,以法家的"壹刑"原则,不别亲疏,不殊贵贱,一断于法。三国时期的法制指导思想主要是在"礼法结合"的基础上更强调"法治"。

二、两晋时期:纳礼入律

建立晋朝的司马氏集团,是东汉末年发展起来的世家大族,他们以精通儒学而在社会中占有特殊地位。掌握了最高政治权力后,他们利用门阀士族制度,使得世家大族的势力获得巨大发展。以司马氏为首的统治集团格外注意以法律反映、确立和保护士族的特殊利益。于是,封建纲常思想、以礼治国和礼律"相须为用"等思想备受他们的青睐,封建正统法律思想所主张的礼律合一在晋朝有了长足的发展,为隋唐法律"一准乎礼"奠定了基础。

晋代统治者认为"礼治"是法制的灵魂。据《晋书·刑法志》记载:"王政布于上,诸侯奉于下,礼乐抚于中,故有三才之义焉,其相须而成,若一体焉。"大意是君主立法应处居高临下之势,贵族百官须遵守君主所立之法来统治百姓,但君主的立法与百官的执法都必须体现礼乐的精神,以礼为指导原则,即礼是律产生与执行的依据,衡量立法与执法社会效果的优劣,也完全系之于礼。所谓"凡断正臧否,宜先稽之礼律"[①]。因此,在西晋的立法中,我们可以看到许多如"准五服以制罪"等体现"纳礼入律"的内容。

三、南北朝时期:礼律进一步融合

南北朝时,南朝继承两晋的法制,在法制指导思想上,亦是如此。而北朝的统治者作为异族入主中原后,基于中原文化在当时的先进性,他们十分热衷于"汉化",也注意到引礼入法对统治的重大意义,更加注重礼与律的融合,如孝文帝明确主张"重礼慎刑",法律思想的核心仍然是德主刑辅。

北方少数民族在吸收汉文化,改造自己文化传统的同时,也为汉

---

① 《晋书·庚纯传》。

文化注入了新鲜血液。在礼律融合思想的指导下,他们创建出许多新的法律制度,如"重罪十条",对违背礼的行为从重处罚等,促使礼与律的进一步融合,并为后世立法所继承。因此,南北朝时期,北朝法制是中国法制儒家化的重要阶段,所以程树德曾说:"中原律学,衰于南而盛于北。"①

第二节　三国两晋南北朝的立法概况

三国两晋南北朝时期,朝代更替频繁,制定的法律为数也不少,取得了一定成就。本节将从主要立法、法律形式的变化及律学的发展三方面对这一时期的法制概况作一介绍。

一、主要立法

三国两晋南北朝时期各政权都比较重视法制工作,法律在礼法融合的程度上日益加深。三国时期曹魏制定的《魏律》、两晋时期西晋制定的《晋律》、南北朝时期北齐制定的《北齐律》在三个阶段的立法中较具代表性,我们以这三部法典在篇数、体例及内容上的变化为重点,对这一时期的主要立法作一介绍。

(一) 三国时期

三国之初,基本沿用汉律,随着时代的变化及形势发展的需要,汉律越来越不能适应社会的需求了,制定新法成为当务之急。公元226年,魏明帝继位,公元229年,他下诏改定刑制,命司空陈群、散骑常侍刘劭等人删约旧科,兼采汉律,制定魏法。这次立法活动所制定出《魏律》、《州郡令》、《尚书官令》、《军中令》等共一百八十余篇法律法规,内容涉及刑事、民事、军事、行政等方面。在这些法律中,《魏律》是最基本的法典。

《魏律》亦称为《新律》,据《晋书·刑法志》所存的《新律序》记载:"凡所定增十三篇,就故五篇,合十八篇"。可知在法典的篇数上,《新律》以汉朝《九章律》为基础,修改十三篇,沿用五篇,共计十

---

① 程树德:《九朝律考·南朝诸律考·序》,中华书局1988年版。

八篇,弥补了旧律"篇少则文荒,文荒则事寡,事寡则罪漏"①的缺陷;在体例上,将具有刑法总则意义的《具律》改称为《刑名》,列于首篇。在我国第一部比较系统的封建法典《法经》中,作为刑法总则的《具律》被置于律的最末篇,汉朝的《九章律》在《法经》六篇的基础上,加上"户律"、"兴律"、"厩律"三篇,致使《具律》处在一部律的中间位置,这显然与其作为总则起统领作用的地位不相符,《新律》将《具律》改称为《刑名》,并将其位置调整为一部律的第一篇,改变了"罪条例既不在始,又不在终,非篇章之义"的弊端,将其"冠于律首"②,使之名副其实,这是我国法典编纂体例上的一次重大创造,成为日后中国法典编纂体例的基本思路,以后法典的总则均放在法典的第一篇。此外,《新律》还删除不合时宜的条款,合并内容相同的律、令、科条,使"文约而例通";在内容上,《新律》改革刑罚制度,重定刑名,减轻对某些罪的处罚,作了不少调整,如体现法律儒家化的"八议"制度被纳入到法律中,这一制度被后世所继承,成为贵族官僚的特权之一。

三国时期蜀国、吴国也有立法活动。据说蜀国定都成都后,着手制定法律,"(伊籍)后迁昭文将军,与诸葛亮、法正、刘巴、李严共造《蜀科》"③,可见蜀汉制定有《蜀科》,但现在除散见的部分军令外,《蜀科》及其他单行法规均已佚失;吴国在黄武五年(226)及嘉禾三年(234)先后两次制定"科令",内容基本沿用汉律。纵观三国时期的立法,曹魏的立法最具成效。

(二) 两晋时期

曹魏末年,司马氏执掌大权,他以魏律"烦杂"、"科网本密"为名,命贾充、杜预、裴楷等十四名重臣名儒,以汉、魏律为基础,修订律令。经过三年的修订,至晋武帝泰始三年(267)完成,次年颁行全国,史称《晋律》,由于其制定并颁布于泰始年间,因此又称为《泰始律》。

---

① 《晋书·刑法志》。
② 同上。
③ 《三国志·伊籍传》。

《泰始律》在法典篇数上的变化是增加至二十篇。它保留《九章律》中的七篇,新增或修改十三篇,共二十篇;在体例上,将《新律》首篇的《刑名》改为《刑名》与《法例》两篇,置于律典之首,扩大了法典总则的内容范围。"《刑名》所以经略罪法之轻重,正加减之等差,明发众篇之多义,补其章条之不足,较举上下纲领……名例齐其制。"① 即用《刑名》与《法例》阐述用刑轻重的原则与依据,简述各篇的主要内容与宗旨,对律文中未能涉及的内容作原则性的补充,以利于正确理解法律的含义,从而有助于对律典中各篇的理解;在内容上,《泰始律》继续改革刑制,使刑罚制度朝相对宽缓减轻和文明化的方向发展。更主要的是在"纳礼入律"思想的指导下,一系列维护士族贵族利益、体现"礼治"要求的法律内容被吸纳进入法律中,成为法律的重要组成部分,如"准五服以制罪"制度在此时入律,具有典型的儒家化色彩;还设立"杂抵罪",作为贵族、官吏的特权,使他们在犯罪时享有减、免刑罚之权,这成为后世"官当"的雏形。

东晋偏安江左,主要沿用西晋的法律,墨守成规,加上当时社会崇尚清谈,对立法活动并不重视,没有取得太大的立法成就。

(三) 南北朝时期

南朝宋、齐、梁、陈四个政权更替,无心顾及法律问题,他们或疏于立法,直接沿用西晋的法律,或以西晋的法律为基础,简单修订自己的法律。如刘宋直接继承西晋的法律;齐国在齐武帝永明七年(489),制定《永明律》,但并未改变《晋律》的内容;梁的《梁律》、陈的《陈律》均是"参酌前代"法律制定而成,在内容上与《晋律》并无大的差异。

北朝作为少数民族政权,为了巩固统治,发展势力,均比较重视法制建设,取得较突出的成就,《北齐律》是其中的代表,被赞誉为"法令明审,科条简要"②。北齐代东魏后,"是时军国多事,政刑不一,决狱定罪,罕依律文"③,经过十多年的努力,于武成帝河清三年

---

① 《晋书·刑法志》。
② 《隋书·刑法志》。
③ 同上。

(564)修订完成《北齐律》。

在篇数上,《北齐律》将法典的篇数简化为十二篇。"一曰名例,二曰禁卫,三曰婚户,四曰擅兴,五曰违制,六曰诈伪,七曰斗讼,八曰贼盗,九曰捕断,十曰毁损,十一曰厩牧,十二曰杂。其定罪九百四十九条。"①日后隋唐的法典也是十二篇,篇名也大体以《北齐律》作为基础而稍作修改。在体例上,《北齐律》取《泰始律》中《刑名》的"名"字、《法例》中的"例"字,合为《名例律》,从此确定下来,相当于今天的刑法总则。在内容上,《北齐律》总结并继承前代的经验和成果,加以改革创新,确立了以死、流、徒、杖、鞭为基础的五刑,成为新的封建制五刑的基础;又将对封建国家危害最重的十种犯罪行为列为"重罪十条",严加处罚,成为后世"十恶"的雏形。《北齐律》上承汉魏律之精神,下开隋唐律之先河,在中国法制史上具有重要的地位。

北朝的其他政权也都有立法活动。北魏政权建立后,十分注意用法律手段来巩固统治,曾诏令汉族律学家数十人,进行大规模的修律活动,于太和九年(495)制成《北魏律》。《北魏律》以儒家思想为指导,在刑名、罪名及定罪量刑的主要原则上均有所发展,是北朝立法的开端,也是日后北朝立法的重要基础。北魏分裂为东魏和西魏后,东魏"以格代科",于东魏孝静帝三年(541)颁行法律,因该部法律制定的地点在麟趾殿,因此将法律命名为《麟趾格》;西魏于大统十年(544)制成《大统式》;北周代西魏后,沿用《大统式》,至周武帝时,仿《尚书·大诰》,又制定了《大律》。据《隋书·刑法志》记载,与《北齐律》相比,《大律》"烦而不要",因此,隋建国后,沿用的是《北齐律》而非《大律》。

二、法律形式的变化

汉朝的法律形式主要为律、令、科、比,三国两晋南北朝时期,法律形式有新的变化,为后来隋唐形成以律、令、格、式为主的法律形式开了先河。

---

① 《隋书·刑法志》。

首先,"律"与"令"有了明确的区分。律、令作为两种法律形式,在中国早已有之,但两者概念比较含混,界限不是很明显。原先主要是从颁布时间的先后顺序层面进行区分,所谓:"前主所是著为律,后主所是疏为令"①,后来《汉书·宣帝纪》有注说"天子诏所增损,不在律上者为令",可见在内容上,律与令没有本质区别。时间一长,随着律、令数量的不断增加,必然带来律、令的混乱。西晋时,著名的律学家张斐和杜预从内容上对律与令进行界分,提出所谓"律以正罪名,令以存事制"②,"违令有罪则入律"③,使得律与令的区分明确了,律是侧重于从消极层面进行规范的有关定罪量刑的法典,令是侧重于从积极层面进行规范的政令法规,违反了令要纳入到律的制裁范围。这一区分为后来的隋唐所继承。

其次,"科"的变化及"以格代科"。汉朝时的科,泛指科条、事条,三国时期,曹魏修订有《甲子科》,蜀汉有《蜀科》,孙吴也有"科令"、"科条"等,西晋时期,未见有科,法律形式主要为律、令、故事等。南朝的梁、陈两代均有科三十卷,与汉朝时期单行的科条相比,魏晋时期的科成为独立编制的单行法规。北魏末年,开始"以格代科",尤其是东魏制定《麟趾格》,正式将格上升为国家法典,科逐渐被废弃不用。北齐时,"律无正条,于是遂有《别条权格》,与律并行"④。将律无正条的编为《别条权格》,使格作为律的补充,获得与律并行的地位,格后来成为唐朝主要的法律形式之一。

最后,"式"也发生变化。在云梦秦简中,已发现有《封诊式》,是有关司法审判工作的要求及诉讼文书的程式的法律文件。汉朝时有"品式章程",是具有行政法规性质的法律文件,西晋颁布有《户调式》,是有关户调制、占田制、课田制等方面的法律。西魏大统十年(544)编订成《大统式》,使"式"上升为当时主要的法律形式,为隋唐所继承,成为唐朝主要的法律形式之一。

---

① 《汉书·杜周传》。
② 《太平御览》引杜预《律序》。
③ 《晋书·刑法志》。
④ 《隋书·刑法志》。

三、律学的发展

秦汉时期,中国的律学初具雏形,尤其是汉朝时引经决狱,以经释律,标志着律学的正式形成。三国两晋南北朝时期社会的动荡给律学的发展提供了丰富的土壤,魏晋以来实行的门阀士族制度,培养了大批专门从事法律研究的律学家,律学的发展在三国两晋南北朝时期成为可能。此时出现了以西晋的张斐、杜预为代表的律学家,他们侧重于研究律典的篇章、体例、法律概念及法律原则等具体问题,使律学获得长足的发展,表现为以下几方面:

其一,法律注释水平明显提高。张斐对《晋律》的二十多个名词进行解释:"其知而犯之谓之故,意以为然谓之失,违忠欺上谓之谩,背信藏巧谓之诈,亏礼废节谓之不敬,两讼相趣谓之斗,两和相害谓之戏,无变斩击谓之贼,不意误犯谓之过失,逆节绝理谓之不道,陵上僭贵谓之恶逆,将害未发谓之戒,唱首先言谓之造意,二人对议谓之谋,制众建计谓之率,不和谓之强,攻恶谓之略,三人谓之群,取非其物谓之盗,货财之利谓之赃。凡二十者,律义之较名也。"①这些解释都比较准确,如关于故意、过失等的解释,与今天的解释都没有本质差别。由于张斐和杜预等人对《晋律》所作的解释非常完备,统一了人们对律条的不同理解,而且弥补了律文内容上的缺陷,后来经朝廷批准,下诏颁行天下,与《晋律》具有同等效力。后人将他们的注释与晋律文本合为一体,称之为《张杜律》。

其二,法典编纂技术渐趋成熟。三国两晋南北朝时期,从《新律》、《晋律》到《北齐律》,法典的篇数及体例经过不断调整,逐步定型,最终确立起以《名例律》为首篇,作为法典总则,法典共分十二篇的体例,法典编纂模式基本定型,为隋唐所继承。

其三,律学理论水平进一步发展。在研究法典的注释及法典编纂技术的同时,律学理论水平也有了新的提高。他们对法的性质与作用,对法典总则的性质、内容与地位有了更明确的认识与阐述,对不同法律形式及其彼此之间的关系有了清晰的界分,还明确了制定

---

① 《晋书·刑法志》。

法制的指导思想等,律学理论水平进一步发展。

第三节　三国两晋南北朝法制的主要内容

三国两晋南北朝时期,尽管社会动荡,但法制在内容上有许多发展。在刑事法制方面,体现儒家化的许多法制内容被创设出来,法律的儒家化程度大大加深;在民事法制方面,社会的动荡突出反映在土地的分配问题上;在行政法制方面,中枢机构的三省制初具雏形,呈现出新的特点。

一、刑事法制

(一)定罪量刑原则的发展变化

1. "八议"

"八议"最早源于西周时期的"八辟",在曹魏的《新律》中首次入律。"八议"是指八类人犯罪时,依法享有减轻或免除其刑罚的特权。这八类人是:亲,即皇帝的宗室亲戚;故,即皇帝的故旧;贤,即道德品行特别卓著的;能,即才能过人的;功,即对国家有大功勋者;贵,即高级官员与贵族;勤,即为国家勤劳工作成绩突出者;宾,即前朝皇室及其后裔。这八类人犯罪,一般司法机关无权决断,必须奏请皇帝裁决,其结果一般为减轻处罚或免除处罚。

"八议"入律是以法律的形式,公开保护贵族、官僚、地主的等级特权,是"纳礼入律"的突出表现。"八议"发展到唐朝时,最终形成一整套严密的规则制度,从曹魏到明清,始终见诸法典,成为中国古代贵族官僚特权体系的重要内容之一。

2. "准五服以制罪"

西晋的《泰始律》中出现:"峻礼教之防,准五服以制罪。"①这是按照五等服制所体现出来的亲疏远近关系来定罪量刑的一种制度。所谓"五服",指的是五种丧服,分别为斩衰(音崔)、齐衰、大功(功同工,指做工,大功即做工粗)、小功(做工细)和缌麻。斩衰是用很粗

---

① 《晋书·刑法志》。

的生麻布做成,不缝边,像斧斩一样,故名斩衰;齐衰则是缝边的生麻布做成;大功和小功则是用熟麻布制成,只是做工不同;缌麻是细的熟麻布做成。五种丧服还代表着服丧时间的不同,从三年、一年、九月、五月到三月,依次减少。

古人认为,人之去世,与死者关系愈近者,哀痛就越深,这种哀痛外在的表现即是穿粗糙的衣服,且与死者关系越近的,穿这种衣服的时间就越长。因此,斩衰便用于服制最近的臣、子、妻、妾为君、父、夫服丧。

运用五种丧服所体现出来的亲疏远近关系来定罪量刑是指:服制越近,以尊犯卑,处罚越轻;以卑犯尊,处罚越重。反之,服制越远,以尊犯卑,处罚相对变重;以卑犯尊,处罚相对减轻。比如同样是斗殴,打了一个没有血缘关系的一般人与打了自己的长辈尊亲,即便情节及后果是完全相同的,处罚也是截然不同的。打大功以上尊亲属,属以卑犯尊,罪行尤为严重,甚至要判处死刑。"准五服以制罪"的实质是同样的行为,由于侵害的对象不同,所受到的处罚完全不同,而决定处罚轻重的关键就在于施害者与受害者之间的尊卑贵贱关系。但在财产上,亲属关系越近,越要互相救济。

"准五服以制罪"原则的确立,是儒家礼治与法律结合的重要标志,由于它适用于社会上的一切人,具有最广泛的普遍适用性,因此,人们把记载有该原则的《泰始律》称为是中国历史上第一部儒家化的法律。"准五服以制罪"原则从《泰始律》确立以后,一直延续至明清。明清法典还附上《五服图》,指导"准五服以制罪"的适用。这一原则是儒家化法律的重要表现。

3. "重罪十条"

《北齐律》在总结前代统治经验的基础上,将严重危害封建政权以及封建纲常礼教的十种犯罪,称为"重罪十条"。据《隋书·刑法志》记载,这十种犯罪行为是:"一曰反逆,二曰大逆,三曰叛,四曰降,五曰恶逆,六曰不道,七曰不敬,八曰不孝,九曰不义,十曰内乱。其犯此十者,不在八议论赎之限。"对于这十种犯罪要严厉制裁,即便属享有"八议"特权的人犯这十种犯罪,也不能够减免处罚。

"重罪十条"到隋朝演化为"十恶",内容上没有根本的变化,仍然是将那些违背皇权与纲常礼教的行为列为罪大恶极者。从这十种犯罪行为可以典型地体现出法律儒家化的本质,即法律以维护"亲亲"、"尊尊"的"礼"为其第一要义。这一做法也被后世历代法典所沿用。

4. "官当"

官当,即官吏犯罪后,法律允许其以官职或爵位来抵罪的制度。晋时有杂抵罪,即以官职抵罪折当劳役刑,北魏和南朝的陈发展为官当。北魏首创以爵位抵罪并折当劳役刑的制度,南朝的陈则使"官当"制度更为系统。《隋书·刑法志》记载:"五岁四岁刑,若有官,准当二年,余并居作。其三岁刑,若有官,准当二年,余一年赎。若公坐过误,罚金。其二岁刑,有官者,赎论。一岁刑,无官亦赎论。"可见南陈时,官职一律折当为二年劳役刑,如应处五年或四年劳役刑,折当不尽部分应服刑;如应处三年劳役刑,折当不尽部分允许赎免。若属因公犯罪或无意识误犯,则可只缴纳罚金折抵刑罚,普通人只限于赎免判处一年的劳役刑。

显然,官当是有官职、官爵者的特权,也是法律儒家化的典型体现,反映了维护统治者利益的要求。这一制度自两晋南北朝形成后,被隋、唐、宋等朝代所继承并加以发展完备,成为封建官吏的特权之一。

(二) 刑罚的发展变化

1. 初步形成封建制五刑

汉文景时期刑制改革后,刑罚的主刑仅剩笞杖刑与死刑,这不能满足对复杂多样的犯罪进行制裁的需要。三国两晋南北朝时期,不断探索改进刑罚的主刑体制,曹魏《新律》中将法定刑定为死、髡、完、作、赎、罚金、杂抵罪等七种,共分三十七等。西晋《泰始律》将刑罚主刑定为死、髡、赎、杂抵罪、罚金五种二十二等。《北魏律》定刑罚主刑为死、流、宫、徒、鞭、杖六种。北周进一步进行改革,初步形成五刑各分五等共二十五等的刑罚体系,即"其制罪,一曰杖刑五,自十至五十。二曰鞭刑五,自六十至于百。三曰徒刑五,徒一年者,鞭六十,笞十。徒二年者,鞭七十,笞二十。徒三年者,鞭八十,笞三十。徒四年者,鞭九十,笞四十。徒五年者,鞭一百,笞五十。四曰流刑五,流卫服,去皇畿二千五百里者,鞭一百,笞六十。流要服,去皇畿三千里者,鞭一百,笞七十。流荒服,去皇畿三千五百里者,鞭一百,笞八十。流镇服,去皇畿四千里者,鞭一百,笞九十。流蕃服,去皇畿四千五百里者,鞭一百,笞一百。五曰死刑五,一曰罄,二曰绞,三曰斩,四曰枭,五曰裂。五刑之属各有五,合二十五等"①。北周首创流刑五等之制。《北齐律》中的刑罚体系与北周类似,也分死、流、徒、杖、鞭,只不过各刑种分等不同,大体分为十八等。可见,到南北朝后期,以死、流、徒、鞭、杖为主刑的新的刑罚体系初具雏形,隋朝在此基础上,进行修改,最终确立起新的封建制五刑。

2. 废除宫刑

宫刑是一种残酷且不人道的刑罚,亦是一种残损人的身体的肉刑。汉文景时期刑制改革时未涉及宫刑,宫刑在当时是作为减死之刑存在的。三国两晋南北朝时,魏晋和南朝都没有宫刑,北魏与东魏有宫刑的记载。魏晋时,曾有多次有关肉刑的恢复与废止的争论,支持恢复肉刑者认为肉刑可以起到杀一儆百的作用;反对一派以"仁政"为旗号,认为恢复肉刑,尤其是宫刑,会引起百姓的更大反抗。西魏文帝大统十三年(547)、北齐后主天统五年(569),均下诏应处宫刑的改为收为官奴,宫刑作为一种刑罚正式被废除。

3. 刑罚日趋规范与文明

刑罚在这一时期日益规范和文明,主要表现为限制族刑,缩小缘坐的范围。战国以来就有因一人犯罪而连坐株连无罪亲属的族刑,秦汉时期甚至广泛采用夷三族。三国两晋南北朝时连坐的范围不断缩小。曹魏《新律》规定大逆无道重罪,本人腰斩,家属从坐,但不诛及祖父母与孙子,公元255年,又明确规定已婚妇女从夫家株连,改变了以往已婚妇女兼受娘家与夫家两家株连的情况。西晋的《泰始律》规定养子女与出嫁妇女均不再受生父母弃市之株连,继续缩小株连的范围。北魏孝文帝时期甚至曾经废除株连的做法,罪及本人。关于是否实行株连及株连范围的界定日趋缩小。另外,酷刑的设置与使用日益减少,刑罚的执行亦日趋文明。

---

① 《隋书·刑法志》。

二、民事法制

三国两晋南北朝时期社会的动荡,加上北方大量少数民族内迁及南方的开发,致使这一时期在民事法制领域,呈现出一些新的内容。

(一) 关于人的身份

首先,地主阶级内部分化出"士族"与"庶族"。魏晋以来实行的九品中正制使士族政治正式形成,地主阶级内部产生了分层,区分出"士族"与"庶族"两部分。"士族"主要是大地主,占有广阔田地和劳动力,按门第高低分享政治上的特权,世代担任要职。在社会生活中他们不与庶族通婚,甚至坐不同席;与士族相对的不具有士族特权的中小地主阶层称为"庶族",他们在政治上难以有所作为,只能充任低级官吏。由于东晋王朝依靠南北士族的支持才得以存在,因此东晋时期士族制度得到充分发展,进入鼎盛的阶段。门阀士族特别是高级士族凭借门第就可做官,世代控制要职。这种特权的存在使许多士族不思进取,沉溺于清闲放荡的生活,日渐堕落,同时这也造成士族与庶族间深深的对立。至隋唐两代,科举选官的方式被创立,九品中正制终被废除。

其次,自耕农与依附农民。由于战乱及大土地私有制的不断发展,自耕农承受着沉重的赋役剥削,人身自由受到限制,地位较之秦汉有所下降。许多农民不堪重负纷纷逃亡,成为依附农民。他们的身份是贱民,失去了人身自由,可以被主人转让,但不能被随意杀害与买卖。

最后,处于社会最底层的是为数不少的奴婢,根据服务对象的不同,可以分为官家奴婢与私家奴婢。奴婢不具有主体资格,他们是民事法律关系的客体,地位与畜产没什么区别,可以被主人赏赐、赠与或买卖。他们没有人身自由,只不过是主人"会说话的工具"而已。

(二) 关于土地制度

一旦承认土地私有,土地买卖与土地兼并就不可避免地发生。当大土地所有者形成时,反过来又会影响国家的利益。中国古代各朝的统治者都在探索土地分配的方法。三国两晋南北朝时期,政局的动荡复杂,使得各政权的土地立法具有很强的针对性,并取得了一定的突破。

1. 曹魏的屯田制

三国鼎立时期,为了取得作战的胜利,保证军粮的供应和财政所需,曹操采纳官员的建议,于公元196年,在许昌实行屯田。所谓屯田是指在国有土地和无主土地上,由国家直接派官员管理而不受郡县管理,按军事组织的方式,强征佃客进行开垦耕作,收成按四六(用官牛者)或对半(不用官牛者)分向国家交租。除此之外,屯田客不负担其他徭役,由于屯田客的生活有一定保障,因而纷纷致力于提高农业产量。

在战乱的背景下,曹魏的屯田制使国家的军粮供应有了保障,经济实力大增,成为曹魏得以统一北方的重要原因。三国时期的蜀汉与东吴也实行这一制度。屯田制共被推行了六七十年。但由于其过强的人身控制及后来豪门的侵占,屯田不能继续为国家提供经济保障,终于被司马氏废除。

2. 西晋的占田制

屯田制废除后,晋武帝颁行"占田令"取而代之。占田是针对豪强地主大规模兼并土地的情形而制定的,它规定官员按品级高低限额占田及佃客:"其官品第一至于第九,各以贵贱占田,品第一者占五十顷,第二品四十五顷,第三品四十顷,第四品三十五顷,第五品三十顷,第六品二十五顷,第七品二十顷,第八品十五顷,第九品十顷。而又各以品之高卑荫其亲属,多者及九族,少者三世。宗室、国宾、先贤之后及士人子孙亦如之。而又得荫人以为衣食客及佃客,品第六已上得衣食客三人,第七第八品二人,第九品及举辇、迹禽、前驱、由基、强弩、司马、羽林郎、殿中冗从武贲、殿中武贲、持椎斧武骑武贲、持钑冗从武贲、命中武贲武骑一人。其应有佃客者,官品第一第二者佃客无过五十户,第三品十户,第四品七户,第五品五户,第六品三户,第七品二户,第八品第九品一户。"①老百姓也可按男女不同占有一定数量的土地:"男子一人占田七十亩,女子三十亩。其外丁男课

---

① 《晋书·食货志》。

田五十亩,丁女二十亩,次丁男半之,女则不课。"①国家承认并保护其土地私有权。

占田制限制土地兼并保证每个人拥有土地的愿望是美好的,但由于其对超过限度占田该如何处置等问题缺少规定,实际上无法阻止土地的兼并,无法取得制度设计的效果。实行不久,便不撤自销。

3. 北魏的均田制

北魏建立后,面对棘手的土地问题,认真总结魏晋以来土地立法的经验,结合本氏族的习惯,于太和九年(485),颁行设计周密的均田令。均田制首先规定分给十五岁以上的男子露田(种谷物)四十亩,妇人二十亩;男子每人分给桑田(种树木)二十亩,妇人不分桑田。但如果是产麻地,则男子分十亩,妇人五亩。奴婢也可以分得一定数量的田地;在确立土地分配方式后,均田法进一步规定桑田不需返还国家,其他田亩在年老免役及死亡时,须交还国家。

均田制一定程度上使无地农民获得土地,限制了豪强兼并土地,在一定程度上缓和了劳动力和劳动对象分离的矛盾,促进了经济发展,稳定了政府的赋税收入。但是,均田制并没有触动地主原有的土地,授田始终不足额,而税收却是按授田足额的标准来制定征收数量。因此,均田农民的负担极为沉重。均田制对后代田制有很大影响,先后为北齐、北周、隋、唐所沿用,施行时间长达三百多年,为中国封建鼎盛时期的出现奠定了物质基础。

(三) 关于婚姻制度

三国两晋南北朝时期,由于门阀士族制度的盛行所带来的士族与庶族间严格的对立,使得尊卑等级格外森严,"士庶有别,良贱不婚"成为婚姻的一条重要原则。法律禁止士族与庶族通婚,良民与贱民也不得通婚。如果成婚,会被称为"失类",将遭受人们的讥评、奏弹甚至是法律制裁。

"士庶有别,良贱不婚"这种强调门当户对的婚姻制度,本质上是希望以此来维护士族的特殊社会地位,巩固其等级特权。

---

① 《晋书·食货志》。

三、行政法制

三国两晋南北朝时期的动荡,昭示着秦汉以来建立的统治秩序正经历着考验,也预示着行政法制正经历着一次转型。没有三国两晋南北朝时期行政法制的变革,也就不会有日后隋唐行政法制的完善。

(一) 行政机关的演变

秦汉以三公九卿制为基础的行政体制使行政权集中于丞相,不利于君主的专制统治。三国两晋南北朝时期,中央及地方行政机关的设置发生了改变。

1. 中央行政机关

东汉末年,"三公"尽管仍旧设置,但其职权已逐渐转归尚书,成为虚职。曹魏时期,仍延续这种做法,到西晋,三公发展到了八公,但均为荣誉职,已无实权。取而代之的是曹魏时期逐渐形成的三省制。最初,三公的职权转归尚书台,由尚书令及尚书仆射行使其职权,魏文帝时,又成立中书省与门下省,与尚书台分权。后来逐渐形成中书省决策,门下省审议,尚书省执行的分工,尚书省下设六曹,负责各项具体事务的处理。这样三省六部制初具雏形。这一制度的最大特点是将行政权分解为三方面内容,由三个机构分别行使,避免出现丞相一人独掌行政大权,从而影响皇帝的至上性的问题,确保中央集权的专制统治。这一中枢体制的重大变化为隋唐所继承并发展为三省六部制。这种将行政权分解由三个机构分别执掌的方式成为日后中国中央行政机关设置的基本思路。

2. 地方行政机关

东汉末年地方行政区划形成了州、郡、县三级制,三国两晋南北朝时期基本沿用这一制度。

不同之处在于,西晋为了维护门阀士族的利益,曾经大封宗室二十七人为王,建立王国,又设置公、侯、伯、子、男分领其国,形成诸侯国与郡县制并存的局面。晋武帝死后,西晋统治集团内部的争夺日趋激烈,从公元291年开始,先后有八王为争夺皇位,在洛阳相互攻杀,战乱历时十六年之久,死亡人口达数十万人,许多城镇均被焚毁,史称"八王之乱"。"八王之乱"使西晋经济受到严重破坏,给人民带来无穷的灾难。"八王之乱"后不久就爆发了各族人民大起义,西晋王朝也很快走向灭亡。

南方的情况是,由于长期战乱割据,为了安置流亡到江南的士族并维护他们的特权,东晋及南朝时曾设置以北方地名命名的州郡县,称为侨州郡县。由于南迁的北方人不是一州、一郡、一县集体南迁的,便造成了许多同名侨州郡县同时存在的局面,出现行政管理体制的混乱。另一方面,一些豪强地主乘局势混乱,大肆兼并土地,增加部曲与佃户,极力扩张自己的势力,他们以宗族为骨干,拥兵自重,建立坞堡制度。这些都成为地方行政管理体制的隐患。

(二) 官吏管理制度

在官吏管理制度方面,三国两晋南北朝时期最突出的特色在于设立了"九品中正制"。在这个群雄争霸的时代,选拔德才兼备的人才是摆在统治者面前的一件头等大事,由于德与才都难以外化,需要伯乐的发掘,需要时间来考量。传统的察举、辟举等方法不能保证被推荐的人一定符合中央的需要,征召的方法又难具有广泛性,如何衡量"德"与"才",选拔出符合国家需要的人才一直是困扰统治者的问题。

曹操曾提出"唯才是举"的口号,选择各地声望高的人士出任"中正官",将当地之士人按德才高下分为九等,政府按等级高低委以官职。这一做法到曹丕称帝后,接受陈群的建议,发展为"九品中正制"。具体做法是:于各州郡设大小中正,分别以本地人在中央任官者充任,负责察访、品评本州郡的士人。中正评议人物的标准有三:家世、道德、才能。家世指被评者的族望和父祖官爵。中正对人物的道德、才能只作概括性的评语,称为"状";中正根据家世、德才的评论,对人物做出高下的品定,称为"品",共分九等,即上上、上中、上下、中上、中中、中下、下上、下中、下下。定好品级后,由小中正、大中正、司徒逐级上报吏部尚书,作为政府选官的依据。

"九品中正制"以专职中正官和吏部尚书负责选官取代了原由各级地方行政长官荐举官吏的制度,有利于选拔出符合中央需要的官吏。但到了西晋,在门阀士族制度的影响下,"九品中正制"开始蜕变。家庭出身在评定品级时占据越来越重要的位置,甚至出现只重门第、不重德才的做法,最后形成了"上品无寒门,下品无士族"的局面,"九品中正制"完全成了门阀士族的政治工具,其作为选官制度的初衷和职能完全丧失,随着门阀士族的没落,这一制度在隋朝最终被废除。

第四节 三国两晋南北朝的司法制度

三国两晋南北朝时期的司法制度有进一步的发展变化,这一时期出现的司法组织(如大理寺、律博士等)及诉讼审判制度(如死刑奏报制度等)均为后来的隋唐所承袭。

一、司法机关的演变

（一）中央司法机关

三国两晋南北朝时期中央司法机关的设置基本沿袭东汉,以"廷尉"为中央最高审判机关。变化主要体现在两方面:

其一,中央审判机关的名称在不同政权曾有不同的名称。如吴国将中央审判机关改称为"大理",北周则称为"秋官大司寇"。最主要的变化发生在北齐,将中央最高审判机关改称为"大理寺",并扩大机构编制。这一名称被隋唐继承,隋唐的中央最高审判机关均称为"大理寺"。

其二,曹魏魏明帝时,曾在最高审判机关"廷尉"之下设立"律博士"一职,专门负责教授法律知识,增长司法官的专业素质与办案水平,培养司法人才,成为我国最早设置的专门从事法律教育的机构。这一做法对我国古代法律的发展起了很大的推动作用。晋及南朝沿置,北齐大理寺有律博士四人,隋唐至宋均设有律学博士。律博士教授法律,保管法令,使律学立于官府,使研究后继有人。清代律学家沈家本评论说,律博士之设,"上自曹魏,下迄赵宋,盖越千余年,此律学之所以不绝于世也"[1]。

---

[1] 沈家本:《寄簃文存》二编卷上《设律博士议》。

（二）地方司法机关

地方仍旧行政司法不分，由行政机关行使地方司法事务。东汉末年以来，州由原来中央划定的地方监察区域变为一级地方行政机构，地方司法审级也增加为州、郡、县三级制。州、郡、县的长官州刺史、郡守、县令即地方最高司法官。一般案件，州、郡一级即可决断，重大疑难案件需要上报中央。此外，由于长期战乱，州郡长官往往集地方行政、军事、司法权于一身，因而这一时期的地方司法组织军事化的倾向亦比较明显。

二、诉讼审判制度的发展

（一）直诉制度的形成

正常诉讼需要依照县、郡、州的顺序逐级进行，西晋时出现了允许有重大冤屈者可以不受诉讼级别的限制，将冤屈直接诉于皇帝或者钦差大臣的直诉制度。直诉于皇帝的做法早已有之，如汉文帝时缇萦上书，便是一种直诉，但缇萦上书的做法并非定制，是要冒生命危险的。晋武帝时，在朝堂外设置登闻鼓，允许有重大冤屈者不受审级限制，击鼓向皇帝直诉。北魏、南梁沿用此制。直诉制度的设立，有利于最高统治者掌握狱情，自上而下进行司法监督，加强对司法权的控制。

（二）刑讯的制度化

在儒家"明德慎罚"思想的影响下，古人在断案时，总是要追求审慎断案，避免冤假错案。为了达到断案的准确，古人认为，如果犯罪嫌疑人能自我招供，那最能保证案件审理的准确，加上古时获得证据的手段比较落后，因此，古代的断案非常重视口供，甚至为了口供不惜动用刑讯的方法，以致带来很多刑讯逼供的惨案。三国两晋南北朝时期，刑讯走向制度化，其中影响较大的是南梁的测囚之法与南陈的立测法。

《梁律》规定，凡在押人犯拒不招供，均施以"测罚"之刑。其做法是："断食三日，听家人进粥二升。女及老小，一百五十刻乃与粥，满千刻而止。"①即三天不给饭吃,然后允许家人送二升粥,如果是女子及老人、小孩,则一天半允许进粥一次,持续十天十夜为止。这是用挨饿的方法迫使囚犯招供。南陈有"立测"法,"立测者,以土为垛,高一尺,上圆劣,容囚两足立。鞭二十,笞三十讫,著两械及杻,上垛。一上测七刻,日再上。三七日上测,七日一行鞭。凡经杖,合一百五十,得度不承者,免死"②。即用土垒成高为一尺,上面呈圆形,面积仅能容纳双足的墩子。执行时,将罪犯鞭二十下,打三十板,手脚戴上刑具,令其站在土墩上。每上一次近二小时,当天罚站两次,后每逢三日和七日再上测,隔七日再鞭打。打满一百五十仍然不招供者,免死。立测法是通过对人精神和肉体的折磨来迫使囚犯招供。

(三) 皇帝参与审判录囚

在动荡的社会背景下,为了加强皇帝的司法权,皇帝频繁直接参与司法审判。史载魏明帝"每断大狱,常幸观临听之"③。北魏孝文帝、南宋武帝等都亲自断大狱,录囚徒,折疑狱。北周武帝"听讼于正武殿,自旦及夜,继之以烛"④。当时还普遍实行录囚制度,许多皇帝亲自录囚或派亲近大臣前往各地审录囚徒,加强对各级司法机关司法审判活动的监督与检查。通过皇帝亲自参与审判录囚等制度,加强上级对下级,中央对地方司法审判工作的检察与监督,使最高审判权牢牢掌握在皇帝手中。

(四) 死刑复奏制的形成

人死不可复生,为了慎重对待和处理死刑重罪,三国两晋南北朝时期开始逐步完善死刑复奏制度。南朝宋孝武帝七年(463)曾规定:"自非临军战陈,一不得专杀。其罪甚重辟者,皆如旧先上须报,有司严加听察。犯者以杀人罪论。"⑤北魏法律规定:"当死者,部案奏闻。以死不可复生,惧监官不能平,狱成皆呈,帝亲临问,无异辞怨

---

① 《隋书·刑法志》。
② 同上。
③ 《三国志·魏书·明帝纪》。
④ 《周书·武帝纪上》。
⑤ 《宋书·孝武帝纪》。

言乃绝之。诸州国之大辟,皆先谳报乃施行。"①主要都是规定对于已判定死刑的案件,最后决定权应属于皇帝,行刑前请皇帝再次核准,待核准后,再下达死刑执行的命令。

　　死刑复奏制一方面显示了对死刑重罪的慎重,同时也是使得皇帝直接控制大案要案,地方的死刑决定权收归中央,是皇权加强的表现。死刑复奏制度为隋唐所继承,并进一步发展为死刑三复奏、五复奏制度。

---

① 《魏书·刑罚志》。

第七章 隋唐的法律制度

(581—907)

公元581年,北周大臣杨坚夺取了国家政权,建立隋朝,结束了三国以来长期分裂割据的局面。隋文帝杨坚执政后,采取一系列措施,逐渐恢复和完善了自己的法制,《开皇律》是其代表作,它对以后唐朝的立法产生过积极影响。隋炀帝即位后,穷奢极欲,滥施刑杀,激化了社会矛盾,以致在公元617年为唐朝所代,隋朝前后仅存三十七年。

唐初的统治者以隋亡为鉴,励精图治,采取一系列安人宁国、轻徭薄赋、约法省刑的措施,缓和了社会矛盾,促进了经济的发展,改善了国家法制。与此同时,一批法律相继问世,其中最具代表性的是《唐律疏议》。它们为唐前期的社会发展保驾护航,以致出现了"贞观之治"、"开元盛世"等一些大治时期。但是,"安史之乱"以后,社会发生动荡,战乱不断,藩镇割据,法制遭到严重破坏。公元907年,唐朝灭亡,前后共存二百八十四年。

隋唐法律制度特别是唐朝的法律制度,在中国古代法制史上具有承先启后、继往开来的重要地位。它总结了以往法律制度的成功经验,集以前各朝法律制度之大成,同时也为以后封建朝代的法律制度所借鉴、沿用。它是中国古代法律制度中最为辉煌的时期之一。这一时期法律制度的重点在于:唐律的制定、地位和影响;名例律中的五刑、八议、十恶等一些制度和区分公罪与私罪、自首、类推和化外人相犯等一些基本原则;中央的司法机构,刑讯和死刑复奏制度,出入人罪等一些规定。

第一节　隋朝的法律制度

隋朝的法律起着承前启后的作用,既集魏晋以来立法之大成,又开唐宋立法之先河,在中国法制史上有其特殊的地位。

一、立法概况

隋朝沿革了汉魏以来的法律形式,最终确定律、令、格、式为本朝的法律形式。这些法律形式多由当时的大臣苏威所定,《隋书·苏威传》载:"律、令、格、式,多(苏)威所定。"隋律包括了《开皇律》和《大业律》。隋令也有《开皇令》和《大业令》,其名目与唐令相近。①隋格和隋式知之较少。隋律、令、格、式的原本都已湮没,只能从各种史籍中看到一些零星记载。

《开皇律》是隋朝的第一部律,也是隋初重要的立法成果。隋文帝即位后,就令高颎等大臣参考魏晋以来立法,借鉴以往的立法经验与教训,确定"取适于时"的指导思想,修订新律。开皇三年(583),他又认为新拟律文过于苛密,再令苏威、牛弘等大臣更定,其中除死罪 81 条,流罪 154 条,徒、杖等千余条,仅留律条 500 条,共 12 卷。《开皇律》就此而定型。

《大业律》是隋朝的第二部律,也是隋炀帝的主要立法成果。隋炀帝执政后,以《开皇律》"禁网深刻"为由,令牛弘等大臣重定律令。大业三年(607)《大业律》颁布,其体例与《开皇律》不同,把 12 篇改为 18 篇。此律在内容上也与《开皇律》不同,主要是用刑更轻,其中从重减轻的律条有二百余条。② 但是,这部律并未切实得到实施,只是在形式上假借遵循礼乐之名罢了。③ 真正得到实施的却是那些严酷的法律,如"天下窃盗已上,罪无轻重,不待闻奏,皆斩"等。④ 这成为加速隋亡的重要原因。

---

① 《唐六典·刑部》。
② 参见《隋书·刑法志》。
③ 参见《九朝律考·隋律考》。
④ 《隋书·刑法志》。

二、隋律的体例和内容

这里的隋律是指《开皇律》。它既是隋朝一部重要的律,也是对唐律产生过很大影响的律。《开皇律》总结和借鉴了以往立法的经验,在体例和内容上均有所创新。

(一) 体例

隋律共12篇,500条。12篇的篇名依次为:名例、卫禁、职制、户婚、厩库、擅兴、贼盗、斗讼、诈伪、杂律、捕亡和断狱。这一体例主要是吸取了《北齐律》科条简要的长处,并作了必要的调整而形成的。隋律的体例被唐律全盘接受。

(二) 内容

隋律在内容方面也有不少创新,根据《隋书·刑法志》的记载,以下这些规定比较突出:

1. 关于刑罚制度。隋律克服以往刑制比较混乱、不统一的情况,确定了死、流、徒、杖、笞五刑,而且还规定了刑等。死刑分为绞、斩两等;流刑分为流一千里、一千五百里和二千里三等;徒刑分为徒一年至三年五等,每等相差半年;杖刑分为杖六十至一百五等,每等相差十;笞刑分为笞十至五十五等,每等也是相差十。此五刑还有相应的赎铜数,自赎一斤至一百二十斤。此五刑中,除流刑的刑等数各少唐律的一千里外,其余的均与唐律的规定相同。

2. 关于十恶制度。隋律改《北齐律》的"重罪十条"为十恶。十恶包括:谋反、谋大逆、谋叛、恶逆、不道、大不敬、不孝、不睦、不义和内乱。对犯十恶者的处罚很严。隋律规定,虽遇大赦但犯十恶者仍不可赦免。① 唐律继承了隋律的十恶制度。

3. 关于八议和官当制度。这是隋律规定的两个重要的司法特权制度。隋律承袭了《曹魏律》中的八议制度,规定:"其在八议之科,及官品第七以上犯罪"②,都可依照律文减一等量刑。隋律还把官当作为定制,并规范了其内容,具体是:"犯私罪以官当徒者,五品

---

① 参见《隋书·刑法志》。
② 同上。

以上,一官当徒二年;九品以上,一官当徒一年;当流者,三流同比徒三年。若犯公罪者,徒各加一年,当流者各加一等。"①唐律也沿用了隋律的这两个制度。

综上所述可见,隋律的体例和许多内容均被唐律所沿革,它们之间关系密切,唐律直接从隋律发展而来。

第二节 唐初的法制指导思想

唐初法制的指导思想对唐初乃至整个唐朝法制都产生了很大的影响,是唐朝法制思想的主流。唐初的统治者从维护和巩固自己的政权出发,处处以过去的亡朝为鉴,并且形成了自己的法制指导思想,主要是以下这些内容。

一、礼法并用治国的思想

唐初的统治者认为,礼与法各有侧重,都有自己的作用。

(一) 礼是治国的主要手段

他们认为,礼的作用十分重要,是治国的主要手段。唐太宗、储遂良和王珪等人都主张治国必先用礼。唐太宗说:治国"礼义为急。"②储遂良说:"道德齐礼,乃为良器。"③王珪说:"人识礼教,治致太平。"④他们的这些思想在唐律中得到了反映。《唐律疏议·名例》说:"礼者君之柄。"从这点出发,国家决不可弃礼而用法,否则就会产生不良后果,正如王珪所说的:"重武轻儒,或参以法律,儒行既亏",定会"淳风大坏"。⑤

(二) 法是治国不可缺少的工具

他们还认为法的作用也很重要,治国不能没有它。魏征把法比作"权衡"和"准绳",说明它的重要性。他说:"法,国之权衡也,时之

---

① 《隋书·刑法志》。
② 《贞观政要·太子诸王定分》。
③ 同上。
④ 《贞观政要·政体》。
⑤ 同上。

准绳也。权衡所以定轻重,准绳所以正曲直。"①这一思想在唐律中也有反映。《唐律疏议·名例》说:"刑罚不可弛于国";"不立制度,则未之前闻"。但是,决不可肆意用刑,因为这将导致亡国,而且在中国历史上已有教训,秦亡即是如此。这正如唐太宗所说的:"秦乃恣其奢淫,好行刑罚,不过二世而灭。"②

(三) 治国必须礼法结合

唐初的统治者主张治国必须礼法结合,缺一不可。魏征说过的这样一句话集中体现了这一思想。他说:"设礼以待之,执法以御之,为善者蒙赏,为恶者受罚,安敢不企及乎?安敢不尽力乎?"③这一思想融入了唐律,它既阐述了礼法在治国中的不同作用,又强调了结合使用的重要性。《唐律疏议·名例》说:"德礼为政教之本,刑罚为政教之用,犹昏晓阳秋相须而成者也。"

二、法律内容要统一、简约和稳定的思想

唐初的统治者重视立法,特别强调法律内容要统一、简约和稳定。

(一) 法律内容要统一

他们认为,法律内容需保持一致,避免参差,否则就会损害法制,不利于治国。唐太宗告诫大臣:法律"不可一罪作数种条。"④他还指出法律内容不统一的弊端:会给奸吏以可乘之机,"若欲出罪即引轻条,若欲入罪即引重条"⑤。所以,他要求立法者,法律内容"毋使互文"。⑥ 魏征也曾指出法律内容不统一的危害,他说:"宪章不一,稽之王度,实亏君道。"⑦他们的这一思想也体现在唐律中,《唐律疏议·名例》说,法律"譬权衡之知轻重,若规矩之得方圆。迈彼三章,同符画一者矣"。

---

① 《贞观政要·公平》。
② 《贞观政要·君臣鉴戒》。
③ 《贞观政要·择官》。
④ 《贞观政要·赦令》。
⑤ 同上。
⑥ 同上。
⑦ 《贞观政要·刑法》。

（二）法律内容要简约

他们认为，法律内容还须简约，不可繁烦。唐高祖在建国后不久就提出，立法要遵循简约的原则，他说："法应简约，使人易知。"①唐太宗深知法律内容简约的重要和繁烦的危害，多次强调法律内容务必简约。贞观初，他告言大臣："用法务在宽简"②；贞观中，他又重申："国家法令，惟须简约。"③同时，还指出法律内容繁烦的害处："官人不能尽记，更生奸诈。"④唐律接受了这一思想，并从历史的考证中认为那是前人的良策。《唐律疏议·名例》说，尧舜时期就已"化行事简"，以后的法律也"良多简略"。

（三）法律内容要稳定

他们还认为，法律内容除统一、简约外，还须稳定。一旦制定，不可数变。唐太宗认为，如果法律内容多变而无常定，就会造成两个方面的危害：一个方面会使百姓无所适从，这样违法犯罪行为就会滋生。他说："（法律）若不常定则人心多惑，奸诈益生。"⑤另一方面会使官吏难以掌握，以致在工作上出差错，甚至使不法之吏借此行奸。他说："法令不可数变，数变则烦，官长不能尽记，又前后差违，吏得以为奸。"因此，他指出："数变法者，实不益道理。"⑥这一思想也影响到唐律。《唐律疏议·名例》说，法律"一成而不可变"。

三、慎重行刑的思想

唐初的统治者还很重视司法，并集中体现在慎重行刑方面。

（一）严格依法办案

他们认为，司法官应严格依法办案，防止滥刑，并把它作为慎重用刑的一种表现。唐太宗要求司法官大公无私，做到"罚不阿亲贵，以公平为规矩"⑦。他特别痛恨那些受财枉法的官吏，主张"枉法受

---

① 《旧唐书·刑法志》。
② 《贞观政要·刑法》。
③ 《贞观政要·赦令》。
④ 同上。
⑤ 同上。
⑥ 同上。
⑦ 《贞观政要·择官》。

财者,必无赦免。"①房玄龄也主张司法公正,说:"理国要道,在于公平正直。"魏征同样认为应依法科刑,有罪者应受到处罚,不可"罚不及于有罪"。②

(二) 慎重审理重案

他们还认为,对一些重刑者,还应规定专门的程序加以审理,避免错案。唐太宗要求:凡"犯罪配流者,宜令所司具录奏闻"③;对于死刑者,都须"由中书、门下四品以上及尚书、九卿议之"。其中,有可矜之情的,还可"官录奏闻";就是无可矜之情的,也都要经过"三复奏"后,才可执行。④

唐初法制的指导思想不同程度地在唐律中得到反映。以礼法并用治国的思想为指导,唐律处处体现礼的精神,还用法维护礼,君权、父权和夫权得到了切实的保护,所以,后人评说唐律是"一准乎礼"⑤,此话不假。以法律内容要统一、简约和稳定的思想为指导,唐律比隋律更为简约,《贞观律》删除了《开皇律》中的死罪92条,其他变重为轻者不可胜纪。⑥ 以慎重行刑为指导,唐律确立了"出入人罪"和"三复奏"等规定和制度。可以说,唐初法制的指导思想,得到了较为切实的贯彻和落实。

第三节 唐朝的立法概况

本节唐朝的立法概况包括唐朝主要的法律形式,唐律的制定和特点、影响等一些内容。

一、主要的法律形式

唐朝的法律形式有律、令、格、式和典等。

---

① 《贞观政要·政体》。
② 《贞观政要·诚信》。
③ 《贞观政要·忠义》。
④ 《贞观政要·刑法》。
⑤ 《四库全书总目·唐律疏议提要》。
⑥ 参见《旧唐书·刑法志》。

133

（一）律

律是规定犯罪与刑罚的刑事法律,是定罪量刑的主要依据。《唐律疏议·名例》说:"律以定刑之制","定刑之律";《唐六典·刑部》也说:"律以正刑定罪"。唐朝先后颁行过《武德律》、《贞观律》、《永徽律》及其《律疏》、《开元律》及其《律疏》等。它们均为12篇,500条(或为502条)。《永徽律疏》(后称为《唐律疏议》)保存至今,是我国现存第一部内容完整的法典。

（二）令

令是国家规章制度的汇编。《新唐书·刑法志》说:"令者,尊卑贵贱之等数,国家之制度也。"《唐六典·刑部》也说:"令以设范立制。"令的法律地位比律低,司法官要依律断罪,"不可破律从令"①。唐朝先后颁行过《武德令》、《贞观令》、《永徽令》和《开元令》等。每一令中,又分为官品令、户令、选举令、禄令、军防令、田令、赋役令等二十余种。唐令现已大多散佚,上个世纪,日本学者仁井田升撰辑的《唐令拾遗》②一书,收集了零星的唐令,再现了唐令的一些面目。

（三）格

格是皇帝发布的各种敕令的汇编。《唐六典·刑部》说:"格以禁违正邪。"格的法律地位常比律高,《唐律疏议·名称》说:"有别格,从格断。"即当律与格都有规定时,司法官应依格来断案。唐朝先后颁行过《武德格》、《贞观格》、《永徽格》、《垂拱格》和《开元格》等。每一格中,又可分为吏部、司封、户部、礼部、工部、刑部等二十余个部分。以不同的使用范围来划分,唐格分为"留司格"和"散颁格"两种。留司格是留在尚书省下属24个司中使用的格,散颁格是颁发至全国各州、县使用的格。现存有《神龙散颁刑部格》残卷和开元《户部格》、《职方格》残卷等。

（四）式

式是国家机关的办事细则和公文程式。《新唐书·刑法志》说:"式者,其所常守之法也。"《唐六典·刑部》说:"式以轨物程事。"式

---

① 《唐律疏议·名例》。
② 此书已由栗劲等中国学者翻译,并由长春出版社在1989年公开出版发行。

的法律地位低于律、令和格。唐朝先后颁行过《武德式》、《贞观式》、《永徽式》、《垂拱式》、《神龙式》等。每一式中,又包括有刑部式、监门式、职方式、水部式、库部式、户部式等部分。现存有《水部式》残卷等。

(五) 典

典即指《唐六典》,它是唐朝的一部行政法典。开元十年(722)开始编纂,开元二十六年(738)完成。唐玄宗命李林甫等人负责此典撰编。《唐六典》的职官分卷,以当时施行的令、式等条文按类排列,内容涉及国家机构的设置、人员编制、职责等方面。它共有30卷,篇目有三师、三公、尚书省、吏部、户部、礼部、兵部、刑部、门下省、中书省、御史台等四十余个。《唐六典》总结了以往行政立法的经验,结合唐朝的实际情况,系统地规定了唐朝行政法的内容,是一部行政法典,并对以后的行政立法产生过深远影响。它被保存至今。

(六) 律令格式间的关系

唐朝的律、令、格、式之间还存在有一定的关系。

首先,律与令、格、式有明确的分工和明显的区别。律以刑法为内容,令、格和式则以国家制度、办事细则和公文程式为内容,各有自己调整的范围,各不相同。从其作用来看,也各有异,律更偏重于消极地惩治犯罪,令、格和式则侧重于积极地规范人们的行为。

其次,违反了令、格和式要依律科刑。在一般情况下,司法官须按照律对犯罪者定罪量刑,而不是依照令、格和式,即"凡邦国之政,必从事于此三者(指令、格和式)。其有所违及人之为恶而入于罪戾者,一断于律。"①事实也是如此。比如,违反了唐令的规定,就要按唐律进行处罚。唐令规定:"应收授之田,每年起十月一日,里正预校勘造簿,县令总集应退应受之人,对共给授。"违反这一唐令,唐律规定:"若应受而不授,应还而不收"的,都要被"笞四十"。②

不过,到了唐朝的中、后期,由于社会情况发生了较大变化,律又无法适应这种变化,同时又不能随意修改,所以格敕这些能及时反映

---

① 《新唐书·刑法志》。
② 《唐律疏议·户婚》。

当朝皇帝意志和适时性较强的法律形式地位渐高,并常常替代律的作用。为此,唐朝在开元以后不断撰编格敕,《大和格后敕》、《开成详定格》等先后出台,成为司法官定罪量刑的主要依据。甚至还出现了《大中刑律统类》,即以刑统为形式的法律。

二、唐律的制定

唐律是个集合概念,是唐朝所有律的统称。据《旧唐书·刑法志》的记载,唐朝颁行过多部律,它们是《武德律》、《贞观律》、《永徽律》及其《律疏》、《开元律》及其《律疏》等等。

(一)《武德律》

唐高祖李渊攻入长安后,就制定了"约法十二条",规定要处死杀人、劫盗、背军和叛逆的犯罪者,同时废除隋朝的其他法律。① 唐朝建立后,唐高祖在武德二年(619)命刘文静等人又制定了"五十三条格",其内容是"务在宽简,取便于时"②。这些规定不仅为建立和巩固唐初的社会秩序起了积极作用,同时也为《武德律》的制定开辟了道路。

武德四年(621)唐高祖又命裴寂等大臣,以《开皇律》为准,把"五十三条格"的内容一起加入,重修新律。武德七年(624)新律颁行,定名《武德律》。此律共12篇500条。

(二)《贞观律》

唐太宗即位后,于贞观元年(627)命长孙无忌、房玄龄等大臣,在《武德律》的基础上,再次修律。贞观十一年(637)修律完成并且颁布,史称《贞观律》。此律仍为12篇500条,但在内容上对《武德律》作了一些修改,主要是以下三个方面:

1. 增设了加役流,将其作为死刑的减刑,介于常流与死刑之间。唐太宗执政后,魏征等大臣认为旧律的用刑太重,建议把其中的五十余条绞刑改为斩右趾刑。以后,经房玄龄等大臣集议并得到唐太宗的认可,把加役流作为宽恕死刑的刑罚,介于常流与死刑之间,过去

---

① 《旧唐书·刑法志》。
② 同上。

应判死刑的有些犯罪改判为加役流。被判处死刑者因此而减少了。

2. 区分两种不同的反逆罪,缩小了缘坐处死的范围。原来规定,即使兄弟分居的,只要家中有人犯有反逆罪,都要"连坐俱死"。唐太宗认为,反逆罪有两种,一种是"兴师动众",另一种是"恶言犯法",而且它们"轻重有差"。以后,经过大臣们的商议,修改了原规定,新规定不再对"恶言犯法"者的兄弟判处死刑,即"反逆者,祖孙与兄弟缘坐";"恶言犯法者,兄弟配流而已"①。这样,株连范围缩小了,判处死刑者也相应减少了。

3. 完善了五刑、十恶、八议、请、减、赎和官当等一些主要制度。这些制度在魏晋南北朝时期的律中已分散出现,隋律作了总结,《贞观律》在前律的基础上,加以完善,并成为律中的一些主要制度。

总之,与隋律相比,《贞观律》变化很大,不仅大量减死刑、流刑,而且还化烦为简。《旧唐书·刑法志》中的这句话对此作了概括性的总结:"凡削烦去蠹、变重为轻者,不可胜纪。"至此,唐律定本,以后的律改动极少。

(三)《永徽律》及其《律疏》

永徽元年(650)唐高宗命长孙无忌等大臣再次修律,翌年完成,称为《永徽律》。此律还是12篇500条,对《贞观律》的修改极少,可以说是《贞观律》的翻版。

永徽三年(652)唐高宗决定编纂《永徽律疏》,原因有二:一是觉得科举考试中的明法科,缺少统一标准,有必要对律文作个统一的官方解释,以解决考试问题;二是认为由于对律的认识不同,所以各地司法官在定罪量刑中出现了畸轻畸重的情况,也有必要对律文作统一的解释,以解决司法问题。永徽四年(653)《永徽律疏》完成,共30卷,由唐高宗批准颁行。元朝改称《永徽律疏》为《唐律疏议》。《唐律疏议》保存至今,可以看到其完整的内容。

律疏文又称疏议文,与律文具有同等的法律效力,也是司法官断案的依据,"天下断狱,皆引疏分析之"②。关于疏议的作用,清人沈

---

① 《新唐书·刑法志》。
② 《旧唐书·刑法志》。

家本在《重刻唐律疏议序》中作了明确的说明:"名疏者,发明律及注意;云议者,申律之深义及律所不周不达",以使"律文之简质古奥者,始可得而读焉"。简之,它的作用主要是解释和补充律条,目的是使人们能准确地了解和掌握律文的真正含义。

《唐律疏议》的诞生标志着中国古代立法达到了新的水平。它是中国历史上保存下来的第一部内容最完整、最具有社会影响力的古代成文法典,在中国古代立法史上占有极为重要的地位。

(四)《开元律》及其《律疏》

开元二十二年(734)唐玄宗又命李林甫等大臣刊定《开元律》12卷和《开元律疏》30卷。《开元律》及其《律疏》只是对《永徽律》及其《律疏》作了个别字词的调整,无实质性的修改。可以说,它们之间是一种忠实的继承和被继承的关系。

从以上唐律的制定可见,《武德律》是唐律的首创;《贞观律》是唐律的定本;《永徽律》及其《律疏》和《开元律》及其《律疏》的律文则是《贞观律》的翻版,其发展之处主要是增加了"律疏"。《贞观律》在唐律中的重要地位不言而喻。

三、唐律的特点

从现有史料来看,与以往的律相比,唐律有以下一些特点。

(一)礼法结合

我国礼法结合的过程起自西汉。汉武帝罢黜百家、独尊儒术,确立了儒家思想的正统地位后,拉开了礼法结合的帷幕,一些直接体现和维护礼的制度,如"亲亲得相首匿"、"留养承祀"等相继被确定下来。魏晋南北朝是礼法结合过程中的重要时期。在这一时期中,礼大量入律,《曹魏律》中的"八议"制度、《晋律》中的"准五服制罪"制度、《北齐律》中的"重罪十条"等一些反映礼的精神的制度,都是这个时期的杰作。唐律集以前各律之长,把礼法融为一体,最终完成了礼法结合的大业。因此,唐律是一部礼法完全结合的法典,而不像以往的法典只是部分制度上的礼法结合。

唐律中礼法的结合表现在多方面,比较突出的是两个方面。第一方面,礼是立法的依据。礼的精神体现在一般原则、罪名和刑罚等各领域。比如,《唐律疏议·名例》中有官品、邑号的妇人犯罪"各依其品,从议、请、减、当、免之律"的原则,是依据礼而确定的,即"依礼'凡妇人,从其夫之爵位'"。所以,她们也可享有司法特权了。又如,《唐律疏议·名例》"十恶"中"不睦"罪的确定,也是以礼为依据,"礼云:'讲信修睦'。"如果亲族间相犯,"为九族不相叶睦,故曰'不睦'"。

第二方面,法是维护礼的武器。唐律中的法处处以维护礼为己任,打击各种违礼行为。首先,法极力维护皇权,惩治任何有损皇权的行为。比如,《唐律疏议·贼盗》严惩"谋叛"行为,谋叛者不仅本人要被处死,还要株连妻、子等亲属。其次,法极力维护父权,打击任何有损父权的行为。比如,《唐律疏议·斗讼》严惩"子孙违犯教令"的行为,违者要被"徒二年"。最后,法极力维护夫权,惩罚任何有损夫权的行为。比如,《唐律疏议·户婚》严罚妻子在丈夫丧期内有出嫁行为,违者要被"徒三年",可是却没有对丈夫作出相应的规定,丈夫没有这种义务。

(二) 首创"疏议"

唐律首创"疏议",把对律文的解释和补充形式推到了一个新的阶段。

我国早在西周时期已出现了解释法律的书籍,时称"说律之书"①,可是,这种"书"没有法律效力。秦的《法律答问》在解释和补充法律内容方面迈出了一大步,不仅解释文具有法律效力,而且解释的面扩大到定罪、量刑等一些方面,但是,这种解释和补充还处于局部、不成系统、不完整的状态。汉魏晋时期对法律条文的解释和补充有了进一步的发展。唐律"疏议"的诞生,实现了对律文解释和补充做法的飞跃,使其发挥了更大的作用。它阐明唐律的指导思想;简述了每一篇目的沿革情况;解释律文;概说罪名之间的区别;简说有关刑罚的一些问题等。② 这样,唐律的"疏议"便使中国的法律解释达到了一个新的高度,明显优于以往任何的法律解释。

---

① 《历代刑法考·律令二》。
② 参见王立民:《唐律新探》,上海社会科学院出版社2001年版,第22—27页。

（三）律条简要

唐律只有12篇500条，内容比以往的律简约了许多，这也可以说是唐律的一个特点。

《法经》是我国历史上第一部内容比较完整的封建成文法典，可是，我们只知道它的篇目以及少量法条，因为历史没有把它完整地保存下来。商鞅改法为律，因此而有了秦律，而且秦律的内容很多，从出土的云梦秦简来看，秦律包括：《田律》、《厩苑律》、《仓律》、《金布律》、《牛羊律》、《捕盗律》等二十余律，内容繁多。汉承秦制，汉律包括有《九章律》、《傍章》、《越宫律》和《朝律》，共计60篇，其内容超过唐律。魏晋南北朝时期制定的律，篇目大多在20篇左右，内容也不会少于唐律。曹魏时的《新律》有18篇；晋的《泰始律》有20篇；北朝的《北魏律》同样是20篇，而北周的《大律》则是25篇。只有《北齐律》才压缩到12篇，少于以往。唐律则是从以《北齐律》为基础的《开皇律》发展而来，贯彻了精简和宽平的原则，以致律条更为简要，宽简适中。

（四）立法技术完善

唐朝较高的立法技术是形成唐律内容简要的一个重要原因。唐朝的立法者吸取了以往的立法经验，掌握了较高的立法技术，能使法律内容化繁为简。这在自首、化外人相犯、类推等原则的确定中都能得到体现，在出入人罪、区分公罪与私罪、过失等一些具体规定中也得到了充分的表现。这里专述比附技术。唐律经常使用这一技术，并使律文简约化。唐律的比附主要分为定罪比附和量刑比附两种。定罪比附是一种套用律中规定的罪名适用于没有规定行为的比附，《唐律疏议·卫禁》规定："宿卫人，于御在所误拔刀子者，绞；左右并立人不即执捉者，流三千里。"此律条只处罚"宿卫人"，没有涉及其他人，然而，唐律则使用了定罪比附的技术，要处罚任何在御所内误拔刀子及不即执捉者。规定："余人在御在所亦不得误拔刀子。其有误拔及傍人不即执捉，一准宿卫人罪。"量刑比附是一种引用律中对某罪使用的法定刑适用于另一些行为的比附。《唐律疏议·斗讼》规定："以刃及故杀人者，斩。"此律文没有规定用兵刃杀人的行为，但唐律用量刑比附的技术，解决了这个问题。规定："用兵刃杀人者,与故杀同,亦得斩罪。"通过使用比附,唐律的内容大量简化,以致比以往都要简约。

唐律的这些特点决定了它在中国古代法典中的特殊地位。清代法学家薛允升就认为,在中国历代法典中,"唐律为最善"[①]。唐律的"最善"之名受之无愧。

四、唐律的影响

唐律作为中华法系的代表作,曾对中国唐后的一些封建朝代和当时一些东亚国家的立法,产生过很大影响。

(一)对唐后中国的封建朝代立法的影响

唐律对唐后一些封建朝代的立法产生过很大影响,是中国传统法典的楷模。这里以较为著名的《宋刑统》、《大明律》和《大清律例》为例。

《宋刑统》是宋朝的一部主要法典。它虽然在体例和内容方面与唐律稍有差异,比如,《宋刑统》在篇下设门,共计213门;新增了"户绝资产"、"死商钱物"[②]等一些内容;新定了"折杖法"等,但是,它在体例上还是沿用唐律的构架,内容上还是袭用唐律的为多,正如今人陈顾远所言:《宋刑统》"莫远离唐律也"。[③]

《大明律》也以唐律为宗。洪武六年(1374)制定的《大明律》,其结构与唐律基本相同,"篇目一准于唐"。[④] 洪武三十年(1397)制定的《大明律》虽采用吏、户、礼、兵、刑、工六部分篇的结构,与唐律有较大的不同,但仍保留"名例"篇,而且律中的大部分内容仍与唐律的相同或相似,其影响仍存。

《大清律例》采用《大明律》的体例,也以六部分篇,但内容还是大量取自唐律,多数内容与唐律的相同或相近。唐律的内容仍是《大清律例》的主干,《大清律例》也没有远离唐律,相反还是受到唐

---

① 《唐明律合编·序》。
② 《宋刑统·户婚律》。
③ 陈顾远:《中国法制史概要》,台湾三民书局股份有限公司1977年版,第32页。
④ 《明史·刑法志》。

律的很大影响,正如陈顾远所讲的:"明清则仍复唐(律)之旧。"①

总之,中国唐后一些封建朝代的立法均以唐律为楷模,唐律的影响深远。关于这一点,前人已有定论,《四库全书总目·唐律疏议提要》载:唐律,"宋世多采用之。元时断狱,亦每引为据。明洪武初,命儒臣同刑官进讲唐律。后命刘惟谦等详定明律,其篇目一准于唐;至洪武二十二年刑部请编类颁行,始分吏、户、礼、兵、刑、工六律,而以名例冠于篇首。"《大清律例》的情况与《大明律》大致相同。

(二) 对当时东亚国家立法的影响

唐律还对当时一些东亚国家的立法产生过影响,涉及的国家包括朝鲜、越南、日本等,是中华法系形成的标志。这些国家都在不同程度上吸取了唐律的内容,并以其为基础,制定本国的法律。

在朝鲜,当时的《高丽律》以唐律为蓝本而制定,因此在体例结构上与唐律相同,在内容上也大多与唐律相同或相似。史载:"高丽一代之制,大抵皆仿乎唐,至于刑法,亦采唐律,参酌时宜而用之。"②此话是真。

在越南,李太尊明道元年(1042)颁布的《刑法》、陈太尊建中六年(1230)颁行的《国朝刑律》、黎氏王朝初年(1401)制定的《鸿德刑律》等,都以唐律为楷模。《历朝宪章类志·刑法志》说:它们都"遵用唐宋旧制,但其宽严之间,时加斟酌";"参用隋唐,断治有画一之条,有上下之准,历代遵行,用为成宪"。

在日本,文武天皇(697—707)时制定的《大宝律令》和元正天皇(715—723)时制定的《养老律令》等一些法律,都是唐律的翻版,这已为日本学者所承认。池田温说:"日本古代的律令开创于中国隋唐时代,日本向隋唐学习过国家制度和文化,也模仿隋唐的国家制度和律令,编纂了自己的律令。"③大竹秀男和牧英也认为,日本的大宝和养老"律令"的母法是当时世界上具有最高水平的唐律,日本法律

---

① 陈顾远:《中国法制史概要》,台湾三民书局股份有限公司1997年版,第32页。
② 《高丽史·刑法志》。
③ 池田温:《隋唐律令与日本古代法律制度的关系》,载《武汉大学学报(社科版)》1989年第3期。

继承了唐律并一下子跃上像唐律那样的高水平。①

鉴于唐律在东亚国家的影响,世界学术界对唐律和以唐律为代表的中华法系给予很高的评价,日本学者把唐律誉为"东方法制史枢轴"②;美国学者韦格摩尔在他的《世界法系大全》中,把中华法系与印度法系、伊斯兰法系、大陆法系和英美法系,同称为"世界五大法系"。可见,唐律的影响以及它在世界法制史中的重要地位。

第四节 唐律的主要内容

根据唐律的体例和内容安排,唐律的内容大致可以分为两大部分。《名例律》为第一部分,相当于现代刑法中的总则;其他11律为第二部分,相当于现代刑法中的分则。

一、《名例律》总述

《名例律》共6卷57条。它是唐律指导思想和基本原则的集中体现。总观它的内容,主要由以下四大部分内容组成。

(一) 刑罚

唐律的刑罚以五刑为主,它们是:笞、杖、徒、流、死。这也是中国封建制刑罚中的核心。

1. 笞刑。笞刑是一种用荆条或小竹板捶击罪犯臀、腿部的刑罚。它是五刑中最轻的一种,用于处罚一些罪行较轻的罪犯,其目的是使他们改过自新。笞刑共有5等,自笞10至笞50,每等递加10。

2. 杖刑。杖刑是一种用大竹板捶击罪犯背、臀和腿部的刑罚。它较笞刑为重。杖刑也分5等,自杖60至杖100,每等也是递加10。

3. 徒刑。徒刑是一种在一定时间内剥夺罪犯人身自由并强制其服劳役的刑罚。它较笞、杖刑都重,带有被奴役的性质。徒刑同样分5等,自徒1年至3年,每等以半年递加。

---

① 〔日〕大竹秀男等:《日本法制史》,日本青林书院1985年版(日本版),第22—23页。
② 〔日〕仁井田升:《唐令拾遗》,栗劲等译,长春出版社1989年版,第893页。

4. 流刑。流刑是一种把罪犯遣送到边远地区并强制其服劳役的刑罚。它是一种仅次于死刑的重刑,适用于一些较为重大的犯罪。流刑只分3等,从2000里至3000里,每等递加500里,均需服劳役1年。这三等流刑称为"三流"或"常流"。唐初曾确定"加役流",作为死刑与"三流"之间的刑罚,适用于那些免死的罪犯。"加役流"全为流3000里,并服苦役3年。与流刑有关,唐律中还有"五流",犯"五流"者不可用铜赎罪。① 这"五流"是:加役流、反逆缘坐流、子孙犯过失流、不孝流和会赦犹流。

5. 死刑。死刑是一种剥夺罪犯生命权的刑罚。它是五刑中最重的一种刑罚。死刑分为两等,即绞和斩。由于绞刑可以保全尸体的完整,斩刑则要身首分离,所以绞刑轻于斩刑。

(二) 重点打击的十类犯罪

《名例律》规定了重点打击的10类犯罪,即"十恶"。这十类犯罪是严重侵犯封建皇权,严重违背封建伦理道德的十种犯罪,它们依次是:谋反、谋大逆、谋叛、恶逆、不道、大不敬、不孝、不睦、不义和内乱。

1. 谋反。谋反是一种图谋、参加推翻封建地主阶级政权的犯罪行为。即"谓谋危社稷"。

2. 谋大逆。谋大逆是一种图谋、毁坏皇帝的宗庙、陵墓和宫殿的犯罪行为。即"谓谋毁宗庙、山陵及宫阙"。

3. 谋叛。谋叛是一种图谋、背叛国家,投靠敌方的犯罪行为。即"谓背国从伪"。

4. 恶逆。恶逆是一种殴打、谋杀尊亲属等的犯罪行为。即"谓殴及谋杀祖父母、父母、杀伯叔父母、姑、兄姊、外祖父母、夫、夫之祖父母、父母"。

5. 不道。不道是一种杀死一家非死罪三人、把人肢解、造畜蛊毒物伤杀人、以邪术诅咒人等的犯罪行为。即"谓杀一家非死罪三人,支解人,造畜蛊毒、厌魅"。

6. 大不敬。大不敬是一种危害皇帝的人身安全和尊严的犯罪

---

① 《唐律疏议·名例》。

行为。即"谓盗大祀神御之物,乘舆服御物;盗及伪造御宝;合和御药,误不如本方及封题误;若造御膳,误犯食禁;御幸舟船,误不牢固;指斥乘舆,情理切害及对捍制使,而无人臣之礼"。

7. 不孝。不孝是一种子孙不能善待父母、祖父母的犯罪行为。即"谓告言、诅詈祖父母、父母,及祖父母、父母在,别籍、异财,若供养有阙;居父母丧,身自嫁娶,若作乐,释服从吉;闻祖父母、父母丧,匿不举哀,诈称祖父母、父母死"。

8. 不睦。不睦是一种亲族之间互相侵害的犯罪行为。即"谓谋杀及卖缌麻以上亲,殴告夫及大功以上尊长、小功尊属"。

9. 不义。不义是一种侵犯长官和夫权等的犯罪行为。即"谓杀本属府主、刺史、县令、见受业师,吏、卒杀本部五品以上官长;及闻夫丧匿不举哀,若作乐,释服从吉及改嫁"。

10. 内乱。内乱是一种亲族之间犯奸的犯罪行为。即"谓奸小功以上亲、父祖妾及与和者"。

从"十恶"的内容可以看到,其打击的锋芒主要是三类:第一类是危害皇权的行为,如谋反、谋大逆、谋叛和大不敬等。第二类是侵害家庭伦理纲常的行为,如恶逆、不孝、不睦、内乱等。第三类是严重损害人身权的行为,如不道等。这些行为都是严重危害社会秩序和统治秩序的犯罪行为,有必要在《名例律》中明示,说明其危害性。"五刑之中,十恶尤切,亏损名教,毁裂冠冕,特标篇首,以为明诫。"①

对"十恶"行为的处罚规定在其他 11 篇中,用刑都很重。首先,大量使用死刑和连坐。死刑适用"十恶"中的每一类犯罪,有的还施用连坐,谋反、谋大逆和谋叛等都是如此。其次,用刑重于同类犯罪。同为谋杀人,谋杀期亲以上尊亲属与一般人就不同,前者构成恶逆罪,后者则是一般谋杀人罪。所以,前者的用刑是斩刑,后者只是徒刑。② 最后,一些有利于被告人的原则不再有效。一旦构成"十恶"罪,一些有利于被告人的原则,如议、请、减、赎、官当、同居相为隐等等,都不再有效,不能被适用了。从中亦可见,"十恶"是唐律重点的

---

① 《唐律疏议·名例》。
② 参见《唐律疏议·贼盗》。

打击对象。

(三) 贵族官吏的特权

唐律继承了"刑不上大夫"的原则,对皇亲国戚、国家官吏等一些有地位者,给予特权,使其减免用刑。这种特权主要是以下这些:

1. 议。即八议,是指八类高官达贵在犯罪后,享有通过大臣集议,再经皇帝裁决而减免刑罚的一种特权。八议依次是:议亲、议故、议贤、议能、议功、议贵、议勤、议宾。八议者享受的司法特权分为两种:一种是犯死罪的,先由司法官将其罪行和符合议的条件奏上,再由大臣们集议并拿出处理意见,最后由皇帝裁断。另一种是犯流罪以下的,则由司法官依律减一等量刑。但是,犯有"十恶"罪的,则不可享有此特权,即"其犯十恶者,不用此律"①。

2. 请。这是指通过"上请"程序而减免刑罚的一种特权。享有这一特权者有:皇太子妃大功以上亲、八议者的期以上亲及孙、五品以上官爵者等。他们犯有死罪,可上请皇帝,望其免死,一般司法官不可擅断。他们犯流罪以下的,依律减一等量刑。但是,犯有"十恶"及其他一些重罪的不适用此特权。"其犯十恶,反逆缘坐,杀人,监守内奸、盗、略人,受财枉法者,不用此律。"②

3. 减。这是指有一定身份的官员及其亲属犯有流以下罪的,可享受减一等处罚的一种特权。适用对象包括:六品、七品官员,上请者的祖父母、父母、兄弟、姊妹、妻、子孙等。

4. 赎。这是指官吏贵族及其亲属犯有流以下罪的,可享受用铜赎罪的一种特权。享受这一特权者包括:属于议、请、减范围者,八品和九品官吏,可减者的祖父母、父母、妻、子孙。他们犯流以下罪的,可用铜赎罪。但是,犯有"五流"等一些罪的,不可赎。这五流是:加役流、反逆缘坐流、子孙犯过失流、不孝流、会赦犹流等。

5. 官当。这是指官吏可用官品来抵罪的一种特权。具体办法是:犯私罪的,五品以上官吏,一官当徒2年;六品至九品官吏,一官当徒1年;犯公罪的,各加1年。如果一个官吏兼有职事官、散官和

---

① 《唐律疏议·名例》。
② 同上。

勋官的,那么先用职事官和散官当;不足的,再以勋官当;仍有余罪,还可用历任官当。如果罪轻官品高的,可保留原官品,而用铜赎罪;如果罪重官品低的,可用铜来赎余罪。官吏因官当而被解职的,一年以后仍可降原官品一级,继续任官。

(四)其他原则

《名例律》还对其他一些原则做了规定,而且内容比较多,这里只撷其主要的加以阐述。

1. 老幼废疾减免刑罚原则。《名例律》规定老幼废疾者可以减免刑罚,而且还按年龄及残疾的不同程度,分别处理。70岁以上、15岁以下和废疾(如折一肢)者,犯流以下罪的,可用铜赎罪。80岁以上、10岁以下和笃疾(如折两肢、双目失明)者,犯谋反、谋逆、杀人罪而应处死刑的,上请处理;盗及伤人的,可收赎;其余的皆勿论。90岁以上、7岁以下者,虽有死罪,不加刑,即不追究刑事责任。

2. 更犯的处理原则。更犯是一种犯罪已被发现或已在服劳役期间再重新犯罪的行为。即"犯罪已发及已配而更为罪"。对更犯的处理原则是:"各重其事",即从重量刑。具体办法是:重犯流罪的,依照留住法决杖,在配所服役4年。即"流二千里,决杖一百;流二千五百里,决杖一百三十;流三千里,决杖一百六十;仍各于配所役三年,通前犯流应役一年,总役四年。"①重犯徒、流罪的,累计服役期不得超过4年,超过部分以杖刑代替执行,即徒1年折杖120,一等加20,以此类推,但累计不得超过杖200。重犯笞、杖罪的,累决数也不得超过200。可见,虽"各重其事",但亦有总数限制,不是无限累科。

3. 区分公罪与私罪原则。唐律规定的公罪是指在执行公务中,因为公务上的原因而构成的犯罪。比如,非因谋私利原因而超编设置官员、贡举人失误等都属公罪。私罪是指与公务无关或虽与公务有关但出于私利枉法而构成的犯罪。比如,盗窃、强奸和受财枉法、受财不枉法等都是如此。犯公罪者受处罚轻,犯私罪则受处罚重。唐律区分公罪与私罪的目的在于,保护官吏们办理公务的积极性,以

---

① 《唐律疏议·名例》。

便提高国家机器的效能;同时着力打击腐败,保持吏治的廉明。

4. 自首原则。自首是一种犯罪者在自己的罪行未被发现时就主动向有关机关投案交代的行为。《名例律》规定的自首一般原则是,不追究自首部分的刑事责任,即"诸犯罪未发而自首者,原其罪"①。根据这一原则,如果一个罪犯没有如实、彻底交代犯罪事实的,那么这个罪犯就要承担没有如实、彻底自首部分的刑事责任,即"自首不实及不尽者,以不实不尽罪罪之"②;如果一个罪犯犯有重罪和轻罪多种罪行,并只自首了重罪,那么就不再追究重罪部分的刑事责任,即"其轻罪虽发,因首重罪者,免其重罪"③。自首的方式,原则上应由犯罪者自己向官府投案自首;如果是派人代为自首的,也以自首论;还有,在同居相为隐范围内的人代为自首或到官府告发的,被告发人也可按自首论处。有些犯罪不适用自首,也不可减免刑事责任,这些犯罪有:已经造成他人身体伤害、盗窃了不准私人收藏而又不能按原样赔偿的物品(如皇帝的印玺、官府文件、禁书等)、私渡或越渡关卡、奸良人、私习天文等。在这里还要提及的是自觉举,这是一种适用于官吏犯有公罪的特殊自首,他们如果犯有公事失错或公文误期罪行,而又能自觉举的,一般可以免罪;而且,在连坐范围内,一人自觉举的,其他人也可免罪。但是,如果是断案错误并且已经执行的,那就不可适用自觉举了。

5. 共犯的处理原则。共犯是指两人以上的共同故意犯罪。《名例律》把共犯划分成首犯和从犯,其划分的一般原则是提出犯意的人为首犯,跟从人为从犯,即"二人以上之共犯,以先造意为首,余并为从"。但是,处理一些特殊的共犯案件,则大致情况如下:首先,家人共犯的,依其所侵害的不同客体而论。如果他们危害了国家及社会利益的(除谋叛以上重大犯罪外),只追究尊长的刑事责任,即"同居尊长独坐,卑幼无罪"④;如果他们侵害了他人财物、健康或生命的,则按照以上的一般首从原则处理,不只是处罚尊长,即"假令父

---

① 《唐律疏议·名例》。
② 同上。
③ 同上。
④ 同上。

子合家同犯,并依凡人首从法,为其侵损于人,是以不独坐尊长。"其次,严重危害皇权与国家安全共犯的,则无首从之分,全都要受到严惩。《唐律疏议·贼盗》规定:"诸谋反及大逆者,皆斩";"诸谋叛者,绞。已上道者皆斩",这里的"皆斩"就是指全部处死,没有首从之分,即"言皆者,罪无首从"。再次,一般主体与特殊主体共犯的,也按不同情况处理,而且充分考虑到身份因素。如凡人与监临主守共犯,即使是凡人造意的,仍以监临主守为首,以凡人为从。最后,教唆他人共犯的,原则上教唆人与犯罪人一样受罚,即"皆与犯法者同坐"。但是,如果是教唆90岁以上、7岁以下的人犯罪,则只处罚教唆人,不处罚犯罪人,即"九十以上、七岁以下,虽有死罪,不加刑。即有人教令,坐其教令者"。

6. 两罪从重处罚原则。《名例律》对一人犯有两罪或两罪以上的处罚也作了规定,基本原则是从重处罚,采用重罪吸收轻罪的办法,即"诸二罪以上俱发,以重者论"。一般情况下,具体的处理办法是:如果一人犯有两罪或两罪以上并同时被发现的,而且两罪有轻重,以重者论处;如果两罪或两罪以上的用刑是相同的,则仅以一罪论处;如果在判决后又发现罪犯在判决前还犯有其他犯罪,而且其他罪轻于或等于已判之罪的,就维持原判;如果其他犯罪重于所判之罪的,则按加上超出部分论处;如果是赃罪并发的,那就采用"累科倍论"的办法,即量刑时,以所得赃物总数之和的一半论处。

7. 同居相为隐原则。《名例律》把以往的亲属间犯罪的互相隐瞒发展为同居人间犯罪的互相隐瞒,称其为"同居相为隐"。同居相为隐的范围,除了亲属外,还包括部曲、奴婢为主人隐瞒犯罪。"诸同居,若大功以上亲及外祖父母、外孙、若孙之妇、夫之兄弟及兄弟妻,有罪相为隐;部曲、奴婢为主隐:皆勿论。"① 还有,为同居相为隐范围内的罪犯通风报信的,亦不追究其刑事责任;即使为非同居的小功以下亲属相为隐的,也可比照常犯罪减三等量刑。但是,凡犯有谋反、谋大逆和谋叛三种重罪的,不适用此原则,按常法执行。

8. 化外人相犯的处理原则。《名例律》中所称的"化外人"是指

---

① 以上引文均见《唐律疏议·名例》。

不属于唐朝管辖的异族,相当于现在所称的外国人。对于化外人相犯的处理原则是属人主义与属地主义相结合的原则。凡是同一国家的人相犯的,按他们国家的法律来处理;凡是不同一国家的人相犯的,则按唐朝的法律来处理,即"诸化外人,同类自相犯者,各依本俗法;异类相犯者,以法律论"①。

9. 类推原则。《名例律》中的类推原则是指把律文无明文规定的行为,比照较为相近的律条,进行定罪量刑的原则。适用类推原则的前提条件是,在唐律中无明文规定,即"断罪而无正条"。② 适用这一原则时,采用两种方法:第一种方法是,"其应出罪者,举重以明轻"③。对那些律无明文规定,而又可以减免刑罚(即作轻罪或无罪之判决)的行为,就可在相近的条文中,举出比该行为重但又从轻论处的条文,以明确轻罪的处理办法。例如,根据唐律的规定,夜间无故入人家,主人当场将其杀死的,不追究主人的刑事责任,即"主人登时杀者,勿论"④;如果主人仅仅将其打伤,比照以上的条文,就可判定主人不负刑事责任了。第二种方法是,"其应入罪者,则举轻以明重"⑤。对那些律无明文规定,而又要加重处罚(即作有罪或重罪之判决)的行为,就需在相近的条文中,举出比该行为轻但又受重罚的条文,以明确重罪的处理办法。例如,根据唐律的规定,凡是谋杀期亲尊长的,都要处以斩刑,即"诸谋杀期亲尊长、外祖父母、夫、夫之祖父母、父母者,皆斩"⑥。如果行为人不仅只是"谋",而且还杀伤了期亲以上尊长,那么比照以上条文,就可判定此行为人为斩刑了。

《名例律》规定的这些内容都是重要的原则问题,对唐律其他的内容具有指导意义。

二、其他十一律概述

唐律除《名例律》以外的其他十一律,相当于现代刑法典中的分

---

① 《唐律疏议·名例》。
② 同上。
③ 同上。
④ 《唐律疏议·贼盗》。
⑤ 《唐律疏议·名例》。
⑥ 《唐律疏议·贼盗》。

则部分,规定了各种具体的犯罪行为及其处罚。

在这十一律中,各律所规定的内容都各有侧重。它们的依次排列及其所打击的犯罪大致是:《卫禁律》主要打击侵犯皇宫警卫和国家关津要塞保卫等方面的犯罪;《职制律》主要打击违反官吏职务和有关行政公务方面的犯罪;《户婚律》主要打击妨碍、破坏户籍、土地、赋税管理和婚姻家庭方面的犯罪;《厩库律》主要打击违反牲畜和仓库管理的犯罪;《擅兴律》主要打击军事和非法营造、兴建工程方面的犯罪;《贼盗律》主要打击严重危害国家统治秩序和财产制度方面的犯罪;《斗讼律》主要打击伤害他人和违反诉讼要求方面的犯罪;《诈伪律》主要打击各种欺诈和伪造行为方面的犯罪;《杂律》主要打击以上各律所无法包容的犯罪;《捕亡律》主要打击追捕犯罪嫌疑人方面的犯罪;《断狱律》主要打击司法审判方面的犯罪。

综观这十一律的内容,主要可以分为七大类打击的犯罪。第一类是侵犯皇权和国家政权的犯罪;第二类是危害人身安全的犯罪;第三类是侵犯官私财产的犯罪;第四类是危害公共安全的犯罪;第五类是违反封建礼教和管理秩序的犯罪;第六类是职务犯罪;第七类是军事犯罪。

总观以上规定的具体犯罪,以下三个方面的内容特别重要。首先是"六杀"。唐律所规定的"六杀"是中国古代对六种杀人犯罪的总称。它们分别是:"谋杀"、"故杀"、"斗杀"、"误杀"、"过失杀"和"戏杀"等。这"六杀"都有特定的含义。"谋杀"是指有预谋的杀人犯罪。"故杀"是指先无预谋、后在情急时产生杀人意念的杀人犯罪。"斗杀"是指在斗殴中因为激愤失手而把人杀死的杀人犯罪。"误杀"是因为各种原因而杀错人的杀人犯罪。"过失杀"是指因为过失原因而杀人的犯罪。"戏杀"是指在戏耍中不慎杀人的犯罪。唐律根据它们不同的恶性程度,规定了不同的刑罚。比如,一般谋杀人并杀人既遂的,要被处以斩刑[①];一般斗杀人并既遂的,要被处以

---

① 参见《唐律疏议·贼盗》。

绞刑①；戏杀人并既遂的，减斗杀二等量刑，即徒三年②；过失杀人的，一般允许以铜赎罪③，等等。唐律总结了前人杀人犯罪的规定和理论，将其推进到一个空前完备的阶段，并为唐后封建朝代的立法所吸收。

其次是"六赃"。唐律所规定的"六赃"是指六种非法获取公私财物的犯罪。它们是："受财枉法"、"受财不枉法"、"受所监临"、"强盗"、"窃盗"和"坐赃"。它们都有特定含义。"受财枉法"是指官吏收受了财物并作出违法裁判的犯罪。"受财不枉法"是指官吏尽管收受了财物，但没有作出违法的裁判的犯罪。"受所监临"是指官吏收受了所管辖人员财物的犯罪。"强盗"是指用暴力非法获取公私财物的犯罪。"窃盗"是指用隐蔽手段非法获取公私财物的犯罪。"坐赃"是指非因职权之便而非法收受财物的犯罪。这"六赃"可分为两大类：一大类是职务犯罪，如受财枉法、受财不枉法和受所监临财物；另一大类是侵害财产所有权等的犯罪，如强盗、窃盗和坐赃。总的来说，对犯有"六赃"者的处罚比较重。首先，要严究犯有"六赃"者本人的刑事责任。其中，强盗和受财枉法者的最高刑是死刑，窃盗、受财不枉法和受所监临财物者的最高刑是流刑，坐赃者的最高刑是徒刑。其次，要追缴赃款、赃物，即"官物还官，私物还主"④。最后，官吏犯有赃罪的，还要被罢官，即"官除名，吏罢役"⑤。唐律对"六赃"作了完整的规定，唐后的一些封建朝代相继沿用其中的一些规定。

最后是"保辜"制度。这是一种在伤害人的犯罪后果不是立刻显露的情况下，根据受害人在一定期限内伤情变化的结果，来追究犯罪人刑事责任的制度。唐律对这一期限做了规定，它们是：用手足殴伤人的，期限为 10 日；用其他器物殴伤人的，20 日；用刃器或火伤人的，30 日；折断了肢体或骨折的，50 日。在这些期限内，被害人死亡

---

① 参见《唐律疏议·斗讼》。
② 同上。
③ 同上。
④ 《唐律疏议·名例》。
⑤ 同上。

的,犯罪者要依杀人罪被追究刑事责任;在这些期限外,被害人死亡的,或虽在期限内但因为其他原因死亡的,犯罪者只能按伤害罪承担刑事责任。即"限内死者,各依杀人论;其在限外及虽在限内,以他故死者,各依本殴伤法"①。

第五节　唐朝的司法制度

唐朝司法制度包括司法机构、告诉制度、审判制度、司法官的责任等多个方面。

一、司法机构

唐朝司法机构分为中央司法机关和地方司法机关。

唐朝中央司法机构由大理寺、刑部和御史台组成。

大理寺是唐朝的中央最高审判机关。它负责审理中央百官犯罪及京师徒刑以上案件。流、徒刑案件经其判决后,须送刑部复核,死刑案件判决后则要奏报皇帝批准。对刑部移送来的地方死刑案件,大理寺有重审权。它设卿、少卿为正副长官,下有正、丞、主簿、录事、府、史等属官。

刑部是唐朝的中央审判复核机关。它负责复核大理寺及州、县必须上报的徒刑以上案件。在审核中,如果发现可疑,那么徒流刑以下案件驳令原审机关重审或直接改判,死刑案件则移送大理寺重审。它设尚书、侍郎为正副长官,下有郎中、员外郎、主事、令史、书令史、掌固等属官。

御史台是唐朝的中央监察机关。它负责全国的监察事务。在司法方面,主要监察大理寺和刑部的司法审判活动;遇有重大疑案,也参与审判或受理有关行政诉讼的案件。它设御史大夫、御史中丞为正副长官,下有侍御史、殿中侍御史、监察御史、主簿、录事、令史、书令史等属官。御史台下设台院、殿院和察院。台院是御史台的基本组成部分,执掌纠察中央百官并参与重大案件的审判。殿院纠查百

---

① 《唐律疏议·斗讼》。

官在朝仪等场合的失礼行为。察院纠劾州县地方官吏的各种违法乱纪行为。

唐朝已有"三司推事"和"三司使"两种会审制度。遇有大案、疑案,通常由大理寺、刑部和御史台的长官一起会同审理,这种形式被称为"三司推事"。碰到较次的案件或各地发生的大案,又不便解送京师的,则派大理寺、刑部和御史台的下属官员前去审理,这种形式被称为"三司使"。

唐朝地方司法机关,主要分为州、县两级。

州的行政长官兼任州的司法长官,要负责一州的司法事务,其中包括"录囚徒","有不孝悌、悖乱伦常、不率法令者,纠而绳之"①。州设别驾、司马、司户参军事、司法参军事、市令、经学博士等属官。其中,司户参军事和司法参军事的职责都与司法有关。司户参军事要受理民事案件,"凡男女婚姻之合,必辨其族姓以举其违。凡井、田利害之宜,必止其争讼以从其顺"②。司法参军事则要受理刑事案件,"掌律、令、格、式,鞫狱定刑,督捕盗贼,纠逖奸非之事,以究其情伪而制其立法"③。

县的行政长官县令兼任县的司法长官,要负责一县的司法事务,其中包括"审察冤屈,躬亲狱讼"④。县设主簿、录事、司法佐、史等属官,其中的司法佐、史等官吏都要协助县令处理民、刑案件。

县以下的乡官、里正、坊正、村正对本地的婚姻、土地等民事案件和轻微的刑事案件,也有一定的调处权,不服者可上诉至县重审。

二、诉讼制度

唐朝也有自己的诉讼制度,其主要内容是以下三个方面。

(一) 告诉的方式

从唐律的规定来看,唐朝告诉的方式主要有三种:

第一种是被害人及其家属的告诉。当发生强盗或杀人等犯罪案

---

① 《唐六典·州县》。
② 同上。
③ 同上。
④ 同上。

件后,被害人及其家属应该告诉官府。这是当时的一种告诉方式。"诸强盗及杀人贼发,被害之家及同伍即告其主司。"①

第二种是邻居间的告诉。当邻居中有人犯罪时,其他人则要到官府去告诉,否则便会受罚。"同伍保内,在家有犯,知而不纠者,死罪徒一年,流罪杖一百,徒罪杖七十。"②

第三种是主管官吏的告诉。当主管官吏知道其下属官吏犯罪时,必须到官府告诉,否则也要受罚。"诸监临主司,知所部有犯法,不举劾者,减罪人罪三等,纠弹之官减二等。"③

(二)告诉的限制

唐朝的法律还对一些特殊的告诉作了限制,主要有以下这些:

1. 对亲属间告诉的限制。根据"同居相为隐"的原则,除了犯有谋反、谋大逆和谋叛等严重犯罪,禁止亲属间互相告诉,特别是禁止卑幼控告尊长。卑幼控告尊长的,都要依唐律被追究刑事责任。其中,子孙控告祖父母、父母的,即构成"十恶"中的不孝罪,要被处以绞刑;控告期亲尊长的,要被徒二年;控告大功以下尊长的,用刑依次递减。④

2. 对奴告主的限制。除非主人犯有谋反、谋大逆和谋叛等严重犯罪外,奴婢不可控告主人,否则将依据唐律受到刑事处罚。唐律规定,奴婢控告主人的,处以绞刑。⑤

3. 生理上的限制。80岁以上、10岁以下的人,以及笃疾者,除了对重大犯罪与本人有直接利害关系的犯罪外,对其他的犯罪,都没有告诉权。"年八十以上,十岁以下,及笃疾者,听告谋反、逆、叛、子孙不孝、及同居之内为人侵犯者。余并不得告。"⑥

4. 对囚徒的限制。囚徒除以下三类情况可以告诉外,对其他的犯罪均不可告诉,即"诸被禁囚,不得举告他事"⑦。这三类情况是:

---

① 《唐律疏议·斗讼》。
② 同上。
③ 同上。
④ 同上。
⑤ 同上。
⑥ 同上。
⑦ 同上。

监狱官吏虐待囚徒;知道他人有谋反、谋大逆、谋叛的严重犯罪;在自首其他罪时,牵涉到别人的犯罪;等等。

(三) 不合要求告诉的处罚

唐朝还对不合要求的告诉,作出明文规定并处以刑罚。

1. 禁止诬告。唐朝禁止诬告,并按诬告反坐原则处罚诬告者,即"诸诬告人者,各反坐"①。

2. 禁止用匿名书信告。唐朝也禁止使用匿名书信的形式告诉,否则也要受到刑事处罚。"诸投匿名书告人罪者,流二千里。"②

3. 禁止疑告。唐朝法律要求告诉人在诉状中写明确切的年月、事实等,不可有疑,否则也要追究告诉人的刑事责任。"诸告人罪者,皆须注意年月,指陈实事,不得称疑",违反者要被"笞五十"。③

三、审判制度

唐朝的审判制度包括审判期限、审判官的回避、刑讯、判决与上诉等一系列规定。

(一) 审判期限的规定

为了防止拖延案件的审判,唐朝曾对司法机关的审判期限作出明确的规定,尤其是对中央司法机构的审判与复核期限。唐宪宗元和四年(809)规定,"大理寺检断,不得过20日;刑部覆下,不得过10日;如果刑部覆有异同,寺司重加不得过10日,省司呈复不得过7日。唐穆宗长庆元年(821)又补充规定,大事,大理寺限35日,详断毕,申刑部,限30日闻奏;中事,减5日;小事,减10日。案件分为大、中、小的标准是,一个案件10人以上,或所犯罪名20个以上,为大;6人以上,所犯罪名10个以上,为中;5人以下,所犯罪名10个以下,为小。"④

(二) 审判官回避的规定

中国古代,法律明文规定法官回避的制度,始于唐朝。唐朝规

---

① 《唐律疏议·斗讼》。
② 同上。
③ 同上。
④ 参见《通典·卷一四四》。

定,审判官与被审人员有亲属关系或仇嫌关系的,都应回避,"凡鞫狱官与被鞫人有亲属仇嫌者,皆听更之"①。这里的亲属是指五服以内的亲属和大功以上的姻亲属。

(三) 刑讯的规定

唐朝肯定了刑讯是审判中的合法手段,并同时对刑讯作了一系列的规定,形成了制度。审判官违反了这一制度的,还要受到处罚。根据唐令和唐律的有关规定,这一制度包括以下这些主要内容:

1. 刑讯的条件。刑讯不可随意进行,只有当案件出现了以下情况,才可进行。这一情况在唐令中有明文规定,即"依狱官令,察狱之官,先备五听,又验诸证信,事状疑似,犹不首实者,然后拷掠"②。也就是说,对被审讯人用了"五听",查验了证据,情况与被审讯交待的不一致,而且其还不如实交代的,在这种情况下,才可以使用刑讯。

2. 刑讯的工具。唐朝把刑讯的工具称为讯杖。唐太宗时对讯杖做了规定,内容是:讯杖一律3尺5寸,削去节,大头径3分2厘,小头则是2分2厘。③

3. 禁止刑讯的对象。唐朝对禁止刑讯的对象作了明确规定,他们是享有议、请、减等司法特权者,老幼废疾者,孕妇和产后未满百日者等。如果对他们施行了刑讯,还要被追究刑事责任。"诸应议、请、减、若年七十以上、十五以下,及废疾者,并不合拷讯,皆据众证定罪,违者以故杀论。""诸妇人怀孕犯罪应拷及决杖笞,若未产而拷决者,杖一百。伤重者,依前人不合捶拷法。产后未满百日而拷决者,减一等。失者各减二等。"④

4. 刑讯的执行。唐朝还对刑讯的执行做了规定,主要内容是:刑讯拷打不得超过3次,每次要相隔20天,总数不可超过200次;如果是构成杖罪以下的,刑讯拷打总数不可超过刑罚数;被告已被刑讯拷打法定数而仍不招供的,就取保候审;接着刑讯拷打原告,原告也不招供的,在一定情况下可刑讯拷打证人;刑讯拷打的部位在腿、臀

---

① 《唐六典·刑部》。
② 〔日〕仁井田升:《唐令拾遗》,栗劲等译,长春出版社1989年版,第712页。
③ 参见《旧唐书·刑法志》。
④ 《唐律疏议·断狱》。

部,而且是分受。①

(四) 判决与上诉的规定

唐朝要求审判官必须按唐律、令、格、式的正文来判决,否则审判官要负刑事责任。"诸断罪皆须引律、令、格、式正文,违者笞三十。"②

判决后,审判官要向被审人及其家属当面宣读判决书。"诸狱结竟,徒以上各呼囚及其家属具告罪,仍取囚服辨。"③

如果被审人及其家属不服判决的,可以向原审的上级机关提起上诉,上级机关还是维持原判的,准其赴京城上告。上诉违反这一程序而越级进行的,就是"越诉",越诉者和受理越诉案件者都要被追究刑事责任。"诸越诉及受者,各笞四十。"④

被审人确有重大冤抑而不被平反的,可以直接向皇帝陈情,要求平反,这被称为"直诉"。唐朝的直诉形式有挝登闻鼓、邀车驾、上表和立肺石等。不过,直诉的内容必须真实,否则也要被追究刑事责任。

(五) 死刑案件复奏的规定

唐朝还规定,死刑案件在核准以后、行刑以前,还必须再次奏请皇帝批准,这被称为死刑复奏。唐朝的死刑复奏一般是"三复奏",即要经过三次复奏。司法官违反复奏规定的,要被处罚。"诸死罪囚,不待复奏报下而决者,流二千里。"⑤

四、司法官的责任

唐朝的法律还对司法官的责任作了明文规定,主要有以下三个方面。

(一) 审判责任

唐朝的法律要求司法官严格依照法律审判,决不可有"出入人

---

① 〔日〕仁井田升:《唐令拾遗》,栗劲等译,长春出版社1989年版,第714页。
② 《唐律疏议·断狱》。
③ 同上。
④ 同上。
⑤ 同上。

罪"的行为。"出入人罪"是一种司法官不依法律定罪量刑而把无罪断成有罪、轻罪断成重罪，或者把有罪判为无罪、重罪判为轻罪的行为。唐律要严惩这种行为，其基本原则是反坐司法官。"诸官司入人罪者，若入全罪，以全罪论；从轻入重，以所剩论；刑名易者：从笞入杖、从徒入流亦以所剩论，以笞杖入徒流、从徒入死罪亦以全罪论。其出罪者，各如之。"①司法官如有"出入人罪"的行为，将按这一原则受到刑罚。

（二）执行责任

司法官还必须依法执行五刑。唐朝法律对五刑的执行作过明确的规定。比如，唐律对笞、杖刑执行的规定是："决笞者，腿、臀分受。决杖者，背、腿、臀分受。须数等。拷讯者亦同。"而且，刑具杖也都有严格规定。"杖皆削去节目，长三尺五寸。""常行杖，大头二分七厘，小头一分七厘。笞杖，大头二分，小头二分二厘。"②违反这些规定的，都要被追究刑事责任，量刑在笞至徒之间。"诸决罚不如法者，笞三十；以故致死者，徒一年。即杖粗细长短不依法者，罪亦如之。"③

（三）监管责任

唐朝的法律也对司法官的监管责任作了规定，其内容涉及罪犯所带的刑具、官府应给的衣粮、病后应给的医药等方面。司法官违反了这些方面，都会受到处罚。"诸囚应请给衣食医药而不请给，及应听家人入视而不听，应脱去枷、锁、杻而不脱去者，杖六十；以故致死者，徒一年。即减窃囚食，笞五十；以故致死者，绞。"④

以上这些规定都有利于增强司法官的责任意识，促使他们依法司法。

---

① 《唐律疏议·断狱》。
② 同上。
③ 同上。
④ 同上。

第八章　五代十国与宋朝的法律制度

（907—1279）

　　唐朝灭亡之后，中国历史再一次进入了大割据时期直到公元960年北宋建立。在动荡的五十四年间，北方地区军阀混战，先后出现了后梁、后唐、后晋、后汉和后周五个较强大的王朝。南方各地陆续并存过九个较小的割据政权，分别是吴、南唐、吴越、楚、前蜀、后蜀、南汉、南平及闽等九国，北方河东地区还有北汉势力。历史上称这段时期为"五代十国"。五代的开国之君，都是前朝的方镇，靠军事割据发展起来，故这一时期的历史特点是战争频繁，政权屡有更迭。五代后期，统一趋势不断加强，后周世宗柴荣在位期间，实行了一系列改革措施，使得后周的国力增强，北攻契丹，南下南唐，占据南唐江淮十四州，为后来北宋结束分裂割据局面准备了重要条件。相对于五代来说，十国的情况则要好得多，它们少受中原干戈的影响，政局相对稳定，政权维持的时间也远比五代长，如最短的前蜀亦有三十四年，是后梁的一倍，而最长的吴越，存续时间达到八十五年之久。

　　公元960年，后周大将赵匡胤在东京（今河南开封）东北的陈桥驿以黄袍加身，发动"陈桥兵变"，建立宋朝，定都东京，史称北宋。经过十几年时间，北宋陆续消灭其他割据政权，结束了五代十国的分裂局面。北宋通过议和维持与北方辽、西夏等少数民族和平共处的局面，局势相对稳定。北宋统治者吸取唐朝灭亡的教训，在政治、经济、军事等方面加强中央集权，社会经济有较大发展。公元1126年，北宋都城被金攻占，宋徽宗和他的儿子宋钦宗被俘，北宋灭亡。北宋灭亡后，原任河北兵马大元帅的赵宋皇族康王赵构，在金军退走之后，于临安（今杭州）即位，仍沿用大宋国号，史称南宋。统治稳固后,南宋以妥协求和,偏安自保为基本方针,贯彻以文制武的军事指挥原则,抑制领兵将帅才能的发挥,妨碍军事的发展。南宋德佑二年(1276),元军攻克临安,南宋灭亡。

五代十国时期由于政权更替频繁,法制难有较大发展。宋朝的法制是以唐朝法制为基础建立起来的,因此了解北宋法制区别于唐朝之处对于了解中国法制的变迁具有重要意义。宋朝统治者吸取唐朝灭亡的教训,深感分裂割据的灾难和威胁,因此,将削弱地方势力,巩固国家统一,加强中央集权作为最主要的任务,使中央集权的强化程度超过唐朝。同时,宋朝的经济进一步发展,民商事法制比唐朝进一步完善。学习本章,重点把握宋朝立法指导思想的演变;宋朝法律形式、法律内容及司法制度与唐朝相比的变化之处。

第一节 五代十国的法律制度

五代十国时期,政局动荡,为了稳固统治,五代十国的统治者大多采取严刑峻法的手段来维持社会秩序,因此立法森严,刑罚酷滥,司法黑暗。南方的"十国"政局相对稳定,法律一般沿袭唐朝而略有改动;北方战乱频繁,民族矛盾错综复杂,统治者对立法与司法较为重视,除后汉立国仅四年,未及更张外,其余各朝均颁有成文法典。因此,本节主要介绍五代的法制。

一、立法概况

(一) 主要立法

后梁的立法。后梁太祖朱温于开平三年(909)十一月删定律令格式,制定新法,次年十二月完成并颁行,称为《大梁新定格式律令》,包括令30卷,式20卷,格10卷,律12卷,目录1卷,律疏30卷,总计103卷。为保证新法的权威及其施行,后梁的统治者曾下令将唐朝的法律全部焚毁。在法典形式上,后梁也不愿与唐朝的法律形式相同而主要采用"刑律统类"与"格后敕"的形式。但是从法律内容看,后梁的法律仍是大量唐律及律疏的内容,这是其无法避免的。

后唐的立法。后唐的统治者以唐王朝的继承者自居,同光二年(924),他们仿唐宣宗时期的《大中刑律统类》,制定《同光刑律统类》13卷。天成元年(926),梁御史大夫李琪以当时通行的后梁新格与唐旧格内容抵触,建议废除梁的新格,适用唐的旧格。同年十月,决定适用唐文宗开成年间制定的《开成格》。后唐另一重要立法活动是编敕,先后制定了《长兴敕条》、《天成杂敕》和《清泰制敕》等。

后晋的立法。后晋基本上沿用后唐的立法,其最重要的立法活动是在后唐《清泰制敕》的基础上,对旧敕进行重新厘定,编纂而成《天福编敕》,也称为《天福杂敕》,共31卷。这部编敕实际上是前朝敕条的汇编。

后周的立法。周初广顺元年(951)重写法书148卷,同时将后晋、后汉及后周初年颁布的有关刑法的敕条26件分为2卷,附于法书之后,称为《大周续编敕》,也称为《广顺续编敕》,与唐律、《开成格》、《大中刑统》等并用。显德五年(958),完成《大周刑统》(又称为《显德刑统》)21卷。《大周刑统》是五代十国时期制订的一部最重要、最完善的法典,它是一部以律为主,附以相关式、令、格、敕的综合性刑事法规,对《宋刑统》的制定产生了直接的影响。它的颁行,使得其他的律疏、令、格、编敕等在实践中几乎不被适用。

十国的立法。十国的立法见于史载的有吴国的《吴删定格令》50卷,蜀国的《蜀杂制敕》3卷,南唐的《升元格》30卷,《江南刑律统类》12卷,《江南格令条》80卷等。十国时期的立法,以南唐最为完备。

(二) 法律形式的发展

从法律形式上看,五代十国在沿袭唐朝法律形式的基础上有所发展。其主要法律形式有律、律疏、格、式、令、敕、编敕及刑统等。其中最主要的成就是刑统的完善及"编敕"的确立。

五代时期的刑统是在唐朝律文的基础上,附以唐高宗以后各朝颁布的敕令格式,加以分门别类汇编而成。这一法律形式与"律"相比,具有注重实用,便于随时增补、灵活援用等特点,既是对唐刑统的发展,也成为五代时期最主要的法律形式,并被后来的宋朝所继承。法律形式的另一发展为"编敕",在五代时期编敕只是有关敕令的汇编,还没有形成严格的体例,直到宋朝咸平年间才开始按律十二篇的体例进行编敕,使编敕进一步成为一种法典的编纂形式。

二、法制内容的演变

(一) 刑罚空前酷烈

首先,在刑罚的执行上出现了一些新的做法,呈现严酷的特点。如杖刑演变为"合欢杖",即双杖齐下,还有"随年杖",即杖人如其岁数,甚至出现以杖代死刑,称为"重杖一顿处死"。又将流刑演变为刺配,即将决杖与配流并用。其次,出现新的刑罚。中国历史上最残酷的死刑执行方式凌迟(也作"陵迟")在此时出现了。这一做法可能源于北方的少数民族,据清人王明德在《读律佩觿》中所记载:"凌迟者,其法乃寸而磔之,必至体无余脔,然后为之割其势,女则幽其闭,出其脏腑,以毕其命,支分节解,菹其骨而后已。"《宋史·刑法志》上说:"凌迟者,先断其肢体,乃抉其吭(指咽喉),当时之极法也。"凌迟有八刀、二十四刀、三十六刀、七十二刀、一百二十刀的区别,而明代则进一步攀升到千刀以上,"千刀万剐"至此名实相符。南宋陆游在《渭南文集·条对状》中形容实行凌迟的惨状:"肌肉已尽,而气息未绝,肝心联络,而视听犹存。"

(二) 增设罪名,加重量刑

五代时期加重对官吏贪赃犯罪的处罚,除后周外,都将"官典犯赃"作为常赦所不免的犯罪。后周在实际量刑上,也比前朝加重,对"私度入道"的处罚加重,即加强对僧尼、道士违法擅自剃度他人的行为进行处罚,这主要是因为当时僧尼、道士在法律上享有免除赋税的特权,为了维护国家课役制度的稳定,加重对此类行为的处罚;随着经济的发展,对厩库管理、盗罪的处罚亦加重;对官吏违反审判制度的犯罪的处罚也更加严厉。

(三) 民事法制渐趋完备

在契约制度上,五代时期对不同契约在格式、体例及内容诸方面有一些共同的要求,如契约中包含订立契约双方当事人的姓名,订立契约的原因,契约的具体内容,双方的责任,订立契约的人与见证人均要画押等;在继承制度上,对死商钱物的继承作了进一步的规定。

但是五代时期,在赋税制度上,由于战争频繁,土地兼并现象严重,为保证朝廷的赋税收入,杂税名目繁多,在征税时还要加征所谓"省耗",一些地方军阀也自行加征甚至滥征赋税,百姓负担沉重。

三、司法制度

五代时期的司法制度,无论是司法机关的设置还是诉讼审判制度、监狱管理制度,均体现出战乱时期的特点。

(一) 司法机关

五代沿用唐制,中央司法机关仍为大理寺、刑部、御史台,分别为中央最高审判、复核与监察机关。地方司法机关仍与行政合一,突出特点在于均为军人所把持。

(二) 诉讼审判制度

五代时期要求诉讼的提起须经法定的程序,严禁越诉。规定只有在农闲时才能受理民事诉讼,避免因民事诉讼而影响农业生产。在案件的审理过程中,刑讯仍是主要取证手段。此时出现了由和凝父子共同编写的《疑狱集》,收录大量古代侦查、断案的事例,记录较为典型的侦查、断案技巧,不仅是我国现存最早的案例汇编,对后来的刑事审判及审判理论的发展都产生了重要影响,后来相继问世的《折狱龟鉴》、《棠阴比事》等大多以此书为基础。

(三) 监狱制度

五代的统治者为了制止当时监狱管理中的黑暗与腐败现象,采取了一些措施,如定期梳理禁囚,遇到大寒、酷暑及其他气候变化,要及时梳理狱中禁囚、改善监狱环境与条件、设立"病囚院"等。病囚院的设置,在中国古代狱政史上有重要意义,是狱政逐步走向文明的表现。遗憾的是这些措施在当时并未得到真正的贯彻。

第二节 宋朝的法制指导思想

继唐而起的宋朝从唐朝灭亡、五代十国的分裂及藩镇割据中吸取教训,建立政权后,如何巩固统一和加强中央集权成为其首要大事,法制在唐朝的基础上有所改进。此外,封建制度经过几千年的发展,到宋朝时已臻于成熟,社会经济有极大发展,农业、手工业、商业都呈现繁荣姿态。社会经济的繁荣亦为民商事法制的发展奠定了基础,甚至有学者据此认为宋朝法制是中国传统法制的最高峰。[①]

宋朝立法指导思想的发展变化大体可分为三阶段,第一阶段,从北宋初年到仁宗末年,立法指导思想集中于解决如何加强中央集权;第二阶段,仁宗末年至北宋末年,立法思想着力于解决财政危机;第三阶段,南宋时期,随着理学的发展完备,"因时适变,度时制法"成为立法指导思想的主流。这些思想指导两宋立法,使法律更好地体现统治者的意志,其具体内容表现为以下四方面。

一、加强中央集权,防止分裂割据

唐朝的灭亡以及五代十国时期的战乱使宋朝统治者深深忧思国家长治久安之道,他们认为"君弱臣强"是变乱的根源,强化中央集权应是保证政权长治久安的关键。于是,宋朝统治者废除节度使统领州郡的制度,使节度使驻地方上的权力大大缩小,将地方的财权、兵权收归中央;宋朝统治者又调整中央官制,建立了一套"上下相维、内外相制"的制度。这一思想也贯彻到法律制度的构建上,如赋予"敕"在法律体系中极高的地位,方便统治者的管理;又如设置"审刑院",加强皇权对审判权的控制;再如实行"台谏合一"制,用以加强对中央官吏的监督;皇帝频繁亲自折狱虑囚等等。总之,加强中央集权是宋朝最主要的任务之一,而利用法制,通过强化中央对地方的控制,加强官吏的相互牵制则是宋朝采用的主要方法,加强中央集权,防止分裂割据是宋朝的立法指导思想之一。

二、崇文抑武,儒道兼用

唐末五代以来,王风寖微,三纲不立,社会无序而混乱,宋朝统治者由此看到了重振传统文化中"兴王攘夷"之道的必要。宋太祖由一介武夫变成为尊儒重文之君,后来的宋朝统治者也都崇文抑武,大

---

① 当代法律史专家徐道邻先生提出:"中国的传统法律,到了宋朝才发展到最高峰。"参见徐道邻:《中国法制史论集》,台湾志文出版社1975年版,第89页。

力倡导儒学。此时的儒家与先秦及汉朝的儒家已有不同。三国两晋南北朝的社会动荡,使佛教及道家思想均获得发展契机,至唐朝已有儒、道、佛三家并存及融合的趋势,唐朝中后期汲取佛教与道家精要的新的儒学发展起来,至南宋朱熹发展完备,成为理学。理学完成了封建正统法律思想的哲理化。封建正统法律思想的哲理化直接影响了封建社会后期的法律实践活动。一方面,在"存天理、灭人欲"思想的影响下,刑罚成为"灭人欲"的正义手段,封建统治者不再像以往那样忌讳刑杀;另一方面,封建道德伦理观念获得理学的理论外衣后,渗透到社会生活的各个方面,使传统的儒学重获新生,继续成为正统思想,桎梏人们的精神活动。

三、强调慎法,法贵力行

宋朝在加强专制主义中央集权的同时,十分强调慎法。宋太祖曾下诏说:"禁民为非,乃设法令,临下以简,必务哀矜。"[①]为此,他"不敢以诛夷待旧勋","不敢以苛法督现吏民",用儒臣治州郡之狱,并躬自折狱虑囚,强调慎法。因此在对待后周柴氏子孙及旧勋的问题上,宋初采取了大度兼容的态度。又如宋朝曾"令诸州十日一虑囚",且诏"御史决狱必躬亲,毋得专任胥吏"[②]。宋朝统治者不仅重视法律规范,而且他们十分清楚,立法之后更为重要的是所立之法能够付诸实施才能取得实效,尤其是到了南宋孝宗对此已论述得十分明了,他认为:"立法不贵太重而贵必行,法必行则人莫敢犯矣。夫欲重则必难行,欲行则不必重。高之太重,而行之不顾此,惟商鞅能之,圣人不能也。"[③]

四、义利并用,通商惠工

宋朝商品经济进一步发展,社会形势发生变化,传统儒家重义轻利的观念受到冲击,加上宋朝所实行的内外政策使其内冗外耗,财政

---

① 《宋史·刑法志》。
② 同上。
③ 《宋会要辑稿·帝系十一之四》。

危机相当严重,这导致宋朝急需从经济的发展中获得更多财富,并且这一时期,在士大夫阶层中已形成一股冲击秦汉以来的贱商抑末思想,他们不再把民事诉讼视为民间细故,在这些因素的共同作用下,宋朝不得不调整历代立法中的做法,重视加强对司法实践中民事权利的保护,对社会经济活动的方方面面做出规定,使宋朝成为中国古代民商事及经济立法最为活跃的朝代,商业的重要性大大提升,对商人给予较往常更多的尊重。宋神宗强调"政事之先,理财为急",①宋朝颁布了一系列调整经济发展的法律。宋朝还允许商人若遇到地方官吏刁难,享有一定的越诉权利。对经济活动的重视与保护也带来了海外贸易的发达。宋朝鼓励外商来华经营并保护他们的合法权益,希望能从中获得丰厚收入,即"招徕远人,以通货贿",还制定了专门管理海外贸易的相关法律。随着私有制的深入发展,民事法规及民事诉讼也多了起来。

第三节　宋朝的立法概况

宋代社会生产力提高,经济生活的新发展对法制提出了新的要求,立法顺应这种要求创立出新的法律形式与法律制度;并且建立于唐朝之后的宋朝,有着法制发展的良好土壤,加上统治者总结隋唐以来的历史经验进一步认识到法制对于国家治理的重要性,因此宋代是一个重视以法为治的朝代,它的立法不囿于旧律,司法不限旧制,崇尚务实,创立了一系列新的制度,在法学研究上,宋朝亦产生了许多传世之作。

一、主要法律形式及立法

(一) 刑统

宋在立国之初,便开始法典的编纂工作。建隆三年(962),乡贡明法张自牧、工部尚书窦仪奏请更定刑统,得到太祖的批准,由窦仪主持刑统更定之事。参与刑统制定的还有苏晓、奚屿、张希逊、冯叔

---

① 《宋史·食货志》。

向等人。到建隆四年(963)七月完成,刻版模印,颁行天下,史称《宋建隆重详定刑统》(简称《宋刑统》)。它是宋代开国以来第一部法典,也是宋代最基本的一部法典,"终宋之世,用之不改"。《宋刑统》是我国古代社会第一部刻版印行的法典。

《宋刑统》相当于唐代正式的法典"律",宋代史籍中称"律"者,多指《宋刑统》。"刑统"体例仿自于唐宣宗时期的《大中刑律统类》与五代时期后周的《显德刑统》。《宋刑统》共12篇,30卷,502条,体例上其对唐律的变化之处有三:

1. 以刑律为主,律敕合编

《宋刑统》在律文之后,附上经选录的自唐开元二年至建隆三年间带有刑事规范性质的敕令,这类条文,每条前均加一"准"字,也称为"准条"。如:[准]周显德五年七月七日敕条:州、县自长官以下,因公事行责情杖,量情状轻重,用今时杖,不得过臀杖十五。因责情杖至死者,具事由闻奏。①

2. 篇下设门

《宋刑统》12篇的每篇中,将调整同类社会关系的条文汇编为一门,分为213门。其中"一部律内余条准此条"门是较特殊的一个门,它就某些概念进行界定,适用于其他律条中出现的同一概念,此即"余条准此"。《唐律疏议》中此类条文散列于有关律文之后,《宋刑统》把这些规定集中编附在《名例律》之后,"举一例诸,斯为要切。今撮其条目,指彼科文,俾诸检详无遗误,请附名例之后。"②"一部律内余条准此条"门共有44条,如:"'亲属',谓丝麻以上及大功以上婚姻之家",并注明"余条亲属,准此。"即整部律典其余律条中所出现的"亲属"都适用这个定义。这一做法反映了宋代立法技术的提高,有利于概念的明确及司法实践操作。

3. 立"起请"条

《宋刑统》中还有一些条文之后附有以"臣等参详"或"臣等议曰"开头的文字,称为"起请"条。它们是窦仪等《宋刑统》的编修者

---

① 《宋刑统·名例律》。
② 同上。

对某些律、律疏或"准"条的补充,作为参照,也具有法律效力。如"臣等参详:请今后户绝者,所有店宅、畜产、资产、营葬功德之外,有出嫁女者,三分给与一分,其余并入官。如有庄田,均与近亲承佃,如有出嫁亲女被出,及夫亡无子,并不曾分割得夫家财产入己,还归父母家后户绝者,并同在室女例,余准令敕处分。"①

《宋刑统》在内容上,除个别避讳字外,基本上沿袭《唐律疏议》。变化之处主要在于:

(1) 删除《唐律疏议》每篇篇首的篇名沿革史。

(2) 增设"折杖法"的规定,即以杖刑代替流、徒、杖、笞之刑,以体现恤刑原则。

(3) 对官吏犯赃罪的处罚比《唐律疏议》明显减轻,对盗罪的处罚则加重。

(4) 增加民事、商事方面的立法。

(二) 编敕

"敕"是皇帝在特定时间针对特定的人或事临时发布的诏旨,称为"散敕",在宋代又称为"宣敕"。"散敕"不具有普遍性,要上升为一般的法律形式,还须经过特定的编修程序,即"编敕"。编敕创自于唐代,五代时期"编敕"是弥补法律不足的一项必要措施,宋朝的"编敕"在内容上已比唐广泛和复杂,后来"编敕"成为宋朝最重要的立法活动,成为宋朝调整、变革法律的主要形式。

宋太祖命窦仪等重定刑统时,同时编敕,将那些从刑统中削出来的令、式、敕等整理、删修,编成新敕四卷,共106条,于建隆四年(963)编成并颁行天下,确立了律、敕并行的局面。后来宋又有多次编敕活动,为了适应频繁的编敕需求,宋仁宗设立了"详定编敕所",专门从事编敕工作,南宋时改称"重修敕令所"、"详定敕令所"、"编修敕令所"等。"编敕"成为宋代最主要、最经常的立法活动。

由于"编敕"所调整的是现时社会的问题,比《宋刑统》更具有实效,因此在实践中得到越来越广泛的运用,出现"以敕代律"的趋势。到了宋神宗王安石变法时,亟须修订法律,敕由于其灵活、能纠正律

---

① 《宋刑统·户婚律》。

的僵化、弥补律的不足而大受改革派欢迎,于是,他们参照《宋刑统》的体例,以门为名分为12篇,编敕成了一部新刑法,人们称之为刑法化了的编敕,它正式代律。宋代史料单独提到"敕"的,多指刑法化的编敕。编敕的地位高于《宋刑统》,但《宋刑统》并未被完全废弃,"诸敕令无例者从律,律无例及例不同者从敕令"①,《宋刑统》仍可被适用。

（三）编例

编例是宋朝后期主要的立法活动,是宋朝重要的法律形式之一,是指将原本临时性的具体的案例经过编修程序,上升为具有普遍效力的法律形式,主要包括指挥与断例。指挥是中央尚书省等官署对下级官署的指令,对下级官署有约束力。断例是审断案件的成例,断例表现为法律形式时与诏敕一样,需经编纂的程序。北宋时有《元符刑名断例》、《崇宁断例》等。神宗以后,"断例"作为法令的辅助逐渐增多。徽宗时,引例破律,到南宋,例的地位急速上升,编例更为频繁,先后颁布了《绍兴刑名疑难断例》、《乾道新编特旨断例》、《开禧刑名断例》等。

（四）条法事类

南宋中后期立法活动的新特点是"条法事类"的出现。所谓条法事类,指的是以公事性质为标准,把统编的敕令格式分门编纂的法规大全。它改变了原来所编的敕、令、格、式中,同一类法律关系的法规分散在不同的篇章中,缺少条理,难以检索,给司法官员的实践带来诸多不便的情况。最早的条法事类是孝宗时期的《淳熙条法事类》,后来又有《庆元条法事类》、《淳祐条法事类》及《吏部条法事类》等,其中《庆元条法事类》保存至今。

二、法学成就

宋朝崇文抑武、重视法制,加上有一大批懂得法律的"士大夫",使得宋朝在刑律、案例及法医研究上均有突出成就。其中最具代表性的是《洗冤集录》及《名公书判清明集》两部著作。

---

① 《庆元条法事类·刑狱门·检断》。

（一）《洗冤集录》

《洗冤集录》为南宋宋慈所著,宋慈采撷前人著作中有关法医检验的案例,结合自己的实践经验,编辑成《洗冤集录》,该书共5卷,53目,是中国乃至世界上最早的一部比较完整的法医学专著。在当时此书由钦命颁行全国,成为南宋办理命案官员的必读之书,被后世"奉为金科玉律"和"圭臬",先后被译成朝鲜文、日文、法文、英文、德文等,是中华民族对世界法文化的卓越贡献。

（二）《名公书判清明集》

《名公书判清明集》是胡颖等人所编著的一部宋代诉讼判词和官府公文的分类汇编。"名公"指这些判词均出自显赫当时的名士之手,"书判"是一种文体,在当时主要是诉讼判决书和政府公文,"清明"指带有清正廉明的价值取向。这部书是中国古代最早的一部源自司法实践的"实判"著作,真实地反映了司法官是如何根据事实、参照法律、运用自由裁量权解决诉讼纠纷的。其主要法律思想是倡廉政,慎刑罚,重教化及强调法律适用。《名公书判清明集》是现存唯一的宋代判词专集,代表了中国古代判词发展的一座里程碑,它是研究中国古代法律适用、宋代法制、古代民事法律规范、古代司法文书写作等重大课题的珍贵史料。

第四节　宋朝法制的主要内容

因袭唐律是宋朝刑事法律最主要的特点之一,但是现实生活的变化,使宋朝在法律内容上采取了一些新的做法。这里主要论及其对唐朝法律的变化之处。

一、刑事法制

（一）盗贼重法及重法地

北宋仁宗嘉祐年间,为加强中央集权,稳定社会秩序,宋统治者开始对一些重要地区盗贼犯罪论以重法,以严惩窝藏盗贼的行为。随后,出于京畿地区安全的考虑,将京城开封及诸县划为"重法地",规定凡在"重法地"内犯贼盗罪者,适用比《宋刑统》重的处罚。后来重法地的范围扩大到京西、淮南、河北、京东等地,神宗元丰年间甚至福建等路也被包括在内。后来,甚至一些虽发生在非重法地的犯罪也以重法论处。

(二) 折杖法

宋太祖时期有感于刑罚的苛酷,曾实行折杖法,对刑罚进行一次改革。折杖法的内容是:

  流刑 加役流决脊杖二十,配役三年;流三千里决脊杖二十,配役一年;流二千五百里决脊杖十八,配役一年;流二千里决脊杖十七,配役一年。

  徒刑 徒三年决脊杖二十放;徒二年半决脊杖十八放;徒二年决脊杖十七放;徒一年半决脊杖十五放;徒一年决脊杖十三放。

  杖刑 杖一百决臀杖二十放;杖九十决臀杖十八放;杖八十决臀杖十七放;杖七十决臀杖十五放;杖六十决臀杖十三放。

  笞刑 笞五十决臀杖十下放;笞四十、三十决臀杖八下放;笞二十、一十决臀杖七下放。[①]

可见,折杖法就是将笞、杖、徒、流四种刑罚折抵为一定数量的杖刑的刑罚制度,其总体趋向是使刑罚减轻。

(三) 刺配

宋朝将刺配作为非法定刑。明朝丘濬说:"宋人承五代为刺配之法,既杖其脊,又配其人,而且刺其面,是一人之身一事之犯而兼受三刑也。"[②]由此我们知道,五代时期已有刺配,也可知道宋朝的刺配与五代有所不同,五代时是决杖与配流并用或是将刺面与配流并用,是二刑合一,而宋朝已发展为杖刑、流刑与刺面三刑合一了,刑罚更加严酷。刺配在宋真宗时被引入编敕,上升为法定的刑罚之一,被广泛采用。刺配变为法定刑意味着肉刑再次成为法定刑罚,这无疑是一种倒退,刺配被沿用至元、明、清各代,受其害者无数。

[①] 《宋刑统·名例律》。
[②] 《大学衍义补》。

(四) 凌迟

凌(陵)迟出现于五代时的西辽,是中国古代最为残酷的生命刑。宋朝在仁宗年间开始使用凌迟,以后凌迟被引入编敕,上升为带有普遍性与经常性的刑罚,成为法定刑。至南宋宁宗制《庆元条法事类》时,凌迟成为与绞、斩并行的生命刑,且为第一等生命刑。"凌迟"二字按《荀子·宥坐》解释是"言丘陵之势渐慢也"。"凌"通"陵"字,沈家本在《历代刑法考·刑法分考》中以此认为凌迟是使受刑人"死之徐而不速也"。这种通过延长受刑人遭受痛苦时间的酷刑延用至元、明、清三代。

(五) 新设罪名

适应社会的新情况宋朝设立了一些新的罪名,如"天地坛非执事辄临","盗剥桑柘之禁"等。前者是适应加强中央集权的需要,规定一般人不可以随意靠近帝王祭祀之处,一旦触犯,便要处以斩刑;后者针对造纸术、印刷术发明之后,由于有利可图,盗剥作为造纸原料之一的桑柘皮的现象频频出现,而一旦超过适度范围地剥去桑柘树皮,会导致桑树枯死,影响另一依赖于桑树的重要经济行业——养蚕业,进而影响丝绸的产量,因而盗剥桑柘被视为严重的犯罪,"重盗剥桑柘之禁,枯者以尺计,积四十二尺为一功,三功以上抵死"[①]。

二、民商事法制

(一) 民事法律关系的主体扩大

宋朝商品经济进一步发展,动摇了传统宗法等级森严的制度,民事法律关系的主体范围随之扩大。唐朝有良贱之分,宋代则有主客之别,以有无产业划分,那些"佃人之田,居人之地"、"而纳其租"的人称为"客户"。客户取得了与主户相同的社会地位,能以自己的名义自主地参与到民事活动中,他们有承佃与退佃的自由权,有财产权等,成为民事法律关系的主体。又如家内服役者,即奴婢、奴仆,他们也获得了主体地位。必须通过双方自愿签订的雇佣契约才能成立家内服役关系,且家内服役者享有法定权利,如雇主应该按契约约定支

---

① 《宋史·刑法志》。

付工钱等。此外,手工业劳动者与商人的主体地位也获得进一步肯定,传统商业和商人获得了一个比以往任何朝代都要宽松得多的发展空间。

(二) 出现家族共有形式——义庄

家族共有即族产,是以宗族社团为所有权主体的产业,史称"义庄"。义庄出现于北宋,其财产主要来源于宗族中有力者的捐献。南宋时,如果绝户无女,依法原应由女儿继承的三分之一的遗产,官府可以将其判归义庄。族产的收益主要用于祭祀本族祖宗、赡济族众、资助族人。族产对于宗族的结合和巩固具有重要意义,是宗族族权的物质基础。北宋政府承认并保护族产的法律地位,使族产迅速普及,对后世有重大影响。

(三) 买卖契约

宋朝商品经济高度发展,流通与交易加速,生活中契约的使用越来越频繁,契约的形式要件趋于简化,契约的种类更加丰富,内容更加完善,信用性契约产生并发展起来。在各种契约形式中买卖契约占重要地位。

宋朝不动产买卖契约的成立要经过四个步骤:

第一,先问亲邻,即田产买卖先问亲邻,他们具有先买权。北宋后期规定所谓亲邻必须为有亲之邻,即虽为邻而非亲或虽为亲而非邻,都不能优先购买。

第二,输钱印契,即制作契约,到官府印契,缴纳契税。只有在缴纳契税钱后,官府在契约上加盖官印,交易才有效。加盖官印的契约称为"红契",具有法律效力,无官印的为"白契",不具有法律效力。

第三,过割赋税,即契约上写明标的物的租税、役钱,并由官府在双方赋税簿账内变更登记,加盖官印。如果没有过割赋税,往后买卖的交易双方发生纠纷争讼时,即使买受田宅的富豪之家持有契约,官府也不会受理争讼。

第四,原主离业,即买卖契约达成后,转移土地的占有,卖主离业,且不允许其租佃该土地,以防止自耕农减少、佃农增多,以致减少官府的赋税收入。

宋朝不动产买卖又分为绝卖与活卖。所谓绝卖,即无任何附加条件的买卖。凡只转让使用权与收益权,保留回赎权的买卖叫活卖或典当。典当契约的业主得到钱主的典价,在法定的三十年期限内可随时以原价赎回标的物。

(四) 婚姻家庭与继承制度

宋朝婚姻家庭与继承方面的法律规定较为宽松。

1. 婚姻法规

《宋刑统》与唐律一样对婚龄无明确规定,但从《名公书判清明集》卷七《立继有据不为户绝》条引法令:"在法:男年十五,女年十三以上,并听婚嫁。"可知,宋朝的结婚年龄男子为15岁,女子为13岁。针对唐律与《宋刑统》只限制女方悔婚的缺陷,南宋法律对此作出修改,规定:"诸定婚无故三年不成婚者,听离"①,使限制悔婚的规定对男女双方均有拘束力。在离婚问题上,宋朝注重妻子的离婚权利。如规定丈夫出外三年不归,六年不通信息,准予妻子改嫁或离婚;丈夫因犯罪而离乡服刑,妻子可以提出离婚;被夫同居亲强奸,或虽未成,妻子也可提出离婚;丈夫令妻为娼者,妻子也可提出离婚,等等。另外,法律还扩大强制离婚的范围,如法律规定,将妻子雇与他人为妻妾者,婚姻关系应解除。

2. 家庭法规

宋代家庭法规中较有特色的是有关收养的规定。根据血缘区分,养子有来自同宗与异姓两类。前者是普遍做法,后者只限于收养被遗弃的三岁以下的幼儿。根据收养关系成立的时间区分,养子可分为立继子与命继子两种。父母至少一方健在时收养的叫"立继子",夫妇双亡后由近亲属指定的养子叫"命继子"。收养关系一经成立,养子取得和亲子一样的权利与义务,地位比前朝有所提高。

3. 继承法规

宋朝继承法规中较有特色的是关于养子继承权的规定。立继子与命继子由于收养关系成立的时间不同,意味着其对父母生前所尽的赡养义务不同,在遗产的继承上便有所不同。立继子等同于亲子,命继子由于未尽过赡养义务,只承担祭祀任务,由"命继者,于诸无

---

① 《名公书判清明集·婚嫁》。

在室、归宗诸女,止得家财三分之一"①可知命继子只能继承遗产总额的三分之一。此外,异姓养子至南宋时也取得与亲子同等的继承权。

(五) 商事法律

宋朝商品经济的发展使其商事法律进一步完备。

1. 市场管理法规

两宋时期城市商业区由市内的街道延伸到坊内,还一直扩大到城外。在西北沿边及淮水流域设置"榷场",与辽、金、西夏进行贸易。为了保证京师物质生活的需要及限制大商人的投机,宋朝继续实行"均输法"。随着商业的发达,城市中出现了各种商业行会组织,一些大商人凭借自己的经济实力把持了行会组织,垄断市场交易,造成中小商人破产和城市居民生活的困难,破坏了正常的经济秩序与社会秩序,王安石变法时期,实行"市易法"对此进行管理。市易法的基本内容是在开封设置市易务。市易务根据市场情况,决定价格,收购滞销货物,待至市场上需要时出售,商贩可以向市易务贷款或赊购货物。后又将开封市易务升为都提举市易司,作为市易务的总机构。市易法在限制大商人垄断市场方面发挥了作用,也增加了朝廷的财政收入。

2. 禁榷法律

宋朝的禁榷法律制度也有进一步的发展,后世许多专卖措施都可在此找到渊源。禁榷的种类除茶、盐、酒外,又有矾、铁、石炭(煤)等。专卖的形式有两种,一种是从生产到销售全部由官府经营,另一种是允许在官府的直接控制下,由商人来经营。

3. 海外贸易法规

宋朝为了实现"懋商贾,以助国用","通货贿,以获厚利"的目的,对发展海外贸易采取了积极鼓励、大力提倡的态度,使海外贸易立法取得可喜进展,制定了专门的海外贸易法规《市舶条法》。其主要内容为:

第一,设立市舶机构、明确官员职责。最主要的市舶机构为"市

---

① 《名公书判清明集·立继》。

舶司",主要职责为接待中外贡使商贾、征收税率、管理商品互易、结交番客等。

第二,严格舶商出海的程序。舶商出海须从官方指定的同一市舶港口起航和返航,出航前,须向所在地方的州县官府呈报客商及货物的相关情况,经官员点检后由市舶司发给出海凭证(公据)。出海商船必须在规定的时间内返程,否则将视情况予以处罚,且出海商船必须回到原来起航的港口。

第三,征收舶税,收买舶货。宋朝统治者为了增加国家的财政收入,规定"抽解"和"博买"制度。所谓"抽解",也叫"抽分",指对一切进口物品征收十分之一的实物税作为国家的收入;所谓"博买",也叫"官市",即由官府定价征购部分舶货。博买的对象主要是优质紧缺货物。

第四,保护外商的合法权益。外国商人只要得到官府的许可,可以在中国定居,受中国政府的保护,其在华财产,受到法律的保护,不许他人侵犯。如果有贪官、"奸民"侵犯,法律允许其越诉。

三、行政法制

宋朝所处的转折时期的社会背景使其在面对各种矛盾时,通过建立庞大的国家机器,完备行政立法,强化专制主义中央集权,来达到强化皇权和维护统治的目的。

(一) 行政机关

宋朝行政机关的设置基本沿用《唐六典》,围绕扩大皇权,在具体内容上有一定创新,最终建立起以皇帝为中心、中央牢固控制地方的行政体系。但是这一体系内,行政组织机构重叠,职权分散,冗官杂沓,互相牵制,耗费巨大。

1. 中央行政机关

中央三省体制受到冲击,三省形同虚设。行政权移由中书门下执掌,它是脱离三省的独立的宰相集体处理国家政事的机构。但实际上它事事必奏请皇帝裁决,不过是皇帝的执行机关而已。

军事权则归北宋时新设的"枢密院"掌管。

宋朝中央还新设"三司"作为最高财政管理机关,总管四方贡赋、钱粮出纳和全国户口,以使财权归属中央。"三司"即盐铁司、度支司和户部司。盐铁司掌工商收入,兵器制造;度支司掌财政收支,粮食漕运;户部司掌户口、赋税、榷酒等。

2. 地方行政机关

宋朝的地方分为路、州(府、军、监)、县三级。路是地方最高一级政权;凡皇帝即位前居住过或任过职的州,在皇帝即位后称为府,因此府的地位略高于州,军多由军区演变而来,监多由矿区演变而来,县是最低一级地方政权。

(二)监察制度

宋朝中央最高监察机关为御史台,下设台院、殿院和察院,其中察院负责考察六曹及百司之事,权力最重。地方监察机构是监司。监司是由皇帝派到路一级的监督、指挥军、政、财、刑的四个机构,它们彼此独立,互不从属,互相纠察。随着路由监察的职能变为地方一级行政机构,监司也逐渐成为行政机构。监察机关的职权很大,可以"风闻弹人",即不一定要有实据,即可奏弹官吏。奏弹不当也不加处罚。宋朝还规定御史每月必须奏事一次,称为"月课",如上任后百日内无所纠弹,则贬为外官,或罚"辱台钱"。

(三)官吏管理制度

1. 官吏的选拔

科举考试仍然是宋人任官的最主要途径。宋朝每三年举行一次科举,为了防止科场作弊,宋朝创造了"糊名考校法"与"誊录试卷法"。前者是把试卷上的考生姓名、籍贯等糊封隐没,使阅卷官不知试卷作者;后者是在糊名考校法的基础上,为防止考官辨认考生字迹和剥换卷首而创设,但如何确保誊录过程中与原文的完全一致成了这一方法的最大问题。

"制举"也是宋朝官吏选拔的途径之一,其考试内容不确定,由皇帝亲自命题。此外,"恩荫"与买官也广泛存在。南宋时,甚至卖官所得收入已成为国家财政的重要来源之一。

2. 官吏的任用

宋朝官吏任用的特色在于实行差遣制。《宋史·职官志》记载:"其官人受授之别,则有官、有职、有差遣。官以寓禄秩、叙位著,职以待文学之选,而别为差遣以治内外之事。"即"官"表明品级、俸禄,"职"为加给有名望的高级官吏的称号,只有"差遣"才是其实权。这一制度的实行导致"居其官不知其职者,十常八九。"①这种官与职殊、名与实分的制度,目的是防止官吏擅权,但却造成了机构庞大重叠、官制紊乱、行政效率低下,人力、物力与财力的巨大浪费。

3. 官吏的考课

宋朝官吏考课的重要发展是形成了"磨勘"与"历纸"制度。凡由朝廷指定特别官员或官署考核百官功过,称为"磨勘";由各部院长官平时记录下属政绩优劣的考状,称为"历纸"。宋朝考课重视的是年资,一入仕途,不论治绩劳逸,只要无大过错,文官三年一迁,武官五年一升,致使官吏居官期间不求有功,但求无过,"天下州县不治者十有八九"。

4. 官吏的待遇

宋朝官员的待遇是历朝中最好的。在给予大批官吏极其优厚待遇的同时,政府背负了沉重的财政负担。于是宋朝实行强制官吏致仕制度,即退休制度。宋朝法律规定官员的退休年龄为 70 岁。

第五节 宋朝的司法制度

宋朝司法制度在唐朝的基础上,有进一步的发展变化。

一、司法机关

以刑部、大理寺、御史台为核心的古代中央司法机关的设置及职能在宋朝开始发生变化,不仅三者的职能有所转变,而且在这三者之外还新设审刑院。

(一) 中央司法机关

宋代中央司法机关仍为大理寺、刑部、御史台。大理寺是审判机关;刑部是行政、司法混同的部门,享有比大理寺更高的审判权;作为最高监察机关的御史台也具有司法监督和审判重大疑难案件的

---

① 《宋史·职官志》。

职能。

为了加强皇权对司法权的控制,宋初又设立了审刑院,作为审判复核机关。审刑院又叫"宫中审刑院",本来大理寺断案后只由刑部详复的案件,置审刑院后,还要经过审刑院详议,实际上就是在刑部之上增加一级复审机关,审刑院向皇帝负责,是宋初加强中央集权的产物。

宋朝还设有专门受理诣阙投诉的机关,依次为登闻鼓院、登闻检院和理检院。凡逐级上诉至尚书省仍不得直的案件,当事人可依法依次向这三个机构直诉。当事人必须依照法定次序依次向这三个机构实封投状,由皇帝指定官吏重新审理。如果这三个部门不受理,当事人还可以拦驾,由军头引见司转奏。

(二)地方司法机关

宋朝都城所在地的地方司法机关地位较为特殊,北宋的开封府及南宋的临安府即是。开封府是北宋京畿地区的行政机关,也是其司法机关,不仅负责受理京畿地区的诉讼案件,还承旨审判一些大案,其判决可直接禀奏,不受刑部、御史台的约束,地位特殊。南宋的临安府地位与职能与开封府相当。其余地方仍然适用中国古代地方上行政与司法合一的设置。

二、诉讼审判制度

宋朝的诉讼审判制度的发展主要体现在以下制度上。

(一)大案奏裁制

宋初在把地方兵权收归中央的同时,也收回地方对刑事案件的判决权,恢复了死刑复奏制度。除了死刑案外,还规定了大量必须"奏裁"的案件。据此,大理寺、刑部乃至审刑院的复核断案,都成了履行死刑复奏制、大案奏裁制的一道程序而已。相应地,对地方审判机关的量刑权限也作了具体规定,这一制度既能彰显慎刑,又加强了皇权对审判的控制。

(二)鞫谳分司制

鞫谳分司制即审与判分离,分别由不同的官员担当的诉讼审判制度。负责审问的机关为"狱司"或"鞫司",负责判决的机关为"法司"或"谳司"。宋朝从州到大理寺都实行鞫谳分司制。在这种制度下,检法断刑的官员无权过问审判事务,负责审判的官员也无权检法断刑,两司独立活动,不得互通信息。这一作法一方面,有利于互相制约,避免司法官专权而导致冤案,但另一方面,它也带来司法程序复杂的弊端。实际上负责判决的官员无权过问审问也导致冤案不可能真正被避免。

(三)翻异别勘制

翻异别勘制是犯人推翻原口供时应该改换审判官重新审理的制度。翻异,指犯人推翻原来的口供;别勘,又称"别推"、"别鞫"、"移推",指改换审判官重新审理。法律规定,申诉必须逐级进行,不得越诉,同时法律也作了一些限制性的规定,如翻异不得超过三次,妄行翻异者,重审时加重刑罚等。

(四)务限制

务限法是关于农忙时停止民事诉讼的制度。务,即农耕,每年二月初一为"入务",即农忙开始,直到九月三十日为止,这段期间称为"务限"期。在"务限"期内州县官府停止受理有关田宅、婚姻、债务、地租等民事案件。十月一日起为"务开",可以受理审判上述民事诉讼案件。务限制度主要是考虑到不可因诉讼而影响农业耕作,但可见极力限制民事诉讼的意图。

(五)理雪制度

理雪制度是指当判决生效后,犯人及其家属如有不服,可以依程序逐级进行申诉,称为"理雪"。但申诉必须遵守一定的程序,具体为:从所属县诉起,到本州、转运司、提刑司、尚书本部、御史台,再到登闻鼓院、登闻检院、理检院,不得越诉。受理申诉案件的官府都应在期限内组织无干碍官吏审理,对于大案要案,需由临时组成的具有特别法庭性质的"推勘院"审理。当事人申诉的期限是有规定的,只能在判决生效的三年内提起。

第九章 辽、西夏、金和元朝的法律制度

(947—1368)

辽、西夏和金是唐末五代以后,在我国北方和西北地区出现的与宋政权并列存在的几个少数民族政权。辽,又称契丹,是由我国北方少数民族契丹建立的一个政权。唐朝末年,由于战乱导致社会动荡,边防松弛,契丹族开始不断向外掠夺、扩张,实力不断壮大。公元916年,首领耶律阿保机仿照唐政权建立了自己的政权机构,取国号为契丹,947年,正式改名辽,成为与北宋政权相对峙的一个封建王朝,并建立了相应的政治、经济、文化、法律等各项制度。1218年,辽被蒙古所灭。

西夏是两宋时期我国境内党项族建立的政权,主要统治区域在今天宁夏回族自治区、陕西省北部、甘肃省西北部、青海省东北部和内蒙古自治区一部分。党项族是我国古代西羌族中的一支,起初居住在今青海东南部一带,到隋末唐初,活动范围逐步扩展,迁徙到陇东、陕北一带。唐末,党项的平夏部参加了对黄巢农民起义军的镇压,因作战有功,其酋长拓跋氏被封为定难军节度使,赐给李姓,爵号夏国公,成为唐末重要藩镇,其力量不断发展壮大,同时也不断吸收汉族文化,不断封建化。公元1038年,党项族首领李元昊正式称帝,国号大夏,定都兴庆府(今宁夏银川市),建立了以党项族为主体,包括汉、回鹘等民族在内的封建国家政权,因其地处我国疆域西北部,史称西夏。公元1227年,西夏为蒙古所灭。

金是我国北方少数民族女真族建立的王朝。女真族,唐朝时称黑水靺鞨,生活在黑龙江一带,以渔猎为生。由于长期受到辽的压榨和欺侮,女真族开始叛乱,首领完颜阿骨打向辽统治者宣战,于公元

1115年称帝建国,国号大金。此后,金陆续打败了辽和北宋,迁都至汴京(今河南开封)。公元1234年,金被蒙古所灭。

由于各民族政权建立的背景不同,民族间政治、经济、文化发展比汉族落后,互相之间也不平衡,造成了辽、西夏、金各国在法律制度上发展的不平衡,并且都不同程度地实行过民族歧视、等级制度和民族分治政策。但是,在政权建立、巩固的过程中,他们又不断地受到汉族先进文化的影响,不断地吸收、融化汉族文化,在法律、制度上也不断地与汉族法律制度交叉、融合,最终形成了受汉族影响的、具有本民族鲜明特色的法律制度。它们的法律制度是中国传统法制体系的重要组成部分。

元朝是由蒙古族建立起来的一个封建王朝。蒙古高原原为金的附属地区,随着金统治的逐渐衰落,蒙古的势力不断壮大起来,不再臣服于金。公元1206年,首领铁木真统一了蒙古各部,建立蒙古国,并率军不断向外征战、扩张,先后灭辽、西夏、金政权。公元1271年,忽必烈宣布建国,国号为"元",次年定都北京,1279年灭南宋,正式统一中国。公元1368年,元政权被新兴的明朝逐出中原地区。元朝建立统治以后,不断改革蒙古旧制,吸收汉文化和先进法律制度,着手建立自己的政治法律体系,形成了独具特色的法律制度,不但对于稳定封建统治起到积极作用,而且对后来的明清法制也产生许多影响。

本章学习的重点是通过了解辽、西夏、金和元朝的立法过程和标志性成果,把握他们的主要法律内容和特点,理解各少数民族政权吸收汉民族先进法律文化、结合自己民族习惯建立法制体系的过程。

第一节 辽、西夏、金的法律制度

辽、西夏和金在政权建立的过程中,都通过吸收汉民族法制,建立起具有民族特色的法制体系,积累了一定的立法与司法经验,在我国少数民族法制史上占有重要地位,也丰富了中华法系的内涵。

一、辽的法律制度

辽建国初期,既处于从奴隶制政权向封建政权过渡的过程中,又处于不断吸收汉族先进文化、不断汉化的过程中,其法律制度的建立也带上了这一痕迹,形成了颇具特色的法律制度。

(一) 主要立法

辽在建国的过程中,实行的是"因俗而治"的政策,对其统治区域中的汉族人采用《唐律》,对于本民族人采用的是本民族原有的习惯法。

辽建国以后,太祖耶律阿保机认识到国家事务"钜细各殊",必须要制定自己的法律制度,让臣民知道什么是应该做的,什么是被禁止的。于是,公元921年,他下令"定律令",要求立即制定"治契丹及诸夷之法",开始了辽的法制进程。不久,编成《决狱法》,这是辽最早的基本法律,主要根据契丹族的习惯法汇编而成。

随着辽政权的不断巩固,其法制建设的步伐也不断加大,圣宗、兴宗两朝,大规模翻译唐、宋法典、制度,改革契丹法律法规,于1036年编成《重熙条制》,共547条。这是辽重要的成文法典,在参照汉族相关规定的情况下,重点解决原先《决狱法》背景下契丹人与汉人适用法律不均等矛盾。

此后,为了能够进一步统一对契丹和汉族的规定,道宗开始又对《重熙条制》进行大规模修改,提出"契丹汉人风俗不同,国法不可异施",于1070年编成《咸雍重修条制》,共789条,统一适用于其统治区域内的汉族人和契丹人,标志着辽汉化进程的完成。但由于新法典比较复杂、烦琐,使用不便,不久,统治者又下令"复行旧法",继续使用《重熙条制》。

从第一部法律《决狱法》到《重熙条制》的制定、修改和被重新使用可以看出,辽的立法过程一方面是契丹民族习惯法不断与汉族法律制度融合、不断吸收汉族先进法律传统的过程;另一方面又是民族之间由"因俗而治"直至最后契丹与汉人以及其他民族统一适用《咸雍重修条制》等的过程,法律逐步走向统一。

(二) 法制的主要内容

辽的各部法典均已失传,目前我们对辽法制的了解主要通过《辽史》等典籍的相关记录。

辽的罪名从最初的谋叛、盗窃等逐步增多,分布逐步合理。官员犯罪主要有贪污纳贿、泄露公事、诬陷、朋党等;军事违法主要有临阵退却、军事失备、收容间谍、私藏兵器等;刑事犯罪主要有斗殴谋杀、贩卖人口、伪造文书、强奸、婚姻违法等。

辽的刑罚有四种,杖刑、徒刑、流刑、死刑。杖刑数目从五十至三百,但执行时常常有附加的刑具,五十以上用"沙袋"作刑具;官员犯法常常用木剑、大棒等,打人的数目从十五至三十不等;另外还有铁骨朵等。徒刑有终身、五年、一年半三种,一律附加杖刑,重罪、窃盗还要附加黥面。流刑分为边域、境外、绝域三等,多适用于贵族或者官员,或者为死刑降等执行。死刑有绞、斩、凌迟,凌迟为法定死刑,适用于谋反、谋叛、恶逆等重罪。

辽在刑罚上法外用酷刑的情形普遍存在,成为辽法制的一个显著特色。在刑罚中,铁骨朵、黥面、枭、射鬼箭、生瘗(活埋)、肢解等都一直使用,尽管建国后期法律规定逐步明确、成文法逐步完善,这些酷刑也没有因此而废除,一直被使用,显示出较强的民族特点。

辽的法制一方面从形式到内容都大量吸收了唐宋法律的原则和制度;另一方面,又保留了大量契丹习惯,这是辽法制最重要的特点。在辽的法制中,唐宋的"十恶"等制度一直被沿用,在辽初契丹与汉人分治的时候,"十恶"之制一直对汉人适用,辽圣宗之后,契丹人犯"十恶"之罪一律依照汉律处理;又比如汉律针对贵族和官吏的"八议"制度,也为辽采纳,贵族和官员犯法,受到特定的保护,适用与普通人不一样的处罚。

(三) 司法制度

辽建国前,主要依靠部落中的长老处理司法事务。公元920年辽太祖设"夷离毕"一职,专门负责司法。后又扩大为"夷离毕院",内设夷离毕、左右夷离毕、知左右夷离毕等,性质相当于刑部,分掌部族法令、刑狱等。

辽建国初期,与民族分治原则一致,在政治制度上,设立了北、南两个枢密院,北枢密院治理契丹事务,南枢密院管理汉族。辽圣宗时,逐步取消分治,效仿唐设立大理寺、尚书刑部等机构,统一管理全国事务。在地方上,实行行政长官兼理司法的做法,地方长官下设属官,专管司法审判事务。

二、西夏的法律制度

西夏的法律制度,较多受到唐宋法制的影响,同时带有较强的民族习惯和立法时期的实际情况,因而具有自身一定的特点。

(一) 主要立法

党项族在正式建国之前处于氏族制时代,没有成文的法律,相约成俗,"无法律、无徭役。以畜牧为业,不知稼穑","杀人者,纳命价,钱百二十千"[①]。随着政治经济实力的不断强大,党项族首领非常注重吸收汉族文化,加强法制建设。特别是李元昊称帝以后,频繁地向宋朝遣使节了解、学习"中朝典故"[②],逐渐熟悉了汉族的典章制度,并且在此基础上开始制定西夏的法律制度。

从现有资料看,西夏在崇宗贞观年间(1101—1113)就已有了称作"律令"的法典,此后陆续颁布的法律方面的文献就有《天盛改旧新定律令》、《新法》、《光定年新法》等等,其中篇幅最长、内容最详细、保存最好的是《天盛改旧新定律令》。天盛(1149—1169)是西夏第五代皇帝仁宗仁孝的年号之一,仁孝是西夏历史上对"文治"倡导最有力的统治者,律令是其任内的重要立法成果。

《天盛改旧新定律令》全书20章、150门,共1460条,是一部综合性法典,内容包括刑法、诉讼法、行政法、民法、经济法、军事法等,还有许多规定涉及到西夏典章制度和社会经济、文化生活等社会历史方面的广泛内容,它是西夏的国家政典,也是迄今为止发现的中国第一部用少数民族文字刊行的法典。

(二) 法制的主要内容

西夏的刑事法律制度有其自己的特点。西夏的量刑有两个原

---

① 《辽史·外纪》。
② 《宋史·外国传》称李元昊"案上置法律"。

则:第一是重刑主义原则。与中国历史上较多的开国君主一样,在建立政权的过程中,西夏君主都较多迷信重刑的威慑,奉行重刑主义原则,从法律内容上看,对于侵犯财产、危害公共安全、危及统治秩序等犯罪,一般都使用重刑。尤其值得注意的是,在刑罚上还首次出现了长期徒刑和无期徒刑,反映了统治者立法上的重刑主义原则。第二是按身份量刑的原则,与其他朝代相似,西夏也根据官员的身份等级以及亲属血缘关系的亲疏来定罪量刑,对于贵族与官员,西夏同样沿用"八议"与"官当",对于亲属相犯,除考虑服制关系外,法典中还专门有"亲节门",将亲属相隐、服制关系等固化下来,作为量刑的重要依据。

西夏的刑罚制度也有"五刑",但与唐宋"五刑"不同,分别为杖刑、短期徒刑、长期徒刑、无期徒刑、死刑五种。杖刑有七、八、十、十三共四等,短期徒刑分为三个月、六个月、一年、二年、三年、四年、五年、六年八个等级,长期徒刑有八年、十年、十二年三等,无期徒刑需要服十三年劳役,期满后留住服役地,死刑分绞、斩二种。此外,西夏刑罚还有附加刑,主要是黥和戴铁枷,黥是重罪徒刑的附加刑,主要在手背、耳后、面部等刺字;戴铁枷主要用于被判处徒刑需服劳役的罪犯,短期需戴三斤,长期需戴五斤。

西夏的主要罪名大多沿用唐宋罪名,稍有一些变化。"十恶"有谋逆、失孝德礼、背叛、恶毒、为不道、大不恭、不孝顺、不睦、失义、内乱等十种罪;贪赃分为受贿与行贿两种,行贿罪按照受贿罪从犯处罚;盗杀牲畜的犯罪,西夏有详细规定,保护作为游牧民族的主要财产牲畜,如擅自屠杀自己牲畜的,一头徒四年,二头徒五年,三头以上一律徒六年;他人知觉而食肉的,也要徒一年;盗杀五服以内亲属牛、骆驼、马等牲畜的,不论大小,一头徒五年,二头徒六年,三头以上一律徒八年;盗杀他人牲畜的,一头徒六年,二头徒八年,三头以上一律徒十年,他人知觉而食肉的,徒二年。

此外,西夏的军事犯罪规定得非常详细,处罚也很具体、严格。《天盛改旧新定律令》中直接关于军事犯罪的规定就有两百多条,这也是西夏法律的一个特点。

西夏的财产法律制度与宋朝的规定大多相似,在于土地买卖方面的规定与宋朝有区别,西夏不承认不动产地邻的先买权,如以接邻而强买要判处刑罚。此外,对于买卖引起的纠纷也明确了处罚的原则,还规定,买卖关系的成立,必须建立在双方自愿的基础上,禁止倚仗强权强行买卖,如果发现确实是强买强卖,除返还差价外,还要判处至少一年的徒刑。

西夏的借贷制度也较完善。法律规定借贷关系的成立应当根据自愿的原则,并需要订立契据作为日后处理争执的依据;如果负债不还要处以罚金和杖刑,确实无法还债的,可给二三次限期,或以劳力抵债。

根据《天盛改旧新定律令》的规定,动产的质押、典当必须建立在双方自愿的基础上,过期不取赎的,典当主可以将典当物自行处理,严厉处罚典当主将未到期质押物出卖的行为。同时,为了保证典当物不是赃物,法律还要求对于典价达到一定数量的物品,如果典当主与出典者不相识,则可要求其另外找熟人担保。

(三) 司法制度

西夏的诉讼程序比较简单,一般的刑事案件和民事诉讼由地方官受理,京师的案件由中兴府和御史审理。在案件审理的过程中,对于事实明白而罪犯拒不说实话的,允许三番拷讯,一番答三十,同时还规定了审讯期限,死刑及长期徒刑不得超过 40 天,有期徒刑服劳役者不得超过 20 天,其余案件必须在 10 日内审理完毕。为保证判决的公正和合理,西夏的审判衙门除一般的"案头"和"司吏"外,还设立了一个"律案检",专门负责查找或提示适用的法律条文,如果官员定罪有误或者"律案检"引用法律条文有误,均要负法律责任。

三、金的法律制度

金政权存在的时间比辽、西夏都短,但是他们吸收唐宋法律的意识更强、汉化的步伐更大,在政权不断巩固的过程中,建立了比较系统、完备的法律制度,法制成就远在辽、西夏之上。

(一) 主要立法

金最初也是同辽一样,对本部族实行传统的习惯法,对新征服地区实行辽、宋法。灭辽和北宋后,受到封建经济文化的影响,迅速向封建制转化,金熙宗皇统年间,首先根据女真旧制,参考唐、宋、辽之法,编成金国第一部成文法典《皇统制》。此后又有《大定重修制条》、《明昌律义》和《泰和律》,其中的《泰和律》主要参照《唐律疏议》制定而成,共有12篇30卷,共563条。篇目与内容基本沿袭《唐律》,只是根据女真的民族习惯增加了赎刑的数额和徒刑的年限,另外删减了一些过时的条文,因为其从形式到内容与《唐律疏议》基本相同,故又被称为《泰和律义》。在制定并颁布《大定重修制条》时,金的法制已经基本实现汉化,当时统治者提出的原则是,凡是金国法律中没有规定到的,一律参照唐宋律文进行修订、补充。《泰和律》的颁布,实际上是金国法制从内容到形式全面汉化的标志。《泰和律》不但在当时最具代表性且有较高威望,对后来的元朝法律也有重大影响。

此外,金政权还编修了《泰和令》20卷700条、《新定敕条》3卷219条、《六部格式》30卷,形成了一个完整的律、令、格、式、敕条并行的法律体系。

(二) 法制的主要内容

由于战乱等原因,金的各部法律都已失传,今天我们只能从《金史》等典籍中大致了解金法制的内容。

金国的刑法加重了对"盗"罪的处罚,除依法治罪外,还要加三倍追罚赃款,后又规定盗罪要附加刺字。另外,金的法律虽然吸收了唐宋的"八议"制度,但却大大缩小了"八议"适用的范围,且在适用时也非常严格。为严肃官纪,金加重了对各种官吏犯罪的严刑制裁。

刑罚制度上,女真族原习惯法有"击脑"及缘坐为奴等,《泰和律》制定并颁布后,确立了以"五刑"为核心的刑罚体系。其中,笞杖刑与唐宋相同;徒刑分为七等,增加了四年和五年徒刑,徒刑一律要附加杖刑,折杖的数目在宋的基础上大大增加,徒一年折杖一百二十,一年半折杖一百四十,二年、二年半折杖一百八十,徒三年以上折杖二百。流刑分为二千里、二千五百里、三千里三等,实际以徒四年、徒五年代替。死刑分为绞、斩二等,另有凌迟刑。

(三) 司法制度

金在建国之后,其统治区域不断扩大到半个中国的版图,统治对象中汉族等其他民族也远远超过女真本身,所以,其司法机关的设置和职能从一开始就主要采用汉族的制度。中央司法制度仿效唐朝,建立了以大理寺、刑部、御史台为核心的中央司法体系,官员、令史皆由汉人和女真、契丹人分任,并设有译史担任翻译,避免在审理案件的过程中因语言不通而造成误判。金的地方制度参用了宋朝的设置,分设路、府、州、县,以行政长官兼理司法,在各路设有"提刑司",作为中央的司法派出机关。

第二节 元朝的立法概况

元朝在其不断扩张、逐步建立自己政权的过程中,立法思想逐步成熟,对汉族法律文化的吸收也逐步加快,建立起了一个统一、多元、具有蒙古民族特色的法律体系。

一、法制指导思想

元朝是一个在蒙古部落的基础上建立起来的一个国家。在其建立政权和制定法律制度的过程中,始终存在如何处理对汉族先进法律文化的继承以及对原有的部落习惯的保留的问题。其法制指导思想可概括为三个方面。

(一) 循旧礼,重纲常之教

在蒙古族不断向南扩张的过程中,中原地区传统的儒家文化也在不断浸润着这些来自草原的尚武、善战的统治者。一些人逐渐接受了儒家文化,成吉思汗时期的大臣耶律楚材就曾不断建议要尊崇儒家道德礼仪,继续倡导纲常之教。他说,"三纲五常,圣人之名教,有国家者莫不由之,如天之有日月也"[1],并且还经常"进说周、孔之教"。另有一批受到重用的汉族官员也不断建议统治者吸收各代统治经验,以"三纲五常"作为立国之本,推行教化,反对刑杀。在他们的影响下,元统治者开始认识到礼教的立国之本的作用,并逐步学习、吸收,体现在立法和司法的基本过程中。正是在这一思想的主导

---

[1] 《元史·耶律楚材传》。

下,中国传统法律的一些基本的原则,如以服制定罪、十恶、八议等,都在元代的法律中得到延续和贯彻。

(二)"附会汉法",构建封建法制

"附会汉法"也是蒙古统治者在吸取汉族传统文化的过程中提倡的方针。元朝建国之初,面对广阔的领土和先进的法律文化,他们不得不吸取辽、金等少数民族政权建立过程中的经验,逐步抛弃了落后的民族习惯,主动接受、学习汉族法律文化。元世祖忽必烈是这个政策的代表。他在进入中原逐步建立政权的过程中,听取了儒生的"以国朝之成法,援唐宋之典故,参辽金之遗制,设官分职,立政安民"建议,逐步推行汉化政策,建立一套以传统中国中央集权作蓝本的政治体制,并使用汉族统治者来推行这些政策。他还恢复了科举制度,尊崇孔子,将儒家学说中的程朱理学定为元朝的官方思想。在法制上他也要求元朝法律一定要"参照唐宋之制",在此基础上逐步建立起封建法制。

(三)延续蒙古旧制,实行民族分治

元朝是以蒙古贵族为主体建立起来的政权,蒙古习惯在国家政治体制和法律中的影响仍然是很大的,甚至还有不少人反对汉法。在这样的背景下,元朝在立法过程中,开始效仿辽、金等因俗而治的做法,在许多地方实行民族分治,以蒙古旧制或者习惯治蒙古人,以汉法治南人(即汉人)。例如,在婚姻方面明确规定蒙古人不适用汉族法规,在司法上主要由大宗正府掌管蒙古、色目人的案件。这些措施一方面体现了统治者尊重民族习惯、实行民族分治的思想,另一方面也反映了他们维护等级特权的真实意图。这些使得元朝的法制一定程度上呈现出二元结构。

二、立法概况

元朝的立法,经历了一个从蒙古部落到元朝建立初期再到建立元朝以后这样一个不断发展的过程。

(一)部落时期

在蒙古部落时期,调整社会关系、维系社会秩序主要靠传统的习惯,在当时被称为"约孙"。这些习惯随着蒙古社会经济文化的发展被越来越多的人接受,逐步上升为法律渊源。在后来编制法律的过程中,其中的一部分甚至直接转化为法律条文。

蒙古部族第一次将习惯性、一般性的法律规范汇编成系统的法律是在1203年。新编的法律被称为《大扎撒》,是在成吉思汗主导下完成的蒙古族第一部成文法,实际上是习惯法的汇编。《大扎撒》的原文已经失传,今天有国内外学者通过研究考证,摘录出一些条文。从这些条文的内容可以看出,《大扎撒》大量使用死刑,同时带有较多的蒙古族习惯法,反映出其早期立法的原始性。

(二)蒙古建国时期

成吉思汗建立蒙古国以后,听取大臣的建议,尽快制定法律颁布新令。不久,制定了《条画五章》并颁布。这是成吉思汗建立蒙古国后的第一次立法,主要内容包括出军不得妄杀、刑狱唯重罪处死、其余杂犯量情笞决、僧道无益于国有损于民者禁之,等等,是以后元朝立法的重要参照。

(三)元朝建立以后

1.《至元新格》

《至元新格》是元朝建立以后制定并颁行的第一部成文法典。至元八年(1271),忽必烈正式建国,宣布国号"大元"的同时,宣布正式禁行金的《泰和律》。二十年后,1291年,中书右丞何容祖以公规、选格、治民、御盗、理财、赋役、课程、造作、仓库、察狱等十类事辑为一书,名为《至元新格》,忽必烈阅后,令刻版颁行,要求百司遵守执行。《至元新格》是一部综合性的成文法典,在行政、财政和民事方面稍有侧重。

2.《大元通制》

《大元通制》由英宗主持制定,于至治二年(1322)编成颁行。

元朝建国后,在立法形式上如何处理汉族法律传统及其影响的问题上,朝野有不同意见,甚至产生激烈的争论。在这样的背景下,成宗年间仿照唐宋律令编成的《大德律令》便未及施行。

元英宗时期,开始系统整理前代陆续编制的格、例,至治二年(1322)编成,以《大元通制》为名,颁行全国。全书共88卷2539条,分为制诏94条、条格1151条、断例711条,此外还有令类577条。

条格基本是行政事例的汇编,断例是刑事判例的汇编。据《元史·刑法志》记载,条格部分共有二十篇,分别为:名例、卫禁、职制、祭令、学规、军律、户婚、食货、大恶、奸非、贼盗、诈伪、诉讼、斗殴、杀伤、禁令、杂犯、捕亡、恤刑、平反。《大元通制》是一部法律集成,它的编成标志着元朝建国以来法典编纂的已基本完成,元代法典至此定型。

《大元通制》不是一部像唐宋法典那样的成文法,而只是一部由法规和判例组成的汇编,是成文法与判例法的结合。造成这一现象的重要原因还是元统治者采取的民族分治政策,统治者很难整合各不同民族法律与习惯等于一体,只能用"断例"的形式将不同风格的内容组合在一起。

3.《元典章》

《元典章》全称为《大元圣政国朝典章》,是由地方官员自行编集的元朝中期以前的法律汇编。

整个元朝没有系统编制一部成熟、完备的法典。在审判案件时,各级官吏没有明确的律文可循,只能检对格例办事,但格例又多且互相不一致,各个地方各个系统执法理案也各不相同,造成许多纷争甚至混乱。于是,地方官员开始将元中期以前的法令文书分类整理汇编,编成后得到朝廷的认可,中书省批准在全国刊行。《元典章》共60卷373目,全书仿照《唐六典》体例,以各部职掌分列法条,有诏令、圣政、朝纲、台纲、吏部、礼部、户部、刑部、兵部、工部门等,目下有条格和断例。这种编纂体例对后来的法典编纂有直接影响,开启了明清律六部分篇之先河。

4.《至正条格》

这是元朝最后一部法典。顺帝至元四年(1344)开始对《大元通制》进行修订,两年(1346)后完成,名《至正条格》,颁行全国。全书包括制诏、条格、断例等2909条。颁行当年,农民起义爆发,至元朝统治被推翻,《至正条格》未及实施。

综合元朝各次法律编纂活动和各部法典的情形可以看出,元代的法律基本形式以条格和断例为主,因为没有统一的成文法典,这些条格和断例有时会互相矛盾,加上民族歧视和民族矛盾等因素,官吏按照它们司法断案,导致元朝法制出现不同程度的混乱。

第三节　元朝法制的主要内容

元朝法制基本内容主要沿袭唐宋,但又在一定程度上保留了蒙古民族的传统习惯,对全社会实行等级制度使其法制带有相当的民族压迫和歧视的性质,对佛教的崇信又使僧侣被赋予种种特权,这些制度和规定对后世法制产生了较大影响。

一、刑事法制

元朝建立以后,在刑罚上受宋和金的影响,基本继承了它们的体系,但在具体内容上却有自己的特点,形成具有一定民族特色的刑罚体系。

元朝的笞杖刑最有特色,主要表现在它将决罚的尾数由唐宋以来的"十"改为"七"。例如,笞五十,只执行至四十七;笞一百一十,只执行一百零七。原因据说主要是因为元世祖忽必烈说过,行刑时"天饶他一下,地饶他一下,我饶他一下"①,于是形成这一惯例。

元朝流刑分三等,并沿袭了宋朝的"充军"制,改为"出军",分别为二千里、二千五百里、三千里。死刑分为二等,分别为凌迟处死与斩刑。元朝没有绞刑,凌迟成为一种广泛使用的刑罚,不仅犯谋反罪的首犯及同情者要被凌迟处死,子孙杀死祖父母、父母,以及奸妇杀死本夫等,都要处以凌迟。元朝对窃盗罪除行本刑外,还另加刺字,但不适用蒙古人、色目人,也不适用妇女,擅自给蒙古人刺字的官员还要被处杖刑,甚至开除公职。从中可见其法律适用上的民族不平等政策。

元朝于五刑之外,另设劓、黥等肉刑。司法过程中,劓鼻、黥面、割舌、断手足、剥皮、抽筋等酷刑均被使用。如至元年间有这样的诏令:"强盗皆死,盗牛马者劓;盗驴骡者黥额,再犯,劓;盗羊豕者墨项,再犯黥,三犯劓,劓后再犯者死"②,说明当时已有肉刑使用了。

---

① （元）叶子奇:《草木子·杂制篇》,中华书局1959年版,第64页。
② 《元史·刑法志》。

此外,元朝还允许私刑的存在。法律不仅同意奴隶主对奴隶实施诸如刺面、钉头、铁枷、劓鼻等各种酷刑,还认可地主对佃户也可以像对待奴隶一样驱使和施刑。这是元代法律的一个特别之处。

二、民事法制

(一) 等级制度

元朝是一个由蒙古贵族建立起来的国家,在其统治期间,实行了带有鲜明的民族压迫和歧视政策。元朝将全体国民分为四等,即蒙古人、色目人、汉人、南人。

蒙古人是第一等人,被称为"国族"、"自家骨肉",享受着种种特权,朝廷的主要机关和重要官位,都由蒙古人担任,地方上各级权力机构的长官也由蒙古人担任。不仅如此,蒙古贵族还强行占有了原来南宋官田,依仗权势强占民田。法律也保护蒙古人,蒙古人与汉人犯罪,往往同罪异罚,对汉人禁制多,处罚重。

色目人为第二等人,主要包括西夏、回回、西域人,其在元朝的地位仅次于蒙古人,不少色目商人由商而官,垄断了许多商品贸易,获得了许多利益和特权。

汉人为第三等人,包括原金国统治区域里的汉族人和契丹、女真、高丽、渤海人等,地位不高,被贱称为"汉子"。

南人为第四等人,原南宋统治区域里的汉族人与其他民族人,统称为南人,还被贱称为"南蛮"。

这四等人在法律上的地位是不平等的,蒙古人地位最高,权力最重;南人地位最低,受到各级统治者的歧视。等级制度反映在刑事法律上,就是实行同罪异罚。法律规定,如果蒙古人与汉人打架斗殴,"汉人勿还报,许诉于有司"[①],如果汉人还手打了蒙古人,将被严格处罚定罪。"杀人者死"仅适用于汉人杀蒙古人及汉人之间,蒙古人殴死汉人,只需要赔付死者家人"烧埋银",然后被罚服兵役出征即可。

此外,僧侣在元朝享有较高地位,是另一个特权阶层。整个元代

---

① 《元史·刑法志》。

宗教势力发展迅速,寺院遍布全国,不但占有大量田地,还受到法律的特别保护,被赋予种种特权。元代中央设立了与枢密院、中书省并列的宣政院,作为专门的宗教审判机关。各地僧侣犯法,除诈伪、伤杀人命等重大案件须报宣政院外,其余均由寺院主持审理,地方官不能干预。僧侣犯罪一般不受法律制裁,反过来,一切伤害僧侣的行为将受到严厉处罚。

(二) 财产法律制度

蒙古以游牧民族入主中原建立自己的统治,所以其本身的财产法律关系与制度并不发达。在财产法律方面,基本上沿袭了宋、金的制度。

元代关于所有权的规定大多沿用宋、金旧制,不同的是其中有许多关于"阑遗物"的规定。所谓"阑遗物"实际是蒙语中的牲口和奴婢,因为长期游牧,牲口对于征战、运输、生存具有较重要的意义。所以元代法律规定,不得随意宰杀牲口,阑遗的牲口和奴婢如果公告十天仍然无人领取,官府应收管,如果有主人前来认领,仍要归还本主。[①]

元代关于契约关系主要规定了买卖契约、典当契约、借贷契约、租佃契约。不动产买卖和典当必须经过"经官给据"、"先问亲邻"、"签押文契"、"印契税契"、"过割赋税"五个程序才能生效。"经官给据"是指报告官府并得到批准,"先问亲邻"即亲邻享有优先购买权,"签押文契"指出卖人写出文契,由监护人、引进人、中介人或者见证的亲友等一起签押,"印契税契"即书面契约必须加盖官印、缴清交易税和契税,"过割赋税"要求应将附着在所交易的田地上的赋税义务转移给新业主。

元代关于损害赔偿的规定,较多地体现在人身伤害上。如果造成了对他人的人身伤害,加害人除了要承担相应的刑事责任外,还要承担民事赔偿责任,赔偿的内容包括"养济之资"、"养赡之资"和"医药之资",等等。

---

① 《元史·刑法志·禁令》。

(三) 婚姻与继承制度

元朝的婚姻制度中保存了大量蒙古族的婚姻习俗,又不断受到汉族婚俗的影响,从而形成了特殊的婚姻制度。

元朝对婚姻关系的确认,特别强调"婚书"的重要性。法律规定,"但为婚姻,须立婚书",婚书是婚姻关系成立的要件。婚书由男方婚书和女方回书两部分组成,持有婚书的婚姻,受法律保护。

元朝的婚姻形式中,有两种较有特色。一种是入赘,即男子到女家成婚,成为女家中的一员。蒙古旧俗中有入赘的习俗,受其影响,元代民间入赘之风盛行。元代赘婚一般分为四类:"一曰:养老,谓终于妻家聚活者;二曰年限,谓与妇人归宗者;三曰出舍,谓与妻家析居者;四曰归宗,谓年限已满,或妻亡、并离异,归宗者。"[①]可见,这四类赘婚实际上可分为两类,即养老赘婚与年限赘婚,另两类是他们的特殊形态。

另一种具有特色的婚姻形式是收继婚,即未婚男子收娶家族中的寡妇为妻,"父死则妻其从母,兄弟死则收其妻"[②],这种婚姻形式也是蒙古等少数民族的习俗,但是与汉族的礼仪文化是相违背的。蒙古入主中原后,立即宣布其合法性,受其影响,汉族中收继婚也较多。

元朝法律没有规定"七出"、"义绝",只是明确如果双方不和睦,允许双方自己解除婚姻关系。元朝法律还规定,如果男方订婚五年无故不娶,女方可以改嫁;如果未婚夫是海盗或者被处流刑,女方也可以改嫁。

元朝的继承制度没有严格规定宗祧继承,尤其对蒙古、色目人,更多主张依其本俗继承。无论婚生子还是非婚生子,都有继承权,只是嫡、庶及非婚生子在继承的数额上是不同的;在没有儿子的情况下,赘婿、侄子都可以享受继承权;在没有男性继承人的"户绝"情况下,未出嫁的女儿也享有继承权,这是元代法律的一个特色。

---

① 《吏学指南·婚姻》。
② 《元史·乌古孙良桢传》。

第四节　元朝的司法制度

元朝的司法制度不太健全,主要表现在机构设置还比较混乱,且互相不统摄,职能有时也不太清晰。

一、司法机关

（一）中央司法机关

元朝中央司法机关主要有刑部、大宗正府、御史台和宣政院,这些机构的长官都由蒙古族人担任。

刑部是仿照唐宋制度建立的机构,职责是掌管全国"刑名法律之政令"及冤、假、错案的复审和死刑的复核、录囚等。

大宗正府是从蒙古初期掌管刑政的"札鲁忽赤"演变而来的机构,与中枢省、枢密院并列,专门负责审理蒙古、色目人和宗室的案件,不受御史台监察,是蒙古王公贵族垄断的特权审判机构。

御史台是最高监察机关,主管司法监督与审判,负有纠举百官违法犯罪、监督京师与地方刑狱、平反冤狱等职责。为了加强对地方的监督,元朝还在地方上设立行御史台,统领提刑按察司。

宣政院是一个与世俗权力机关并行的宗教权力机构,是主持全国的宗教管理和宗教审判的最高机关,掌管僧人僧官的刑民案件,长官由帝师担任。

此外,其他的国家机关中也设有断事官,拥有一定的审判权,受理所辖领域的讼狱之事。

（二）地方司法机关

元朝地方有行省、路、府、州、县等行政机构,兼有司法职能。行省是中央政府在地方的派出机关,地方重要案件都要通过行省上报中央,刑部的判决也通过行省下达地方执行,各行省设有理问所专掌刑狱。行省的设立成为中国历史上省制的发端。

路是省下一级政府。各路总管府设推官二人,其职责是专司刑狱,下设司狱司,配司狱、狱丞。

府（州）又称"散府",府尹（知府）、知州为长官,下有同知、判官、推官、知事等。

县是最后一级政府,长官为县尹,属员有县丞,属吏有主簿、县尉、典史等。

元朝各路、府、州、县皆设达鲁花赤,作为监临官,专职司法官员皆受其节制,有司法审判权、审判的批准权和上报权,杖罪以下可以自行判决。达鲁花赤由蒙古人担任总管。

必须指出的是,元代司法机关基本都由蒙古贵族垄断控制。宗正府、刑部、御史台及各道的提刑按察司的长官都是蒙古人,汉人仅可为副职,地方司法权也主要是由达鲁花赤控制。

二、诉讼审判制度的变化

元朝的诉讼制度有所发展,突出表现为"诉讼"在法典中开始独立成篇。在唐、宋时期,法典中没有专门的"诉讼"篇,在《元史·刑法志》《元典章》等典籍中,"诉讼"已经独立出现,对诉讼的程序、步骤、诉状的格式等,都作了详细规定,反映出实体法与程序法开始逐步分离。

(一) 诉讼代理制度的出现

元代开始出现了诉讼代理,据《元史·刑法志·诉讼》载:"诸老废笃疾,事须争诉,止令同居亲属深知本末者代之。"也就是说,考虑到年老、残疾行动不便等,自诉能力有限,允许其亲属中了解情况的人代理诉讼。在实际诉讼过程中,元朝的代理只适用两种人,一种是前文所说的年老和疾病、行动不便者,另一类是退休或暂时离任的官员。但是,如果碰到如谋反、大逆等重罪,或者子孙不孝等情况,是否代理,尊重其本人意见,"谋反大逆,子孙不孝,为同居所侵侮,必须自陈者,听"。事实上,代理比较多的还是用在田宅、婚姻、继承等案件中。

(二) 诉讼的管辖

根据元朝法律规定,一般刑、民案件,杖五十七以下的,由司、县决断;杖五十八至八十七的,由散府、州、郡决断;杖一百零七以下的,由宣慰司、总管府决断,流刑及死刑案件,则需要上报中央刑部。

除地区管辖外,元朝法律还规定了因民族、职业、身份、信仰的不同,存在相应的专门管辖机关。如前文提及的专门管辖僧侣的寺院和中央宣政院,蒙古人的词讼也有专门机构受理,军户之间的纠纷也与普通纠纷分开处理,由设在各地的奥鲁官府受理,不受地方州县政府管辖。

此外,元朝的诉讼管辖还有一种"约会"制度,根据这种制度,当遇到不同户籍、不同民族及僧侣之间发生刑名诉讼时,政府要出面将相关户籍的直属上司请来共同审理。当然,在实际执行过程中,约会制度只存在于轻微的刑名词讼。

(三)审判制度

元朝案件主要由专司刑狱的推官等审理。如果罪犯服罪,由衙署官员集议之后作出判决。凡是被处杖刑一百零七以下的,分别由有管辖权的部门决断;徒刑以上案件,由路送至各道复审,复审无异议,即可就地服刑,有异议者,则委托邻近衙门审理;流刑以上案件或者有疑义的案件,需要行省上报刑部复审,批复后行刑。

(四)监狱管理制度

元朝设专门的司狱官,负责管理路、府、州的监狱,监守关押的犯人。各路、府、州的属员还轮流担任提控牢狱官,协助司狱共同管理监狱。

第十章　明朝的法律制度

（1368—1644）

元末爆发了红巾军农民起义，元朝统治被推翻。原为红巾军首领的朱元璋于 1368 年在南京正式称帝，建立明王朝。1387 年统一全国。明太祖朱元璋在位三十一年，死后由其长孙朱允炆（史称建文帝、明惠帝）继位，但很快被燕王朱棣（朱元璋第四个儿子）夺取皇位，史称明成祖。明成祖 1420 年正式迁都北京，奠定了明王朝的基本政治格局。1644 年李自成攻入北京，崇祯帝自缢。明朝前后历经十六个皇帝，延续了二百七十六年的统治。

明朝统治时期，已处于中国传统社会的晚期发展阶段，政治上全面加强君主专制中央集权，伴随着当时社会的重大变化，明朝法律制度变化较为显著，烙有其时代特点。刑法方面加重对危害皇权与社会秩序犯罪的处罚，民事法制具有强调"先占"的特点，司法方面则加强中央集权。明朝法制承前启后，在中国法制史上具有重要地位。

这一时期法律制度重点在于：明初确立"重典治国"等法制指导思想；制定《大明律》、《大诰》、《大明会典》等；确立比附原则与属地主义原则；刑事法制呈现出"重其所重，轻其所轻"的特点；"三法司"与"厂、卫"特殊司法机构；会审制度化，包括"大审"、"朝审"、"热审"等。

第一节　明朝的法制指导思想

明初统治者吸取元朝纲纪废弛、吏治腐败而导致灭亡的历史教训，在立国之初就非常重视法制建设，提出"重典治国"和"明刑弼教"等法制指导思想。明太祖朱元璋,安徽凤阳人,出身贫苦。生活在社会底层的切身体验,长期征战的实践经验,以及对唐宋元等前朝的立法经验教训的总结,朱元璋形成了丰富的法律思想,这对整个明朝的立法活动均有着深刻影响。

一、重典治国

明王朝建立之初,朱元璋审时度势,提出"重典治国"的立法宗旨。《周礼·秋官·司寇》记载,西周时期提出根据社会形势的变化灵活运用"刑罚世轻世重"原则,即"刑新国用轻典,刑平国用中典,刑乱国用重典"。朱元璋分析前朝政治得失和当时社会形势之后,认为元末社会动荡、最终灭亡的主要原因,是宋元两代政治过于宽纵,致使天下大乱;而当时新王朝仍是危机四伏。鉴于此,朱元璋信奉"刑乱国用重典"的经典信条,提出"吾治乱世,刑不得不重"[①]的立法思想。

"重典治国"立法思想包括"重典治吏"和"重典治民"两个方面。"重典治吏",指以严厉手段维护统治集团内部秩序。朱元璋在总结宋元两朝统治利弊之后,认识到国家稳定与否的关键在于防范官吏腐败以及加强对官吏的管理。为此,朱元璋明令宣布对腐败官吏予以严惩不贷。洪武九年(1376)"空印案"(明初官员在考校钱粮时,预先在空白文书上加盖官印的官场陋习),逮捕数百官吏。洪武十八年(1385)"郭桓案",户部粮仓亏空七百多万石,株连户部侍郎郭桓以下官吏数万人下狱。以"剥皮实草"酷刑惩罚贪官污吏。朱元璋甚至还以"谋反"罪名大量杀戮官员。如洪武十三年(1380)左丞相胡惟庸谋反,先后杀戮近三万人,并废除在中国实行两千多年的宰相制度,皇权高度集中。洪武二十六年(1393)大将蓝玉谋反,因口供牵引而被戮者约有一万五千人。

"重典治民"则是严厉镇压民间一切犯上作乱行为,以维护皇权为核心的社会统治秩序。朱元璋将明初的各种农民起义视为朱明王朝的严重威胁,主张"出五刑酷法以治之,欲民畏而不犯",通过严酷

---

① 《明史·刑法志》。

苛重的刑罚手段矫治民风,制止农民群众的反抗,从而稳定社会,巩固皇明政权。

二、明刑弼教

明朝统治者在推崇"重典治国"思想的同时,继承传统"德主刑辅"原则,并根据时代变化,提倡"明刑弼教"之说,进一步推崇"礼法并用"的思想。朱元璋明确提出"明礼以导民,定律以绳顽"①,将伦理道德的预防犯罪职能与法律的镇压犯罪职能相结合,而且以儒家提倡的礼仪对民众予以教化作为先导,从而稳定社会秩序,实现明王朝的长治久安。为此,明太祖创设了一些制度,力图对普通百姓进行教化,并将教化落实到社会基层。

第一,明太祖设立"大诰"、"教民榜文"等法令文告形式的法律,尤其强调法制宣传和普及性,下令各地设专人定期讲读"大诰"内容。"天下有讲大诰师生来朝者十九万余人,并赐钞遣还。"②此外,朱元璋还发布简明扼要的六句"圣谕",即"孝顺父母,尊敬长上,和睦乡里,教训子孙,各安生理,毋作非为",不仅在各地刻立石碑,以示乡民,而且要求城乡"老人"每日摇铃巡行诵读。朱元璋的这种结合立法与法制宣传的思想及实践,既有助于教化百姓,又对稳定明朝社会秩序发挥了作用。

第二,洪武五年(1372)下令在全国城乡设置"申明亭"。在申明亭里不仅定期张贴朝廷文告,公布本地犯罪或犯错人员的姓名及其罪错内容;而且推举本地德高望重之人,在申明亭主持调解民间轻微纠纷。除申明亭外,各地还设置"旌善亭",粘贴榜文,公布本地的孝子贤孙、贞女节妇之事迹,从而达到教化乡民之目的。

第三,明太祖还效仿儒家经典记载的西周"乡饮酒礼",在民间大为推行。规定每年的正月十五和十月初一由州县长官亲自主持"乡饮酒礼",本州县已退休的官员、城乡各里"年老有德"之人到场,依照辈分、长幼安排座次,接受州县长官的祝酒,一些有过错前科之

---

① 《明实录》卷一百六十。
② 《明史·刑法志》。

人则到正席前肃立聆听。

明初的这些推行教化制度,在中期依然得到贯彻和发展,在一定程度上起着稳定社会,维护统治秩序的作用。

三、"法贵简严"

明初统治者认为元朝法制之失在于法律过于复杂,司法官员无法掌握,百姓无法知悉,致使贪官污吏舞弊弄法。为此,明太祖确立立法原则,即"法贵简严",法律简单,官吏无从作弊;法律严厉,百姓不敢轻易犯法。"简",是相对"繁"而言,指法律简单明了,通俗易懂。"严"是相对"宽"而言,指法律要严厉处罚重罪,尤其是对危害皇权和影响统治秩序的罪行要予以严惩,使民众不敢轻易触犯法律。明初统治者提出"法贵简严",提倡"重典治国",这不同于唐朝统治者提出的"用法务必在宽简",以宽大为前提。其原因在于不同的社会形势采取不同的治国之策,以及明初加强专制统治的需要。

第二节 明朝的立法概况

朱元璋极为重视律典的制定,公元1367年自称吴王时就开始下令制定律、令,进行立法活动。建立明王朝之后,继续进行一系列的立法活动。明朝的法律体系由《大明律》、《大明令》、《大诰》、《明会典》和《问刑条例》等律典构成。其中律是主要的法律渊源,令、诰、典、例等是律的补充。

一、《大明律》

《大明律》是明初最重要的立法,从草创到定型历时三十年之久。据现存史料,可肯定的是,洪武年间对《大明律》的修订不少于五次,主要有吴元年(1367)律、洪武七年(1374)律、洪武二十二年(1389)律、洪武三十年(1397)律。我们所指的《大明律》即洪武三十年律。

朱元璋重视立法,认为"元政弛极,豪杰蜂起,皆不知修法度以明军政",为此"建国之初,先正纲纪"。早在元至正二十四年(1364)

春正月朱元璋自立为吴王,就已准备立法工作。吴元年十月,他任命左丞相李善长为律令总裁官,参政知事杨宪、傅瓛,御史中丞刘基,翰林学士陶安等二十人为议律官,按照"法贵简当,使人易晓"的原则制定律令。

《大明律》分7篇,30卷,460条。编纂体例不同于前代律典,《名例律》以下按照吏、户、礼、兵、刑、工六部分篇,律下按事项分成30门类。即《名例律》47条;《吏律》2门33条:职制15条,公式18条;《户律》7门95条:户役15条,田宅11条,婚姻18条,仓库24条,课程19条,钱债3条,市廛5条;《礼律》2门26条:祭祀6条,仪制20条;《兵律》5门75条:宫卫19条,军政20条,关津7条,厩牧11条,邮驿18条;《刑律》11门171条:贼盗28条,人命20条,斗殴22条,骂詈8条,诉讼12条,受赃11条,诈伪12条,犯奸10条,杂犯11条,捕亡8条,断狱29条;《工律》2门13条:营造9条,河防4条。朱元璋颁行《大明律》时立下"祖训":"子孙守之,毋得更改。大臣有上言变更者,坐以变乱祖制之罪。"[①]所以,终明之世,明朝后代皇帝都不敢修订《大明律》的"律文"。《明史·刑法志》记载大明律是"日久而虑精,一代法始定,中外决狱,一准三十年所颁"。

《大明律》是中国法制史上又一部具有代表性的律典。其特点主要有:第一,体例结构上,《大明律》以名例和朝廷六部命名,并结合传统的以事项分类的编制体例,门类划分较细,便于检索。第二,律典文字浅显,通俗易懂。第三,律首附有《服制图》、《五刑图》、《六赃图》等图表,有较强实用性。《大明律》不仅反映明初统治者注重立法与严于修律,而且相较以往律典也有所发展。

二、《大明令》

吴元年(1367)朱元璋下令制定律令,令完成于明朝建立以后,称为《大明令》。与"吴元年律"一样,令典也是按照朝廷六部分篇,有《吏令》20条,《户令》24条,《礼令》17条,《兵令》11条,《刑令》71条,《工令》2条,共145条。

---

① 《明史·刑法志》。

《大明令》是中国法制史上最后一部以令为名的法典,是唯一一部完整保存到今天的古代令典。与唐、宋令典相比,它并不完全是积极性规范。主要是因为在制定"吴元年律"时没有刑法总则性质的名例篇章,大量具有刑法总则性质的条文被编纂入令典的《刑令》,如"五刑"、"十恶"、"犯罪自首"、"家人共犯"等等。洪武三十年颁布《大明律》时,《大明令》中数种条文被吸收并加以修改。①没有被吸收入《大明律》的条文,至明朝中后期仍具有法律效力。

三、《大诰》与"教民榜文"

除律令外,明朝前期还颁布"大诰"和"榜文"等文告形式的法令。

为防范"法外遗奸",朱元璋于洪武十八年至洪武二十年(1385—1387)陆续颁行带有特别刑事立法性质的《大诰》,严惩臣民的犯罪,弥补律的不足。《大诰》包括《御制大诰》(74条)、《御制大诰续编》(87条)、《御制大诰三编》(43条)、《大诰武臣》(32条)等四编。"大诰"的名称来自于儒家经典《尚书》的《大诰》篇,取周公东征殷商遗民时对于臣民的训诫之义。四编《大诰》主要由典型案例、新制订的特别法令和明太祖对臣民的训诫三个部分组成。

《大诰》是一部以惩治官吏犯罪和豪强犯罪为主要内容的特别法。《大诰》初编、续编和三编中,涉及官吏犯罪的条目有一百五十余条,涉及豪强犯罪的条目有三十余条,有关百姓犯法的条目有二十余条。其主要特点有:第一,规定了一些《大明律》律文中没有的罪名,如"断指诽谤"、"寰中士大夫不为君用"等等。第二,在处罚同一犯罪上,《大诰》要比《大明律》为重。如"有司滥收无籍之徒",明律规定罪止杖一百,徒三年,《大诰》则规定"族诛"。而且其规定的刑罚往往在五刑之外,甚至是挑筋去膝盖、剥皮、抽肠等酷刑。第三,强制宣传,规定每户人家都必须有一本,"若犯笞杖徒流罪名,有者可减罪一等。无者,各加罪一等",并且规定家中不收藏"大诰"、不遵

---

① 参见〔日〕内藤乾吉:《大明令解说》,载《日本学者研究中国史论著选译》第八卷,中华书局1992年版,第394页。

守"大诰"的,要"迁居化外,永不令归"。①

《大诰》在朱元璋统治时期极为重视,洪武后期的各种学校都采用《大诰》为教材,科举考试也从中出题,"天下有讲读《大诰》师生来朝者十九万余人,并赐钞遣还"。一时民间讲读《大诰》蔚然成风。但《大诰》在明朝风行时间不长,主要是《大诰》的许多内容都已被收入多种条例,其酷刑手段也多为后世不用。明太祖死后,《大诰》不再有法律效力,也日渐很少流传于世间。

榜文也称"教民榜文",由皇帝发布,主要包括皇帝的谕旨或经皇帝批准的官府告示、法令和案例。主要限于明太祖和明成祖两朝,其内容也涉及社会生活各方面,但以后不再有法律效力。

四、"条例"

条例是单行法规,简称为"例"。明朝"条例"是指司法部门根据案例拟订的条文化的单行法规,经皇帝批准颁布。它与律的区别在于"律者万世之常法,例者一时之权宜"。明太祖统治时期曾颁行不少条例,如《充军条例》、《抄劄条例》等,以弥补律典条文之不足。由于明太祖规定日后子孙不得修改《大明律》,而社会不断变化发展,因此,朱元璋以后的统治者为了使法律适应新的社会环境,防止"法外遗奸",遂根据"一时之权宜"而制订大量条例。

明中叶以后,在实际司法中条例已发挥重要作用,每朝废除旧有条例后不久就必须发布新的条例。为使条例长久有效,明孝宗于弘治十三年(1500)下令修订《问刑条例》,并规定修订后的《问刑条例》以后不得废除。这样,条例由"一时权宜之法"成为"常经之法",具有与律典同样的效力。

弘治《问刑条例》议定297条,此后又经历几次修订。武宗正德(1506—1521)年间增44条。世宗嘉靖二十八年(1549)重修《问刑条例》为249条,三十四年又增89条。神宗万历十三年(1585)再次重修,为382条,后续修为385条。之后,朝廷各部门和各地官府在翻刻律典时往往将《问刑条例》和《大明律》编在一起,或者将各条条

---

① 杨一凡:《明大诰研究》,江苏人民出版社1988年版,第419页。

例分别编订在相关律条后面,形成律例合编的体例。这对清朝的律例合编体例产生了重大影响。

五、《大明会典》

洪武十三年(1380)朱元璋废除中书省及宰相制度以后,六部等中央行政机构直属于皇帝。行政体系的重大变化加速了明朝行政法规的建设,为使行政条规更具系统性,便于检索,自明英宗统治时期起,开始了以朝廷各职官机构为纲的法规汇编的编纂。明孝宗弘治十五年(1502)初步编成《大明会典》,后经武宗正德年间"补正遗阙",正式颁行天下。此后嘉靖、万历朝又进行重修编订。

《大明会典》体例仿照《唐六典》、《元典章》,以六部官制为纲,分载有关各职的历朝律令典籍规范和历代损益之事。它内容广博,记载详备,汇集了明朝一些重要典章法令,如《皇明祖训》、《大诰》、《大明令》、《洪武礼制》、《诸司执掌》等内容,是研究明朝法令制度的重要资料。

第三节 明朝法制的主要内容

一、刑事法制

明朝建立之初,主张承袭唐律传统,"一准于唐",同时又适应社会形势的变化,强调"重典治国"的立法思想,这对刑事法律制度起了重要的影响,反映在刑法原则、罪名、刑罚等方面,因循唐宋以来延续多年的原则、制度,同时又呈现其独特的一面。

(一)定罪量刑的原则

明律规定的定罪量刑原则大多承袭唐律,但也有一些变化。

第一,确立比附原则。比附类推是自秦汉以来刑事审判的一条重要原则。沈家本认为"断罪无正条,用比附加减之律,定于明而创于隋"①。明律规定,"若断罪而无正条者,引律比附。应加应减,定

---

① 沈家本:《历代刑法考》(四),中华书局1985年版,第1807页。

拟罪名,转达刑部,议定奏闻"①,即律条没有明文规定的行为应比照最相近的律条定罪量刑,或加重或减轻刑罚,并上报刑部转呈皇帝批准。

因每个比附案件均要上报朝廷,过于烦琐,自明太祖起,就将一些具有典型意义的比附案例编在一起,下发给各级官府作为比附定罪的参考。嘉靖年间颁行的《问刑条例》收录六十多条案例,称为"比引律条"。如撕毁明朝纸币"宝钞"就比照弃毁皇帝的诏书,处以斩刑;在粮食中掺水掺沙就比照在官盐里掺水掺沙处罚;等等。②

第二,化外人相犯确立属地主义原则。涉及不同民族间案件的处理原则,唐律设"化外人相犯"条,对于化外人之间案件的处理实行属地法与属人法结合的原则。而明朝改变以往的规定,对于所有的化外人犯罪,全部按照明朝的法律进行处理,即"凡化外人犯罪者,并依律拟断"。这一规定确立了属地主义原则,不再采用属人主义原则,与唐朝规定相比,是立法上的一大进步,也是明朝加强专制主义统治的体现。

(二) 刑罚

明律恢复唐宋律的笞杖刑制度,笞杖各分五等,每十下为一等,从笞十至杖一百。刑具用荆条,明太祖认为荆条能"去风",不会造人重伤。③行刑部位是臀部。同时明朝又沿袭元代做法,规定徒、流刑附加杖刑,徒一年附加杖六十,每等递加杖十下,徒三年及"三流"皆附加杖一百。除五刑外,还有充军、凌迟、枷号、刺字等刑罚,并实行廷杖制度。

1. 充军

充军是将犯罪人发至边远地区充当军户,次于死刑而重于流刑。明律规定凡是军人犯徒、流罪,先决杖,然后分等发往外地卫所充当军户。以后条例对平民也适用充军,而且充军的罪名不断增加,万历《问刑条例》中已有133项针对平民的充军罪名。明朝的充军按里

---

① 《大明律·名例律》,"断罪无正条"。
② 叶孝信:《中国法制史》,复旦大学出版社2002年版,第301页。
③ 《明史·刑法志》。

程远近分为极边、烟瘴、边远、边卫、沿海和附近等,最远四千里,最近一千里。充军又分终身充军和永远充军两类,前者仅罪犯本人充当军户至死,而后者则罪犯本人死后,其子孙仍继续充军,世代为军户。

2. 凌迟

凌迟在明朝主要适用于谋反大逆等严重犯罪,明律规定的凌迟罪名有13项,而且行刑一律"决不待时"。

3. 枷号

枷号是指罪犯戴枷在指定地点示众受辱的刑罚,由唐宋"枷项示众"发展而来。明朝的条例中广泛适用枷号刑,多用于处罚轻微犯罪。据《明史·刑法志》记载,枷号重量"自十五斤至二十五斤"。武宗时宦官刘瑾专权,特设重达150斤的大枷以对付政敌,受刑人往往不数日即毙命。

4. 刺字

刺字是针对侵犯公私财产罪名的附加刑。明律沿袭元代法律,对窃盗、监守盗、常人盗等罪名,在处以正刑之外还附加刺字刑。

5. 廷杖

廷杖是指依皇帝旨意在朝廷上对官员进行杖责的法外刑罚。由于君主专制权力的强化,廷杖在明朝已制度化。前代虽时有皇帝杖责大臣之事例,但不是经常的制度。明朝自朱元璋始,几乎每一朝皇帝都曾对大臣施行廷杖。一般程序是由皇帝发出"驾帖",内有责打大臣名单及责打数目,刑部给事中签押登记,然后由锦衣卫行刑,司礼监监刑。正德十四年(1519)明武宗准备南巡,大臣纷纷劝谏。武宗大怒,下令廷杖劝谏南巡的大臣146名,杖死11人。嘉靖三年(1524)明世宗(原为藩王,后以明孝宗嗣子身份继承帝位)宣布尊崇自己生父兴献王为"皇考"(按儒家礼仪,应尊明孝宗为"皇考",其生父为"皇伯考"),大臣纷纷上奏反对,形成"争大礼"风潮。明世宗廷杖大臣134人,杖死17人。

(三)刑事法制的特点

明律在很大程度上继承了唐宋以来的立法经验,尤其是唐律对明律的影响极大,但君主专制高度发展的明朝,因时代的变化,其法律也呈现出与前代不同的特点。与前代,特别是和唐律相比,明律在刑事法制方面最大的特点是"重其所重"、"轻其所轻",即"大抵事关典礼及风俗教化等事,唐律均较明律为重;贼盗及有关帑项钱粮等事,明律则又较唐律为重"①。

所谓"重其所重",即"事关贼盗及帑项钱粮等事"加重重罪的处罚,主要表现在以下方面:

第一,大大加重对于谋反、大逆之类严重危害君主专制统治罪名的处罚。唐律只限定本人及父子年十六以上者处死,而明律则规定凡是参与谋反大逆者,无论是否实施,是否能够产生实际危害,全部不分首从一律凌迟处死,并缘坐其祖父、父、子、孙、兄弟、伯叔父、兄弟之子(以上不论是否同居),以及所有同居共财的十六岁以上的男子,无论是否废疾、笃疾,一律处斩,株连的范围大大地扩展。对于"谋叛"、"劫囚"罪也都规定无论是否实施,不分首从皆斩。其他如"妖书妖言"、"盗及诈为制书"、"盗及伪造官府印信"等罪名,明律皆比唐律处罚要重。

第二,增设许多侵犯皇帝专制权力的罪名。如特设"奸党罪",这是朱元璋在制定《大明律》时新增加的政治性罪名,目的是打击臣下"朋比结党"的行为,消除对皇权的威胁。《大明律·吏律·职制》"奸党"条规定:"若犯罪律该处死,而大臣小官巧言谏免、暗邀人心者,亦斩。若在朝官员交结朋党、紊乱朝政者,皆斩。"这样的条文从表面上看似乎很平常,但是能成为皇帝打击臣下的强有力的武器。也就是说,皇帝要杀哪个官员,其他的大臣小官不得求情、申辩,否则就是"奸党"。又如"交结近侍官员"罪,禁止朝官与近侍官员交结,禁止地方官员与朝官交结,禁止京官与京城家资富厚之人交结。还规定"若有上言宰执大臣美政才德者,即是奸党,务要鞫问,穷究来历明白,犯人处斩,妻子为奴,财产入官。若宰执大臣知情,与同罪"②。为保证皇帝随时掌握重大信息,还特设"阻挡上书陈言"、"朦胧奏事"等罪名,将唐律中仅处杖八十的"事应奏不奏"罪加重为死刑。

---

① 薛允升:《唐明律合编》,怀效锋、李鸣点校,法律出版社1999年版,第170页。
② 《大明律·吏律·职制》"上言大臣德政"条。

第三,加重对官吏贪污渎职罪的处罚。明初朱元璋就下诏:"惩元季贪冒,重绳赃吏,揭诸司犯法者于申明亭以示戒。又命刑部,凡官吏有犯,宥罪复职,书过榜其门,使自省。不悛,论如律。"①《大明律》沿袭唐律设"六赃"罪名,并于律首置"六赃图",以示重惩贪墨之罪。而且规定的赃罪条文比唐律多,处罚也较前代为重。此外,明太祖还制定《大诰》四篇,以更加严厉的手段惩罚贪官污吏。明初朱元璋立法重惩赃吏,对整顿吏治无疑起着一定积极作用,但是仅以严惩手段惩贪只能收一时之效,而无法从根本上遏制贪污之风。

第四,加重对侵害统治秩序的犯罪的处罚。明律对于一般窃盗罪、坐赃罪处罚没有明显加重,但对于强盗、抢劫之类罪名却是以重罪处罚。如《大明律·刑律·贼盗》"强盗"条规定:"凡强盗已行而不得财者,皆杖一百流三千里;但得财者,不分首从,皆斩。"相比唐律对于强盗罪计赃论罪的规定,明律处罚更重。又专设"白昼抢夺"罪,未得财物杖一百徒三年,得财者计赃比照窃盗罪加重二等定罪处罚,伤人者斩。这一处罚要比唐律中的强盗罪(未得财徒二年,计赃至十匹以上绞,伤人斩)还要重。又设"盗贼窝主"罪,凡是造意指使盗贼行窃或抢夺、强盗者,或参与分赃者,都不分首从皆斩。即使窝赃而没有分赃也要处杖一百流三千里。

所谓"轻其轻者",即"事关典礼及风俗教化"等方面减轻轻罪的处罚。主要是对触犯礼教罪名的处罚较唐律为轻。如唐律规定"闻父母丧匿不举哀"、"祖父母父母在别籍异财"为"十恶"之"不孝",前者处以流二千里,后者处以徒三年。明律仍将此列入"十恶"之"不孝"罪,但处罚已分别改为杖六十徒一年和杖一百,明显减轻刑罚。唐律规定父母丧而后生育子女的,处以徒一年,而明律改为免予刑事处罚。另外,大量有关户婚、田土和钱债之类的轻微犯罪最高刑也不过杖一百。可见,明朝一方面对严重刑事犯罪采取"重典",另一方面对一般性犯罪,尤其是事关典礼教化的犯罪,更是减轻处罚。

明朝实行"轻其轻罪、重其重罪"的原因较为复杂,既与当时的社会矛盾激化相关,也适应了当时社会风俗的改变。明朝统治时期,

---

① 《明史·刑法志》。

已处于中国传统社会的晚期发展阶段,政治经济的变化,阶级矛盾和民族矛盾的尖锐,迫使统治者从唐朝的重礼转变为重法,加之元朝是少数民族统治,并不完全依据礼教原则立法,也使得以往有关典礼及风俗教化等犯罪规定有了松动。因此,明朝统治者根据当时社会情况,重新调整统治政策,不仅突出对侵犯皇权和社会秩序的重罪的镇压,也适当减轻对一般性犯罪的惩罚,有助于缓和社会矛盾,也利于专制君权的巩固。

二、民事法制

明朝沿袭前代传统,民事行为规范仍以法律法规、习惯及礼教为主要渊源。不过晚期商品经济得到较大发展,社会关系的复杂化,使明朝民事法律在一些方面呈现出不同程度的变化。

（一）所有权

明朝私有财产规模日渐扩大,刺激所有权观念的强化,要求法律加强对所有权关系的调整。

明朝土地所有制的基本形式包括官田和民田。官田属于国家所有,禁止买卖私占;民田属于官僚、地主和小自耕农所有,允许买卖。因此,随着土地买卖的发展,地权流转的频繁,土地所有权关系不断变化,导致明朝土地兼并十分严重,政府控制的官田不断流失,民田数量远超过官田,土地私有制达到前所未有的水平。

对于无主土地,明朝则强调先占原则,保护先占者利益。明初朱元璋为促进农业发展,鼓励开垦荒地,曾宣布凡是战乱抛荒的土地,允许垦荒者占有开垦,即获得该土地的所有权,如果田主返回,则由官府另行拨田耕种。垦荒者仅承担归还坟墓和房屋给原主的义务。

洪武年间还通过核查田亩编造"鱼鳞图册",即丈量核实土地,绘图登记,编类为册,使田地的多寡等级、赋税的科目数额,皆有图册可凭,以法律确认现存的各种形式的土地所有权,而且使田产户籍不易隐匿逃避。

另外,强调先占原则的精神也体现在对遗失物、埋藏物所有权归属的规定上。明律规定遗失物在公告期内被主人领回时,拾得人仍可获得一半;公告期满无人认领则由拾得者获得遗失物的全部所有权。法律保护的重点不再是遗失人的所有权,而是拾得人的所有权。

(二) 契约制度

明朝商品经济迅速发展,契约制度在明朝得到进一步发展,成为债的主要发生依据。

契约形式方面,明朝法律并无具体规定,但民间民事习惯所确认的契约形式已相当规范,当事人一般也按各种契约格式订立契约。契约形式主要分单契和合同契两种,均以双方协议为基础,其区别在于,单契是一方出给另一方收执,验证时不发生合契问题的契约,而合同契一般一契两纸,双方各执一契,验证时必须合契。因单契在立契、转移权利手续上较简便,遂成为契约的主要形式,明朝大量契约原件多数为单契。①

契约种类主要包括买卖、借贷、典当、租赁等。

买卖标的物包括动产和不动产。相比宋元时期法律,明朝法律大大简化在土地房屋买卖方面的限制。既废除自唐末以来土地房屋买卖"先问亲邻"的法定程序,又废除了元代土地房屋买卖要先经官府批准的程序。大明律规定,土地房屋买卖订立书面契约,必须经过官府加盖官印并缴纳契税,以及将土地赋税负担过户到买方的"过割"程序,否则承担法律责任。②

借贷契约方面,基本沿袭元代法律的规定。明律设"违禁取利"条,规定利率为月利不得过 3 分(3%),利息累计不得超过原本。违律笞四十,余利计赃重者,则以"坐赃"论处,罪止杖一百。对于债权的担保方式则无规定,不过禁止债权人抢夺债务人财产抵债,否则杖八十,超过债务本利部分则计赃以"坐赃"论处,罪止杖一百徒三年。违契不偿也构成犯罪,按照所欠本利数额处以笞杖刑,罪止杖六十。

土地房屋的出典和动产的质押在明律中均称为"典当"。土地房屋的典当程序和买卖完全相同,而对于出典和收赎的年限、典权人的转典及先买权等则无明确规定。动产典当即"质押",利息限制不

---

① 参见张晋藩、怀效锋主编:《中国法制通史》第七卷,法律出版社 1999 年版,第 239 页。
② 《大明律·户律·田宅》"典卖田宅"条。

得超过月利3分,债务人满两年不赎,质押物则归质权人所有。

(三)婚姻与继承制度

《大明律》从户婚中独立分出《婚姻门》计十八条,并结合令例、礼制有关规定,共同调整明朝的婚姻关系。在具体法律制度方面,继承传统法律而略有调整,主要有以下几个方面:

第一,确定平民娶妾的条件。明律不仅按等级限定贵族官僚娶妾的数量,而且还明确规定平民娶妾的条件。《大明律》规定"其民年四十以上无子者,方许娶妾,违者,笞四十。"①普通平民只有在40岁以上且无子的情况下才可娶妾一名,违者笞四十。但是并没有规定强制离异,其处罚不重,也一般可折换成赎刑,因此这限制平民娶妾的律条也就实际成为一纸具文。

第二,婚姻解除方面的调整。明律沿袭传统法律规定的如"七出"、"义绝"、"和离"、"违律为婚"等婚姻解除条件,但略有变化。一是明律所释"义绝"与唐律所称"义绝"区别较大,更侧重于婚姻关系本身的状况。《大明律》规定:"义绝之状,谓如身在远方,妻父母将妻改嫁,或赶逐出外,重别招婿,及容止外人通奸。又如本身殴妻至折伤,抑妻通奸,有妻诈称无妻,欺妄更娶妻,以妻为妾,受财将妻妾典雇,妄作姊妹嫁人之类。"②二是扩大禁止通婚的范围。不仅禁止中表婚,更强调近亲的姻亲不得结婚,明确规定凡是兄亡弟娶嫂、弟亡兄娶弟妇,要处以绞刑。

第三,进一步扩大"夫权"。丈夫有权教令妻子,赋予其惩戒权。《大明律》规定:"其夫殴妻,非折伤,勿论;至折伤以上,减凡人二等。须妻自告乃告。"③相反妻子骂詈、殴打丈夫要加罪二等。妻子谋杀丈夫处以凌迟,而丈夫杀死有罪妻子仅处杖一百。并沿袭元朝法律的规定,丈夫有权在通奸场所将通奸的妻子和奸夫当场杀死,即"凡

---

① 《大明律·户律·婚姻》"妻妾失序"条。
② 《大明律·刑律五·诉讼》"干名犯义"。唐律中的"义绝"指根据夫对妻族、妻对夫族的殴、杀、奸罪,及妻对夫的谋害罪,而强制双方解除婚姻关系,具体条文见《唐律疏议·户婚律》"妻无七出"条。
③ 《大明律·刑律·斗殴》"妻妾殴夫"条。

妻妾与人奸通,而于奸所,亲获奸夫奸妇奸,登时杀死者,勿论"①。另外,还赋予丈夫对妻子的监护权,明律规定:"凡妇人犯罪,除犯奸及死罪收禁外,其余杂犯,责付本夫收管。"②

第四,鼓励寡妇守寡。《大明令》规定,民间平民的寡妇,在30岁以前丈夫死亡,能够守寡至50岁以上仍未改嫁,则可以申请"旌表门闾",免除本户差役。丈夫死后立志守寡,可以继承丈夫应继承的财产。若是以后又改嫁的,则丧失所继承的丈夫家的财产以及自己原来的嫁妆所有权。

关于继承方面,明朝法律仍坚持身份继承的嫡长子继承制和财产继承的诸子均分制。第一,在身份继承方面,明律注重维护嫡长子继承制。《大明律·户律·户役》"立嫡子违法"条规定,凡是"立嫡子违法者,杖八十"。另外,禁止以异姓为嗣子。《大明令》规定立嗣顺序为亲侄、堂侄、族侄,同宗中无侄辈可立嗣,才可立同族远房侄辈。第二,在财产继承方面,突出保护直系晚辈亲属财产继承权利的原则。根据《大明令》的规定,财产继承的第一顺序继承人是亲生子,包括妻生子、妾生子、婢生子、奸生子;第二顺序继承人是拟制血亲的嗣子;第三顺序继承人是已出嫁的女儿(在室女与儿子一起继承);没有立嗣,又没有女儿的,财产充公入官。寡妻比较特殊,若是寡妻有儿子并立志守寡,且不分析家产,则仍由寡妻掌管家产;若儿子各已成家立业,寡妻命令分家析产,则寡妻可以获得和儿子同样的一份遗产。继承的份额,明朝实行"诸子均分"原则,无论是妻生子、妾生子还是婢生子都一样均分,奸生子与上述各类儿子一起继承时,继承份额为其二分之一;若是没有上述儿子,则应为死者立嗣,奸生子和嗣子平分遗产;若是没有适合立嗣的对象,则奸生子可继承全部遗产。

三、行政法制

明朝是君主专制中央集权的高度发展时期,行政权力高度集中

---

① 《大明律·刑律·人命》"杀死奸夫"条。
② 《大明律·刑律·断狱》"妇人犯罪"条。

于皇帝,官僚集团的权力明显削弱。明朝行政法律渊源主要是行政单行法和行政条例,其内容体现出这一时期的特点。

(一)行政机关

明朝中央行政体制的最主要变化是废除了在中国历史上沿袭一千多年的宰相制度,并逐步形成内阁制。地方行政管理体制主要由省、府、县三级组成。

第一,内阁制的形成与发展。明朝初年承袭元代设中书省,置左、右丞相。洪武十三年左丞相胡惟庸谋反伏诛,明太祖借机裁撤中书省,废除宰相制,升六部官秩,直接向皇帝负责。明太祖严令后代子孙不许立相,文武群臣也严禁上奏设立,否则处以重刑。在制度上集君权与相权于一身,保障皇帝的专制独裁。

但是,随着权力的空前集中,皇帝精力再好也难以亲身处理一切政务。洪武十五年明太祖仿照宋制设立殿阁大学士,明成祖以后改称为"内阁大学士",又因其办事地点在皇宫内,故称"内阁"。内阁制度开始形成。

阁臣在早期并不可侵夺各部的职权,诸司有事直接向皇帝奏闻。明仁宗以后,随着阁臣职权渐重,机构扩大,执掌军国机务,阁权之重俨然汉唐宰辅。正统年间,国家有重大事情,内阁大学士可会同各衙门于内阁会议,遂为惯例,内阁已是明朝全国行政中枢机构。

阁臣的职权包括"点检题奏,票拟批答,以平允庶政",即奏章、政事、看详批答等要经过阁臣之手。一般通过两种形式行使职权:一是"献替可否",即阁臣对皇帝征询事情提出意见,或主动提出建议,供皇帝作出决定时参考。二是"票拟批答",即内外诸司上达皇帝的奏章,经过御览后,先发交内阁,由大学士检阅内容,附以意见,并拟具办法,用小纸条墨书贴于疏面,再进呈皇帝,供其批答时参考。这是内阁实施政务最经常的方式。

第二,六部直接对皇帝负责。明初沿用前制,洪武元年(1368年)设置吏、户、礼、兵、刑、工六部,隶属中书省。洪武十三年(1380年)废除中书省,罢丞相职,六部职权和地位大大提高,从原来的秩正三品升为正二品衙门,直接对皇帝负责,自此中书之政分于六部。

吏部冠六部之首,掌管天下各级官吏的选拔考课;户部掌管全国户籍田赋和财政;礼部掌管天下礼仪祭祀及科举事务;兵部掌管武官选拔及军队训练调遣;刑部掌管天下刑名及刑狱各事;工部掌管天下营造和水利各事。其中以户、刑二部最重要,各辖十三司,实行按地区划分辖区的制度,打破隋唐以来的中央六部二十四司的体制。六部尚书直接对皇帝负责,减少对皇权的威胁,更强化皇帝专制独裁之大权。

第三,明朝地方行政管理体制主要由省、府、县三级组成。省是明朝地方最高一级行政机构,设承宣布政使司,布政使为一省行政长官;设提刑按察使司,按察使掌一省司法审判事务;都指挥使司的都指挥使为一省最高军事长官。三者俗称"藩司"、"臬司"和"都司",合称"三司"。三个机构地位平等,互不统属,共同向皇帝负责。

为加强中央对地方的控制与监督,一省内又分为若干道,一道辖若干府,作为监察区。道有"守"与"巡"之分,由布政使司佐官左右参政、参议分理各道钱谷者,称"分守道";由按察使司佐官副使、佥事分理各道刑名者,称"分巡道"。

府是省辖一级地方行政机构,知府为长官,负责辖区内"宣风化,平狱讼,均赋役"。另设同知、通判、推官等属官,辅佐知府。

县是明朝最基层的地方政权。设知县一人,掌一县之政。另有县丞、主簿为其辅佐。

(二) 官吏管理制度

第一,关于职官的选任。明朝官吏选任基本途径是科举制,辅之荐举制。明朝科举制度与前代相比,程序和内容均有很大变化,更为完善。

洪武三年(1370),朱元璋下诏开科取士。洪武六年(1373)一度暂罢科举。十五年(1382)恢复科举取士,成为定制。科举分乡试、会试和殿试。乡试中者为举人,取得参加会试之资格,会试通过者经殿试复试为进士,进士可以直接担任官职。洪武十七年(1384)三月,太祖命礼部颁行《科举成式》,详细规定科举考试的程序、内容及应试的资格、主考官员、考场的规则等。明朝科举考试内容重要变化是八股取士制度的确立。明太祖时规定以四书五经命题,以宋时程朱理学对经义的解释为准。明宪宗时创设"八股"格式,注重文章形式。

除科举、荐举外,明朝任官还有捐纳制。

第二,关于职官的考课。明朝定期对官吏进行考课,奖优罚劣,以考绩决定官吏的升降去留。考课主要包括两种:考满和考察。

考满是对所有官员的政绩进行全面考核,重点在于政绩。洪武二十六年考满法规定,三年初考,六年再考,九年通考,每一阶段考绩完成,称为"考满"。考核的结果分为称职、平常和不称职。根据这一考核结果,对官员作出相应的升降。考察是重在审查和处理有贪酷行为的官员,定期举行,重点在于法纪。分京察和大计两种。京察是以京官为考核对象,六年一次。大计以外官为考核对象,三年一次。考察的标准有八项:"曰贪、曰酷、曰浮躁、曰不及、曰老、曰病、曰罢、曰不谨。"称之"八法"。触犯"八法"者,四品以上官员由皇帝裁决;五品以下官员,老病者致仕,浮躁、才力不及者降调,罢(疲沓)、不谨者闲住,贪、酷者贬为民。

第三,关于对官吏的监察。明朝建立起庞大而严密的监察体系,主要分两个层次,一是中央监察机关,包括都察院和六科;一是地方监察机关,包括各省提刑按察使司。

明朝御史监察机构为都察院,其基本构架和规模确立于明太祖洪武末期。都察院设左右御史为最高长官,左右副都御史及左右佥都御史为之辅佐。同时,明朝在地方上设置十三道监察御史,作为中央行政监督机构的派出机构,主管所辖地区的行政监督工作。监察御史主要通过弹劾、奏请点差等方式实行监督。

另外,明太祖为增加对六部的监督,在六部中分设吏、户、礼、兵、刑、工六科,均设给事中一人,掌本科印,作为皇帝派往六部实行监督的代表,有权审查六部长官上奏给皇帝的文书等。

四、经济法制

明朝经济法律制度在承袭传统法制基础上有一定的变化发展,主要体现在赋税制度、规范市场管理和海外贸易制度等方面。

(一)赋税制度

明朝初年按照土地的面积、土质等级向土地所有者征收田赋。

田赋征收实物,称之为"本色",包括粮食、丝、棉和麻等。有时折算成银、钱或绢进行缴纳,则称为"折色"。明万历二十年(1592)内阁首辅张居正通令全国实行"一条鞭法"这种新的赋税制度。

"一条鞭法"是将各种类型的赋役并为统一的货币税予以征收的赋税制度。其主要内容包括以下几个方面:一是将各州县的田赋、杂税和差役合并,统一征收;二是田赋除部分地区征收米粮外,其他一律征收折色银;三是各项杂税和差役等统一折算成白银,平摊入土地,按照土地和人丁的多少征收;四是征收赋税实行"官收官解制",即由官府自行负责征收和解运。因此,"一条鞭法"的实行是古代赋税制度的一项重要改革,具有一定的进步意义。它简化了赋役的征收项目和手续,一定程度上减轻了农民的负担;实行赋役合一,以缴纳银钱代替力役,使农民对国家的人身依附关系进一步削弱;以货币税代替实物税,扩大货币的流通范围,推动明中叶以后商品货币经济的发展。

(二) 市场管理

明律对牙行、埠头等进行规范,并严禁把持行市。牙行是指城乡市场中为买卖双方说合磋商交易,并从中收取佣金的店铺。经营这种店铺者或单纯从事买卖的中介者,称为牙商或牙人。埠头则是指民间掌管码头交易的人。随着商品交易频繁,牙行、埠头十分活跃,在商品经济中日益扮演重要角色。为此,《大明律》规定了充任牙商和埠头的资格及手续等,若是不经官府批准而私充牙商和埠头,则处以杖刑,牙钱为官府没收。[①]此外,明律还严禁不法之徒欺行霸市,干扰正当交易。为此,《大明律》专设"把持行市"罪名[②],《问刑条例》对此作了更为具体的补充规定,从而维护市场交易的正常秩序。

---

① 《大明律·户律·市廛》"私充牙行埠头"条:"凡城市乡村,诸色牙行,及船埠头,并选有抵业人户充应。官给印信文簿,附写客商船户、住贯姓名、路引字号、货物数目,每月赴官查照。私充者,杖六十,所得牙钱入官。官牙、埠头容隐者,笞五十,革去。"

② 《大明律·户律·市廛》"把持行市"条:"凡买卖诸物,两不和同,而把持行市,专取其利,及贩鬻之徒,通同牙行,共为奸计,卖物以贱为贵,买物以贵为贱者,杖八十。若见人有所买卖,在傍高下比价,以相惑乱而取利者,笞四十。若已得利物,计赃重者,准窃盗论,免刺。"

（三）海外贸易立法

明朝政权建立后，其海外贸易立法主要有两方面：其一，制定"海禁"法规。明初因东南海上残余反抗势力未靖，加之倭寇猖獗，朱元璋推行"片板不许下海"的海禁政策，严禁一般商民私自与外国通商往来。《大明律》专设"私出外境及违禁下海"条，严禁私自出境及下海贩卖，否则处以杖刑，货物没官；若是将人口、军器出境及下海者，则处以绞刑；因而泄漏情报者，处以斩刑。隆庆年间私人海外贸易变为合法，但是在官方控制之下进行。其二，朝贡贸易立法。明朝官方海外贸易主要是朝贡贸易，即海外诸国与明贸易必须以朝贡为先决条件。准许外国官方遣使来朝进贡时捎带货物，进行官方贸易，任何外国私人来华贸易均遭拒绝。明朝设"市舶提举司"主管朝贡贸易事务，隶属于布政使司。为防止外商假冒贡使走私贸易，明朝设立勘合制度，只有持有勘合（盖有骑缝印章的证明文书）的船舶才能从事两国之间的商贸活动，若是不经官方盘验，私下接买番货，将受到法律严惩。而且对于朝贡的贡期、船只、人数及所携带的货物等均有严格限制。

第四节　明朝的司法制度

一、司法机关

（一）中央司法机关

明朝中央司法机构号为"三法司"，即刑部、大理寺、都察院。一改隋唐以降的大理寺、刑部、御史台体系，大理寺与刑部职能也发生转换。明朝"刑部受天下刑名，都察院纠察，大理寺驳正"[①]，构成了既有分工，又相互配合，向皇帝负责的中央司法机构体系。

刑部是中央审判机构，长官为刑部尚书，副长官为左、右刑部侍郎，"掌天下刑名及徒隶、勾复、关禁之政令"[②]，其司法审判上的职掌主要有四：一是复核直隶及各省徒罪以上的案件；二是审理京师笞罪

---

① 《明史·刑法志》。
② 《大明会典》卷一五九《刑部一》。

以上的案件;三是委官复核直隶斩绞监候案件;四是复核京师斩绞监候案件。刑部之权较都察院和大理寺为重。① 下设十三清吏司,各司设有郎中、员外郎等官职,负责各该省上报案件的复审。

大理寺是明朝复核的机构,负责"复核驳正"。长官为大理卿,副长官为左、右少卿,以下设左、右寺,设有寺丞、寺正等官职,负责复核刑部以及在京各机构的案件。

都察院是明朝最高监察机构,由传统的御史台发展而来。长官为左、右都御史,下设左、右副都御史。负责对文武百官的监察和弹劾,并有权参与重大案件以及怀疑有冤情案件的审理。

(二) 地方司法机关

明朝地方司法机关基本分为省、府、州县三级。

全国十三个省均设提刑按察使司,"掌一省刑名按劾之事",是一省最高的司法审判及监察机构。长官为按察使,尊称为"臬司",有权审决徒刑以下案件,徒刑以上案件则须报送中央刑部。

全国159个府,各府设知府一人,"掌一府之政,平狱讼"。知府下设推官一员辅佐知府审理司法案件。

州县为最基层的政府机构,也是最基层的司法机构。明朝有234个州,1171个县。州的长官为知州,副长官有同知、判官。县的长官为知县,辅佐官员较前代大为精简。

此外,明朝县以下有里甲组织,具有基层司法组织的性质,凡是一般的民事诉讼及轻微的刑事案件,必须先由里长、老人调停处理。若是不经过里老处分,而径自向县官提起诉讼,则构成"越诉"。明朝还在各州县及乡设立"申明亭",凡是户婚、田土等民事纠纷或轻微刑事案件皆须经过申明亭,由里老作出裁决或进行调解。

(三) 特殊司法机关

明朝君主专制在司法制度上的体现还在于设立"厂"、"卫"等特殊司法机关。

"卫"指锦衣卫,是由皇帝的护卫亲军发展而来的特务机构。明初设立警卫京师以及宫廷的22个卫,锦衣卫是其中之一,负责保护

---

① 那思陆:《明朝中央司法审判制度》,北京大学出版社2004年版,第19—20页。

皇宫,在皇帝外出时贴身随驾护卫。锦衣卫的指挥由皇帝亲自挑选任命。明太祖时就指派锦衣卫的卫士监视臣民、侦缉案件、逮捕人犯,锦衣卫成为直属皇帝的特务机构。以后历朝皇帝都保留了锦衣卫的特务功能。

"厂"指东厂、西厂和内行厂,是太监特务机构。永乐十八年(1420)下令设立东厂特务机构,由皇帝负责日常事务、整理传递文件的太监机构"司礼监"派出提督太监掌管,提督太监持有"钦差总督东厂官校办事太监关防",可随时向皇帝报告情况。东厂设有领班司房、掌刑千户、百户等职官,并有内外勤役长数百人,分别率领12班"番役"出动,监视文武百官日常活动和应酬交往,刺探商会各阶层的动态,称之为"打事件",并不分昼夜地将获得的情况送入宫中向皇帝汇报。尤其可经皇帝直接批准逮捕人犯,侦缉案件,甚至参与审判。成化十三年(1477)设立西厂。正德三年(1508)设立内行厂。

厂卫之制是皇权高度集中的产物,几乎凌驾于司法机关之上,干预正常的司法权力,所拥有的司法特权主要包括:一是侦查缉捕权。厂卫所侦查范围主要涉及国家政权的重大案件,不干预一般的刑事案件。二是监督审判权。明律规定厂卫有讯问权而无判决权。凡厂卫所获人犯须移交镇抚司,但镇抚司只能审讯无权判决,判决权归法司独有。但实际上法司慑于厂卫的淫威,对厂卫所交案件,即使洞见其实情,也不敢擅改一字,明知是厂卫严刑逼供所定,也不敢平反。另外,锦衣卫可派员参与三法司录囚和承天门外的会审,对未直接参与的审判,东厂也可派人前往"听记"监督,然后直达御听。此外,厂卫机构法外用刑异常酷烈。厂卫"杀人至惨,而不丽于法"[①],法外酷刑致人死命而不负责任。

二、诉讼审判制度

明朝诉讼审判制度大多沿袭前代,并有了进一步的发展,主要有以下几个方面。

---

① 《明史·刑法志》。

(一) 起诉

明朝实行军民不同的诉讼制度。凡军官、军人相犯,与民不相关者,"从本管军职衙门自行追问"①,即军户之间的诉讼由各驻军机构自行审理。若军官、军人有犯人命,或者涉及"奸盗、诈伪、户婚、田土、斗殴"等案件,而且侵犯对象是平民百姓,则由军队和地方官府会同审理。

普通民人的诉讼案件,明律规定应向所在州县陈告,禁止越诉。另外,明律严厉禁止诬告,规定诬告加等反坐。

(二) 管辖

明律进一步明确地域管辖和身份管辖。《大明律》规定诉讼管辖的主要方式是地域管辖,其原则包括:第一,"原告就被告",起诉原则上应向被告所在地官府提起,由被告所在地官府管辖;第二,"轻囚就重囚",同一案件被告在几个地方时,由其中罪名最重的被告所在地的官府管辖;第三,"少囚就多囚",同一罪名的被告分散在几处,由被告人数最多的地方的官府管辖;第四,"后发就先发",若罪名相同、各地被告人数相同,则应由最先受理案件的官府管辖。后三种情况以相隔300里以内为限,若相隔300里以外,则由各地官府审理结案,以减少押解被告的风险。

身份管辖是指以诉讼人身份不同而管辖机构有所不同。如明朝区分军人案件与民人案件的差别,规定军户之间的诉讼由各驻军机构自行审理,但是人命案件应由当地驻军机构会同地方官员勘察现场、检验尸体,并进行会同审理。军户与民户之间的诉讼应由驻军机构和当地官府会同审理。

(三) 以民间半官方组织调解息讼

在儒家"息讼"思想影响下,历朝统治者大多认为百姓诉讼是"民风浇薄"的体现,明朝官员在处理案件中也体现出对"息讼"的追求。

唐宋法律规定"务限法",对户婚田土等案件的起诉时间进行限制,明朝不再沿袭这一规定,而是在理论上任何时间均可起诉。不过

---

① 《大明律·刑律·诉讼》"军民约会词讼"条。

明朝中叶以后，各地方官府大多以"息讼"为名，创设"放告日"（或"听讼日"）制度，规定只有在"放告日"，一般是每月逢初三、初六、初九日或者逢初三、初八日，民间百姓才可起诉。明太祖时期规定，民间户婚、田土、钱债等民事纠纷以及轻微刑事案件，一律不得直接到官府起诉，必须经过本地里甲、乡老人主持的调解，调解不成才可向官府起诉。调解场所即在申明亭。申明亭不仅定期张贴朝廷文告，公布本地犯罪或犯错人员的姓名及其罪错内容；而且由民间推举本地德高望重之人，号为"老人"，在申明亭主持调解民间轻微纠纷，甚至对于本地品行不端者还可予以责罚。明中期申明亭调解制度瓦解后，朝廷又推行"乡约"制度，由各约正、约副每半月主持调解本约内的民事纠纷或争执。

此外，明朝不仅沿袭历代对诬告实行反坐处罚的制度，而且实行诬告反坐加等处罚。明律规定，诬告他人笞罪的，反坐其罪并加重二等；诬告他人杖、徒、流罪的，反坐其罪并加重三等；诬告他人死罪的，处杖一百流三千里，若是被诬告人因此而死亡的，诬告者也应处死。

（四）会审制度

明朝审判制度进一步发展，其比较突出的表现是会审制度化，对于会审案件的类型、会审人员、判决方式等均有制度规定，主要有以下几种。

1. 九卿圆审

"会九卿而鞠之，谓之圆审"，这是指由六部尚书、大理寺卿、左都御史、通政使等九位中央行政长官会同对全国死刑要案进行复审的制度。

2. 朝审

这是由朝廷最高级官员会审已被判决秋后处决的死囚犯的制度。始于明英宗天顺三年（1459），规定每年霜降节气后，由三法司奏请复审所有在押等候秋后处决的死刑囚犯，皇帝批准后，下旨召集在京公侯伯爵、驸马、内阁学士、六部尚书及侍郎、五军都督等高级官员，由刑部尚书主持，于承天门外举行会审。会审官员认为案件可疑或有可矜之情，即可奏请皇帝暂不处决，再予以审讯；若认为原判决无误，则在当年秋末处死。

3. 热审

这是在暑热季节到来前由朝廷官员会审在押未决囚犯的制度。始于明成祖永乐二年（1404），规定每年小满节气后十余日，由司礼监传旨，刑部会同都察院、锦衣卫、大理寺，各派出官员会同审理京城监狱在押囚犯。笞杖刑案件快审快结；徒流减等发落，押解前往服刑地点；事实不清的案件请示皇帝立即处理。热审六月底结束。

4. 大审

这是皇帝定期派出代表与朝廷高级官员会审在押罪囚的制度。始于明宪宗成化十七年（1481），此后成为定制，每五年举行一次。由司礼监太监代表皇帝至大理寺，会同三法司长官审录京城在押的累诉冤枉或死罪可疑、可矜的待决犯。外省则由刑部及大理寺派出官员至省会，会同各省布政使、按察使、都指挥使以及巡按御史审录囚犯。大审结果必须上奏皇帝批准。

明朝会审制度是传统审判制度日趋完善的一种表现，其特点有：第一，参加会审的均为朝廷高官，主要针对的是疑难案件或大案；第二，监察机构在会审中占据重要地位；第三，会审主要是众多官员会同审理，为皇帝的最后裁决提供意见。因此，会审制度是中国传统审判制度"慎刑"的体现，对于清理积案、监督各级司法机关起着一定的积极作用，但同时也是中国古代司法行政不分的典型表现，体现了在司法领域内君主专制集权的加强。

第十一章 清朝的法律制度

(1644—1840)

建立清朝的满族早先活动于今东北地区,称女真族。明万历四十年(1616),努尔哈赤统一女真各部,建国号"金"(史称后金)。其后继者皇太极于1636年称帝,改国号为清,民族称号改为满族。1644年清军入关打败农民军,迅速攻占各地,1661年实现对全中国的统治。清朝统治者以异族入主中原,特别注重吸取历代统治经验,加强君主专制中央集权制度。清前期一百多年间,统治者励精图治,出现了所谓的"康乾盛世"。18世纪末叶,统治渐趋腐朽,各种社会矛盾蓄积待发。19世纪初,西方列强开始以鸦片打开中国国门。1840年爆发的鸦片战争失败后,中国主权不断丧失,社会矛盾日益激化,逐步陷入半殖民地的深渊。清政府面对内外交困,为维持其统治而试图实行"变法新政",但最终未能挽救其灭亡之命运。从1644年清军入关到1912年清帝逊位,清朝统治延续了268年,以1840年为分界线经历两个阶段。本章叙述的是清朝1840年以前的法律制度。

清朝统治者继承明代法制的优秀成果,纠正前朝刑罚酷滥、宦官特务干预司法等弊端,建立与专制制度相适应的具有本朝特色的法律制度。这一时期法律制度的重点在于:清朝法律形式仍以律、例、会典为主;例成为清朝最重要的法律形式;比较注重少数民族立法。作为少数民族统治的政权,清朝统治者既注重以法律维护旗人特权,更注重思想文化领域的专制统治。同时支持保护宗族势力,宗族族规和乡约成为国家法制体系的重要组成部分。犯罪与刑罚具有其特点。司法方面进一步加强中央集权,完善会审制度。

第一节　清朝的法制指导思想

清朝统治者以少数民族身份入主中原凭借的是强大武力,但当时的社会情况是民族矛盾和阶级矛盾均十分尖锐,清初统治者既要维持其民族性及征服者的威势,又要为自己正名,尤其是必须在这幅员辽阔、文化先进的区域建立稳固的政权。因此,清初统治者采取两方面的政策和措施,一方面是在社会风俗上坚持"以夷变夏",甚至不惜以屠戮手段强制汉人剃发、易服;另一方面是在国家典章制度上,全盘继承前明朝的政治法律制度,崇尚礼教,以天命正统自居。在此背景下,清初法制指导思想主要有以下三个方面。

一、"详译明律,参以国制"

满族从一个比较落后的弱小民族发展壮大,并取代明朝;统治幅员广阔之地,其中一个很重要原因是满族善于学习、吸收比自己更为先进的制度及文化。从努尔哈赤至乾隆的清政府统治集团,在后金政权和大清国政权的立法建制中,一直积极探求汉家立法精神,注重借鉴明朝立法及法律制度。顺治元年(1644)六月,清兵占领北京仅一个月,顺天巡抚柳寅东启言摄政王,建议"宜速定律令,颁示中外"。其后,上言修律者不绝于书。摄政王多尔衮谕令"法司官会同廷臣详绎明律,参酌时宜,集议允当,以便裁定成书,颁行天下",确立了"详绎明律,参酌时宜"的立法原则。顺治三年(1646),清朝第一部法典《大清律集解附例》颁布,顺治在御制序文中重申了"详绎明律,参以国制"的指导思想,即继承明朝法律的同时又要保留满族原有法律。

在"详绎明律,参以国制"思想指导下,清朝开始了一系列立法活动,并且不断加深对此指导思想的理解。顺治皇帝甚为推崇明太祖,认为"明太祖立法可垂永久,历代之君皆不及也"[①]。但因满人刚刚入关,对汉文化包括明朝法律制度理解不深,这一时期的立法表现

---

① 《清史稿·世祖本纪二》。

为简单仿效明律,制定自己的法典。其结果是理想和现实之间存在较大落差。康熙、雍正统治期间,开始注重对具体法律制度的研究、总结,并在实践中掌握儒家文化的精髓,为后来立法积累重要经验。乾隆时期,整个清朝统治已纳入汉文化正统的轨道,融合满汉文化并体现本朝特点的基本法典才制定出来。

清政府对明朝法制的继承和发展,既保持了法律制度的连续性,一定程度上减轻了王朝更替带来的社会动荡,有利于笼络汉族地主官僚,又结合了清朝社会的政治特点,在发展明朝法律制度基础上,形成了体现出清朝特色的法律体系。

二、崇儒术、重礼教

清朝统治是以异族身份入主中原,民族矛盾异常尖锐,为维持其统治,清朝统治者需要寻求政权的正当性与合法性。首先,满族统治者宣称明王朝是亡于贼寇之手,而清军入关是秉承天命,救民于水火,是为大明复仇,以此论证其政权延续的正当性。其次,清初统治者极力尊崇孔子、重礼教,不仅令孔子六十五代孙袭衍圣公,继续沿用五经博士等官制,而且钦定、"御纂"有关《诗》、《书》、《礼》、《易》、《春秋》等方面的著作多达几十部,以儒家正统自居,希望因此赢得士子们的心,目的在于稳定满族人统治政权。

正因为清朝统治者"崇儒术"、"重礼教",清朝在借鉴明朝法律制度的同时,继承并发展传统的"明刑弼教"、"德主刑辅"的立法精神,主张"以德化民,以刑辅治"①,用德礼教化百姓,用刑法治理国家,强调以法律助成教化。清朝统治者认为,法律固然是用来"禁奸止暴",但最终还是要达到"正人心,厚风俗"的目的。为此,明律中维护纲常名教的内容在《大清律例》中均予以保留,儒家法律思想中的"有治人,无治法"、"刑罚世轻世重"、"宽猛相济"等内容,在清前期的法制建设中也得到贯彻。

清代推崇儒学、礼教甚于以往,虽然在维护社会秩序上有一定的积极意义,不过仍是清统治者在思想文化领域推行专制统治的手段之一。

---

① 《清史稿·世祖本纪二》。

三、维护旗人特权

清朝初期别满汉之异,注重维护旗人特权。旗人主要是满族人,也包括满族化了的八旗蒙古和汉军,清代法律用语和民间都称呼"旗人"、"在旗的",而不称"满族"人。[①]八旗是清初国家主要军事力量,清政府非常注意以法律手段保护旗人的利益,从而保持统治者自身实力。因此,旗人在社会政治、经济及司法审判方面均享有许多特权。

第一,法律特别保护旗地旗产。康熙、乾隆时定例,禁止民人买旗地。乾隆时期还曾多次由官府出资,强行赎回旗人已卖与汉人的土地。

第二,旗人犯罪,地方官不得审判,一般诉讼案件由专门的理事厅管辖,命盗案由理事厅会同州县官审理。在京旗人则赴步军统领衙门诉讼,刑部不得过问。

第三,旗人犯罪享有"减等"、"换刑"的特权。《大清律例·名例律》规定:"凡旗人犯罪,笞、杖,各照数鞭责。军、流、徒,免发遣,分别枷号。"犯徒一年,枷号二十日;流二千里,枷号五十日;充军极边、烟瘴,也仅枷号九十日。若犯死罪,还可因其父祖或叔伯兄弟或子孙战死疆场的功劳免死一次。犯盗窃罪可免于刺字,如重囚必须刺字,也刺臂不刺脸。而且,满族人中的宗室贵族享有更多的特权,诉讼由宗人府会同户部或刑部管辖,可免于刑讯,笞、杖刑用罚"赡养银"代替,徒、流、充军则以圈禁代替。

不过,随着社会的发展,各民族的进一步融合及经济往来的频繁,这些禁律已有所松懈或废除,如旗人司法管辖的规定在清中后期已成为具文。咸丰年间户部已规定旗汉之间的土地房产可自由买卖,只要照例纳税。

---

① 郑秦:《清代司法审判制度研究》,湖南教育出版社1988年版,第59页。

第二节 清朝的立法概况

清朝入关以前,有"盛京定例"之说,此外见于史籍的还有一些零散的治罪条文。内容以少数民族习惯法为主,刑罚较为简单,"大辟之外,惟有鞭笞"。本节讨论清朝的立法情况主要是指入关以后的立法。清朝法律体系始创于顺治朝,历康、雍、乾三世一百多年,臻于完备。主要法律形式有律、例、会典,其中例的发展最为突出,种类繁多,修订频繁,成为清朝最重要的法律形式。

一、律

清律的制定和发展大体有四个阶段,包括顺治三年《大清律集解附例》、康熙《刑部现行则例》、雍正三年《大清律集解》、乾隆五年《大清律例》。

(一)《大清律集解附例》

根据"详绎明律,参以国制"的立法指导思想,清朝入关不久即开始修律立法活动。顺治三年(1646),清朝第一部法典《大清律集解附例》初步完成。该律最初是以汉文制定颁行,满文本是若干年后才颁行。该律沿袭明后期形成的"集解附例"形式,律例并行。有律条457条(删明律有关钞法3条),分七篇三十门,律条之中以小字夹注方式附加注释,称集解,律条之后又附相关条例,共321条。这部法典虽然有很多缺陷,律颁较匆忙,因袭明律过多,但作为清朝第一部正式颁行的国家大法,对于稳定当时社会秩序起着重要作用。

(二)《刑部现行则例》

由于《大清律集解附例》诸多弊端日益显露,为弥补其不足,顺治十二年(1655)编订了《简行则例》。康熙继位后,继续顺治朝的律例修订工作。康熙十九年(1680)完成《刑部现行则例》二百六十余条,之后又继续进行厘正、修订。现行则例的修订是清代立法从简单因袭明律到结合本朝实际立法的开始,虽然康熙在位60年未能完成律例合编的法典,但体现出康熙的审慎立法精神,而且其立法活动为后代法律制定奠定了重要基础。

(三)《大清律集解》

雍正即位伊始就更新律例馆,继续修律,而且"一句一字必亲加省览……务期求造律之意,轻重有权,尽谳狱之情,宽严得体"。雍正三年(1725),颁布第二部法典《大清律集解》。其律文及注释都有增损改易,律条调整为436条,尤其是每条律文后增加总注,标一"注"字,与正律用同号大字排,不同于双行夹排的小注。总注对本律文的立法意图、量刑原则、法理精神、执行要点等均作出尽可能详细的解释,力图统一对律义的认识以及对法条的适用。但总注存在弊病,字数太多,甚至超过律条正文,有的总注内又加小注,以致注上加注,枝蔓横生,反而造成适用的歧义。①

雍正三年律不仅规范律文,而且条例附于律,将条例分为原、增、钦定三类。顺治律中的321条条例为"原例",康熙年间所颁条例299条编为"增例",雍正本朝新颁行的例204条则定名为"钦定例",共计824条,并在凡例中规定了它们的适用顺序,即"刑官遇事引断,由钦定例而增例、而原例、而正律"。

(四)《大清律例》

乾隆五年(1740),清朝颁布第三部法典《大清律例》,是为清律的定型,由于例有不断增加的趋势,该律进行了一些调整:改以律条为门,共436门;取消了雍正律的钦定例、增例、原例的区别,全部条例分门别类按年代顺序排列于律文之后,总计1049条。篇目仍依明律,分名例、吏、户、礼、兵、刑、工七篇。《大清律例》是中国古代法制史上最后一部以刑为主、诸法合体的传统法典。

《大清律例》颁行以后,律、例体制定型,相辅相成。但为适应形势的不断变化,清朝不断修例,将新增加的条例续编入《大清律例》。大体是五年进行一次条例的纂修,并形成五年一小修,十年一大修的惯例。每次修订包括增、删、改、并、移等情况,条例数目越来越多,乾隆二十六年(1761)条例有1456条,嘉庆初是1603条,至同治九年(1870)最后一次修律,条例已达1892条。律、例关系及其司法实

---

① 对"总注"的评价,可参见郑秦:《清代法律制度研究》,中国政法大学出版社2000年版,第38—40页。

践，是一个较复杂的问题，有待更深入地探讨。在两次修例之间，又产生条例的补充形式，包括刑部通行、成案等，共同构成清代的法律体系，在司法实践中发挥重要作用。

二、会典

清朝沿袭前代会典制度，为规范行政活动，自康熙二十三年（1684）开始编纂会典。康熙二十九年修订完成，史称《康熙会典》，共162卷。《康熙会典》采取"以官统事，以事隶官"的编纂条例，按照宗人府、内阁、吏、户、礼、兵、刑、工六部，及理藩院、都察院、通政司等机构的分工归类，分别规定各机构的职掌、职官、办事细则等，后面还附有与本机构相关的则例。此后雍正、乾隆、嘉庆、光绪四朝也分别修订会典，统称《大清会典》。

自《乾隆会典》始，因典与例的性质不同，典为"经久常行之制"，例则因时损益，采取"以典为纲，以则例为目"的编纂形式，将会典和则例分离，编成《钦定大清会典》100卷、《大清会典则例》180卷。嘉庆年间，又将汇编的范围扩大到事例。至《光绪会典》，正文"典"达100卷，事例1220卷，另有附图270卷。《大清会典》详细记述清代从开国之初到清末的行政法规和各种事例，规模宏大、体例严谨、内容翔实，是我国古代最为完备的行政法典，也是世界法制史上不可多得的典章制度全书。

三、例

例是清代最重要的法律形式，由明代的《问刑条例》发展而来，种类包括条例、则例与事例等。

社会生活的复杂性与法律的抽象性、稳定性之间的矛盾，是例产生的主要原因。在司法实践中每遇法律条文没有规定或规定不明确的情况，就须奏请皇帝裁决，由此产生事例，并指导以后类似案件的处理。律文内容固定，例则随时损益，不断增加，修例成为清朝最主要的立法活动。

条例是单行刑事法规。清朝条例是从典型案例中概括出来的，一般由刑部或其他行政部门就某个或某类案件先提出一项立法建议,经过皇帝批准,指导以后类似案件的审判;有时皇帝也可直接指示将某一案件的处理办法著为定例。条例一般经过律例馆"五年一小修,十年一大修"的修例活动,才编入《大清律例》,成为律的补充。条例不等于判例、案例,清代称判例为"成案",《大清律例》规定:"凡属成案未经通行著为定例,一概严禁,毋得混行牵引,致罪有出入。如督抚办理案件,果有与旧案相合可援为例者,许于本内声明,刑部详加查核,附请著为定例。"即条例的产生必须经过一定的立法程序,即使官员在办理案件的过程中,发现案情与旧案相似,可以援引的,也不得擅自引用,必须先奏请皇帝批准。

则例是由中央政府各部门就本部门行政事务编制,交由皇帝批准生效的单行法规,分为两大类,即部门则例和关于特定事务的则例。清朝基本上每个中央机构都编有则例,如《刑部现行则例》、《钦定吏部则例》、《钦定户部则例》、《钦定中枢政考》(兵部则例)、《钦定宗人府则例》、《钦定理藩院则例》、《钦定太常寺则例》等;关于特定事项的则例有:《钦定王公处分则例》、《钦定科场则例》、《兵部督捕则例》、《漕运则例》、《军需则例》等。上述则例多数为单行行政法规,也包括一些与司法相关的实体或程序性规范,如刑部则例、处分则例等。

事例是朝廷处理各类政务的先例,包括皇帝发布的上谕及批准的大臣奏议等。它包括刑事、行政等多方面内容。嘉庆以后的会典都有事例汇编。事例经过修订,或编制为条例附于律后,或成为独立的单行法规——则例。①

四、少数民族聚居区的立法

清朝是一个疆域广阔的统一的多民族国家,少数民族风俗各异,难以统一适用大清律例。因此,为加强中央对少数民族地区的管理与控制,并兼顾少数民族的风俗习惯,清朝统治者非常重视以法律手段治理少数民族地区,在中央设立理藩院专门管理少数民族事务,并制定一系列适用于少数民族地区的法律法规,实行对这些地区的有

---

① 苏亦工:《明清律典与条例》,中国政法大学出版社2000年版,第42—44页。

效管辖。

这些法规主要有：在蒙古地区，清朝制定《蒙古律例》，作为适用于蒙古族聚居地区的法律；为加强对青海地区民族事务的管理，清朝制定《禁约青海十二事》，后又于雍正十二年(1734)颁行《西宁青海番夷成例》，又称《番律》或《番例》；在新疆地区，制定《钦定回疆则例》，又称《回例》；在西藏地区，清朝于乾隆五十八年(1793)制定《钦定西藏章程》29条，又称《西藏通制》，其中以法律形式确立了中央政府对西藏的国家主权，规定中央政府驻藏大臣与达赖喇嘛共同处理西藏政务，但中央政府驻藏大臣拥有最终裁决权。这是清朝中央政府颁布的关于西藏的基本法。此外，嘉靖二十年(1815)完成《理藩院则例》的编纂，嘉靖二十二年颁行。这部法规是在乾隆朝《蒙古律例》基础上编纂而成，吸收《钦定西藏章程》内容，增加了有关蒙古地区条款，共713条。之后又经过几次增修。《理藩院则例》的编纂是集清朝少数民族立法之大成，体系最为庞大、条款最多、适用范围最广泛，成为我国古代民族立法的代表性法律。

清朝的各种民族法规具有因地制宜的立法特色，是针对各少数民族特点而制定的，对于维护和巩固清王朝多民族国家的统一和稳定具有积极的作用。

第三节　清朝法制的主要内容

清朝法制的主要内容包括刑事法律制度、民事法律制度及行政法律制度等方面。

一、刑事法制

（一）刑罚

清代的刑罚制度基本沿用明朝旧制，又有所变化。

1. 笞杖刑折竹板

笞杖刑均改用竹板行刑，数量也进行折减。笞刑用小竹板，杖刑用大竹板（明朝分别为小荆条、大荆条）。按照"折四除零"的原则，笞刑五等，笞十折为四板，笞二十折为五板，笞三十折为十板，笞四十折为十五板,笞五十折为二十板;杖刑五等,杖六十折为二十大板,杖七十折为二十五大板,杖八十折为三十大板,杖九十折为三十五大板,杖一百折为四十大板。

2. 充军

清代充军刑比流刑重,分附近充军(二千里)、近边充军(二千五百里)、边远充军(三千里)、极边充军(四千里)、烟瘴充军(四千里)五等,合称"五军"。清政府为各府编制了"三流道里表"、"五军道里表",详细规定该府罪犯处以流刑或充军刑的相应地点。因清朝已废除了明代军户制,罪犯充军到某地后并不编为军户,也不再有"终身充军"和"永远充军"的区别,所以清代充军与流刑的区别,仅在于距离的远近。

3. 发遣

发遣刑是将罪犯发配至边疆地区给驻防八旗官兵当差为奴的刑罚,是仅次于死刑的重刑,为清代所独创。乾隆年间的《大清律例》已有一百四十余项罪名处以发遣刑。

4. 死刑

清朝根据是否等到秋后处决,将斩、绞死罪又分为"立决"(立即执行,又称决不待时)和"监候"(监禁等候处死)两类,即绞监候、斩监候、绞立决、斩立决四种。处以监候的罪犯还须经过朝廷会审(秋审、朝审),因此,即使是死罪仍有机会减等发落,而斩绞监候也一般适用于对统治阶级危害不是很大的死罪。此外,凌迟刑仍是法定刑,《大清律例》中适用凌迟的罪名有二十二项之多;"枭首"刑仍适用于"江洋大盗"等重大犯罪;戮尸刑不仅如明制一样适用于强盗重犯及杀期亲尊长、外祖父母、夫及夫之祖父母者,康熙期间还适用于因思想言论而获罪者。

5. 附加刑

附加刑有刺字和枷号。刺字,大多适用于发冢、窃盗、逃军、逃流等罪。刺字的部位,初犯刺右臂,再犯刺左臂,三犯、四犯还分别刺右脸颊、左脸颊;刺字的内容为特定的图记或发配地名、发配事由等。枷号,清初主要是作为优待旗人犯罪的替代刑,以代替徒、流、发遣等刑罚。后来不再限于满人,并扩大适用范围于犯奸、赌博、逃军、逃流等罪。乾隆时确定枷的重量,轻者二十五斤,重者三十五斤。枷号地点一般是衙门之外、城门口或集市之处。枷号时间,短者三、五日,长者一般达半年至一年,甚至数年。

(二)刑事法制的特点

清朝是中国传统社会最后发展阶段,专制主义中央集权制度高度发展,其刑事法制呈现出以下三个特点:

1. 严惩侵犯皇权的犯罪

清律继承隋唐以来的"十恶"重罪的相关内容,在巩固皇权和强化统治方面的力度远大于前朝,对危害政权的犯罪,惩罚残酷,株连广。如对侵犯皇权的"谋反、谋大逆、谋叛"罪名的惩罚上更是奉行"严刑峻法"原则。其一,扩大谋反、谋大逆、谋叛的定罪范围,对于"上书奏事犯讳"者、"奏疏不当"者,清朝统治者常以猜疑之心,加之"妄议朝政"罪名,按谋大逆治罪。为打击民间组织反清联盟,对于可能威胁皇权的行为皆认定为犯罪。乾隆年间定例,规定凡是异姓人歃血定盟、焚香结拜兄弟者,皆按照谋叛未行律处罚。其二,加重对谋反、谋大逆、谋叛等罪的量刑。《大清律例》规定,凡是谋反、谋大逆,但共谋者,不分首从,皆凌迟处死。其祖孙、父子、兄弟及同居之人,不分异姓,及伯叔父、兄弟之子,不限籍之异同,年十六以上,不论笃疾废疾皆斩。十五岁以下的男性亲属及女性亲属给付功臣之家为奴,财产入官。即使子孙确不知情,年十一以上,也要阉割发往边疆为奴。若是抗粮、罢市、罢考者,聚众至四五十人,为首者斩立决,从者绞监候,被胁同行者也得各杖一百。

2. 加强思想文化领域的控制

明末清初是中国知识分子思想较为活跃的时期,尤其是经济发达、士大夫比较集中的江南地区更为活跃。明末以来,怀疑、批判君主专制统治的思潮在知识分子中渐渐兴起,加之或明或暗的反清复明思想,令清政府深感不安。为巩固君主专制统治,清初统治者一方面尊崇孔孟之道,提倡程朱理学,以八股取士对士大夫进行拉拢、限制,并且通过编修《四库全书》来推行文化专制政策;另一方面严厉打击具有启蒙思想和反满思想的知识分子,大兴文字狱,收缴、焚毁各类反清或视为"异端悖逆"书籍,大力加强思想文化领域的专制统治。

清初推行的"剃发令",所谓"留发不留头,留头不留发",强迫汉人接受满族习俗,从心理和精神上打击汉族知识分子。顺治年间江南发生的"科场案"、"哭庙案",大批士人被捕杀、流放。顺治十七年(1660)发布上谕,禁止聚徒讲学,遏制思想文化的传播。

清朝加强思想文化专制领域的控制,其主要表现莫过于大兴"文字狱"。所谓"文字狱",是指对士大夫著述中的文字语句进行附会苛责,锻炼成狱,罗织大案,推行文化思想恐怖政治。因语言文字而产生的狱案,宋、明时已有不少案例,但远不及清代规模之大、案件之多、延续时间之长。由于当时民族矛盾的尖锐及反对君主专制思想的兴起,清朝统治者疑心甚重,情况尤为严重。清代绝大多数文字狱都是以"谋反"、"谋大逆"定罪,处刑极重,动辄凌迟、枭首或"立毙杖下"等,牵连之人甚广。

清顺治、康熙、雍正、乾隆四朝一百多年间,有案可查的文字狱百余起,其中著名的有:康熙二年(1663)"《明史》案"、康熙五十年(1711)"《南山集》案"、雍正六年(1728)"曾静案"、乾隆四十二年(1777)"字贯案"等等。以康熙二年"《明史》案"为例。清初浙江富商庄廷鑨为求文名,招揽江浙高才名士,将明万历年间人朱国桢所著的《札史》,改为《明史》刻板印行,不少浙江名士名列编者,自己也名列其中。由于该书是明代人原著,故记载了当时满族新兴的情况,以及满族与明廷的关系。如努尔哈赤曾为明建州卫左都督,《明史》中未书其为清太祖而是称其为建州都督,不书清帝年号而是记载南明年号。此书后被人告发。当时庄廷鑨已死,清朝统治者仍令开棺戮尸,受牵连的包括其兄弟、子侄及书稿的刊刻者、读者、保存者,甚至知而未能察举的地方官,共七十余人被处死,其中被凌迟者十八人;其他受株连者有七百人,处以发遣、充军、流刑等。

乾隆年间还借修《四库全书》之名,广收民间藏书,令各地督抚逐一详细检阅书籍,凡是被认为有反满内容,或不利于专制统治的,或不符合统治阶级胃口的,皆被焚毁。据不完全统计,这一时期毁书三千种、六七万部,几乎和《四库全书》所收书籍相等(3470种,7081

卷)。①

3. 运用刑罚手段抑制商品经济发展

明中叶以后,虽然农耕和家庭手工业相结合的小农经济仍占主导地位,但部分地区尤其是东南沿海一带,手工业、商业已有很大发展。清朝统治者从维护专制统治出发,无视社会经济发展的客观要求和内在规律,仍然因循传统的"重农抑商"政策,对一切有碍本务的经济活动进行压制,甚至用刑罚手段予以打击。

清朝对商品经济的抑制,主要体现在以下几个方面:第一,严格限制民间采矿。金、银、铜、铁、锡、煤等矿产,既是手工业与商业发展的基础,又是给国家带来丰厚利润的产业。但清政府认为开矿既妨碍本业,又不利于社会治安,严禁民间私开矿产,违者查封和照例治罪。这一状况一直延续到道光年间,因鸦片战争要支付巨额的军费以及赔款,急需增加财政收入,不得已才弛禁。第二,对盐、铁、茶、矾等重要商品实行禁榷,规定民间私相买卖者予以治罪。《大清律例·户律》规定:"凡贩私盐者,杖一百徒三年","凡买食私盐者,杖一百"。此外,还颁布"禁海令",严格限制海外贸易,不仅制约私人海外贸易的发展,也不利于国内商品经济的发展。

二、民事法制

清朝的民事制度基本因循明朝旧制,某些领域随社会关系的不断复杂化,又有丰富和发展,比较突出的有以下两个方面:

(一) 典权制度

不动产的典当制度,唐宋时期已经出现,明朝时正式载入律例。清朝中期以后,典权制度逐渐完备,主要表现在以下几个方面:

第一,明确"典"的定义。《大清律例》规定:"以价易出,约限回赎者,曰典。"

第二,对典与卖进行法律区分。雍正十三年(1735)诏:"民间活契典业者,乃一时借贷银钱,原不在买卖纳税之例",确认典的借贷担保性质,典契不必与一般不动产买卖契约那样经官府加盖官印,不

---

① 叶孝信主编:《中国法制史》,复旦大学出版社2002年版,第332页。

缴纳契税,也无须过割赋役。乾隆十八年(1753)定例:"嗣后民间置买产业如系典契,务于契内注明'回赎'字样;如系卖契,亦于契内注明'绝卖'、'永不回赎'字样。"①如果契约内既无"绝卖"字样,也无"回赎"字样,历时久远的,以绝卖论。

第三,明确出典人的回赎年限。汉民之间典当田产,回赎期限为十年;旗人之间典当期限亦是十年;旗人将田产典给汉民的回赎期限则为二十年。

第四,明确房屋出典后的风险责任问题。乾隆十二年(1747)条例详细规定房屋出典后的风险责任及其处理办法。内容大致是:凡是出典房屋失火烧毁,年限未满者,由业主与典主双方各出价一半重建房屋,典期延长为3年,3年后业主仍以原典价赎回;如果业主无力出资,则由典主单独出资建造,典期仍延长3年,但3年后业主应按原典价的140%赎回;相反,若典主无力出资,由业主自建,则原定期限满后,业主可以按原典价的60%赎回。在出典年限已满的情况下,典主单独建造,仍加典3年,业主按原典价的140%赎回;业主自建,则按原典价的50%赎回。若双方均无力重建,则应将地基出卖,所得价款的三分之一归还业主。②

(二) 宗法制度

明清两代在宋代宗族法基础上无论是内容还是形式均得到长足发展,清朝更是如此。调整范围几乎涉及族内生活的各个领域,宗族法也更为体系化和规范化,而且成为整个国家法律体系的组成部分。

首先,承认宗族及乡绅有一定的自治权,拥有对族众纠纷的裁决权。雍正年间定例,在民间推广宗族组织,允许宗族对于教化风俗之事以及户婚田土争执之事有调处和裁决的权力,事情较大者才可报官处理。甚至赋税、治安之事也可委托宗族组织。《大清律例》规定对一些轻微罪名、妇女犯罪等可责成宗族管束训诫,一些婚姻继承纠纷也可"阖族公议",由宗族处理。

其次,重点保护族产。不仅宗族法本身对族产所有权进行保护,

---

① 《大清律例·户律·田宅》"典买田宅"条。
② 参见叶孝信主编:《中国法制史》,复旦大学出版社2002年版,第335页。

而且通过国家立法严禁族人对族产的侵犯。乾隆二十一年定例,规定凡是子孙盗卖宗族祀产至50亩,发边远充军;盗卖50亩以上则按照盗卖官田律加重二等处刑,而一般的盗卖田产罪止杖八十徒二年。

清朝对宗族的保护,促使宗族组织的极大发展。宗族法规也与国法保持一致,共同维护宗族秩序与国家统治。

(三) 继承制度

清朝继承制度沿袭明制,有所发展的是身份继承方面规定了"独子兼祧"制度,即一人承继两房宗祧。

"立嗣",是传统民事制度中的一个重要内容。唐宋以后法律都规定:无子之人,可以收同宗侄辈立嗣子,嗣子一旦出继,与生父母之间的关系就变为叔侄关系。如果出继者是独子,那么本房将面临绝嗣。因此,独子能否出继成为一个法律难题。经过多年的争论,直至乾隆四十三年(1778)定例,规定:"如可继之人亦系独子,而情属同父周亲,两相情愿者,取具阖族甘结,亦准其承继两房宗祧。"①即出继对象是独子,属同祖的侄子辈,且是两情相愿,在经过全族具结书面保证无异议的情况下,一人可继承两房兼祧。"兼祧"制度的确立,即民间所说"两房合一子",解决了长期以来难解之题。

三、行政法制

清朝行政法律制度在前代基础上进一步发展,形成包括五朝会典、各部院则例及各种单行法规在内的行政法律体系。

(一) 行政机关

清朝的中枢机构先后经历议政王大臣会议、内阁与军机处等形式。地方行政机构上形成省、道、府、(州)县四级体制。

第一,早期中枢机构是始创于努尔哈赤的议政王大臣会议。规定凡有关军国大事,由议政王大臣会议集议,向皇帝具奏之后,再交职能部门执行。随着皇权的日益加强,议政王大臣会议的决策权日渐被侵夺,结束于康熙时代。

第二,清朝内阁源于入关前设立的文馆(后改为内三院,即内国

---

① 《大清律例·户律·户役》"立嫡子违法"条。

史馆、内秘书院、内弘文院),顺治十五年(1658)正式参照明制改内三院为内阁,并开始成为名副其实的最高中枢机构。《清史稿·职官志》将内阁的职责分为"钧国政,赞诏命,厘宪典,议大礼",即备皇帝顾问,为皇帝草拟旨令,处理奏文;将皇帝的旨令转报六科,抄发各部院执行;操办重要典礼如皇帝登基、立后、祭天等事务;还有组织修书,保管档案等。并且,为防止内阁专权,规定凡是不能由阁臣处理的军国重务,皆交议政大臣会议解决。康熙十六年(1677)专设南书房,挑选词臣优者入房值班,草拟谕旨,以备顾问等,自此,内阁政治作用大大减弱,已日渐成为处理一般日常政务的机构。

第三,军机处的设立。雍正七年(1729)用兵宁夏,为及时处理军务及保密起见,设立军机房。雍正十年正式改为军机处。军机处设军机大臣和军机章京。军机大臣由满汉大学士、尚书等各部长官兼任,初设3人,后增至4人或5人。军机章京,作为军机大臣的副手协助处理军政要务。军机处职权甚重,包括撰拟皇帝谕旨,处理官员奏折,办理重大狱案,侍从皇帝出巡等等,凡是国家军政要务及皇帝个人事务均在军机处的职责范围之内。

第四,清朝沿袭明制设立六部,即吏、户、礼、兵、刑、工部,为国家的最高行政机关。六部长官分设满汉尚书各一人,满汉侍郎各二人,实权多操于满官之手。此外,还增设理藩院管理少数民族事务,宗人府管理皇帝宗室事务,内务府管理宫廷事务。

第五,地方行政机关形成省、道、府、(州)县四级体制。明朝原来临时派遣的监察官总督、巡抚已开始成为常设的地方长官。总督统辖一省或数省,巡抚统辖一省,监理军政要务。督抚之下又有布政使司、按察使司,称藩、臬二司,分别署理地方民政和刑狱。省下设道。道又分守道和巡道两类,守道管理一个固定地区的钱谷、政务及军事等;巡道负责监察某一辖区内的刑名案件。此外,还设有管理专门事务的道,如海关道、兵备道、督粮道等。道以下设府,知府为长官。府下设县,知县为长官。

(二)官吏管理制度

1. 官吏选任制度

清朝的职官选任制度主要有科举考试、捐纳和门荫三种途径,其中以科举为正途。

清朝的科举考试分常科和特科两种。常科由礼部负责,每三年一考,分乡试、会试、殿试三级。殿试结果分为三甲,一甲三名可以当廷授官,二甲、三甲要经过吏部考核才能授职。经济科举考试获得官职者,要先去行政机关"观政"三个月,之后才可就任实职。此外,清朝还开设特科,如"博学鸿儒科"、"孝廉方正科"等,以招揽人才。

科举选官之外,捐纳与门荫均被视为异途。捐纳是指通过向官府交纳一定财物,就可获得相应的官职或科举功名。捐纳的财物主要是银或粮。捐纳制虽然可一时增加政府的财政收入,但因此而弊端丛生,加速吏治腐败。门荫分恩荫、难荫、特荫三种。恩荫是指京官文职四品、外官三品以上,武官二品以上,皆可送一子入国子监读书,学成后根据父辈职位授官;难荫是指为王室而死者,可荫一子为官;特荫是指为朝廷立有大功勋者,其子孙可以加恩赐官。

2. 官吏考绩制度

清朝职官考绩制度在继承明朝基础上有了发展。清朝官员考绩由吏部考功司主持,分"京察"与"大计"两种。

"京察"是对京官的考绩,每三年一次。规定考绩的程序,一是"列题",主要适用于三品以上官员,先由本人自陈,再由吏部填写履历列题,等候皇帝敕裁;二是"引见",适用于三品以下官员,先由吏部填写履历清单,等待皇帝接见。第三是"会核",适用于四品以下官员,先由各衙门注考,然后吏部会同大学士、都察院、吏科、京畿道实行复议,决定其考核等第,再造册上报皇帝。"京察"分三等,即称职、勤职、供职。

"大计"是对外官的考绩,每三年一次。考核程序是先由藩、臬、道、府察其贤否,申报督抚;督抚审核后送吏部。如州县官的考核程序是:"例由州、县正官申送本府、道考核;教官由学道,盐政官由该正官考核;转呈布、按复考,督抚核定,咨达部、院。""大计"分卓异与供职两等。

"京察"与"大计"考核标准均为"四格六法"。"四格六法"前身是"四格八法",于顺治年间制定。"四格"是考核官吏的四个项目,细分为十二级,具体内容是:(1)"守",即行政官吏的操守、品质,分

243

廉、平、贪三级;(2)"才",即行政官吏的业务能力,分长、平、短三级;(3)"政",即行政官吏对政务的勤勉程度及政绩,分勤、平、怠三级;(4)"年",即行政官吏的年龄,分老、中、青三级。"八法"是衡量官吏为官好坏的八项标准,即贪、酷、罢软、不谨、不及、浮躁、老、废。嘉庆八年(1803)改八法为六法,除去贪、酷两项,一直实行到清末。

"四格"主要是对行政职守及行政职能的考核,其考评以守为重,其次为才,而年仅限于青、壮、健,老不在考核之内。"六法"主要是对官员的过失进行纠核,其处罚重点是不谨与罢软。并根据考核结果对官员作出相应的奖惩处理。

3. 官吏的监察制度

清朝监察制度基本沿袭明制,并强化对官员的监察,建立一套职官的法纪监察与惩处职务犯罪的制度。

中央监察机构仍为都察院。为了加强皇权,将原来分别附属于六部的六科给事中归并于都察院。六科给事中与十五道监察御史(后增至二十二道)共同行使监察权,合称为"科道"。雍正年间还创制"科道密折言事制度",即科道官员每日一人上一道密折,一折奏陈一事。通过科道监察制度,皇帝更严密地监督和控制各级官吏。另外,除监察御史负责地方监察外,各省由按察使司和布政使司分别派出"分巡道"和"分守道",负责对府、州县官吏的监察之责。

四、经济法制

(一) 赋税制度

清朝在继承明朝"一条鞭法"基础上又进一步实行改革。康熙五十二年(1713)颁布谕令,实行"滋生人丁,永不加赋"政策,规定各地赋税按照康熙五十年丁册所确定的数额为常额征收,以后即使人口增长,但税额不增。这一政策虽减轻人们负担,但并未解决丁役负担不均的问题。雍正元年(1723)颁布诏令,推行"摊丁入亩"政策,将各地原定的丁税总额摊入田赋中,使丁银成为田赋的附加税。从而实现了丁银的征收与田赋征收的合一,称为"地丁合一"。

"地丁合一"完成了自唐朝两税法以来赋税制度的变革,取消了征税中人丁、地亩的双重标准,免除无地农民的人头负担,在一定程度上改变了赋役不均的严重情况,缓和社会矛盾,促进社会的稳定。但在特定社会背景和体制下,这些改革无法从根本上解决农民沉重的负担问题。

(二) 对外贸易制度

清初为了切断郑成功领导的反清武装与内地的联系,于顺治十三年(1656)颁布禁海令,规定沿海地区片帆不得下海,违者以通敌论,一律处斩。顺治十八年又颁布"迁海令",强迫江南、浙江、福建、广东沿海居民内迁三十里,使得沿海地区为无人住居区。直到1684年台湾郑氏政权归顺清政府后,宣布开禁,允许百姓回迁。设立广东(广州)、福建(漳州)、浙江(宁波)、江南(云台山,即今连云港)四个海关,负责征收关税。不过,除浙江与广东的海关可以接待外国商船外,其余海关主要管理国内沿海贸易。

清政府严格限制海外贸易,规定出海贸易者必须经官府批准,船的大小、式样均有限制。严禁卖船给外国,限制造船业的发展。对进出口产品的种类、数量也有严格限制。乾隆二十二年(1757)以后又正式规定"一口通商",规定外国来华的商船只能在广州停泊,进行交易,而且还必须通过官方指定的垄断代理商"洋行"来进行贸易。这些洋行统称为"十三行"。十三行的行商不仅垄断对外贸易,而且充当官府和外商之间的中介。外国商人的要求由行商向官府转达,而朝廷对外国商人的政令、公事文书等也由行商传达,双方交涉事务也由行商代办等。清朝海外贸易制度不仅制约了中国民间海外贸易的发展,对国内商品经济的发展也产生了不利影响。而且,清政府为控制来华的外国商人,还先后制定"防夷五事"、《民夷交易章程》等法规,对于外商与中国人之间的各类交易往来行为,包括贸易买卖、房屋租赁、借贷钱物等均予以严格限制。

清朝实行严厉的海禁政策,割断了中国与外部世界的联系,盲目地以天朝大国自居,丧失了与西方国家交往、学习的机会。而西方资本主义列强却以保护贸易为借口,用炮舰打开了中国国门。清政府的衰败,遭受西方列强的欺凌,其中一个重要原因就是清朝实行闭关锁国政策。

第四节 清朝的司法制度

清朝的司法制度既因袭明代,又具有本朝特色。下面就司法机构及诉讼审判制度方面述之。

一、司法机关

(一) 中央司法机关

清朝沿用明制,在中央设有刑部、大理寺、都察院,合称"三法司"。其中刑部是最高司法审判机关,"部权特重",掌管"天下刑罚之政令",在三法司中居于主导地位,下属机构主要包括十七省清吏司、督捕司、秋审处及修订律例的律例馆等。大理寺职责是复核案件,平反冤狱。都察院是国家最高监察机关。

为维护旗人的特权,及对少数民族地区司法管辖的需要等,清朝在中央设立专门司法机构以审理旗人和少数民族案件。

1. 宗人府与内务府慎刑司。满族贵族的诉讼案件由宗人府会同刑部、户部共同审理,一般司法机关无权过问。内务府是宫廷事务的机构,设慎刑司负责审理在宫廷当差的满人案件。

2. 理藩院。理藩院是清朝设立的专门管理蒙古、西藏、新疆等少数民族地区事务的最高国家机构。下设理刑司负责受理少数民族地区的上诉案件和发遣、死刑案件的复核。其中发遣案件的复核须会同刑部进行,死刑则经三法司会审、呈报皇帝批准后,才能定案。

(二) 地方司法机关

地方司法机关仍是司法与行政合一,实行长官负责制,分州县、府、省按察使司、总督或巡抚四级。一般州县官负责辖区内全部(专门管辖除外)案件的初审,其中"户婚、田土及笞杖轻罪"称自理案件,经州县官判决生效;徒以上案件,审理完毕并草拟判决意见后逐级向上审转。督抚有权决定徒刑案件的判决;军、流、发遣由刑部审结;死罪案件由刑部与大理寺、都察院会审,奏请皇帝批准。

另外,清朝在地方上还设有审理旗人诉讼的司法机关。第一,外省由满洲将军、正副都统负责审理所在省区的一般旗人案件;第二,盛京刑部专门审理盛京地区旗人与边外蒙古人案件；第三，八旗军队中设有理事厅、理事通判、理事同知三级机构，负责审理驻防地的旗人诉讼；第四，在京师地区，设步军统领衙门，负责受理京畿所在地的普通旗人诉讼案件，可自行审结杖罪以下的案件，徒以上的案件交刑部办理，称"现审"案件。

二、诉讼审判制度

清朝在诉讼审判制度方面基本因袭明制，但也有一些发展变化，如诉讼的限制、会审制度及胥吏、幕友参与、干预司法等方面。

（一）诉讼的限制

中国历代统治者大多视户婚、田土、继承纠纷及轻微的刑事案件为"细故"，此类纠纷诉至官府，被认为是民风浇薄、教化不行的表现。认为既有违礼教，又有碍本业及烦扰官府，与"正人心、厚风俗"的立法宗旨相去甚远。清朝统治者继承这一思想，对民间词讼采取限制。主要措施有：

1. 强调"调处息讼"。清代法律维护宗族权力，在国家法律肯定下，各种乡规民约、家法族规大都确认宗族对上述案件有调处权，甚至惩处权。《大清律例》也规定许多轻微犯罪及妇女犯罪可以送交宗族，责成宗族管束训诫。婚姻、继承等民事纠纷，即使官府已受理，也可批转宗族处理，所谓"阖族公议"。

2. 起诉时间的限制。清朝律例规定，每年四月初一至七月三十日，为"农忙止讼"日，除谋反大逆、盗贼、人命之类的重罪案件外，户婚、田土、钱债之类的诉讼一律不予受理。在这四个月内是禁止起诉的期间。此外的八个月时间，官府也尽量限制诉讼。如各地官府规定"词讼日"或"放告日"，即准予起诉的日子。清初多规定为每月的逢三、逢六、逢九日，中期以后多为每月逢三、逢八日。

3. 起诉形式的限制。清代诉讼程序烦琐，首先起诉必须是书面形式，诉状须由官府指定的"代书"书写，然后盖上官府发给的印戳才有效。诉状的格式、字数等均有严格要求，稍有不符即不准状，官府拒绝受理。其次，规定所有原告必须亲自到衙门呈递诉状，除老幼残疾及妇女之外。禁止越诉和诬告，违者治罪。为表警示，旧时州县衙门外往往立两块石碑,刻有"诬告加三等,越诉笞五十"。

此外,严格限制讼师参与诉讼。为人代书诉状者必须经过官府考核批准,由官府发给"官代书"凭证。代书时若不据实书写则构成诬告罪,若是受人财物则以受财枉法罪惩处。凡是"教唆词讼,及为人作词状,增减情罪诬告人者,与犯人同罪"①。

(二) 会审制度

会审制度体现出中国传统审判制度中的"慎刑"思想,既是清代司法审判活动中的一项大典,也是皇权在司法领域的彰显。清朝废除了明朝的大审制度,保留了热审制度,将朝审进一步发展为秋审和朝审两大会审制度。乾隆年间编修《秋审条款》,详细规定朝审、秋审的时间、会审机关、管辖范围及处理办法等内容,标志着清朝会审制度的更为系统、完备化。

1. 热审

热审是指在每年小满后十日到立秋之前,由大理寺左右二寺官员会同各道御史及刑部承办司官员,审理发生在京畿的笞、杖案件,并予以减轻发落的制度。其目的在于加快笞杖案件的审决速度,避免因天气暑热笞杖刑犯人瘐毙狱中。

2. 秋审与朝审

秋审是朝廷各部院长官会同复审各省上报斩、绞监候案件的审判制度。因复核于每年农历秋八月中下旬进行而称为"秋审"。其程序是:各省督抚对本辖区内所有斩、绞监候案件会同布政使、按察使进行复审,提出情实、缓决、矜、疑等处理意见,然后将卷宗具册上报刑部(囚犯一般仍留省关押)。在秋审日,在天安门前金水桥西由军机大臣、内阁大学士、九卿、詹事、科道等中央各部院长官共同复审,然后由刑部领衔具题奏报皇帝,由皇帝作出最后裁决。朝审则是中央各部院长官会同复审刑部在押斩、绞监候罪犯的审判制度,时间一般为每年霜降以后,秋审的前一天进行。

经过秋审、朝审的案件,根据具体情节对罪犯分"情实"、"缓决"、"可矜"、"留养承祀"四种不同情况进行处理。(1) 如定为"情

---

① 《大清律例·刑律·诉讼》"教唆词讼"条。

实",即罪情属实,量刑适当,一般在冬至以前执行死刑。(2)如定为"缓决",即案情属实,但危害性较小,则暂时关押,等待下一年会审,如经三次复审,仍定为缓决,罪犯可免去死罪,减等发落。(3)如定为"可矜",即罪行虽然属实,但情有可原,直接予以减等发落。(4)"留养承祀"是雍正年间加入的,即罪行属实,但祖父母、父母年老无人奉养或为家中独子,经皇帝批准后,可以免死改为杖责、枷号示众(若是斗杀案件,则追缴二十两银子给死者家属作赡养费),然后释放。

秋审、朝审最后一个程序是皇帝亲自"勾到",届时刑部将"情实"案件分"服制"(杀伤有服尊长且情节较轻的)、"官犯"(官员犯罪)、"常犯"(普通人犯死罪)三类进呈。"服制"案件一般不"勾决";"官犯"案件常从重处罚,难有侥幸;罪轻的一律免勾。凡被"勾到"的重囚,在霜降以后、冬至前处死。在京待决死囚,照例仍先向皇帝复奏。

秋审、朝审自康熙年间形成制度以来,每年举行,皇帝若是因故"停勾",则要预先降旨,史家则盛赞皇帝有好生之德。据说康熙在位六十一年,其中秋审停勾、停止秋审的就有三十年。①

清朝的会审制度是对已经依法拟判案件的重新审核与裁决,虽然存在形式主义等弊端,但也有积极意义。其一,通过细密和严格的程序对案件进行审核,及时处理滞留案件,对统治秩序危害较轻的罪犯判以缓决,可起到镇压与恤刑双重效果。其二,加强皇权对司法活动的控制,尤其是对死刑决定权的控制,而且也有助于法律适用的统一,限制地方的擅杀与滥杀。

(三)胥吏、幕友参与、干预司法

胥吏与幕友参与、甚至干预司法是清朝司法制度的一大特点。

1. 胥吏

胥吏,又称书吏、书差或书役等,是各级衙门中从事文书工作的人员。书吏一般由各地官府自行招募,但是有一定条件限制:一是必须身家清白,即出身不能是"贱民";二是要有亲邻对其本人品行等

---

① 郑秦:《清代司法审判制度研究》,湖南教育出版社1988年版,第12页。

方面所做的保证书;三是具备一定的文字能力。另外,地方官要向吏部呈交一份盖有印信的证明书。法律禁止生员和监生从事书吏行当。

书吏的法定任职期限为五年,期满后可以参加相关考试,由吏部严加阅核,一等授予九品官职,二等授予流外官职。与中央主要由六部构成的行政主体相适应,地方官府的书吏也设有"六房",即吏、户、礼、兵、刑、工六房。此外,各地方官府还根据事务不同,设置其他一些书吏。

清朝地方衙门实行的是长官负责制,僚属佐贰人员严重缺额或不普遍设置,新任地方官又多是科举出身,对政务不熟悉,许多事务只能委于书吏。而且,书吏多是从本地招募,不仅熟悉衙门的故事陋规,而且熟悉当地的风俗习惯。因此,衙门的实际操作多是掌握在书吏之手,所谓"任你官清似水,难逃吏滑如油"。虽然清朝统治者制定了相关的防范法规,如《钦定州县事宜》有"防胥吏"一条,《大清律例》、《钦定吏部则例》中针对吏役的条例有数十条之多,但无法改变书吏对衙门事务的把持。

2. 幕友

幕友,又称幕宾、西宾等,俗称师爷,是明清时代官员私人聘请的行政、司法事务顾问。幕友以私人身份应聘,属于官员的私人顾问,薪水是从官员个人的财产中支付。幕友一般是受过一定的教育但未能通过科举出仕的读书人,经过专门训练,熟悉某些政务。其行为对幕主负责,有时也代主官查核胥吏,起着"代官出治"的作用。幕友一般可分以下几类:管司法审判的"刑名幕友",管财政税收的"钱谷幕友",管起草往来书信的"书启幕友",管起草给上级禀帖的"书禀幕友",管内宅账目的"账房幕友",管文件登记分类的"挂号幕友"等。最重要的是刑名、钱谷两类。

幕友"作为一个集团出现是职能需要的产物,只有放在中国传统教育和官僚体制的架构中才好理解"[①]。科举出身的官员精通儒家经典、擅长文章辞赋,但对于行政管理实务却不甚了解。而当时官

---

① 瞿同祖:《清代地方政府》,法律出版社2003年版,第154页。

僚体制实行的是长官负责制,地方正印官对辖区内的税收、治安、司法、教育、仓储、社会福利、宗教、礼仪等一切事务均负有责任,倘有疏忽,轻者罚俸、降职、革职,重者处死。即使官员熟悉各类政务,因个人精力所限,也无法亲理上述所有事务。而其他佐贰人员、胥吏等,无法得到官员信任。因此,经过专门训练、以官员私属亲信身份出现的幕友就成为必然,在衙门运行中扮演着重要的角色。

与科举出身的官员相比,胥吏与幕友更具有系统的律例知识,在参与处理司法事务的过程中,更有利于正确适用法律。但是官员对幕友的倚重,导致幕友对地方行政、司法的操纵,而胥吏又往往内外勾结、营私舞弊、贪赃枉法,加剧司法腐败。

第十二章 太平天国的法律制度

（1851—1864）

爆发于1851年的太平天国运动是中国近代史上一场规模空前的反帝反封建的农民战争。鸦片战争之后，中国社会的性质和结构逐渐发生变化，开始由农业社会向工业社会转变。伴随着社会性质的转变、民族矛盾的加剧，阶级矛盾也日益尖锐，而晚清政府却无力解决这一切，封建社会由此进入衰世。

1851年1月11日在洪秀全的领导下，太平天国运动在广西桂平县金田村爆发。起义人员以农民为主，附之于少量的手工业者，以宗教拜上帝会为连接纽带，斗争的矛头直接指向晚清政权，显示了强大的战斗力。1853年3月起义军即攻占了江南名城南京，随即改南京为天京作为自己的首都，正式建立起了自己的政权组织——太平天国。此后，起义军通过西征和北伐，不断扩大自己的统治区域，势力一度扩展到十八个省，并在这些地区建立起了具有自己特色的政权组织和法律制度。

如果仅从形式上看，太平天国政权仍然采用的是中央集权的君主专制制度，其法律形式同中国传统法律也无太大的区别，只是不如清政府所制定的法律系统规范而已，但仔细辨析我们则不难发现其所创建的政权和法律制度较之清政府的有着本质上的不同。太平天国的法律制度一方面体现了农民阶级的朴素愿望和要求，具有鲜明的革命性、民主思想和平等性，在维护革命秩序方面发挥着积极的作用；但另一方面又带有浓厚的宗教色彩、空想成分和受压迫者的一些情绪化的东西，具有明显的局限性。

学习本章，应以太平天国的纲领性文件《天朝田亩制度》、《资政新篇》以及太平天国刑事立法、婚姻立法和诉讼制度为重点,注意了解太平天国法律制度的主要指导思想、内容、特点和经验教训。

第一节　太平天国的法制指导思想

太平天国法律的指导思想极为复杂,既有农民阶级朴素的平等思想、民主思想,具有鲜明的进步性;但也包含着明显的落后内容,如封建思想、宗教思想和被压迫者情绪化的偏激思想等,这些思想元素交织在一起,共同构成了太平天国立法的指导思想。

一、平等、民主思想

原始的平等和民主思想是太平天国法律指导思想的重要源泉和主流思想,表现在许多方面。如在立法上强调有田同耕,有饭同食,有衣同穿,有钱同使,无处不均匀,无人不温饱等。

二、宗教思想

太平天国实行政教合一,为此太平天国的法律处处打上了"上帝"的烙印,不仅将大量的宗教术语当成了法律语言,将宗教戒条变成法律内容,而且还干脆将太平天国的法律称之为"天法"。宗教思想浓郁构成了太平天国法律制度的一大特色。如太平天国法律规定:"凡剪发剃胡须刮面,均是不脱妖气,斩首不留";"凡军中兵士打仗升天(即战死——引者注),此是好事,不准哭泣"[①];等等。

三、封建思想

太平天国在立法上强调贵贱宜分上下,制度必讲尊卑,如太平天国在强调平等的同时,又坚持等级制度,法律规定,禁止官兵和臣下谈论宫内后妃的名字、位次,违者处死。再如强调男女授受不亲,法律规定"如有官兵雇请民妇洗衣缝纫者,概斩不留"[②]等。

---

① 《太平刑律》,转引自蒲坚:《中国法制史》,光明日报出版社1997年版,第268页。
② 《太平天国》第3册,上海人民出版社1957年版,第225页。

四、偏激思想

太平天国的法律是由长期处于社会最底层的被压迫农民阶级所制定的,因而充满了情绪化的内容和气质,如在刑罚方面,太平天国的刑罚不但严酷,而且打击面也过宽,大凡犯罪、哪怕违纪也一概斩首,如规定"凡聚集饮酒,一概全斩","赌博者斩首"[①]等。

第二节 太平天国的纲领性文件

太平天国的纲领性文件有两部,早期是《天朝田亩制度》,晚期则为《资政新篇》,就这两部纲领性文件的实际影响力而言,前者要远远大于后者。纲领性文件的制定不仅使太平天国的建国有了明确的可以遵循的统一标准,还使这一爆发于晚清的农民运动达到了中国古代农民起义运动的最高峰。

一、《天朝田亩制度》

(一)制定

1851年太平军从广西起义后,便一路北上,到1853年太平军就占领了南京。定都于南京后,革命运动进入了一个新的阶段,即进入了一个以建立新政权为目标的新阶段。为此,起义军在洪秀全的领导下开始按照自己的政见和主张着手创建起具有自己特色的政治和法律制度。同年冬制定和颁布的《天朝田亩制度》,是太平天国最为重要的纲领性文件,在太平天国的历史上发挥了重要的作用。《天朝田亩制度》涉及政治、经济、文化等各个方面,其指导思想是"天下一家,共享太平"。

(二)基本内容

1. 政治制度

首先,太平天国在政治上仍采用中央集权的君主专制制度,并政教合一。按照规定,天王是国家一切权力的最高代表,也是国家的最

---

① 《太平刑律》,转引自蒲坚:《中国法制史》,光明日报出版社1997年版,第268页。

高教主,集政治、行政、军事、司法、宗教等一切大权于一身,就集权程度而言,太平天国的这种体制较之清朝政权有过之而无不及。天王之下设有王、侯、军师等朝内官员,辅佐天王管理朝政。

其次,太平天国地方政权分为省、郡、县三级。省级官员大都由驻扎在此的军事长官兼任,郡设总制,县设监军。县以下设各级乡官,依次是军帅、师帅、旅帅、卒长、两司马、伍长等,各级官员均执掌自己管辖范围内的一切政务、军务、司法乃至宗教的教务等,权力高度统一。太平天国的政治制度具有明显的宗教色彩和战时特征。

再次,太平天国重视各级职官的选拔与任用,为此还创建了基层官员的保举、群众公举和保升奏贬等制度。保举制度是一种遴选补充各级乡官的制度。按照规定凡天下每岁一举,以补诸官之缺,凡人民能遵守法令、天王命令及从事农耕者,均可以被保举。具体操作办法为:先由两司马向上呈报被保举人情况,经层层审查,层层保举,最后由天王定夺和任命。凡保举非其人者,保举者要承担一定的责任;除保举之外,太平天国的基层官员还可以由群众公举,太平军直接任用;保升奏贬制度则是提升和降免各级官员的制度。保升奏贬的办法为每三年对所有官员进行一次考核,确定奖惩和升降。考核的内容为能否尽忠报国、清廉为政和遵守法律。纵观太平天国,特别是其早期大致做到了严明奖惩,有功者及时升迁,有过者立时惩处,决不姑息,但同时又允许将功补过。

2. 农业经济制度

中华民族自古以来以农业为生,在土地私有化的前提下,伴随着人口的不断增加,如何解决人口和土地资源有限性之间的矛盾一直是困扰中国的一大社会问题。《天朝田亩制度》原本就是一个以解决农村土地问题为核心的纲领性文献,因而以土地问题为中心的农业经济制度在其中占据着重要的地位。《天朝田亩制度》根据"均田以赈贫穷"的理想,宣布废除土地私有制度,将一切土地收归天王所有,平均分配天下土地给农民耕种。其具体实施办法为:将土地按照肥瘦分成九个等级,然后以户为单位按人口,不分性别、好坏搭配,平均分配给农民进行耕种。在此基础上再规定每二十五家组成一个军事单位——"两"。每"两"设一"司马",总管行政、生产、分配、宗教、教育、司法、保举及军事,权力极大。每"两"设立国库,每家经营的农副产业所得,除留下必须消费的口粮外,一律上交国库。如遇到婚丧等特殊需要由国库按照规定支付。《天朝田亩制度》中所规定的土地经济制度是一个以土地公有、平均分配给农民进行耕种的土地改革方案;是一个军政合一、兵农合一的社会组织改革方案。

此外,《天朝天亩制度》中还对婚姻制度、诉讼制度等做了规定。这些规定我们将在后面详细介绍,这里从略。

(三) 意义与不足

作为建国的根本纲领,《天朝田亩制度》一方面具有一定的积极意义和进步作用,但同时又集中地体现了农民阶级的局限性,这一点无论是在其所确立的政治制度,还是经济制度中都有明确的反映。

1. 积极意义

太平天国所坚持的政治、经济制度中包含有朴素的民主成分和平等要求,如平均土地和保举官员等,并把历史上农民起义所提出的纲领发展到前所未有的新高度,是旧式农民阶级反封建思想的结晶。

2. 消极意义

它所追求的通过平均一切社会财富,消灭私有的手段实行人类平等的想法违背了社会发展的规律,是根本不可能实现的。同时它所主张的废除一切封建土地制度,势必剥夺农民和其他劳动者合法占有的土地,使广大农民的利益受到损害,从而引起广大农民的不满;它所确立的政治制度仍无法摆脱封建专制的窠臼,甚至较之于中国历史上封建政权之专制更加有过之而无不及。

这一切都使《天朝田亩制度》中所规定的许多内容施行的时间和范围极为有限,并从根本上决定了其所追求的理想不可能实现。

二、《资政新篇》

(一) 制定

《资政新篇》是太平天国晚期由洪仁玕所提议制定的一部带有资产阶级色彩的革命纲领。其时,太平天国运动已陷入非常严重的危险局面。1859 年曾为乡村塾师,并在香港生活数年的洪仁玕,历经周折抵达天京,受洪秀全重用,总理朝政,他根据自己的理想和太平天国的实际草拟了《资政新篇》,经洪秀全批准后颁布,成为太平天国晚期的革命纲领。

(二) 基本内容

《资政新篇》在结构上共分"用人察失"、"风风"、"法法"和"刑刑"四大部分,基本内容如下:

1. 政治方面

太平天国晚期内部宗派林立,极大地削弱了整体力量。为了消弭太平天国内部的宗派分裂活动,《资政新篇》主张"禁朋党之弊"、严禁私门请谒、卖官鬻爵,重新做到权归于一;积极推行地方自治,发挥地方的主动性;同时为了广泛听取各方意见,主张发扬"公议",设立"新闻官";等等。

2. 经济方面

主张发展近代交通运输和邮电事业;主张颁布保护私人投资法,鼓励兴办私人银行,发展金融事业;允许私人投资开采矿山;主张颁布劳资法,允许剥削和雇佣劳动等。《资政新篇》中所规定的经济主张,实质上否定了《天朝田亩制度》中所规定的取消私人经济、取消商品生产和交换等不切实际的想法,它所规定的主张是要把太平天国建成一个经济发达的资本主义国家。

3. 社会改良方面

主张移风易俗,反对骄奢淫逸,禁止寺庙,禁止溺婴,禁止鸦片等社会陋习,提倡兴建医院,减轻人民疾苦,兴办各种社会福利事业,解决聋哑和鳏寡孤独等弱势群体的救助问题,推动社会进步。

4. 法制方面

同《天朝田亩制度》相比,重视法制是《资政新篇》的一大特色。洪仁玕强调"国家以法制为先"[①],按照《资政新篇》中的主张,实行法制最为关键的就是"立法善"、"设法当"和"持法严"。不仅如此,对于如何"立法善"、"设法当"和"持法严",《资政新篇》中也作了充分的考虑。如洪仁玕认为,要想立法善和设法当,"立法之人必先经

---

① 洪仁玕:《立法制宣谕》,《洪仁玕选集》,转引自邱远猷:《太平天国法律制度研究》,北京师范学院出版社1991年版,第127页。

磨炼,洞悉天性人情,熟谙各国风教,大小上下,源委重轻,无不了然于胸中者,然后推而出之,乃能稳惬人情也"①。而"持法严",则关键是要做到各级官员奉公守法、以身作则,刚直不阿,不为权贵;同时建立必要的监察和赏罚制度,维护法纪。

此外,《资政新篇》中还主张要改革刑罚,善待轻犯,反对乱杀滥罚等,这一主张极有针对性。

(三) 意义和特色

《资政新篇》在很多方面发展了《天朝田亩制度》,它所提出的改革措施和方案,既是对早期、中期太平天国运动中所暴露出来的问题的系统总结,又带有鲜明的资本主义特色,许多方针很有针对性。但由于其中很多规定并不具备实行的条件和阶级基础,加之战争的环境,结果导致《资政新篇》并未能得到认真的执行,从而也未能挽救太平天国失败的命运。

第三节　太平天国法制的主要内容

太平天国长期处于激烈的战争环境,没有足够的时间从事法制建设,起义军的农民本色也决定了他们不太重视法制建设;加之太平天国运动失败后,晚清政权对太平天国所制定的各种文献又大肆烧毁,从而使保留下来的法律文献数量少之又少,极为零散和笼统。就现在所能见到的文献而言,太平天国统治时期,除前述的纲领性文件之外,在法制建设方面,相对较为完备的门类还包括刑事法制和婚姻家庭法制。

一、刑事法制

(一) 制定

刑事立法在整个太平天国的法律体系中占据着非常重要的地位。太平天国实行政教合一,金田起义之后,为了整肃军纪,同时也

---

① 洪仁玕:《资政新篇》,《太平天国》第 2 册,转引自邱远猷:《太平天国法律制度研究》,北京师范学院出版社 1991 年版,第 130 页。

是为了宣传其教义,太平天国的领导人曾制定有《十款天条》、《太平条规》等既属于教规,又包含着一定刑事方面内容的法律文献。定都南京后,天王所颁布的若干诏书和命令中也包含了一些刑事方面的内容。上述两个方面构成了太平天国刑事立法的主要渊源。

(二) 基本特点

1. 严厉镇压反革命分子

太平天国把一切封建官僚地主豪绅和反对太平天国的人都统称之为"妖",规定遇妖即诛。不仅如此,太平天国法律还严惩包庇藏匿上述人等,凡有意"藏妖"者,也要同"妖"一同镇压。

此外,对于那些隐藏在革命队伍里的反革命分子,太平天国法律也绝不留情。规定"凡有人带妖魔入城或妖示张贴谋反诸事……定将此人点天灯,其知情不告者一概斩首不留","如有被妖魔迷蒙反草通妖……即治以点天灯、五马分尸之罪"①。

2. 大力推行拜上帝会教义

太平天国农民起义是以拜上帝会为纽带发动和组织起来的,政权建立后又公开推行政教合一。为此,太平天国借助国家的合法暴力,以刑事立法的方式对意识形态领域加以控制,将中国传统的儒家经典一律视为妖书加以禁止。规定"凡一切妖书如有敢念诵教习者,一概均斩","凡一切妖物妖书一概毁化,如有私留者,收出斩首不留",同时规定取缔"妖歌妖戏",有人胆敢聚众上演者,一律严惩。

3. 严厉打击各种刑事犯罪

在各种刑事犯罪中太平天国法律尤为注重打击的犯罪行为有:妄杀无辜、奸邪淫乱、贪污盗窃、私藏金银、吸食鸦片等。《十款天条》等教规和法规中对此均有较为详细的规定:不好杀人害人,杀人即是杀自己,害人即是害自己。杀人害人者犯天条,必严惩;不好奸邪淫乱,凡男人女人奸淫者,名为变怪,最大犯天条,凡见人妻女好,便贪人妻女,是犯天条等。同时规定:凡奸淫妇女者,一经被害妇女喊冤,如系老兄弟定点天灯,新兄弟斩首示众;不好偷窃劫抢,凡偷窃人物,劫抢人物者,是犯天条,见人物产好,便贪人物产,是犯天条。

---

① 转引自蒲坚:《中国法制史》,光明日报出版社 1997 年版,第 258 页。

此外,由于太平天国实行公有制,因而对私藏金银等行为也惩罚极严。1851年太平天国起义不久,天王即下诏:"凡一切杀妖取城,所得金宝绸帛宝物等项,不得私藏,尽缴归天朝圣库,逆者议罪。"①此后,这一规定一直被严厉执行。吹洋烟,是犯天条。不仅如此,洪秀全等还曾专门下诏或发布公告,对贩卖、吸食鸦片者进行严惩,"一经查出,立即严拿,斩首示众,决不宽赦"②。"倘有贩卖者斩,吸食者斩,知情不禀者一体治罪。"③

4. 刑罚简单而严酷

太平天国所规定的刑罚,种类简单而残酷,甚至有些野蛮,即有杖刑、枷刑和死刑三种。杖刑和枷刑无定式,适用于较为轻微的犯罪。死刑的执行方式大致有斩首、点天灯、五马分尸、剥皮等。此外,死刑的适用范围也较为宽泛,大凡一切敌对分子、杀人犯、强奸犯、盗窃犯等情节严重者均可适用死刑。

二、婚姻家庭法制

(一) 制定

太平天国在其统治时期,并未制定单行的婚姻法规,婚姻立法主要体现在《天朝田亩制度》和一些教规、教义之中,因而显得较为杂乱。太平天国的婚姻法规在一定程度上消除了儒家礼教的影响,并在一定范围内废除了封建婚姻的制度,构建起了太平天国极富特色的婚姻制度。太平天国的婚姻法规同其所创建的其他法律制度一样,进步性和落后性并存。

(二) 基本原则

1. 一夫一妻

"一夫一妻,理所宜然"④,这是太平天国婚姻制度中的基本原则。英国人呤唎在其所著的《太平天国革命亲历记》中亦明确指出:"太平天国的下层人民,一人只许娶一个妻子","如果认为太平天国

---

① 中国近代史资料丛刊《太平天国》第1册,上海人民出版社1957年版,第65页。
② 《太平天国》第1册,上海人民出版社1957年版,第68页。
③ 《太平天国》第3册,上海人民出版社1957年版,第225页。
④ 同上。

是普遍推行多妻制的,那是大错特错的"①。

2. 男女平等

太平天国根据"天下多男子,尽是兄弟之辈,天下多女子,尽是姊妹之群"的教义,确定了男女平等的婚姻原则。

3. 反对买卖婚姻

《天朝田亩制度》中规定:"凡天下婚姻不论财",反对买卖婚姻。而具体实施办法是由两司马具体负责办理其管辖的二十五家婚娶吉喜等事,按照《天朝田亩制度》的规定婚事必须祭告天父上主皇上帝,一切旧时歪例尽除。

但在承认上述进步性的同时,我们也必须指出,太平天国所实行的婚姻家庭制度只是针对平民百姓而言,事实上天王等统治者则一如封建帝王过着多妻的生活。同时,还需要指出的是,太平天国的婚姻制度中还存在着一些明显的不足,如早期所刻意推行的禁欲主义等。太平天国早期主张消灭家庭,实行的是"严别男行女行"的极端制度,成年女子常年住在"女行"、"女馆"之中,结果导致"虽夫妻不许相见"。当时南京的一位亲历者对此公开说:"是时贼令男女分居,有同室者斩以徇。于是有室不能保,有家不敢归。"②这种极端的做法显然是一种历史的倒退,到太平天国后期这一制度得到了部分纠正。

第四节　太平天国的司法制度

太平天国实行司法行政合一制,各级官员均拥有司法审判权,并未建立独立的司法机关,中央、地方均如此。司法行政合一制的推行既是对清朝同类制度的承继,又是战争环境的必然选择。

一、诉讼审判制度

同太平天国保留下来的法律文献较少一样,有关太平天国诉讼

---

① 〔英〕吟唎:《太平天国革命亲历记》,王维周译,中华书局1961年版,第245页。
② 《太平天国史料丛编简辑》第2册,转引自邱远猷:《太平天国法律制度研究》,北京师范学院出版社1991年版,第74页。

审判的具体制度我们已知的也很少。按照《天朝田亩制度》中的规定,太平天国时期的诉讼审判制度大致如下:"各家有争讼,两造赴两司马,两司马听其曲直。不息,则由两司马挈两造赴卒长,卒长听其曲直;不息,则卒长上其事于旅帅、师帅、典执法及军帅。军帅会同典执法判断之。既成狱词,军帅又必上其事于监军,监军次详总制、将军、侍卫、指挥、检点及丞相,丞相禀军师,军师奏天王,天王降旨,命军师、丞相、检点及典执法等详核其书,无出入,然后……直启天王主断。天王乃降旨,主断,或生、或死、或予、或夺,军师遵旨处决。"①

这一规定显然过于理想,不可能真正执行。

此外,呤唎在《太平天国革命亲历记》中对太平天国的司法制度也曾作过如下的记述,他说:"我们首先要加以颂扬的论题就是太平天国的法庭。这些法庭毫不例外地是最严格最公正的。令人憎恶的场面,满清衙门的少不了的附带物,如施于原告、被告、犯人的酷刑之类,全被废除。原被告两造及证人全部当面对证……可耻的贿赂制度在太平天国法庭完全是闻所未闻的。任何一种酷刑均被法律所严禁。囚犯和诉讼人全部具有依法举行辩护的权利。有钱有势的人决不能用不正当的手段胜过穷人。没有最明白最确实的罪证就不能判决和处罚任何一个人……所有的审判全部以是非曲直为准则,而不拘泥于条文,由此很少发生欧洲法庭中因法律上的专门术语及诡辩经常所导致的显然不公的现象。"②

二、诉讼审判制度的特点

综合上述史料可以归纳出太平天国诉讼审判中的若干制度和特点:

(一)程序烦琐

《天朝田亩制度》中规定的诉讼审判程序过于理想,不可能真正实施,但尽管如此仍无法改变其程序的烦琐。如《天朝田亩制度》中

---

① 《太平天国》第1册,上海人民出版社1957年版,第322—323页。
② 〔英〕呤唎:《太平天国革命亲历记》,王维周译,中华书局1961年版,第437—438页。

规定的审判中的层层转审制度,较之中国传统的转审制度更为复杂。转审制度尽管在某种程度上讲有利于审判的公正,但作为一种制度,毕竟过于烦琐,既不适合战争的需要,也是对司法资源的一种浪费。

(二) 天王专断

在太平天国的政治体制中,天王处于一切权力的最顶峰,天父是"天上地下之大主宰","天父上帝要人生则生,要人死则死"①。从司法权角度讲,按照《天朝田亩制度》的规定,太平天国的几乎所有重大案件,都需要由天王来最终裁断,其他的各级官员只是审判的执行者而已,正所谓"天朝严肃地,咫尺凛天威,生杀由天子,诸官末得违"②。

(三) 神明裁判

太平天国的审判具有明显的神明裁判的特点,而其神明裁判是借助"天父上帝"的名义来进行的,天王洪秀全等人不过是"天父上帝"的代言人。为了强化神明的公正和能力,太平天国的审判过程中借助一些特有的仪式拼命渲染"天父"、"上帝"的威力,以便使"天父"、"上帝"的意志贯彻到所审理的案件之中。

(四) 注重结果

透过前面所引述的材料,我们可以得知,太平天国在审判过程中强调实质公正,注重案件的最终合理解决,加之审判者的负责精神和不惜一切代价的人力投入,从而使大多数案件得到了公正的解决,给时人留下了深刻的印象。但这种对个案公正的拼命强调,也使程序问题越发无人注意。

---

① 《太平天国》第 1 册,上海人民出版社 1957 年版,第 13 页。
② 《太平天国》第 3 册,上海人民出版社 1957 年版,第 223 页。

第十三章　晚清的法律制度

（1840—1911）

1840年鸦片战争之后，中国社会进入到一个新的发展阶段。传统的天朝帝国无法再继续闭关锁国，"康乾盛世"也无法再维系辉煌。西方列强用坚船利炮打开了中国的大门，迫使清政府签订了一系列不平等条约，中华帝国一步一步丧失了独立的主权和领土完整，沦为半殖民地半封建国家。通过这些不平等条约，西方各国不仅从中国获得了大量领土、白银、矿产资源等，还在中国建立起领事裁判制度，获得了"治外法权"。同时，还不断向中国输入西方的法律制度与学说、思想。这一切都极大地破坏了清王朝的司法独立主权，也动摇了传统封建法制的基础。

1900年以后，清廷为适应半殖民地半封建社会的现实，维系自己的统治，迫于内忧外患的压力，不得不接受新兴资产阶级代表人物的思想主张，着手改良封建法制，修订法律，还宣布要"仿行宪政"。在这一过程中，清廷陆续引进了许多近代西方的法律制度与思想、原则，制定并颁布了一系列近代意义上的法律制度，也建立起了较为完整的近代司法体系。这一段时期的立法数量之多，规模之大，涉及领域之广，体系之完备，在中国历史上十分罕见。更重要的是，这些举措与传统法律文化的冲突，直接导致了传统中华法系的解体，为近代资产阶级民主制度的建立打下了基础，也提供了有利条件。因此，晚清的法律制度是中国法制从传统向现代过渡的重要阶段，是中国法制史的重要组成部分。

本章学习的重点是晚清修律的背景、内容与影响，预备立宪的主要活动与影响，领事裁判制度的内容，以及晚清诉讼审判制度改革的主要内容。

第一节 晚清的预备立宪

"预备立宪"是指清朝政府在 1906 年以后推行的一场以预备"仿行宪政"为名的政治活动。"预备立宪"期间,清政府不断派人考察西方宪政体制,宣布开始仿行宪政,制定并颁布了《钦定宪法大纲》、《宪法重大信条十九条》等宪法性文件,着手改革了封建官制,建立了资政院和谘议局,还培养了一大批具有初步宪政法律素养的法律人才,为我国近代宪政运动的发展创造了条件,也为我国近代法律的现代化奠定了基础。

一、预备立宪的背景

1900 年的八国联军战争,使清朝统治集团再次重演了四十年前被逐出北京的悲剧,以慈禧太后为首的皇室成员在逃亡的过程中不得不面对现实,有所警醒。光绪二十七年(1901)一月,流亡西安的慈禧太后以光绪的名义下诏变法,提出"世有万古不易之常经,无一成罔变之治法。大抵法久则弊,法弊则更","法令不更,锢习不破,欲求振作,须议更新"①。四月,清廷成立"督办政务处",改革政治经济体制,全面推行"新政"。

"新政"从加快发展民族工商业、推广建立新式陆军、变革传统科举、推行新式教育等角度出发,陆续推出改革举措。但是,这些举措并没有减轻清政府所面临的内外矛盾,反而因为新政推出的许多改革措施产生出更多新与旧的冲突。国内外要求清政府加快政治改革的呼声越来越高。

从国际上看,西方列强要求对义和团和八国联军战争中清廷内部的主战派进行严惩,极大地动摇了清朝统治的基础,不但传统"纲常法纪"荡然无存,连正常的皇家威严也无法维系。慈禧太后不得不向列强表示,要"量中华之物力,结与国之欢心"。《辛丑条约》签订之后,列强陆续给清廷施加压力,要求清政府改革政治体制,英国

---

① 《清德宗实录》第 476 卷。

等甚至表示,如果清政府通过改革完善中国的法律和司法制度,英国可放弃在华的治外法权。这些压力和诱惑迫使清政府不得不按照列强的要求,变革传统法制。

在国内,随着20世纪初中国民族资本主义的迅速发展,民族资产阶级不断发展壮大,他们在政治上要求尽快改革政治体制,建立更加有利于资本主义快速发展的国内环境,分享清朝政府的部分权力。新兴的资产阶级立宪派是他们的代言人。立宪派不但通过上书呼吁、组织立宪社团开展活动、开办报纸翻译西方宪政书籍等宣传立宪思想主张,还和清廷内部的一部分官员、地方上的一些封疆大吏、部分驻外公使等联合起来,在统治集团内部形成了一个有力的主张立宪的派别,不断呼吁清廷加快变法,采用立宪政体。

与此同时,以孙中山为首的资产阶级革命派开始意识到必须通过革命推翻清政府的统治,才能拯救中国。1894年,他成立"兴中会",开始领导反清武装起义。1905年,国内外革命派力量逐渐汇聚,在孙中山的倡议下,成立了中国历史上第一个资产阶级政党——同盟会,提出"驱除鞑虏,恢复中华,建立民国,平均地权"的口号,矛头直指清廷的统治。此后,同盟会有计划有组织地在全国各地发动了一系列推翻清朝统治的武装起义,对清朝统治形成极大的威胁。

此外,20世纪初年,国内民众因不满清朝政府的统治而自发地起来的斗争的形势也越来越高涨,各地农民的抗捐抗税、工人的罢工、反教会活动、抢米风潮等此起彼伏,山西、安徽、云南、河南、四川等省陆续爆发了以反对帝国主义掠夺、反对清廷腐朽卖国为目的的收回矿权的斗争。

1904年,日本和俄国在中国领土上爆发了一场战争,成为清廷预备立宪的直接导火线。战争以小国日本战胜大国俄国而结束。日本能够在短短几十年中迅速崛起,甲午战争中打败了中国,现在又打败了俄国,这一事实极大地刺激了当时的资产阶级立宪派和统治集团中部分思想开明的官员。他们纷纷得出结论,日本对俄国的胜利,实际就是立宪政体对专制政体的胜利,如果再不改革政体推行宪政,清政府的统治将难以维系。

面对外部来自西方各国的压力、内部要求改革的呼声以及正在发展壮大的资产阶级革命派组织的以推翻清朝统治为目标的系列革命活动,清政府意识到潜在的巨大危险。1905年12月,清廷派遣以载泽为首的五大臣出洋考察各国宪政。半年后,五大臣回到北京,"痛陈不立宪之害及立宪之利",向朝廷提出立宪是历史发展的潮流,"国无强弱,无大小,先后一揆,全出宪法一途",目前"救危亡之方,只在立宪"。载泽还从皇室自身统治利益的角度提出了实行立宪政体的三大好处:一是"皇位永固",行政职责由大臣承担,政府可更替,但是皇室和君主则可以世代延续;二是"外患渐轻",中国仿照西方实行宪政之后,列强各国对中国的歧视态度会改变;三是"内乱可弭",国内立宪派的政治志向与朝廷目标一致,革命派也失去了目标,内乱纷争会"冰消瓦解"。此外,他还向清廷建议,中国立宪应该远法德国、近采日本,即以德国、日本的宪政模式为学习榜样。

在这样的背景下,以慈禧太后为首的清朝统治集团下决心"仿行宪政"。1906年9月,朝廷发布上谕,诏令"大权统于朝廷,庶政公诸舆论,以立国家万年有道之基",但是考虑到目前"规制未备,民智未开",宪政不能"操切从事,徒饰空文",只能"分别议定,次第更张",等到基础具备、时机成熟时,将"参用各国成法,妥议立宪实行期限,再行宣布天下"。不久,将"考察政治馆"改为"宪政编查馆",直属军机处,作为立宪专门机构,负责办理宪政,编制法律,统计政要。预备立宪次第展开。

二、预备立宪的主要活动

按照"预备立宪"上谕的精神,清政府于1906年从"官制改革"着手,开始预备立宪,先后草拟并陆续公布了《资政院院章》、《谘议局章程》及《钦定宪法大纲》,1909年各省相继设立"谘议局",1910年中央设立"资政院"。在各立宪团体和谘议局、资政院组织的系列活动的压力下,清廷不得不将预备立宪期限从九年缩短为五年,并开始接受立宪派们提出的主张,答应于1913年召开国会,并于国会召开前成立责任内阁。

(一) 官制改革

预备立宪始于官制改革。预备仿行宪政的第一道上谕,就强调

"廓清积弊,明定责成,必从官制入手",应"先将官制分别议定,次第更张"①。官制改革的原则是仿照西方三权分立的原则,使"立法、行政、司法三权并峙,各有专属,相辅而行"。具体而言,资政院掌立法,行政各部掌行政,大理院主审判而法部行监督。② 官制改革对中央行政机构进行调整的结果是,内阁与军机处并存,外务部、吏部、学部不变,设农工商部、邮传部、民政部、度支部、陆军部、法部、理藩部、礼部等共十一个部,各部设尚书一名,侍郎两名。1911年5月,新内阁成立后,以总理大臣为首,原内阁和军机处撤销,军机大臣、各部尚书改称国务大臣为内阁成员。

在改革中枢政治体制的同时,清廷也着手续订各省官制,进行地方政治体制改革,并于光绪三十三年(1907)颁布了《各省官制通则》,基本内容规定:"各省按察使改为提法使,并增设巡警、劝业道缺,裁撤分守、分巡各道,酌留兵备道及分设审判厅,增易佐治员。"明确由东三省先办,直隶、江苏两省择地试办,其余各省根据实际情况,次第办理实行。通过官制改革,清廷对各省、府、州、县的行政机构作了新的规定,使之与中央机构改革相适应,同时又达到了削弱地方督抚权力、加强中央集权的目的。

在推进官制改革的同时,清廷还颁布了一系列与之配套的法律法规,以调整行政法律关系,规范行政行为,主要有:《内阁官制》、《学部官制》、《法部官制》、《民政部官制》、《陆军部官制》、《农工商部职掌事宜》、《度支部职掌员缺章程》、《商部开办章程》、《州县改选章程》、《外官考验章程》,等等。

(二)《钦定宪法大纲》的颁布及其内容、影响

尽管在宣布仿行宪政时清廷提出数年后再确定预备立宪的具体期限,但面对国内外立宪组织的活动以及西方各国的压力,两年后,即1908年8月,清廷就颁行了《钦定宪法大纲》,明确宣布预备立宪以9年为期,并明确以《大纲》为准则正式实施宪政。《钦定宪法大纲》的颁布是"预备立宪"活动的关键步骤。

---

① 《清末筹备立宪档案史料》上册,中华书局1979年版,第45页。
② 同上书,第463页。

《钦定宪法大纲》由"宪政编查馆"编订,共 23 条,内容包括"君上大权"和"臣民权利义务"两部分。"君上大权"是"正文",共 14 条;"臣民权利义务"是"附录",共 9 条。

《钦定宪法大纲》首先强调君权的地位和君主的神圣,第 1 条、第 2 条即规定:"大清皇帝统治大清帝国,万世一系,永永尊戴","君上神圣尊严,不可侵犯。"第 3 条到第 14 条分别赋予了君上种种大权,包括颁行法律、设官制禄、黜陟百司、总揽司法、召集和解散议院、统帅军队、宣战媾和以及发布可"代法律之诏令",等等。为了防止议会对军权的干扰,《大纲》还对议院做出种种限制,如:"用人之权操之君上,而大臣辅弼之,议员不得干涉";"凡法律虽经议院议决而未奉诏令批准颁布者,不得见诸施行";"凡一切军事,皆非议院所得干预";"国交之事,由君上亲裁,不付议院议决";"皇室经费,应由君上制定常额,自国库提支,议院不得置议";等等。

《钦定宪法大纲》中关于臣民权利义务的部分,主要是规定人民有当兵、纳税和服从清政府法律的义务,虽虚伪地规定了人民有言论、出版集会、结社和人身等自由权利,但又规定必要时皇帝"得以诏令限制臣民之自由"。

由以上内容可以看出,《钦定宪法大纲》的重心仍然是维护君上大权,根本没有限制任何皇权,不过是用宪法的形式把皇帝至尊的地位和至高无上的权力加以确认而已。所以,《大纲》一经颁布,清廷立宪的真实意图立刻暴露,马上遭到国内外的强烈批评与反对。不仅资产阶级革命派没有因此停止革命活动,就连统治集团内部的部分改良派也大感失望,清朝的统治陷入更深的危机之中。

(三)资政院和谘议局的设立

1907 年 9 月开始,清政府陆续诏令中央筹建资政院、各省筹设谘议局。谘议局是属于地方议会性质的机构,1908 年 7 月,清廷颁布《谘议局章程》。按该章程规定,谘议局"为各省采取舆论之地,以指陈通省利病、筹计地方治安为宗旨",实际变为督抚的咨询机构了。谘议局议员由州县选举产生,采用复选制,即先由选举人选出若干选举议员,再由选举议员选出议员,并且对选举和被选举的资格都做了极严格的限制。事实上,最后拥有选民资格的百不足一,全国选民比例平均只有0.42%。

尽管如此,一年后,除新疆外,全国各省都相继成立了谘议局。此后,各谘议局根据当地特点,在广泛调研的基础上提出了大力发展教育、振兴实业、弹劾贪污官吏等议案,并组织了三次规模浩大的请愿活动,敦促清廷速开国会、颁布宪法、组建责任内阁,整个活动持续一年多,参加者达到数十万人,除了立宪派知识分子、社会知名人士、各省议员、部分官员外,十八省的督抚以及资政院议员也都参与推波助澜,在全国产生较大反响,海外华侨团体、留学生也纷纷通电声援。

与此同时,1909年8月清政府又颁布了《资政院章程》,宣告资政院"以取决公论、预立上下议院基础为宗旨",明确资政院是向国会过渡的权力机关,其职权包括:负责法典的修订修改,议决国家的预决算、税法、公债,对行政机构实施监督,决定其他奉旨交议的事项,等等;另一方面又规定,资政院所议决的事项须奏请皇帝裁夺;军机大臣和各部行政长官有权要求复议,若双方意见不一,则分别上奏皇帝;皇帝有权令资政院停会或解散。资政院议员的产生有钦定和民选两种,钦定即皇帝直接指定,民选主要由各省谘议局议员互选,经督抚圈定后产生。钦定和民选议员在数量上各占一半。

1910年10月,资政院首次开院议事。资政院通过了《请速开国会奏折》递交朝廷,另外还通过了弹劾军机大臣案、昭雪戊戌冤狱案、著作权律案、剪发易服案、划一刑律案等二十多项议案,宣传了民主宪政的思想,推进了宪政改革的步伐,对清政府形成巨大压力。清廷收到《请速开国会奏折》后,立即宣布将原先规定的9年预备立宪期缩短为5年,答应于1913年召开国会,并于国会召开前成立责任内阁。

(四)《宪法重大信条十九条》的颁布

1911年10月10日,武昌起义爆发,各省纷纷宣布独立。清廷为应对迅速发展的革命形势,再次下"罪己诏",解散皇族内阁,释放政治犯,并令资政院迅速起草宪法。11月3日,颁布了《宪法重大信条十九条》,简称《十九信条》。

《十九信条》与前面的《钦定宪法大纲》不同,它采纳了英国式的虚君共和模式,开篇首先宣示"大清帝国皇统万世不易"、"皇帝神圣不可侵犯",但是在随后的内容中对皇权作了许多限制。根据规定,皇帝之权仅限于颁布由国人起草、议决的宪法;任命国会公举的总理大臣和总理大臣推举的国务大臣;经国会议决,得缔结国际条约、宣战、媾和、颁布国会之议决事项;皇帝统率海陆军,但对内使用时,应依国会议决之特别条件,此外不得调遣;皇帝不得以命令代法律;皇室大典不得与宪法相抵触,皇室经费之制定及增减,由国会议决;官制官规,以法律定之。

《十九信条》提高了国会的地位,加强了国会的权力和监督作用。国会议员均由国民公选产生,皇帝不再钦定;国会有起草宪法、决议宪法之权及宪法改正提案权;有选举内阁总理、弹劾内阁总理之权,议决国际条约的缔结及宣战、媾和事项;议决预算决算、皇室经费及皇帝对内使用军队的特别条件等。

《十九信条》还明确了要实行责任内阁制,扩大了内阁总理的权力。由国会选举产生的内阁总理有权推举国务大臣,组织内阁;在受到国会弹劾时,有权解散国会。

《十九信条》规定了皇权、立法权、司法权和行政权的制衡原则:国会有起草、修改、议决宪法权,但要以皇帝的名义颁布;有权选举内阁总理,但要由皇帝任命;国会议决条约、宣战、媾和等事项,仍要以皇帝名义施行;国会有权弹劾内阁总理,内阁总理亦有权解散国会;皇帝有权任命内阁总理及国务大臣,但需由国会及内阁总理推举;皇帝有权统率军队,但对外宣战须由国会议决,对内使用须遵守国会议决之特别条件。这些互相制衡的规定体现了西方议会政治的特点。可是,毕竟为时已晚,《十九信条》公布后不到两个月,中华民国南京临时政府就正式宣布成立了。

必须指出的是,《十九信条》关注的仍然是皇权、内阁、国会等内容,只字未提臣民权利义务的内容,一方面反映出时势紧迫,起草者来不及考虑,只能"暂从阙略,俟全部起草时,再行拟具"[①];另一方面反映出民主、人权、平等等观念还没有真正在中国普及,传统的重权力而轻权利的观念仍然占主导地位,思想启蒙的任务还很重。

---

① 《清末筹备立宪档案史料》上册,中华书局1979年版,第102页。

(五) 预备立宪的实质、影响与意义

20世纪初年以清政府为主体实施的预备立宪活动,是一个在特殊的政治、社会背景下发生的一场特殊的宪政活动。从清政府的本意来说,是不愿意实施宪政的,更不愿意皇权受到约束和限制。但是,面对内忧外患的形势和国内外立宪力量的强烈呼声,他们不得不做出让步,以预备立宪来应付时局,取悦列强,缓和内外矛盾和舆论压力、政治压力,遏制革命形势,以达到消除统治危机的目的。所以,预备立宪从其本质动机来说,是一场政治欺骗活动。正像载泽在给慈禧的密折中说的那样,"不知今日之宣布立宪,不过明示宗旨为立宪之预备。至于实行之期,原可宽立年期",立宪是不会损害皇室利益的。在这样动机下推出的各项立宪举措,其前提都是要保护皇室的利益、维护皇权统治的。

不过,应该看到,短短几年的预备立宪活动,在中国历史上仍然有其积极意义,产生了积极的影响。

首先,它推出的系列政策在实施的过程中加剧了中央与地方、满洲贵族与汉族权贵之间、阶级之间的矛盾,在本来就矛盾交错的社会背景下引发了更多的社会混乱,加速了辛亥革命的发生,也加速了清朝的灭亡,从另一个方面催生了新的民主共和政治制度的诞生。如官制改革中,地方督抚为自身利益抵制中央的控制、一再要求划分中央与地方行政权限,削弱王公大臣的权力;又如,在内阁人员酝酿产生的过程中,统治集团中的各种势力围绕权力的重新分配纷纷拉拢亲信你争我夺、冲突不断。其中既有改革与传统的对立和冲突,又有改革与利益之间的冲突。这些都严重削弱了清朝统治集团的力量。

其次,"预备立宪"过程中产生的一些新机构,如资政院、谘议局等,却是封建政体的异体。尽管它们的活动都是在总督和朝廷的严密监视之下的,但是,它们的各项活动却是对清廷的巨大挑战,《速开国会案》反对九年预备立宪计划,矛头直指皇权权威;对军机大臣的弹劾,则直接针对朝廷的行政中枢。这些活动都是由君主政体过渡到近代民主政治体制的重要环节,在一定程度上改造了君主专制制度,直接冲击了根深蒂固的专制政体。

最后,引进了西方国家的近代法律理念,传播了宪政文明。宪

法、议会等第一次被引进中国的政治生活,皇帝的权力不是与生俱来的,而是宪法赋予的,皇帝也不是可以为所欲为的,也必须遵守法律的规定。这些观念在中国逐步传播的过程,也是中国人法律观念逐步改变的过程。这个过程也培养了一大批具有初步宪政法律素养的法律人才,为我国近代宪政运动的发展创设了条件,也为我国近代法律的现代化奠定了基础。

第二节　晚清的修律活动

修律是清末"新政"的重要内容,是清政府在各种压力下被迫推行的一次自上而下的重大法律变革。正如前文所述,西方列强所施加的政治、军事压力和对清朝统治集团中顽固守旧势力的打击,迫使清政府不得不根据列强的需要,主动改革法律制度,迎合和满足西方列强的政治需要。

另一方面,修律也是国内政治经济发展、法律文化进步的内在需求。自洋务运动开始,国内民族资本主义逐步发展,在开放程度较高、经济较发达的上海、江苏、广东、天津等地,工商实业发展势头良好,需要一定的法律环境和法律保护。原先的传统法律已经不能适应形势的发展和社会经济的需求。早在"新政"开始之初,时为两江总督的刘坤一与湖广总督张之洞联名上奏的《江楚会奏变法三折》中就提出,中国必须要有商律,这样"华商有恃无恐,贩运之大公司可成,制造之大工厂可设,假冒之洋行可杜",指的就是这一情形。所以,他们认为当务之急,必须要"整顿中法"、"吸收西法",并具体提出"省刑责,重众证,改罚锾,紧诉累,省文字,修监羁,教手艺,恤相验,派专官"等九项需要改革的内容。

光绪二十八年(1902)四月,清廷正式下诏,提出修律,认为"中国律例,自汉唐以来,代有增改。我朝《大清律例》一书,折衷至当,备极精详。惟是为治之道,尤贵因时制宜,今昔情势不同,非参酌适中,不能推行尽善。况近来地利日兴,商务日广,如矿律、路律、商律等类,皆应妥议专条"。清廷要求修订法律大臣"将现行一切律例,按照交涉情形,参酌各国法律,悉心考订,妥为拟议,务期中外通行,有裨治理"。从此,清末修律正式提上日程,朝野上下一时"争言变法"。在沈家本主持下,清廷先后派员分赴欧美、日本考察法制,逐渐确定了"博稽中外,参考古今"、"模范列强"、"务期中外通行"等修律宗旨。

同年,清廷筹建修订法律馆,作为负责修律的专门机构。清廷任命时为刑部左侍郎的沈家本、出使美国大臣伍廷芳为修订法律大臣,主持修律事务。沈家本出身进士,在刑部任职三十多年,对传统中国法律了如指掌,同时又对西方近代法律制度有所了解;伍廷芳是中国首任驻美大使,熟悉美国和西方的法律与政治。1904年5月,修订法律馆开始工作,清末修律正式启动。

一、修律的指导思想

第一,西法与中法相结合。"务期中外通行"是清廷决定修律时已经定下的原则之一。按照这一原则,修订法律大臣沈家本等采取多种灵活手段,"兼采列邦之良规,无违中国之礼教",既推行新的西方法律原则和理念,又要保护传统纲常伦理,还要减少现实推行过程中的各种阻力,做到引进西法、仿行西法又不颠覆根深蒂固的传统礼法原则,最终实现新法规缓慢推行。

第二,修律与促进法制文明相结合。传统中国法制不但刑制与罪制落后,千年延续不变,而且刑罚手段残酷,与近代社会明显不符。清末修律过程中,沈家本等人通过删除酷刑、禁止买卖人口和蓄养奴婢、改良监狱等措施,逐步改变了清朝法律落后与野蛮的现状,促进了法制文明,为中国法制的近代化打下了基础。

第三,修律与传播法律新思想相结合。沈家本是一个深受传统文化熏陶、有着深厚传统律学背景的官员,又生活在西学东渐、新学兴起的近代,对西方法律文化也有相当的了解。他充分认识到法理学的昌明与法制建设的关系,提出"法之修也不可不审,不可不明。而欲法之审、法之明,不可不穷其理"。他从变法修律的需要出发,组织翻译大量西方法学著作,探讨西方法理学,用以指导改革旧律,建立新律,同时传播新思想,培养新式法律人才。

二、修律的主要内容

清末修律重要包括两个基本方面:一是删修旧律旧例,改订刑罚制度,废除一些残酷的刑种和明显不合时宜的制度,以公布《大清现行刑律》为代表;一是制定新律,包括公布了《大清新刑律》、《大清民律草案》、《大清商律草案》、《大清刑事诉讼律草案》、《大清民事诉讼律草案》等一系列新法律。

(一)删改旧刑律,颁行《大清现行刑律》

修订法律首先从修订《大清律例》开始。沈家本陆续奏请删除律内凌迟、枭首、戮尸三种酷刑;又奏请废除缘坐、刺字等律内重罚,取消了对戏、误、擅杀等虚拟死罪,直接改为徒、流;改革了旧的赎刑,代之以新的罚金制度。另外,他还奏请禁止买卖人口和蓄养奴婢、奏请改良监狱等等,都得到清廷的许可。

对旧律进行修改的最具代表性的成果是《大清现行刑律》的颁布。《大清现行刑律》主要在《大清律例》的基础上修改而成,共36卷,并附有《禁烟条例》12条和《秋审条例》165条,于1910年5月正式颁行。

《大清现行刑律》的改动与变化主要有:

1. 改律名为"现行刑律",并突出"刑律"二字,以示与旧律之不同,并与新潮流相符。

2. 取消了旧律按吏、户、礼、兵、刑、工六部名称而分的六律总目。因为官制改革之后,原先的中央六部已经不复存在。《现行刑律》除保留"名例"作为总则以外,将各条按其性质分为三十门。为显示对礼教的重视,依然将服制列于篇首。

3. 根据现实情况对条款进行调整、删节:一是因时事变化而过时的条款,近代以来已经解禁或与"新政"不符的规定,如禁止民人出海、开矿、结社、集会、发行报纸之类,以及奸党、同姓不婚、良贱不婚等内容均被删去,涉及"奴婢"条款中的"奴婢"均改为"雇工人"等;二是一些特权条款被删除,如满人可酌情减等、换刑等特权均被取消;三是一些关于婚姻、继承、析产、田宅、钱债等纯属民事范围制裁的条款均被去除,以示民事法与刑事法的区别。

4. 改革了刑罚制度。废除了一些封建的刑罚方法,删除了凌迟、枭首、戮尸、刺字等刑罚及缘坐制度,改笞杖为罚金、苦役,并停止刑讯,确立了以罚金、徒刑、流刑、遣刑、死刑等为主要内容的新的刑罚体系。

5. 增加了一些新的罪名,如"妨害国交"、"妨害选举"、"私铸银圆"、"破坏交通"、"毁坏电杆"等。

《大清现行刑律》对继承、析产、婚姻、田宅、钱债等纯属民事性质的条款不再科刑,以示民刑区分的原则。作为新法典诞生前的过渡性法典,它的一些原则和规定在新法典中继续得到采用。

(二) 制定并公布《大清新刑律》

《大清新刑律》是中国历史上第一部近代意义上的专门刑法典,由清廷于1911年1月公布,预备自1913年起实行。但公布后不久清灭亡,法典未及真正施行。

《大清新刑律》分为总则、分则两编,共53章411条,另附"暂行章程"5条。与《大清律例》相比,新刑律从内容到形式均有较大突破,主要体现在以下方面:

1. 改变了旧律体制,抛弃了"诸法合体"的编纂形式。删除了与刑律无关的条文,采用近代西方专门刑法典体例,取消附例,改为"总则"和"分则"两编。总则为刑法的基本原则如未遂、累犯、共犯、自首、缓刑、恩赦、时效等,分则为具体的罪名,如关于帝室之罪、内乱罪、国交罪、外患罪、渎职罪,妨害公务罪等36种大的罪名,有的其中又分若干具体小罪名。新律已经具备了近代意义上的刑法典的特征。

2. 确立了新的刑罚制度。取消流刑、遣刑,将刑罚分为主刑和从刑两类。主刑由重到轻分为死刑、无期徒刑、有期徒刑、拘役、罚金五种;从刑分为褫夺公权与没收财产两种。在死刑中废除了斩刑,一律改为绞刑,并将在闹市执行改在监狱内执行。

3. 减少死刑条款,减轻刑罚。原《大清律例》中涉及死刑的条款有四百多条,《大清新刑律》保留了40条,对数罪并发的量刑,实行限制加重主义,注意对罪犯实行感化教育,使其改过自新。为此,采用了"缓刑"与"假释"制度,对刑事责任规定了追诉和执行的时效,过了规定期限,可免予追诉或处罚。

4. 采用了近代西方的刑法原则,实行罪刑法定主义。删除了比附制度,规定"法律无正条者,不问何种行为,不为罪";强调刑罚不溯及既往,废除了"八议"及"减"、"请"、"官当"制度,取消了"十恶";采用了许多近代法律术语,如缓刑、假释、正当防卫、紧急避险等等。

《大清新刑律》较多吸取了西方刑法思想和原则,采用了西方刑法的体例、结构、基本规范和刑制,是中国传统刑法的一次质的飞跃,是中国法制近代化过程中的标志性法典。

(三) 制定《大清民律草案》

《大清民律草案》是中国历史上第一部专门民法典草案,由清政府命令修订法律馆编定。修订法律馆的主持沈家本等从1907年开始派员赴全国各省进行民事习惯的调查,同时聘请国外法律顾问,参考国外民法典的理论与制度,于1911年起草完成。但是,《大清民律草案》刚刚完成还未来得及实施,辛亥革命即爆发,清政府的统治随即崩溃。

《大清民律草案》分总则、债、物权、亲属、继承共5篇,36章,1569条。其中,前三编由日本法学家松冈正义为主起草,以德国、日本和瑞士的民法为渊源,后两篇由修订法律馆会同礼学馆起草,较多保留了传统封建法律的精神,带有浓厚的封建色彩。

不过,该草案贯穿了"务期中外通行"的宗旨,通篇采用资本主义民法的形式,移植了大量西方民法的规定与制度,迎合了当时中国民族资本主义经济发展的要求,基本满足了中产阶级对私人平等的渴望和对私人权益进行法律保护的要求。同时,法典又兼顾了中国的传统习惯,在起草过程中能从实际出发,对各地民间习惯进行了大量调查并注意吸收,表现了尊重事实的客观态度。

(四)《大清商律草案》和其他商事立法

1903年,作为"新政"的重要措施之一,清廷设立了商部。商部成立之后,立即着手商事立法,陆续制定并颁布了《奖励公司章程》、《商会简明章程》、《商人通例》、《公司律》、《破产律》、《商标注册试办章程》、《银行通则条例》等系列商事法规,作为规范商业活动、保护商人利益的依据。

1908年,《大清商律草案》由修订法律馆主持起草完毕。《大清商律草案》包括总则、商行为、公司法、海船法、票据法五编,共1008条。因为其内容较多参考了日、德等国的商法,不符合当时中国国情,所以未能颁行。之后,农工商部开始组织各地商会进行调查,并参考各国通例,于1910年编成《改定商律草案》,交资政院审议。该草案共总则7章86条、公司编6章281条,内容相对完备并符合实际,是一部比较成熟的商法典草案,但同样因为清廷的灭亡而告终。

不过,此次《大清商律草案》和《改定商律草案》却成为日后北洋政府修订商律的基础。北洋政府经修改、调整,编成《商人通例》和《公司条例》,并正式颁布施行。

（五）诉讼律的制定

在修律的过程中,沈家本提出"以刑法为体,以诉讼法为用"的原则。在他的推动下,修订法律馆着手制定中国的诉讼法典。

1906年,《大清刑事民事诉讼法》草案完成。该草案采用民事刑事诉讼合一的体例,分为总则、刑事规则、民事规则、刑民事通用规则、中外交涉案件处理规则等5章,共260条,引进了大量西方诉讼原则和制度,首次在中国引进了陪审制度和律师制度。但清廷未采纳该草案。

两年后,修订法律馆将刑事、民事分开,重新草拟诉讼法典。1911年1月,《大清刑事诉讼律草案》、《大清民事诉讼律草案》分别完成。《大清刑事诉讼律草案》是中国历史上第一部独立的刑事诉讼法,全编分为总则、第一审、上诉、再理、特别诉讼程序、裁判之执行等6部分,共515条,系统采用了近代资产阶级的公诉制度、辩护制度、审判公开、自由心证、干涉主义等原则。

《大清民事诉讼律草案》是中国历史上第一部独立的民事诉讼法,全编分为审判衙门、当事人、通常诉讼程序、特别诉讼程序等4部分,共800条,较多采用了西方各国通用的法院不干涉原则、辩论原则等。

但是,两部草案均因为辛亥革命的爆发、清廷统治的瓦解而未及实施。

（六）修律过程中的"礼法之争"

清末修律中的"礼法之争"，是一场围绕新刑律中是否应该加入传统礼教内容而展开的争论。1906年，修订法律馆编成《大清刑事民事诉讼法》，奏请试行。这是中国历史上第一部单行的诉讼法，标志着中国沿袭了两千多年的诸法合体的法律结构形式开始解体。

但是新法一公开即遭到猛烈的批评，各地督抚纷纷上书反对新法，张之洞是最为猛烈的一个，他在《遵旨复议新编刑事民事诉讼法》中对法案进行了全面的否定，对其中的父子异财、男女平等、律师制度、陪审员制度、废除比附法、规定控诉期限等内容进行了批驳，并奏请否定新法。围绕诉讼法的这一争论，揭开了"礼法之争"的帷幕。

在争论中，以张之洞、劳乃宣为代表的守旧派力量被称为"礼教派"，以沈家本、伍廷芳、杨度为代表的革新力量被称为"法理派"。"礼教派"主要由清朝统治集团中的守旧力量集积而成，在新律制定过程中力主维护礼制，坚持礼法不可分，坚决拥护以三纲五常为核心的传统礼制文化，反对对有关纲常伦理各条款的大范围的改动；"法理派"基本上是由对西方的法律体制有所了解的留学生、社会上的立宪派和在一定程度上接受资产阶级法律思想的官僚组成，他们主张引进西方资产阶级的法律制度和原则，改进传统法律，具有一定的进步性。两派围绕新式法典的编定、内容和原则而产生的理论争执，主要集中在五个问题上：一是关于"干名犯义"条的存废问题，二是关于"存留养亲"是否应编入刑律，三是关于"无夫奸"及"亲属相奸"等问题，四是关于"子孙违反教令是否为罪"问题，五是关于子孙卑幼能否对尊长行使正当防卫权的问题。争论的焦点还是有关纲常名教的条款应当采取什么样的宗旨指导立法，即应当采取传统的纲常名教还是西方资产阶级的法理为立法宗旨。

"礼法之争"最后以"法理派"的退让和妥协而告终，沈家本等修订的新刑律被迫一改再改，修律时最大限度地考虑到了礼教在中国的广泛影响，必须在新律中得以体现，在《大清新刑律》后附《暂行章程》五条，规定了无夫妇女的通奸罪，对尊亲属有犯不得适用正当防卫，加重卑幼对尊长、妻对夫杀伤害罪的刑罚，减轻尊长对卑幼、夫对妻杀伤害罪的刑罚,等等。不仅如此,沈家本本人也迫于压力不得不辞去修订法律大臣之职。

不过,这场"礼法之争",在中国法制近代化的过程中仍然具有重要意义。争论的过程极大地促进了近代法律思想和理论的传播,对于以后的法制建设具有重要影响。"礼法之争"关系到法律的起草、签注、修改、审议、表决等多个环节,涉及修订法律馆、宪政编查馆、法部、资政院等中央多个部门,参与者中既有身居高位的硕学通儒或封疆大吏,也有一般官吏、士人及在华的外国人。双方都非常投入,精心演绎法律原则,著书立说阐释法律精神,同时,还带动了法典的翻译与出版、法律学堂的设置、法学会的建立和法政研究所的举办,等等。这些都有效地推动了法律的普及和法律意识的推广,对于日后中国法律的近代化,打下了较好的基础。

三、修律的影响

晚清修律虽然迫于内忧外患,主观上是一次被动的法律改革,但是在客观上却引发了系列反应,产生了重要的影响,在中国法制近代化的进程中具有重要地位。

首先,修律直接导致了传统法律体系的解体。修律过程中制定的刑法、民法、商法等草案,无论从体例上还是从内容上,无论从原则上还是从表达术语上,都突破了中华法系的框架,大量沿用西方近代的法律术语、法律原则和制度,且逐步传播并为中国人慢慢接受。中华法系原有的内容、原则、体系等正在慢慢消失,最终走向解体。可以说,新法律的诞生是中国传统法律体系解体的直接原因。

其次,修律为中国法制的近代化奠定了基础。清末修律前后持续了近十年时间,在这十年中,修订法律馆吸收了近代资本主义的法律精神和原则,参照日本、德国、法国等西方国家的成文法体系,根据中国国情初步设计了一套近代意义上的法律制度和司法体制,颁布了相应的法律法规。这些制度和法律虽然实施时间较短,有些甚至还没来得及实施,但是它们在客观上却成为后来南京临时政府和北洋政府法律制度的基础,为中国法律从封闭的传统体系走向开放的近代法制提供了良好的条件,是中国法制近代化必不可少的步骤。

再次,修律直接促进了西方法律思想、法律观念的引进和传播。此次变法修律,是中国自商鞅变法后规模最大的一次变法,也是中国历史上第一次大规模地引进和介绍西方近现代法律思想与制度。为了修律,清廷直接派重臣出洋考察西方法律制度,引进法律思想与观念;修订法律馆等机构有计划地组织翻译了三百多种西方法律文本和法学书籍,并聘请外国专家来华讲授西方法律知识、参与草拟法律草案;大批留学生也积极介绍西方制度与思想。这些都直接促进了西方法律思想、制度和观念的引进和传播,有效改变了中国人的法律观和世界观。

第三节 晚清的司法制度

鸦片战争之后,西方列强通过在我国建立领事裁判制度,掠取了治外法权。在缓和国内政治危机、改革司法收回治外法权等目的的驱动下,清政府自20世纪初年开始,着手司法改革,废止了传统的司法行政不分的体制和落后的诉讼审判方式,建立了新的司法机关体系,采纳了西方的诉讼与审判方式、原则和制度,这些改革为我国司法制度的近代化打下了基础。

一、外国在华的领事裁判制度

(一) 领事裁判权的确立

所谓领事裁判权,是指外国在华侨民成为民事诉讼、刑事诉讼的被告时,中国法庭无权裁判,只能由其本国派驻中国的领事按其本国法律进行裁判。这是一种"治外法权",是鸦片战争以后西方帝国主义国家强迫清政府签订的一系列不平等条约后在中国攫取的一项特权。依照这种特权,当时的英、美、法、俄、德、日、意、比等国在华的侨民均不受清朝法律的管辖,不论其发生何种违法或犯罪行为,中国司法机关都无权裁判。

西方各国在华获取领事裁判权,始于鸦片战争之后。1843年7月,英国政府强迫清政府签订了《中英五口通商章程》,作为《南京条约》的补充条款。《中英五口通商章程》中规定:"英人华民交涉词讼一款……其英人如何科罪,由英国议定章程、法律发给管事照办。华民如何科罪,应治以中国之法。"①此时的"治外法权"的范围尚仅限于宁波、上海、广州、厦门、南京等五个通商口岸。但在随后签订的《中英五口通商附粘善后条款》(即《虎门条约》)中,英国又强行将这一特权的适用范围扩大到内地。此后,1844年美国强迫中国签订了《望厦条约》,将领事裁判权的范围进一步扩大,即:美国人与美国人、美国人与其他外国人如在中国境内发生法律纠纷时,中国官员均不得过问。此后,各国纷纷仿效英、美在中国取得了领事裁判权。

领事裁判权严重地破坏了中国的司法主权,助长了西方各国在中国的侵略气焰,使他们可以肆无忌惮地进行各种掠夺和损害中国人民的活动。领事裁判权的确立标志着晚清社会半殖民地化的开始,也标志着晚清司法制度半殖民地化的开始。

(二) 会审公廨制度

会审公廨,又称会审公堂,是英美列强强迫清政府在租界设立的特殊司法审判机关,实际由外国人控制,主要负责华洋混合案件的审理。

租界是英、法、美等国在中国领土上划定的本国势力范围。1845年,英国通过《上海租地章程》(又称《第一次地皮章程》)首先在华设立。此后美、法等各国相继设立。1863年,英美联合将租界合并为"公共租界"。租界内设工部局和巡捕房,取得了租界内华人违警事件、民事案件及轻微刑事案件的审判权。

第二次鸦片战争后,俄国、英国分别与清政府签订《天津条约》,进一步扩大了领事裁判权,正式确认外国领事可以参与对中国人的审判。在此基础上,1864年,英国驻上海领事与清政府达成协议,在租界内设立审判机构,名为"洋泾浜北首理事衙门"。1868年,清政府与英美等国领事签订《上海洋泾浜设官会审章程》,将"洋泾浜北首理事衙门"改名为"上海公共租界会审公廨"。按照协议规定,会审公廨管理各国租界内钱债、斗殴、窃盗、词讼等案件,凡牵涉有约国洋人必须到案的洋华诉讼,无约国洋人与华人的互相诉讼以及被外

---

① 王铁崖:《中外旧约章汇编》第一册,三联书店1957年版,第42页。

国人雇佣和延请的中国人的诉讼,外国领事均有权参加会审。会审公廨的经费由中国政府划拨,名义上是中国的司法机关,但实际上完全被外国领事所把持。会审只是空有其名,审判的主动权也几乎被外国领事所控制,中国官员大多是象征性的陪衬。会审公廨起初仅在上海出现,不久,又从上海扩大到厦门等开放口岸。

会审公廨的出现,是外国在华领事裁判权的扩充和延伸,是晚清司法制度半殖民地化程度不断加深的重要体现。

(三) 观审制度

观审制度是西方列强取得在华领事裁判权以后确立的又一项对中国司法审判进行强行干预的制度。观审制度肇始于1876年英国政府强迫清政府签订的《中英烟台条约》。条约中规定,在原告是外国人、被告是中国人的案件中,原告所属国领事官员有权前往"观审",中国承审官应以观审之礼相待;如果观审官员认为审判、判决有不妥之处,有权提出新证据、再传原证,甚至参与辩论。

观审制度是对中国司法主权的粗暴践踏。在这一制度下,西方各列强的领事裁判权得到进一步的扩充,中国官员无法直接审判,只能按照观审官员的价值标准和喜好来断案。

总之,鸦片战争以后,以英国为首的西方列强运用武力强迫清政府签订了一个又一个不平等条约,除掠夺了大量的领土和资源外,还攫取了在华的领事裁判权,建立了领事裁判制度。观审制度、会审公廨制以及外国在华领事裁判权的确立,不仅使中国丧失了对涉外案件的司法管辖权,而且在中国领土上出现了外国直接设立的司法机构,执行外国法律,行使外国的司法权力,于是才有在中国领土上"外人不受中国之刑章,而华人反就外国之裁判"的奇怪现象。

领事裁判制度在近代中国一直存在,直至1943年被废除。在自1843年建立到1943年废除的这一百年中,领事裁判制度成为西方侵略者在中国肆意掠夺、欺压中国人民、走私贩毒、进行各种犯罪活动的护身符,中国政府只能听之任之,束手无策。这正是鸦片战争后中国司法制度半殖民地化的突出表现。

二、近代司法组织体系的建立

1906年11月清廷发布"厘定官制谕",对包括刑部在内的中央官制进行改革,以示实施"新政"。通过官制改革,司法机构得到大幅度调整,从而形成相对较为完整的近代化司法系统。

改刑部为法部,专掌全国司法行政事务,不再承担任何审判职能,以示将行政与司法分立。同时改按察使司为提法使司,负责地方司法行政工作及地方司法监督。

改大理寺为大理院,作为全国最高审判机关,"专掌审判"。同时,在地方分别设立高等审判厅、地方审判厅、初级审判厅等审判机构。

在各级审判厅内设置相应的检察厅,实行审检合署制度。检察厅负责对刑事案件进行侦查、提起公诉、实行审判监督,同时还可以参与民事案件的审理,充当诉讼当事人或公益代表人。

设立警察机构。1905年,政务处、兵部开始实行巡警制。在中央,先设巡警部,后改为民政部,在京师,设立外城巡警总厅。各省则设巡警道,各厅、州、县设警务长及若干分区官,办理本地巡警事务。

建立新式监狱,改良狱政管理制度。光绪二十九年前后,以改造教育罪犯为目的的"罪犯习艺所"开始在京城及部分省份设立。

三、诉讼审判制度的改革

清廷修律过程中陆续颁布的《各级审判厅试办章程》、《法院编制法》等对诉讼审判进行了重新规定。

1.《各级审判厅试办章程》的规定。清末的司法管辖分为刑事诉讼和民事诉讼两项,"凡因诉讼而审定罪之有无者属刑事案件";"凡因诉讼而审定理之曲直者属民事案件",在中国法制史上第一次正式作出了刑事诉讼和民事诉讼的区分。各级审判机关内,也相应设立了刑事厅和民事厅,分别受理刑事、民事案件。在中国法制史上,刑事诉讼和民事诉讼分开具有划时代意义。

2. 根据《法院编制法》的规定,废除了清初三法司制度,实行四级三审制。所谓四级,即城乡初级审判厅、地方审判厅、高等审判厅、大理院；所谓三审,即犯有笞杖罪、无关人命的徒罪及200两银价以下民事诉讼案件,由初级审判厅审判,不服,可上诉到地方审判厅直至高等审判厅；向地方审判厅起诉的案件,如不服,可上诉到高等审判厅直到大理院。徒、流、死刑由地方审判厅初审,不服,由高等审判厅进行二审,不服,由大理院进行终审判决。高等审判厅不受理初审词讼案件,大理院负责二级终审及办理宗室、官犯国事重大案件和皇帝特旨交审案件。

3. 在司法审判上采用了近代西方国家的一些原则和制度,如回避、辩护、公开审判、合议等,并规定了起诉、预审、公判、上诉、判决之执行等程序。

4. 在一些诉讼法规或法律草案中还规定了刑事案件公诉制度、附带民事诉讼制度、民事案件的自诉及代理制度、证据制度、保释制度等中国传统法制所没有的新式制度,并承认律师制度的合法性,还初步规定了法官、检察官考试任用制度,等等。

必须指出的是,清末的系列司法改革,因为时间太短、方案不成熟等原因,大多只是法律上的纸面上的规定,有些措施即使实施,也往往流于形式而已,真正实行并产生影响的几乎没有。但是,这些措施为后来的司法改革积累了素材、打下了基础。

第十四章 南京临时政府的法律制度

（1912年1月—1912年3月）

1911年10月10日，武昌起义爆发，引发了全国各地反对清政府统治的斗争。次日，资产阶级革命党人建立了中华民国鄂州军政府。这是中国历史上第一个比较完整意义上的资产阶级地方革命政权。在不到两个月的时间里，全国十四个省先后宣告独立，清王朝的统治最终被推翻。1912年1月1日，孙中山在南京宣誓就任中华民国临时大总统，中华民国南京临时政府正式宣告成立。

南京临时政府是具有资产阶级共和国性质的革命政权，是中国民族资产阶级按照西方资产阶级共和模式改造中国的一次尝试。它宣告了在中国延续了两千多年统治的封建专制体制的灭亡，宣告了资产阶级民主共和国在中国的诞生。尽管南京临时政府在历史上仅仅存在3个月的时间，但是，以孙中山为首的革命党人一直坚持推进法制建设，不但制定并颁布了《临时约法》和一系列革命法令，还着手改革司法制度，勾画了第一张资产阶级民主法制的政治蓝图。

本章学习的重点是以孙中山为代表的资产阶级革命派的法律思想和革命纲领，以及在这一纲领指导下的系列立法制宪活动，通过学习要掌握临时政府颁布的重要法令的主要内容、时代意义和影响，了解其改革司法体制、推进司法独立的主要举措。

第一节 南京临时政府的制宪活动

20世纪初期，随着我国民族资本主义的初步发展，民族资产阶级已经初步形成并且有了自己的政治主张。一部分资产阶级和小资产阶级知识分子日益倾向革命,主张用武力尽快推翻清政府的统治,以孙中山为代表的资产阶级革命派在国内外不断开展活动,有力地推动着革命形势的发展。1905年,以兴中会、光复会和华兴会为主要力量,资产阶级革命派成立了中国革命同盟会,公推孙中山为总理。从此,资产阶级革命力量逐步集聚,革命主张和目标逐步明确,革命活动也日趋统一。在这个过程中,他们形成了自己统一的法律思想和构建民主法制国家的革命纲领。

1911年,辛亥革命爆发,革命派将自己的思想、理念付诸实施,开始了改造中国、建立资产阶级民主共和国的第一次尝试。

一、立法指导思想

南京临时政府的建立以及一系列制宪活动,是以孙中山为代表的资产阶级革命派法律思想的一次实践。在辛亥革命以前,孙中山就推翻清朝统治、建立民主国家、实施司法独立等已经做了深入的研究,并形成较为完整的思想体系,他的"三民主义"革命纲领和"五权宪法"、"权能分治"的思想,是资产阶级革命活动的指导思想。

(一)"三民主义"的革命纲领

孙中山的"三民主义"是民族主义、民权主义和民生主义的总称。它是孙中山根据中国当时面临的民族解放、民主革命和社会改革三大历史任务而提出的革命纲领和政治主张,也是革命党人进行法制活动的指导思想。

民族主义是指"驱除鞑虏,恢复中华",其基本要求是驱除一部分腐朽的满洲贵族统治阶级,建立独立自主的国家,主要解决民族解放的问题,矛头直指清政府,并以推翻这一政府作为奋斗目标。民族主义思想在法制上的主张表现为,要求废除各种不平等条约,取消帝国主义在华的各种特权,收回治外法权,收复租界与失地,恢复关税自主权等。

民权主义以"天赋人权"为基本理念,主张人人生而平等,没有尊卑贵贱之分,君主不能把臣民当作奴隶,其基本要求是推翻封建君主专制制度,建立资产阶级共和国,主要解决民主革命问题。孙中山说:"世界潮流到了现在,不但是神权不能够存在,就是君权也不能够长久。"取代君权的就是共和国家,要用"民权主义来建设共和国家"①。以民权主义为理论基础,孙中山还提出了"五权宪法"的构想。它是民权主义在政权建设中的具体化,同时也为保障民权开辟了一条通道。

民生主义是"三民主义"中最有特色的部分,它的主要内容是提倡社会改革,基本要求着眼于解决人民的经济生活等问题,包括社会的生存、国民的生计和群众的生命等。具体到当时中国的实际情况,他认为主要应解决土地与资本两大问题,提出"平均地权"的方法解决土地问题,用国家资本主义的方法,解决资本问题。民生主义是革命党人进行经济立法的指导思想。

孙中山曾将他的"三民主义"思想的精神概括为"自由、平等、博爱",民族主义意味着自由,民权主义意味着平等,民生主义意味着博爱,他在"三民主义"思想指导下的法制建设也是围绕着实现自由、平等、博爱的思想理念展开的,民国之初的系列法律实践一直贯穿着这种理念。

但是,随着民国法制建设的不断深入,以及孙中山本人和以袁世凯为代表的北洋势力、旧军阀的不断斗争,他的思想逐步发生变化,发展为"新三民主义","新三民主义"的内容与"三民主义"有所不同,尤其到了晚年,他明确强调要废除帝国主义强加给中国的各种不平等条约,废除治外法权等等,体现了他为追求平等、维护主权而奋斗不息的伟大民族精神和爱国情怀。

(二)"五权宪法"与"权能分治"理论

以"三民主义"为基础,孙中山提出了"五权宪法"这一宪政思想。"五权宪法"是他在研究各国宪法以后,根据中国的传统与现实国情,加以总结产生的思想。

孙中山一直对宪法非常重视,认为要革命成功、建设民主国家,必须有一个好的宪法。"我们要有良好的宪法,才能建立一个真正的共和国。"②根据他对西方政体的研究,他认为西方的"三权分立"

---

① 《孙中山选集》,人民出版社1981年版,第707页。
② 同上书,第575页。

有两大缺陷,第一是选拔官吏的制度不完备,考试权附属于行政权。在美国,采用选举与委任两个途径选任官吏,但选举全凭口才哗众取宠,而委任又跟随总统进退,两者都有很大弊端,所以美国政治腐败散漫,不是最好的政体。虽然也有考试制度,可这个制度只适用于那些下级官吏,而且考试权为行政部所控制,很难做到公平。第二是议会权力过重,监察权附属于立法权,不能独立行使,议会掌有纠察权,并往往擅用此权挟制行政机关,使总统不得不俯首听命,所以弊病横生。

鉴于"三权分立"在西方的弊端,考虑到中国的国情,他创造性地提出了"五权宪法"理论。所谓五权分立,是指在行政权、立法权和司法权之外,再加上考试权和监察权。他认为,考试和监察是中国自古就有的东西,有别于西方,也非常能为国民接受;历代的考试制度不但合乎平民政治的要求,实现唯才是用,而且实际效果远超出西方民主政治。根据"五权宪法"理论,他将国家行政分设五院,即行政院、立法院、司法院、考试院和监察院五院,分别行使国家的行政权、立法权、司法权、考试权和监察权五权。他说:"五权宪法,分立法、司法、行政、弹劾、考试五权,各个独立。"①这五权分别由国家的机构来行使,立法有国会,行政有大总统,司法有裁判官,其余弹劾有监察官,考试有考试的官,他们既互相独立,又互相制约。以五权分立思想为指导而制定的宪法,就称为"五权宪法"。中国要制定的就是五权宪法,作为治国的根本大法。

"权能分治"思想是孙中山民权思想最完整的体现。孙中山把国家的权力分为政权与治权两类,政权与治权相分离,一个是管理政府的力量,一个是政府自身的力量,管理政府的力量即民权可以简称为"权",政府自身的力量可以简称为"能",政权应该直接放在人民掌握之中,治权则完全交到政府的机关之内。要把中国改造成为一个新国家,就必须把权和能分开,就必须以政权制约治权。

他还进一步阐述到,要把中国建成一个真正意义上的"全民政治"的国家,人民应该掌握四种权利,即选举权、创制权、复决权与罢

---

① 《孙中山选集》,人民出版社1981年版,第494页。

免权。人民有了这四种权利,才是充分的民权,才能真正拥有管理政府之权。民主政治的根本在于法律,民权需有法律作保障,法律只有体现了权能分治的思想,保障民权,才是民主的法律。

孙中山一生都在为把中国建成一个以自由、平等、博爱精神为基础的资产阶级法治国家而奋斗,围绕着这个目标和他的法律思想,他提出了许多有关法治的主张,这些思想和主张是我国资产阶级法律思想的代表,在我国近代法律思想史上占有极为重要的地位。这些思想和主张也是辛亥革命后民国初期革命党人进行立法和司法实践的主要指导思想。

二、《中华民国临时政府组织大纲》

《中华民国临时政府组织大纲》是资产阶级革命派制定并颁布的第一部具有临时宪法性质的国家权力机构组织法。

1910年10月武昌起义以后,各省纷纷宣布独立,建立自己的军政权,先后颁布了不少法律、法令、规章与条例等。但各自为政的局面不但不利于对清政府的继续斗争,还不利于全国秩序的进一步稳定和革命事业的深入发展。革命力量需要联合起来组成一个统一的政府,以彻底推翻清王朝的统治。在这样的背景下,各省分别派代表在上海、南京、武汉聚会,商讨组织新政府事宜,推选代表酝酿、起草《中华民国临时政府组织大纲草案》。同时决议,如袁世凯支持革命,当公举他为临时大总统。1911年12月3日,各省代表经过反复讨论,议决并颁布了《中华民国临时政府组织大纲》。

《中华民国临时政府组织大纲》是具有临时宪法性质的国家权力机构组织法,它以美国国家制度为蓝本,明确新国家采用总统制的共和政体,行政实行"三权分立"。大纲共四章二十一条,具体内容有:

第一章"临时大总统、副总统"。规定临时大总统、副总统由各省代表选举产生,所得票数必须达到参与投票总数的三分之二以上,始得当选,各省以一票为限,效力相等;同时规定了临时大总统统治全国、统帅海陆军、得参议院同意后的宣战、媾和以及缔结条约之权,制定官制官规、经参议院同意任免国务员及外交专使、设立临时中央裁判所之权,等等。临时副总统在大总统因故去职时升任之,于大总统有故障不能视事时,受大总统委托,代行大总统职权。第二章"参议院"。参议院由各省所派的参议员组成。参议院会议时,各议员都有一票表决权;参议院议长由议员用记名投票的办法选举产生,得票超过半数者方能当选。参议院是国家立法机关,除对大总统上述权力行使同意权外,还有议决暂行法律法规、预算、税法、币制、公债等。第三章"行政各部"。规定大总统下设行政各部,每部设部长1人,总理本部事务;部长由参议院同意大总统任免;各部所属职员编制及权限,由部长制定,报大总统核准实施。第四章"附则"。规定了本大纲的施行期限,至中华民国宪法成立之时结束。临时政府成立6个月以内,由临时大总统召集国民议会。

《中华民国临时政府组织大纲》是一部划时代的法律文献,是我国资产阶级制定的第一个全国性的宪法性文献,是临时性的"国家构成之法"。综合起来看,它具有以下特点:

第一,受美国宪法影响,采用了总统制共和政体。总统是国家元首和政府首脑,不另设国务总理,其总的权力是"统治全国之权",行政各部的工作,对临时大总统负责,而不是对参议院负责,他们对临时大总统只有服从的义务。

这些规定,都带有很强的现实性。在当时革命形势还未稳定的情况下,革命力量与反革命力量、清政府的斗争尚未结束,摆在革命党人面前的共同任务是尽快成立统一的政府,组织力量推翻清政权,这需要临时中央政府能够适应形势需要及时地做出反映和决定。而总统制比责任内阁制更能够适应这种需要。

第二,按照西方资产阶级"三权分立"的原则对政府机关权力进行分配,但是由于时间仓促,未就司法独立进行专章设计和体制构建。大纲规定设立临时中央审判所,作为专门的司法机关,体现了审判权同行政权的分离。但大纲在"临时大总统"一章中的第六条中又提出"临时大总统得参议院同意,有设立临时中央审判所之权",未规定法官独立审判、不受任何组织或个人干涉等司法独立原则,司法权独立的空间非常有限。

第三,参议院采用了一院制的议会制度,是类似于西方资产阶级国家国会的立法机关。其职权主要有立法权和国家重大事件决定权两部分,后者包括外交、人事、政府预算、全国统一之税法币制及发行公债事件等方面。参议院由参议员组成,但参议员并非由民众选举产生,而是由各省都督府派代表充任;参议员名额也不依各省人口多少按比例分配,而是每省一律三名;在参议院进行表决时,每个参议员各有一票表决权。

大纲还明确了临时大总统和参议院之间存在监督与制衡关系,当临时大总统对参议院议决事件有不同意见时,有权发回参议院复议;如果参议院对总统要求复议事件仍执前议,有要求临时大总统交发行政各部执行的权力;特别是临时大总统和临时副总统在行使某些重大权力时,须经参议院同意。这些规定都明确体现了"主权在民"的原则。

《中华民国临时政府组织大纲》是在辛亥革命刚刚爆发、全国革命形势尚未稳定的情形下产生的,对于稳定全国形势、巩固革命成果具有重要意义,尤其是为以孙中山为首的革命党人建立新政权提供了法律依据。它实际上是一部具有宪法性内容的国家权力机构组织法,第一次以法律的形式宣告清朝专制统治的灭亡。各省代表正是以此为依据,于12月底聚集南京,正式选举临时大总统。共有17省都督代表参加选举,由于孙中山的革命威望和贡献,有16票选举他为临时政府第一任临时大总统。1912年1月1日,孙中山从上海赶赴南京,举行了临时大总统就任典礼,中华民国南京临时政府正式宣告成立,中国历史翻开了新的一页。

三、《中华民国临时约法》

南京临时政府建立以后,孙中山发表声明,只要清廷同意退位,袁世凯支持绝对共和,他就辞职。1912年2月11日,袁世凯通电拥护共和,保证永远"不使君主政体再行于中国"。2月12日,清帝下诏宣布退位。于是,2月14日,孙中山向临时参议院辞去临时大总统,15日,参议院正式选举袁世凯为临时大总统。

为巩固革命成果,确保革命果实不被掠夺,资产阶级革命派决定抓紧时间制定约法,试图以此限制袁世凯的权力。1912年2月至3

月,在孙中山的主持下,经过两次起草、参议院三次审议。3月8日,临时政府正式通过了《中华民国临时约法》。3月11日,《临时政府公报》第35号全文公布了《中华民国临时约法》。这是中国历史上第一部具有资产阶级民主共和国宪法性质的约法。

《中华民国临时约法》共有7章56条,包括总纲、人民、参议院、临时大总统、副总统、国务员、法院、附则等,具体内容为:

第一,明确了中华民国是资产阶级民主共和国。"总纲"第一、二条明确:"中华民国由中华人民组织之","中华民国之主权,属于国民全体"。这样的规定,在中国历史上是第一次。这里的"人民"、"国民"在当时的历史背景下,主要是指新兴的资产阶级及其代言人、支持者。《临时约法》的规定,正式宣告了资产阶级在国家政权中处于领导地位,肯定了主权在民,以根本大法的形式彻底否定了封建君主专制制度以及部分立宪知识分子宣传的"开明专制"、"君主立宪",确立了新国家是一个"主权在民"的资产阶级民主共和国,使民主共和的观念逐渐深入人心。

第二,明确了中华民国是一个主权独立统一的多民族国家。明文确定中华民国的国土疆域是22省、内外蒙古、西藏和青海,规定蒙古、西藏、青海是中国神圣领土不可分割的组成部分,蒙古族和藏族是中华民族大家庭中的一员。这是第一次正式向世界宣告,中国是一个有自己完整领土主权的、独立的、统一的多民族国家,反映了维护国家统一和领土完整的立场与决心,也深入体现了孙中山的"五族共和"、民族团结的思想。

第三,规定国家机关采取"三权分立"的原则。参议院为立法机关,行使立法权;临时大总统,副总统和国务员是行政机关,行使行政权;法院是司法机关,行使司法权。同时规定了临时大总统、副总统、参议院、国务员和法院的产生和组织办法,临时大总统、副总统由参议院选举产生,选举须有3/4以上人员出席方有效,得票须满投票总数的2/3以上;国务院总理及各部总长统称国务员,须经参议院同意由大总统任命;法院由临时大总统及司法总长分别任命的法官组成,享有依法独立、公开审理案件的职权,同时,如果总统受到参议院弹劾,由最高法院全院审判官互选9人组织的特别法庭审判。

第四,明确了人民的民主权利和义务。规定了中华民国人民一律平等,无种族、阶级、宗教之区别,人民享有人身、居住、财产、言论、出版、集会、结社、通信和信教的自由,还拥有请愿、诉讼、考试、选举及被选举等权利;同时,有纳税、服役等义务。并明确,有认为增进公益、维护治安或者紧急状态时,可依法对人民之权利进行限制。

第五,明确了保护私有财产和私营工商业的原则。根据新兴的资产阶级的发展要求,《临时约法》以法律形式确认对私有财产的保护和经营企业权利的保护,规定"人民有保有财产及营业之自由",打破了自洋务运动以来封建官僚"官办"、"官督商办"对民族资本主义的排挤和压制,极大地促进了民族工商业的发展。

《中华民国临时约法》是辛亥革命的产物,是近代以来资产阶级立宪运动的结晶。与《中华民国临时政府组织大纲》相比,《临时约法》具有以下三个特点:

其一,改总统制为责任内阁制。这是《临时约法》最大的特点。革命党人一直推崇美国政体,希望实行总统制。但是,因为在权力交接过程中与袁世凯集团的斗争,革命党人认识到必须限制袁世凯的权力,所以改总统制为内阁制,防止袁世凯独裁。《临时约法》在大总统下增设了国务总理;各部总长不再直接受临时大总统领导,而隶属于国务总理;国务总理与各部总长均称国务员,辅佐临时大总统共掌行政权。同时规定:"国务员于临时大总统提出法律案、公布法律及发布命令时,须副署之。"也就是说,内阁拥有副署权。这些都直接削弱和制约了临时大总统的权力。

其二,扩大了参议院的权力。《临时约法》突出了参议院的地位,扩大了参议院的职权,特别表现在同行政权的制衡关系上,参议院对于临时大总统及内阁享有相当大的监督权,包括对行政机关的质询权、对官吏纳贿违法等事件的查办权、对临时大总统和国务员的弹劾权,等等。

其三,确定了约法的最高效力和修改程序。规定宪法未实施以前,约法的效力与宪法等同;必须由参议院议员 2/3 以上,或临时大总统之提议,经参议员 4/5 以上出席,出席议员 3/4 同意,才能对其进行修改调整,以确保对袁世凯等的限制,维护约法的稳定。

《中华民国临时约法》是中国法制史上的一个里程碑,是中国法制近代化过程中的一个里程碑,是中国历史上第一部资产阶级民主共和国的宪法性文件,在宪法产生以前,它具有与宪法相等的效力。它体现了资产阶级革命党人的意志和革命理念,代表了中国正在发展中的资产阶级的利益,反映了近代以来中国人民反帝反封建的革命要求,具有重要的历史意义。

第一,它用国家根本大法的形式,确立了"主权在民"、"平等"、"自由"的原则,废除了在中国统治了两千多年的封建君主制度、身份等级制度等,固化了辛亥革命的成果,确立了中华民国是新型的资产阶级民主共和国的国家性质。

第二,它正式宣告了中国是一个主权独立、领土完整、国内各民族团结统一的民主国家,极大地激发起人民反抗帝国主义的热情,有效地反击了各帝国主义国家的侵略。

第三,它在经济上明确保护资本主义生产关系,破除了束缚资本主义发展的封建桎梏,为资本主义发展制定了新的立法,促进了中国民族资本主义的发展。

第四,它明确保护言论、结社、集会、出版等自由和权利,为资产阶级知识分子更多介绍西方思想文化创造了宽松、有利的环境,促进了文化教育事业的发展,为新文化运动创造了条件。

第五,它在全国人民面前树立起"民主"、"共和"的形象,改变了人民长期封建统治下被扭曲的观念,使民主、共和等观念从此深入人心。

第六,它在国际上同样具有较高地位和影响,是19世纪末、20世纪初亚洲一部最优秀的资产阶级民权宪章,在亚洲的资产阶级宪政运动史上具有重要的历史地位。

但是,《中华民国临时约法》也有其不可避免的局限性,主要体现在:

首先,面对当时中国社会面临的反帝反封建的主要矛盾,它只是空讲民主共和,没有正面地反对帝国主义和彻底的反对封建主义的论述。

其次,它没有对封建土地制度进行任何改革,缺失土地制度的条款,没有解决全国最广大民众最关心也最迫切的土地问题。

最后,在当时特定的历史背景下,它的一些规定带有因人而设的痕迹,对责任内阁的规定虽然有,但是还不够彻底,不能从根本上保证人民真正实现自己的民主权利。所以,才有后来袁世凯肆意妄为践踏约法,革命党人无法保卫辛亥革命的果实,只有拿起枪杆子,掀起"护法运动"。

尽管如此,《中华民国临时约法》作为资产阶级革命党人的宪法典章,向中国人民展示了资产阶级共和国的基本精神和建立共和政体的组织原则,作为民国的旗帜,其设定的目标一直激励着革命党人继续奋斗,在中国近现代史上留下了不可磨灭的功绩。

第二节 南京临时政府的革命法令

南京临时政府成立之后,立即成立了法制局,进行一系列立法改革,努力推进法制近代化的进程,实现资产阶级的民主法制。在短短三个月的时间里,临时政府颁布了许多法令法规,内容涉及政治、经济、文化教育、社会风气、司法改革等各个方面,为后来的法制改革打下了良好基础。

一、保护私人财产

临时政府于1912年1月28日颁发了《保护人民财产令》,提出一切人民财产,均应归人民所有;对于前清官吏,如无明显的反对民国的证据,其私产仍然受民国保护,俟机交还本人。孙中山不久又发布了《大总统令各都督保护人民生命财产电文》,针对民国刚刚成立、战争尚未平息、民众财产安全没有保障的现状,要求各省都督严厉禁止各地违法勒索掠夺民财、非法入侵民宅,并晓谕人民对于此类行为赴平政院或当地都督府控告,一经查实,将尽法惩治,并将罪状宣示天下。这些都是对私人财产的明确保护。

二、振兴实业发展资本主义

革命党人认识到,实业是民国将来生存之命脉,所以要切实经营。临时政府成立了实业部,宣布对人民的营业权进行保护,并电告各省加快建立实业公司,作为管理工商矿冶等的职能部门,统一全国实业行政。发布《实业部咨各省都督饬实业司详细呈报筹办实业情况文》,要求各省详细报告农工商情况,以确定国家经济政策。采取由政府拨款扶助拓殖业等措施,鼓励民间兴办工商、交通、矿业,鼓励华侨在国内投资,并协助维持部分困难的企业,等等。不仅如此,政府还发布了《慎重农事令》,鼓励农垦,鼓励开发荒地农滩、保护树木林业、发展渔业,对农民严加保护。这些措施对正在兴起的民族资本主义工商业是极大的促进,引发了第一次世界大战前后中国民族资本主义大发展的高峰。

三、发展文化教育

孙中山非常重视文化教育的发展,民国一成立,他就提出要"重文教而保公产",要求迅速恢复各类学校,进一步加强师范教育和实业教育、启蒙教育。临时政府教育部长蔡元培也提出"崇尚实利主义教育"、"军国民教育"的思想,在教育中还要注重"公民道德教育"、"世界观教育"、"美育"等等。在他们的思想影响下,临时政府先后发布了《普通教育暂行办法及课程标准》、《禁用前清各书通告各省电文》等法令,明确提倡新式教育,改学堂为学校,改监督、堂长为校长,作了将每学年分为两个学期、初等小学可以男女同校、废止小学读经、禁用前清学部颁行的教科书等一系列改革,同时还废止了《大清律例》、《大清会典》、《皇朝掌故》等书籍,对各类学校的学时、科目等作了详细规定,还要求各地学校必须从速开学,各种教科书必须"合乎共和民国之宗旨"。

临时政府还特别重视社会教育,认为是民国的"当务之急",1912年1月教育部颁发了《通电临时宣讲办法文》,要求各地抓紧成立"共和宣讲社",开展社会教育,进行辛亥革命以后的形势宣讲、教育,尤其注重公民道德教育。为保证教育场所的安全,临时政府还特地发文,要求各地清查被占用的学校房屋、书籍等,要求保护学校财产,确保教育正常进行。

四、改革旧俗，保障民权

在两千年的封建统治影响下，人民毫无权利可言，等级差别由来已久，女性缠足等各种封建旧俗使人民备受屈辱。民国成立后，临时政府颁布了《通令开放疍户惰民等许其一体享有公权私权文》、《大总统令内务部禁止买卖人口文》、《大总统令广东都督严行禁止贩卖猪仔文》、《大总统令内务部妥筹禁绝贩卖猪仔及保护华侨办法》等，宣布取消前清法律对各类"贱民"的身份歧视和特别限制，取消良贱差别，所有公民一律平等，均享有居住、言论、出版、集会、结社、信教等公民自由与权利；严禁买卖人口，解除从前缔结的买卖人口契约；切实禁绝鸦片、禁赌，提倡"强国强种"，切实改变中国"东亚病夫"的形象；限期剪辫，革除男子留长辫的清朝旧习；劝禁缠足，解放妇女，提倡女权，鼓励女子接受教育；另外还改革称呼，废止跪拜，规定官厅人员不得再称大人、老爷等，而以官职相称，民间则以先生或君相称，以鞠躬代替跪拜。同时，正式通电全国，自1912年始，废除阴历或者年号纪年，改用公元纪年。

临时政府的这些实践保障民权、改革社会风貌的举措，收到较好效果，在中国历史上掀开了新的一页。

五、整饬吏治，严格铨选

临时政府为健全组织，统一官制，先后制定了《中华民国临时政府中央行政各部及其权限》，各部官制通则和陆军、外交、内务、交通、教育、司法等部及各局官制，规定了中央行政各部的组织，部长、次长、司长和各科的职责权限，以及各级官员分别委任办法；撤销原先在各地方设立的"军政分府"，将各省都督府所属之行政各部改为"司"，主管民政、财政，军事由另设的司令部专管，使军政分开。同时推行文官考试制度，拟定了《文官考试委任官职令》、《文官考试令》、《外交官及领事官号考试令》、《法官考试令》等法令，强调选用官员"唯才能是称，不问其党与省"，一切官吏必须经过考试选拔，才能任用，杜绝"任人唯亲"。临时政府的这些规定，一改封建官场旧俗，大大提高了行政效率，也为以后官吏铨选和管理的进一步改革提供了借鉴。

六、制定财政法规，建立金融制度

临时政府制定了《会计法草案》，依法办理预算、整理财政、实行监督，并规定各部必须每月将收支情况登记造册报财政部。临时政府还拟订《划分中央地方财政范围意见书》、《金库则例》，划分中央与地方财政范围，建立金库制度，逐步实现全国财政的统一。在大清银行的基础上，成立了中国银行，作为民国政府的中央银行，颁布《中国银行则例》；还改革币制，制定并颁布《暂行印花税法》和《暂行印花税法施行法章程》，加强对全国财政金融的法制化管理。

财政金融是国家的命脉，临时政府的这些规定，有利于短时期里迅速建立起一套现代财政金融制度。

七、其他行政军事法规

针对革命之初国内治安不稳的现状，临时政府颁发了《告示》、《维持地方治安临时军律文（附军律及示谕）》等条令，严禁任意掳掠、强奸妇女、杀害无辜良民、擅封民屋财产、抢劫民财等行为，违者枪毙；勒索强买、私斗杀伤者论情抵罪；私入民宅、行窃、赌博、纵酒行凶者罚；严禁私募军饷，违者严惩不贷。还发布了《禁止私自招兵募饷文》、《严禁军人冶游聚赌文》、《宪兵暂行服务规则》等，加强对军人的管理，严格军纪军规，"倘敢在外滋事，即属不法军人，定即按律惩办……如有匪徒假冒，一律严拿重惩。"

在当时的社会背景下，这些法令确实非常必要，对于稳定辛亥革命后的国内形势，起到很好作用。但是由于很多规定都是临时性的，缺少立法的周密考虑，一些措施也很简单，带来操作上的一些困难，致使许多法令无法持续。

第三节　南京临时政府的司法制度

临时政府成立后，司法总长伍廷芳锐意改良司法，认为这一问题关系中国外交和收回治外法权，必须大力整顿，得到孙中山的认同和支持。在改革司法体制、推行文明审判、实践司法独立上,临时政府都采取了一系列措施,取得一定成效。

一、司法机关的变革

按照《中华民国临时政府组织大纲》的规定,临时政府成立后,立即按照司法独立的原则设立了专门的审判机关——临时中央审判所,作为民事、刑事诉讼的最高审判机关,并着手对全国各级审判机关进行调查。司法部按照《中华民国临时约法》的规定,拟制了《临时中央审判所官制令草案》交大总统咨参议院议决,同时提出全国所有裁判所应陆续编定各自的官制令,以重法权,便于执行。

在地方上,司法部开始推动各级审判厅、检察厅的建立和独立,并拟改良全国裁判所及监狱,以切实保护人民财产。关于审级制度,孙中山在《大总统据法制局局长宋教仁转呈江西南昌地方检察长郭翰所拟各省审检厅暂行大纲令交司法部籍备参考文》中批示道:"四级三审之制,较为完备。"总体上,临时政府审判体制初步方案为,中央为中央审判所,地方设高等审判厅、检察厅,地方审判厅、检察厅。审级制度上采用了"四级三审制",初级管辖的案件,以初级审判厅为第一审机关;地方审判厅及高等审判厅,分别为二审、三审机关;地方管辖的案件,以地方厅为一审机关,地方高等厅和中央审判所为二审、三审机关;初级厅采独任制,地方厅采折衷制,高等厅及裁判所采合议制。

但是,因为革命形势的发展变化,临时政府存在的时间较短,加上宋教仁被暗杀等多种因素,临时政府设计的这一套司法体制并没有真正实施。

二、保障司法独立的措施

临时政府依据资产阶级"三权分立"的原则,设立了专门的审判机构,规定:"法院以临时大总统及司法总长分别任命之法官组织之。"《临时约法》为保障司法独立,明确规定法官独立审判,不受上级官厅之干涉;法官在任不得减俸或转职,非依法律受刑罚宣告,或应免职之惩戒处分,不得解职;惩戒条规,以法律定之。另外,完全按照西方资本主义国家模式,把国家统治权分为立法权(参议院)、行政权(临时大总统)、司法权(法院),建立了"三权分立"的民主共和政体。这些措施都有效保护了司法权尽量少受干预甚至不受干预。

同时,临时政府还大力推行律师辩护与法官考试制度,为此颁行一系列单行诉讼法规,其中有《临时中央裁判所官职令草案》、《法官考试委员会官职令》、《法官考试令》、《律师法草案》等。在司法审判实践中,恪守律师辩护原则,为了在更大限度上保护被告人的诉讼权利,最大限度地利用辩护律师的诉讼权利牵制司法权,预防司法专横和司法腐败,保护了当事人的合法权益;实行严格的法官考试制度是现代司法审判制度的有力衔接环节,法令规定法官是国家之司法人员,必须由精通法律且有高尚品格,能主持正义与公道,未有劣史和被刑罚处分过的人担任,其应当能起到法律代言人的作用。律师辩护制度和法官考试制度的推行对于反对封建君主专制的审判制度、实现司法独立之地位都具有重要意义。

三、诉讼审判制度的改革

南京临时政府按照资本主义法制的基本精神,在诉讼审判方面设计了许多制度,也推进了一系列改革。尽管因为时间短,加上斗争形势复杂,许多措施还没有来得及实施,许多方案也刚刚开始尝试,但是,它们都代表着资产阶级革命党人在当时背景下的探索,为后来审判制度的现代化打下良好基础。

第一,禁止刑讯。刑讯逼供导致冤案丛生,是中国封建法制的一大特色。临时政府首先从消除刑讯开始,改革审判制度。1912年3月发布了《大总统令内务司法两部通饬所属禁止刑讯文》、《内务部咨司法部严令所属官厅一律停止刑讯文》、《司法部咨各省都督禁止刑讯文》,要求今后不论行政、司法官署及何种案件,一概不准刑讯。鞫狱当视证据之充实与否,不宜偏重口供;要将从前各种不法刑具,悉令焚毁;还要求各地要不时派员巡视,"如有不肖官司,日久故伎复萌,重煽亡清遗毒者,除褫夺官职外,付所司治以应得之罪",反映了孙中山对保障民权的重视。

第二,禁止体罚。《大总统令内务、司法部通饬所属禁止体罚文》指出:"体罚制度,为万国所摒弃,中外所讥评",应该迅速予以革除。规定以后不论司法、行政各官署,审理及判决民刑案件,不准再用笞、杖、枷号及其他不法刑具。其罪当笞、杖、枷号者,悉改科以罚金、拘留等。民事案件,有赔偿损害、恢复原状,刑事案件,可处罚金、拘留、禁锢、大辟等,皆不许再违法使用体罚。

第三,罪刑法定,不溯及既往。针对民国之初党派活动频繁,政治斗争黑幕重重,仇恨、暗杀不断的现状,孙中山在《致陈炯明及各省都督电》中强调,"法令所加,只问其现在有无违法,不得执既往之名称以为罪罚"[1]。在他的要求下,内务部在答复关于保护人民财产令时,强调法令效率不能溯及既往。

第四,实行审判公开和陪审制。《中华民国临时约法》规定:"法院之审判,须公开之,但认为妨害安宁秩序者,得秘密之。"充分表明临时政府推行司法公正的精神与决心。根据这一规定,南京临时政府对于除妨碍安全等特殊案件外的一般案件,规定都采公开审判。同时临时政府还提出要引进西方的陪审制度,选拔有识之士参与陪审,以提高案件的透明度。

第五,反对株连。孙中山还提出"罪责自负,反对株连"的原则,准备日后制定法典时,"详细规定"。

---

[1] 《孙中山选集》,人民出版社1981年版,第47页。

第十五章 北洋政府的法律制度

（1912—1928）

1912年至1928年是中华民国北洋政府时期。在这二十五年间，北洋政府先后经历了袁世凯、黎元洪、曹锟、张作霖等军阀统治，政权更迭十分频繁。就政权性质而言，北洋政府以一定的军事集团为中心，以帝国主义为后台，代表着大地主、大资产阶级的利益，各派军阀们依靠着手中的军事实力镇压政治上的反对者，公开以武力维护其政治权威，属典型的军阀专制，是中国近代历史上较为黑暗和混乱的时期。在军阀专制统治下，经济凋敝、民不聊生，阶级矛盾和民族矛盾异常尖锐，无产阶级作为新兴的政治力量开始登上历史舞台，中国近代的革命运动也相应地开始由旧民主主义革命向新民主主义革命转变。但在统治方法上各种军阀又借助民主共和的招牌，在民主共和政体的运作下与中国传统的专制统治又有明显的不同。

从法律上讲，北洋政府统治时期是中国法律制度近代化发展中的重要阶段，一方面北洋政府将晚清变法修律中草拟的许多新型法律加以实施，使这些法律法规开始从文本变成具体的社会规则与制度。晚清时期开启了中国法制近代化的大门，但由于不久清政府就垮台了，因而所起草的法律和拟制的制度均未真正实行，所以从某种意义上讲是北洋政府使这些法律变成了实实在在的制度；另一方面，控制着北洋政府的军阀们为了其政权的合法化，也在不断地仿效近代西方，尝试着借助法律手段规范社会秩序、调整社会关系，相继制定了一些新的法律法规，进一步扩展了法律所调整的范围，法律体系得以更加完善。当然，需要指出的是，由于时代的原因，加之中国传统势力的强大，北洋政府时期的法律制度在某些方面也有所倒退。

北洋政府时期的法律制度对日后南京国民政府的法律制度产生了较大的影响。

学习本章应重点掌握北洋政府统治时期的制宪活动及其司法制度的特点。

第一节 北洋政府的立法指导思想

北洋政府时期中国社会正处于转型的关键时期,也是新旧思想冲突的重要阶段。西方文化思想不断涌入,民主、自由、平等、法治等观念进一步流行,以儒家思想为主体的传统伦理思想受到了严重的冲击,特别是1919年爆发的五四新文化运动更是把批判的矛头直接指向了传统伦理道德,中国传统文化风光不再,新旧思想杂陈,新旧观念冲突可以说是这一时期思想文化方面的最好写照。社会转型导致的社会矛盾的加剧,各种利益的重新调整,造成社会矛盾的激化,除原有的地主与农民之间的矛盾外,工人与资本家的矛盾也开始显现。加之战争不断,军阀对内盘剥的加重也进一步导致了经济的破产、社会的解体。此外,北洋政府时期中国传统法律解体的速度加快,各种法律制度在晚清法制改革的基础上又有了一定程度的发展。尽管军阀割据,政局动荡不安,国会时开时停,在一定程度上限制了立法的成就,但北洋政府根据现实需要还是制定或修订了一些其他法律。但以重刑为特征的中国传统法律的被放弃,其他配套制度建设的滞后,也在一定程度上导致了社会秩序的混乱。

在这种背景下,北洋政府的统治者们出于维护自己统治和社会秩序的需要,在指导思想上又重新拾起了传统的隆礼、重刑主张。

一、隆礼

就总体而言,北洋政府在立法指导思想上强调在借鉴西方的自由、平等等现代理念的同时,坚持和继承中国传统的儒家伦理,在法律的适用方面在强调人道主义的同时,也不放弃中国传统的重刑治乱世之主张。为此,1912年9月20日北洋政府一成立,袁世凯就发布《通令国民尊崇伦常文》,下令尊孔:中华立国以孝悌忠信礼义廉耻为人道之大纪。政体虽更,民彝未改,并认为孝悌忠信礼义廉耻等八德既是家庭伦理,又是社会伦理和国家伦理,必须上下遵循。1913年6月22日袁世凯又发布《通令尊崇孔圣文》,明确指出,目前社会不安、吏治不良的根本原因是"礼教不修",为此必须尊孔。1913年10月完成的《天坛宪草》第19条更是明确规定:"国民教育,以孔子之道为修身大本",把接受孔学教育作为国民的教育义务。此外,1919年北京政府内务部又再次通令,进一步将10月20日确定为孔子圣诞节,这一切无不是试图重新确立中国传统伦理的地位和影响,并从中国传统法律文化中寻找对自己有利的东西。

二、重刑

与隆礼的同时,北洋政府还强化了对一些严重危害其统治行为的镇压。表现为:一是颁布《易笞条例》和《徒刑改遣条例》,公开恢复已被明令废止的笞刑和遣刑。《易笞条例》规定:凡应判处3个月以下有期徒刑、拘役或100元以下罚金,而且年龄在16岁以上60岁以下的男子,都得因其情形,易以笞刑。《徒刑改遣条例》规定:无期徒刑和五年以上有期徒刑,如内乱、外患、强盗、窃盗等罪均得改遣。改遣犯人须出本省三千里以外。在发遣中逃亡或到配所逃亡,内乱、外患、强盗等罪犯均处死刑。二是颁布特别法加重对盗匪、土匪等罪行的量刑幅度。如《惩治盗匪法》第3条规定,原《暂行新刑律》第376条强盗罪处死刑、无期徒刑的一律处死刑。第186条处无期徒刑或一等有期徒刑、第187条处二等至四等有期徒刑的,也一律处以死刑等。三是对特别严重的盗匪允许采取就地正法。《惩治盗匪法施行法》第1条规定,地方审判厅或兼理司法事务的县知事,认为案情重大,可得先行摘叙犯罪事实,由电报请示上级,立即执行死刑,公开恢复了晚清为方便镇压所一度采用的野蛮的就地正法令。

如果说隆礼尚有部分可取之处的话,重刑则充分反映了北洋政府法律制度的反动本质。

第二节 北洋政府的制宪活动

北洋军阀统治时期,政权更迭非常频繁,为了借助近代民主共和的国家运作形式使自己的政权合法化,掌握政权的统治者们展开了频繁的立宪活动,先后制定了一系列宪法性文件。其中较为重要的有《中华民国宪法草案》、《中华民国约法》、《中华民国宪法》等,这些宪法性文件在中国近代宪政发展史上占有重要的地位。

一、《中华民国宪法草案》

(一) 制定

1913年3月10日袁世凯在北京就任临时大总统。根据《临时约法》中"本约法实施后,限十个月内由临时大总统召集国会",以及"中华民国宪法,由国会制定"的规定,1913年4月8日北洋政府召开了中华民国第一届国会,正式选举袁世凯为中华民国大总统,并成立了宪法起草委员会。因该宪法起草委员会办公地点在北京天坛祈年殿,故人们习惯将由该宪法起草委员会起草的宪法草案称之为"天坛宪草"。

"宪法起草委员会"共由60人组成,其中国民党人士占28位,在各党派中占绝对优势,国民党希望通过制定一部真正的宪法防止袁世凯复辟封建专制,而袁世凯则想通过制定宪法强化自己的权力,因而"宪法起草委员会"从成立的那一天起就充满了斗争,至1913年10月《中华民国宪法草案》起草工作完成,提交中华民国第一届国会审议。

(二) 主要内容和特点

《中华民国宪法草案》分为国体、国土、国民、国会、国会委员会、大总统、国务院、法院、法律、会计、宪法之修正及解释等11章113条。由于国民党议员在第一届国会中和宪法起草委员会中均占绝对优势,因而该届国会继续秉承辛亥革命的政治遗产,起草的《中华民国宪法草案》与《中华民国临时约法》的精神大致相符,坚持了通过宪法防止袁世凯专制的政治目的。例如,在政权体制上仍然坚持责任内阁制,该宪法草案规定国务总理的任命须经众议院同意,国务员对众议院负责,而非向总统负责;强化了国会对大总统的制约,该宪法草案中专门增设了国会委员会,明确规定国会委员会为常设机构,在国会闭会期间行使国会的部分权力,从而达到制约大总统的目的。此外,该宪法草案对总统的任期做了严格限制,规定大总统任期五年,只能连选连任一次;确立独立于行政系统之外的审计制度,规定审计长和审计员由国会选举产生,而非总统任命等。

实事求是地讲,《中华民国宪法草案》仍然存在着因人设法的问题,但仅从国家权力结构和国家制度设计方面讲,《中华民国宪法草案》较之《中华民国临时约法》更为合理。袁世凯痛感国会与《中华民国临时约法》对自己的束缚,对《中华民法宪法草案》(天坛宪草)极为不满,于是制造种种借口解散了中华民国第一届国会,使《中华民国宪法草案》流产。

二、《中华民国约法》

(一) 制定

《中华民国约法》俗称"袁记约法"。《中华民国宪法草案》流产后,袁世凯于1914年3月成立了由自己控制的"约法会议"作为立法机关,3月20日袁世凯向"约法会议"提出了"修改约法大纲七条"的具体建议,其核心内容是强化总统权力。"约法会议"完全按照袁世凯的意志,在极短的时间内制定出《中华民国约法》,并于1914年5月1日正式公布,同时废止《中华民国临时约法》。国会与《临时约法》一直被视为南京临时政府民主共和的两大标志,因而,随着中华民国第一届国会的解散和《临时约法》的废止,南京临时政府所开创的政治制度至此基本终结。

(二) 主要内容及特点

《中华民国约法》共分国家、人民、大总统、立法、行政、司法、参政院、会计、制定宪法程序和附则等10章68条。从形式上讲《中华民国约法》仍然坚持主权在民的基本理念,以及民主共和的国体和三权分立的政体,如设立法院行使立法权,司法权由法院行使等。但与《中华民国临时约法》相比,毕竟又有着明显的变化,这些变化主要有以下几个方面：

1. 扩大总统的权力

该法第14条不仅明确规定"大总统为国家元首，总揽统治权"，而且与《中华民国临时约法》相比，该法还新增加了几项总统的权力：

（1）召集立法院开会、停会、闭会权。第17条第1款规定大总统有召集立法院开会、停会、闭会权，"大总统召集立法院、宣告开会、停会、闭会"。

（2）解散立法院权。该条第2款规定大总统有解散立法院的权力，"大总统经参政院之同意，解散立法院"。

（3）紧急命令权。第20条规定"大总统为维持公安，或防御非常灾害，事机紧急，不能召集立法院时，经参政院之同意，得发布与法律有同等效力之教令，但须于次期立法院开会之始，请求追认。前项教令，立法院否认时，嗣后即失其效力"。

（4）财政紧急处分权。第55条规定"为国际战争或戡定内乱及其他非常事变，不能召集立法院时，大总统经参政院之同意，得为财产紧急处分，但须于次期立法院开会之始，请求追认"等，同时取消了对总统进行限制的规定，如对立法院议决的法律案，大总统行使否决权后，即使仍有2/3以上的议员坚持原有观点，总统仍可以拒绝公布该法律案。

2. 废除责任内阁制

该法第39条规定"行政以大总统为首长，置国务卿一人赞襄之"，第42条规定"国务卿、各部总长及特派员，代表大总统出席立法院发言"。总之，按照该法规定，大总统既是国家元首，又是行政首脑，国务卿只是大总统的助手，各部部长直接向总统负责，不再向国务卿负责。

3. 以立法院代替国会

该法中设立的立法院与《中华民国临时约法》及《中华民国宪法草案》（天坛宪草）中的国会相比权限变化较大，主要有：取消了立法权中的制宪权和修宪权，也就是说立法院只有制定普通法律之权；取消了立法权对行政权的监督权，大总统对全体国民负责，不再对立法院负责;立法权受制于总统,总统对立法院议决的法律有否决权,如该法第 34 条规定"立法院议决之法律案,大总统否认时,得声明理由,交院复议,如立法院出席议员 2/3 以上仍执前议,而大总统认为于内治外交有重大危害,或执行有重大障碍时,经参政院之同意,得不公布之"等。即便如此,在立法院未成立前,先设总统的咨询机关参政院代行立法院的职权。

《中华民国约法》的颁布,特别是此后《修正大总统选举法》的颁布,使中国的宪政运动大大倒退了一步,同时也为袁世凯的独裁集权铺平了道路。该选举法规定:"大总统任期 10 年,得连任";大总统选举会"由大总统召集",而且只要"参政院认为政治上有必要",可以不召开选举会,作"现任大总统连任之议决"。总之,经过此番修改,袁记大总统与封建君主已相差无几。

三、《中华民国宪法》

（一）制定

袁世凯去世后,黎元洪继任总统,宣布废除《中华民国约法》,并重开国会,续议《中华民国宪法草案》(即天坛宪草),但由于紧接其后的张勋复辟、军阀混战及派系之争,国会开会时断时续,宪法一事终无成果。1923 年 10 月 5 日曹锟通过贿选当上总统后,为给自己正名,再开国会,并在贿选当上总统后 5 日内匆忙地将争议已达十余年的《中华民国宪法草案》稍做修改之后,交付表决通过,10 月 10 日由曹锟加以公布,定名为《中华民国宪法》。

（二）主要内容

《中华民国宪法》为中国历史上第一部正式公布的宪法,共计国体、国土、主权、国民、国权、国会、大总统、国务院、法院、法律、会计、地方制度、宪法之修正解释及效力等 13 章,141 条,其章节和条文数亦为近代中国所制定的宪法性文件之最。与《中华民国宪法草案》(天坛宪草)相比,《中华民国宪法》增加了国土、国权、地方制度三章,删除了国会委员会一章,从结构本身讲更加合理。尽管该宪法是在军阀当政时期所公布的,但就条文和精神而言则基本上脱胎于《中华民国宪法草案》,它依据主权在民、民主共和、分权制衡、法治等原则,与军阀集权政治并不一致。

1. 国体

该宪法第1条在国体方面明确规定中华民国国体为民主共和国,第2条规定"中华民国主权,属于国民全体",此外,第138条还专门强调"中国民国永远为统一民主国","国体不得为修正之议案",甚至通过第37条规定"国体发生变动,或宪法上根本组织被破坏时,省应联合维持宪法上规定之组织,至原状回复为止",即一旦国体被变更,各省有权联合行动,保卫国体,直至原国体恢复等,以此表示对复辟封建帝制的反对,并试图从根本法上对此种行为进行限制。

2. 政体

该宪法在文本上,在三权分立的体制下坚持了议会制、责任内阁制和司法独立制度,如明确规定国会由参议院、众议院两院组成;规定内阁成员,包括总理不向总统负责,而向国会负责。此外,为保证司法独立,该宪法还进而规定实行法官终身、高薪、审判公开等具体制度。与此同时,该宪法对总统的权力进行了较多的限制,如规定国会除行使立法权外,对大总统行使某些重要权力时有同意权,对大总统有弹劾权和审判权等。

此外,值得一提的是该宪法新增加了"国权"和"地方制度"两章,在明确国家实行单一制体制的前提下对中央与地方的权力作了较为具体的规定,在保证中央统一行使国防、外交、金融等主要权力的条件下允许各省在与宪法和国家法律不相违背的前提下制定自治法,制定有关地方事务的单行法,赋予了地方有更大的自治权力,这一规定与此前中国所制定或起草的宪法性文件相差较大,客观上强化了各省的权重。

3. 人民的权利与义务

该宪法规定了人民的平等权,各项自由权、诉讼、请愿、陈诉权、选举被选举权、从事公职权等。宪法规定的义务有纳税、服兵役和受初等教育等。

此外,该宪法还对宪法的解释与修改做了规定。

如果仅就文本而言,与此前所制定的宪法相比,该宪法无论是形式还是内容都是最为完善的一部,这从一个侧面反映了北洋军阀欲盖弥彰的用心。该宪法的特殊制定背景,加之曹锟系通过贿选当的总统,从而使其一直被人们所指责,并被一些史家称为"贿选宪法"。该宪法公布后并未实施。

第三节　北洋政府法律制度的主要内容

一、行政法

（一）概况

北洋政府时期,行政法制建设开始初具规模,行政立法的数量大增。据统计,行政法规的数量已达七百多件,内容涉及行政组织法和行政行为法两大领域,行政组织法主要有《国务院官制》《省官制》《道官制》《县官制》《文职任用令》《文官甄用令》《文官高等考试法》《文官普通考试法》《中央行政官官俸法》《司法官官俸条例》《文官恤金令》《官吏服务令》《纠弹法》《文官惩戒条例》等,属于行政行为法的主要有《行政执行法》《治安警察条例》《预戒条例》《国葬法》《褒扬条例》《管理寺庙条例》《西医条例》《中医条例》《审计法》《狩猎法》《商会法》《权度法》等;此外行政救济制度也开始实际运作,并颁布有《平政院编制令》《诉愿法》《行政诉讼法》等。必须指出的是,由于当时特定的社会和政治环境,军阀混战,动荡不安,上述法规大都无法真正实行,仅仅停留在文本层面。

（二）行政组织法

1. 行政体制及机关

北洋政府初期,袁世凯通过《中华民国约法》废除了南京临时政府确立的责任内阁制,撤消了国务院,代之以集权的总统制,由总统总揽国家统治权,下设政事堂,置国务卿一人,监督政务对大总统负责,国家设有外交、内务、财政、陆军、海军、司法、教育、农商、交通等部各司其职,各部部长均对大总统负责。

地方政权分为省、道、县三级,因而行政机关也自然分为三级。

省级行政机关为省行政公署,长官初为民政长,由国务总理呈请大总统核定。1914年行政公署改称为巡抚使公署,长官亦改称巡抚使,1916年巡抚使公署再改称为省长公署,长官亦再改称为省长,下设内务、财政、教育、实业等各司以及总务处,分司其职。

道隶属于省,统辖若干县的行政区划,道的行政机关初为观察使署,长官为观察使,由省行政长官经内务总长呈请国务总理任命。1914年观察使署改称为尹公署,长官相应地改称为道尹,下设内务、财政、教育、实业等行政各科。

县级行政机关为县知事公署,长官为县知事,由省行政长官呈由国务总理、内务总长荐请任命。下设内务、财政、教育等行政各科。

1916年,袁世凯去世后,《中华民国临时约法》被恢复,《临时约法》中确定的责任内阁制也重被恢复,行政权由大总统以国务员之赞襄行使,但大总统不负实际行政责任。1923年《中华民国宪法》颁布后,地方道一级行政区划被废除,只保留省、县两级。

2. 文官制度

按照北洋政府颁布的一系列文官管理法规规定,文官分为普通文官(行政官)和特种文官(外交官、司法官、法院书记官等),本教材使用的文官概念,如无特别说明,系指称行政官。这一时期的文官制度大致包括以下几个方面:

(1) 任用

依据法律规定,凡文官的任用除由大总统特擢以外,均需经过文官考试及格者方可任用。文官考试又分为高等与普通两种,每三年举行一次。高等文官应试者须有三年以上高等学校学历及毕业文凭,年满25岁;普通文官应试者须有技术学校以上毕业文凭,或经地方考试及格取充"选士",或曾任委任以上文职,年满20岁。凡褫夺或停止公权尚未复权、品行卑污、被控有案查证属实、受破产宣告、有精神病或年力较弱、亏欠侵蚀公款者,均不得参加考试。高等文官考试分四试,普通文官考试分三试,内容为国文、专门学科(如政治、经济、法律、数学、物理、医药)等。高等文官考试录取后先分发学习两年,成绩优良者得候补,授荐任职;普通文官考试录取后先分发学习一年,成绩优良者,授委任职为候补官。

文官的任用分特任、简任、荐任、委任四等。特任官主要包括国务总理、各部部长,由大总统特令任命;简任官主要包括国务院秘书长、各部次长、各局局长,由大总统直接选任;荐任官主要有国务院及各部秘书、司长、科长、参事等,由所属长官呈请大总统任命;委任官即普通文职,由主管长官直接任用。1914年后又将中央司法官、地方行政官及地方司法官一并列入文官四等序列。

(2) 权利与义务

文官享有官俸、退休金,遗属享有领取抚恤金,以及享有非受刑罚宣告、惩戒法处分,或身体不能胜任,或自请免官,不得被免职,非经本人同意,不得转任同等以下的职位的权利。义务则包括:服从长官的合法命令,保守机密,遵守工作时间,不得接受或由亲属接受与本人有统属关系者赠与的财物,不得与同本管官吏有公务上经济往来的人之间私相借贷,不得兼充公私商业执事人员及报馆执事人员,事情涉及利益关系人须回避,不得有除惯例之外的酬宴等。

(3) 考绩与奖惩

为了督促文官严格履行自己的职责,北洋政府时期对文官的惩戒法律上亦有了明确的规定。文官惩戒机构包括文官高等惩戒委员会和文官普通惩戒委员会,前者负责对简任、荐任官的惩戒,常设置于中央;后者负责对委任官的惩戒,分别设置于中央与地方各行政官署。惩戒的原因为违背职守义务,玷污官吏身份,丧失官吏信用等。惩戒处分的种类有褫职、降等、减俸、申诚、记过等五种。

(三) 行政行为法

中国传统社会,官吏自比"父母",权力极大,又无制衡、程序等限制,因而滥用权力现象极为普遍。中华民国建立后受西方民主、分权等理论影响,开始对行政官员的行政行为,特别是强制行为,加以限制和规范。1913年4月北洋政府颁布了《行政执行法》,次年根据实施中发现的问题,进行了必要的修改。该法规定主管行政机关必要时,可以对拒不履行行政义务者在法定的条件范围内,按照法定的程序行使直接或间接强制措施。直接强制措施包括对人身的管束,对物的扣留、使用、处分、限制使用,对住宅及其他场所的侵入搜查等;间接强制措施有代执行和30元以下的罚锾等。无论是直接或间接强制措施,均不得滥用。这一法规对于规范行政机关的行政行为,制约行政权限,保障公民权利,改变传统观念,具有一定的积极意义。

二、刑法

(一)《暂行新刑律》

在刑事立法方面,北洋政府建树不多,基本上沿用的是稍加修改的《大清新刑律》。南京临时政府建立后,为了建立法律秩序,司法总长伍廷芳就曾建议,在新的中华民国法律未制定出来之前,可先对清末改法修律时制定的法律略加修订,临时适用。袁世凯上台后也公开发表声明:"现在民国法律未经议定颁布,所有此前施行之法律及新刑律,除了与民国国体抵触各条应生效力外,余均暂行援用,以资遵守。"①南京临时政府随即开始着手对《大清新刑律》进行删修,政府迁至北京后,这一工作大致完成,定名为《暂行新刑律》,分总则、分则,共52章,于1912年4月30日正式公布,当日即开始施行。同《大清新刑律》相比,《暂行新刑律》只是删除了《分则》中的侵犯皇室罪12条以及《暂行章程》5条,同时修改了律文中与帝制相关的术语、制度,如将"臣民"改为"国民"等。

北洋政府建立后,在刑事立法上仍然面临着如何将中国传统法律与西方近代刑法原则之间进一步协调的问题。从整体上讲,《暂行新刑律》继承了晚清刑法改革的成果,使中国自晚清以来的法制近代化之路得以继续。1914年12月,北洋政府曾根据袁世凯"隆礼"、"重典"的主张,颁布《补充条例》,对《暂行新刑律》进行了若干修改,主要修改之处有:一是提高了对"外患"、"内乱"等重罪量刑幅度;二是加强了对传统伦理的维护,不仅在一定程度上恢复了《暂行章程》的规定,还有一些新的发展,如规定父母对于不服管教的子女,可请求法院施以6个月以下监禁等;三是对原法典的一些不足进行必要的补充,适应社会的实际需要。例如对"妾"的法律地位作了专门规定,明确了妾的法律地位。尽管晚清以来国家从法律制度上否定了妾的存在,但对于正处于社会转型时期的中国来说,妾在现实

---

① 《临时政府公报》1912年4月。

生活中的存在又毕竟是客观事实,因而从法律上对其地位加以具体规定较为务实。

在适用《暂行新刑律》的同时,北洋政府也从1912年7月起成立了法律编查会,负责新法典的制定工作,先后于1915年和1919年完成两部《刑法》修正案,史称第一次修正案和第二次修正案。这两部修正案就大的方面而言,其变化之处主要有:继续恢复宗法伦理原则,如在《总则》中增列了"亲属加重"一章,规定凡对尊亲属犯罪加重量刑,扩大对尊亲属的保护范围;专设"侵犯大总统罪"一章,强化对总统的保护;进一步吸收西方近代刑法制度与原则,在立法理论和技术方面更加成熟和完善。从总体上讲,第一、第二修正案,特别是第二修正案使中国近代刑事立法达到了一个更高的水平。上述两部修正案在北洋政府时期并未颁布施行,但第二修正案对日后的南京国民政府刑法典影响较大。

(二) 刑事特别法

此外,北洋政府,特别是袁世凯统治时期,还制定过一些单行的刑事特别法,如:1914年的《官吏犯赃条例》、《惩治盗匪法》、《惩治盗匪法施行法》、《私盐治罪法》、《徒刑改遣条例》,1915年的《陆军刑事条例》、《海军刑事条例》等,其中最为重要的是《惩治盗匪法》。

《惩治盗匪法》共11条,基本内容包括三个方面:一是规定对强盗、匪徒加重处罚力度。二是简化审判、执行程序,如《暂行新刑律》规定,死刑非经司法部覆准回报,不得执行。但《惩治盗匪法》则简化为由该管审判厅或兼理司法事务的县知事以电报方式简述犯罪事实,报请上级复核后即可执行。三是扩大了审判机关的范围,授予了军事机关审判强盗、匪徒的权力。《惩治盗匪法》的本义是为了加强对严重刑事犯罪的镇压,但在执行中却客观上有利于军阀对司法的干预,因而该法深得地方军阀的欢迎,原定施行5年,至1919年又宣布延长3年,1922年司法部通令废止,但遭到许多地方军阀的反对,1923年又不得不恢复效力。由于在适用上坚持特别法优先于普通法的原则,因而特别法的制定为北洋军阀强化自己的军事专制提供了极大的方便。

三、民商法

(一) 民法

北洋政府建立之初,仍然承认民商法的独立地位,但考虑到大清民律草案未正式颁行,故将《大清现行刑律》以及《户部则例》中的有关涉及民法的内容,如服制、田宅、婚姻、钱债、户口、田赋等,作为《现行律民事有效部分》直接加以援用,北洋政府大理院曾以判例的形式对此有过明确规定:"民国民法典尚未颁布,前清之《现行律》除制裁部分及与国体有抵触者外,当然继续有效。至前清《现行律》虽名为《现行刑律》,而除刑事部分外,有关民、商事之规定,仍属不少,自不能以名称为刑事之故,即误会其为已废。"①

以《现行律民事有效部分》来应对现实生活中的民事行为和民事纠纷固然可以解决一些问题,但由于社会转型所带来的发展和变化,法律与现实生活的矛盾甚至冲突时有发生。众所周知,《现行刑律》是在中国传统的伦理下制定的,它坚持的是男尊女卑、等级身份等原则和精神,因而势必要与《中华民国约法》、《中华民国宪法》中所确立的平等、自由等社会价值与理念发生冲突。加之原有的法律中涉及民事的内容规定又过于简陋,根本无法适应现实生活的客观需要,不得已,北洋政府又采取了另一办法进行补救,即通过司法手段,而非立法手段在司法实践中大量引用民商习惯、大理院判例和法理作为办案依据。在整个北洋政府时期,传统民商习惯和大理院判例一直是司法实践中的重要法源,两者相互配合,弥补或修改原有法律的不足和过时的法律条文。

从 1914 年起,北洋政府在大清民律草案的基础上开始了民法典的编订工作。到 1926 年先后完成了亲属、总则、债、物权、继承等编的二稿或三稿草案,制定了《清理不动产典当办法》、《不动产登记条例》、《验契条例》、《森林法》、《矿产条例》等单行民法。

(二) 商法

在商法方面,北洋政府没有制定统一的商法典,但却制定了大量

---

① 大理院判决"三年上字第 304 号",中国第二历史档案馆藏档案,全宗号 241。

的单行的商法规,如《公司条例》、《商人通例》、《公司注册规则》、《商标法》、《著作权法》、《证券交易所法》、《物品交易所法》、《会计师暂行章程》等。不仅如此,《票据法》、《公司法》、《破产法》等也起草完毕,但未及颁行。

四、特点

北洋政府的法律制度具有明显的特点:

(一)创新和继承并存

北洋政府时期法律制度是在晚清法制变革的基础上不断发展而成的,同清末所制定的同类法规之间有着明显的渊源关系,其中行政法规创新之处较多,而刑事法律、民商类法律继承有余,创新不足。北洋政府的法律制度为南京国民政府的法律制度奠定了基础。

(二)实施情况较差

尽管从文本上讲,北洋政府的法律制度已经基本完善,但由于北洋政府时期就本质而言,是武夫专制的时期,封建军阀对法律实施的干涉时有发生,加之政权更迭过于频繁,因而上述法律规定大都并未真正实施,法律制度相对完备,但法律对社会的影响及其微弱,这一点在北洋政府时期反映得极为明显。

第四节　北洋政府的司法制度

北洋政府的司法制度是在继承晚清司法制度的基础上逐渐形成和发展起来的。

一、司法机关

(一)普通司法机关

北洋政府大体上继续沿用晚清所确立的近代司法体制,实行四级三审制和审检合署等。普通司法机关包括:初级审判厅、地方审判厅、高等审判厅和大理院,由于这些机关的权限、设置与晚清时期大致相同,这里介绍从略。

(二) 特别司法机关

北洋政府时期的特别司法机关主要有兼理司法法院、军事审判机关和平政院等。

1. 兼理司法机关

兼理司法机关即北洋政府时期由地方行政长官兼管的审判机关。近代中国司法机关的制度设计始于晚清，但至北洋政府成立时，大多数基层司法机关并未真正建立。1914年4月，北洋政府公布了《县知事兼理司法事务暂行条例》，规定凡未设法院之各县司法事务，一律委任县知事处理。与此同时，为了保证审判质量，北洋政府又将中国传统社会中的复判制度加以恢复，规定，凡由县知事兼理司法的地方，未经实际第二审的刑事案件均应报各省高等审判厅进行复判。尽管北洋政府实行县知事兼理司法有其各种原因，如经费的紧张、合格司法人才的短缺等，但县知事兼理司法毕竟从本质上使中国传统的司法行政不分的体制在一定程度上被恢复，这不能不说是一种历史的倒退。

2. 军事审判机关

北洋政府先后于1915年和1918年公布了《陆军审判条例》和《海军审判条例》等，对军事审判机关做了专门规定。北洋政府时期，军事审判机关分为高等军法会审、军法会审和临时军法会审三种。军法会审的对象以军人为主。

3. 平政院

平政院为北洋政府时期设置的从事行政审判和行政监察的机关，1914年起设置，为中国历史上首次设置的具有行政审判职能的机构。平政院设院长和评事，均由大总统任命。平政院下设三个庭，地方不设分支机构。平政院不纯粹是一个司法机关，除行政诉讼之外，还承担着行政监察的职能。

二、司法制度的特点

北洋政府时期的司法制度处于新旧交替的重要阶段，各种情况和利益交织在一起，使这一时期的司法制度有着明显的特点。

(一) 军事审判范围扩大

北洋政府从本质上讲是军阀专制的政府,那些大大小小的军阀们为了确保自己对司法的控制,在整个社会要求司法独立、审判公开的呼声下,以更为隐蔽的方法,即扩大军事审判的方法来强化对司法审判的干涉。首先,依据《戒严法》之规定,在警备地区,与军事有关的地方行政和司法事务管辖权移交该地之司令官,接战地区的地方行政和司法权移交该地之司令官。其次,按照《惩治盗匪法》和《惩治盗匪法施行法》规定,凡有高级军官统帅之军队,于驻地查获盗匪案件,由该军官审判,京师及特别要塞地方之盗匪案,由特派之军政执法长官审判。最后,依据法律规定,凡军法会审的案件基本上秘密举行,不得旁听,不得辩护,不得上诉。

(二) 新旧杂陈

北洋政府时期的司法制度,一方面在晚清所确立的近代化方向的基础上又有了较大和实质上的发展,取得了明显的成效,但另一方面也出现了许多负面的现象。

1. 司法制度的新发展

制度方面的新发展包括:

(1) 律师制度初步形成

晚清时期虽然从法律上规定了律师制度和律师职业的合法化,但并未真正来得及实行。1912年北洋政府公布了我国历史上第一部律师法《律师暂行章程》,对律师的任职资格、任职的程序、权利义务、律师组织等均作了详细的规定,该法对我国律师制度的构建起了重要的作用。

(2) 法官职业化程度进一步提高

北洋政府在晚清法官考试制度确立的基础上,对法官职业化从各个角度又作了专门规定,先后颁布了《司法官考试令》、《司法官惩治法》、《司法官官等条例》等一系列法律法规,彻底将司法官与行政官员进行了区分,要求司法官必须具备比行政官员更高的素质,从而使这一制度进一步完善。

2. 负面现象

这些负面现象包括县知事兼理司法、封建军阀对司法权干涉的扩大、司法专横和外国人司法特权扩大等问题。县知事监理司法和封建军阀对司法的干涉，前面已有所提及，这里仅就外国人司法特权的扩大问题做一介绍。根据1919年公布的《审理无约国人民民刑诉讼章程》和次年修订的《审理无领事裁判权国人民重罪案件分别处刑办法》规定，无领事裁判权人在华犯罪，仍在关押和量刑上给予一定的照顾。较之以前的规定，外国人的司法特权有所扩大。

这种新旧杂陈现象既是特定历史阶段的产物，又是发展中所难免要付出的代价。

第十六章　南京国民政府的法律制度

（1927—1949）

　　1927年4月,中华民国南京政府成立,至1949年南京国民政府解体,在祖国大陆存在了22年之久。从政权性质上讲,南京国民政府代表着大地主、大资产阶级的利益和意志,在其存在的大多数时间内公开依靠政治实力和军事力量对中国共产党等进步力量进行严厉打击,表现了明显的反动性。但在表面上则依然借助近代民主、共和及法律等手段来维护其统治。与北洋政府的政治体制相比,南京国民政府的最大特点就是强化了执政党对国家的控制,把执政党建立在国家之上,建立了党国一体的政治共同体。

　　就法律制度而言,南京国民政府继续秉承晚清以来中国所确立的法律近现代化之路径,同时根据自己统治的需要制定了数以万计的法律法规,构成了一个庞大的法律体系,其中许多法律法规不仅体例体系更加完备,而且还颇具特色,在中国近现代法律制度发展史上占有重要的地位。纵观南京国民政府时期的法律制度,国民党一党专制的"党治"构成了其立法和司法的最大特点。

　　学习本章,应重点掌握南京国民政府的"六法"体系及其内容,并结合历史背景对其法律制度的主要内容和形式进行深入分析。

第一节　南京国民政府的立法概况

　　南京国民政府重视立法,立法活动非常频繁,其立法体制、指导思想等较之北洋政府时期均有了较大的变化。

一、立法体制和指导思想

（一）立法体制

1. 中央

南京国民政府实行党国一体的政治体制,执政的国民党在政权中处于绝对的统治地位。因而,考察南京国民政府的立法体制一定不能忽视国民党所起的作用。南京国民政府成立不久,国民党即召开了第三次全国代表大会,通过了《确定训政时期党、政府、人民行使政权、治权之分际及方略案》,就训政时期国家政治活动中党、政府和人民之间的权力关系作了具体规定:"中国国民党独负全责,领导国民、扶植中华民国之政权、治权,而使之发展,以入宪政之域","中华民国人民,在政治的知识与经验之幼稚上,实等于初生之婴儿;中国国民党者,即产生此婴儿之母;既产生之矣,则保养之、教育之,方尽革命之责"①,公开强调国民党对国家的全面控制。为了落实这一原则,确保国民党对国家的全面控制,南京国民政府在制度上做了充分安排:由国民党独揽统治权;由国民党指派政府成员;政府对国民党负责等。

（1）国民党中央执行委员会和中央政治会议。目前学术界一般认为南京国民政府的最高立法机关是国民党中央执行委员会常务委员会和中央政治会议,在立法院未成立之前,中央政治会议实际上起着立法机关的作用,"中央政治会议得议决一切法律,由中央执行委员会交国民政府公布之"②。立法院成立后中央执行委员会常务委员会和中央政治会议对立法院的控制也丝毫未能减轻,大凡一切事关国家社会的重要法律均先由国民党中央执行委员会常务委员会或中央政治会议确立立法原则和指导思想,然后由政府中的具体部门去起草。

（2）立法院。立法院是国民政府名义上的立法机构。其主要职

---

① 中国第二历史档案馆编:《国民党政府政治制度档案史料选编》,安徽教育出版社1994年版,第594页。
② 南京国民政府:《立法程序法》(1928)。

责是根据中央执行委员会常务委员会的立法决议,负责具体起草法律条文,因而其立法权极为有限。按照1928年颁布的《立法程序法》和1933年中央执行委员会常务委员会修订的《立法程序纲领》规定,南京国民政府的立法程序包括四个步骤:一是由党政职能部门提出立法议案。根据法律规定有权提出议案的机关和个人包括:国民党中央政治会议,国民政府,行政院,司法院,考试院,监察院,立法委员(五人以上联名)等;二是法律案的草拟和议决,具体由立法院来负责;三是由国民党党务机关修改法律议案,包括中央执行委员会、中央执行委员会常务委员会等;四是由立法机构或总统对法律加以公布。如果是宪法类的法律需要经过民意机关的审议。

此外,作为国家最高行政机关的行政院及该院所属的各部委有依据法律发布命令之权;司法院有解释法律及变更判例之权。

2. 地方

在训政时期地方无独立的立法机关,其立法权由省市党政机关共同行使,但一般讲地方党政机关所制定的地方法规须报中央政治会议复核才能生效。

(二) 指导思想

从总体上讲,南京国民政府在立法上是以孙中山先生的三民主义为立法的指导思想或基本原则。三民主义是孙中山先生所提出的革命纲领和建国理论,包括民族、民权和民生三个方面。有关南京国民政府在立法上以三民主义为指导思想的情况,南京国民政府第一任立法院院长胡汉民曾公开著文《三民主义之立法精义与立法方针》对此加以解释,国民党第三次代表大会决议则讲的更加明白:"确立总理所著三民主义、五权宪法、建国方略、建国大纲及地方自治开始实行法,为中华民国训政时期最高之根本法。举凡更加建设之规模,人权民权之根本原则与分际,政府权力与其组织之纲要,及行使权力之方法,皆需以总理遗教为依规。"[①]

但需要指出的是,南京国民政府在立法上以三民主义为指导思

---

① 《中国国民党第三次全国代表大会重要决议案》,载《中华民国史档案资料汇编》第五辑第一编,政治(二),江苏古籍出版社1994年版,第91页。

想是有所取舍的,更多的是一种姿态,一种出于政治上合法化的考虑,在实际做法上很多方面早已背离了这一原则,三民主义对于南京国民政府而言早已成了一个招牌。

二、立法阶段

尽管南京国民政府存在的时间只有 22 年,但由于时局的动荡,南京国民政府时期的立法活动却可以明显地划分为三个阶段。

(一) 草创时期

时间是从 1927 年到 1935 年,这一阶段的主要任务是初步建立其法律体系。1927 年南京国民政府建立后,即开始着手构建其法律体系,先后制定和颁布了《训政时期约法》(1931)、《中华民国民法》(1931)、《中华民国刑法》(1928)、《中华民国刑事诉讼法》(1928)、《中华民国民事诉讼法》(1931)等法典,以及属于行政法类的《著作权法》(1928)、《银行法》(1931)、《商标法》等单行法律,南京国民政府的六法体系初步形成。

(二) 完善时期

时间是从 1935 年到 1945 年,属于其法律体系的进一步修改和完善阶段。从时间上我们不难发现第一阶段所制定的法律均较为仓促,因而,适用一段时间之后修改和完善就成了必然。从 1931 年起南京国民政府就专门成立了刑法起草委员会,开始着手修改《中华民国刑法》,并于 1935 年公布了新的刑法。此外,还于 1935 年公布了修改后的《民事诉讼法》和《刑事诉讼法》。在对上述基本法律进行修订、完善的同时,在此阶段南京国民政府也陆续制定了一些新的法律,而且明显地向行政法领域倾斜,如制定了《行政执行法》、《行政诉讼法》、《公务员服务法》、《行政法院组织法》,等等。

(三) 瓦解时期

时间上是从 1946 年到 1949 年,这一阶段为南京国民政府法律体系的瓦解时期。这一时期如果仅从立法角度讲最为重要的事件就是《中华民国宪法》(1947)的制定,该法是南京国民政府统治时期所制定的唯一的一部正式宪法。为了配合该宪法的颁布与实施,还制定了一系列与之配套的宪法类法律令,如《戡乱总动员令》等。1949

年伴随着南京国民政府的垮台,其所苦心经营的法律体系也随之瓦解。

三、法律体系

南京国民政府的法律从渊源上讲由成文法和判例、解释两部分构成。

(一) 成文法

南京国民政府的成文法主要由六部法律及其相关单行法律构成,因而人们习惯将其法律体系称为六法体系。至于六法的分类,在法学界大致有两种观点:第一种观点认为六法是指宪法、刑法、民法、行政法(未法典化)、刑事诉讼法和民事诉讼法;第二种观点则主张六法指的是宪法、刑法、民法、刑事诉讼法、民事诉讼法和法院组织法。

(二) 判例及解释

判例和解释属于非成文法。判例是指最高法院在适用成文法时对某一具体案件所做出的判决或裁定,为此,最高法院专门设有判例编辑委员会统一编辑判例,以便司法运用。解释是司法院对现行法律条文所运用过程中作出的具有法律效力的解释。南京国民政府时期,判例和解释在司法实践中起着重要的作用。

四、立法特点

南京国民政府的立法特点大致可以归结为如下几个方面:

(一) 立法权由国民党直接控制

这一点通过我们前述的立法体制可以充分加以证明,在南京国民政府统治时期,党的机关——中央执行委员会常务委员会或中央政治会议不仅对各种法律的立法原则拥有实际的决定权,同时也对法律拥有审查权,国民政府中的立法院只是一个具体起草、部分审议法律的办事机关而已,并不真正拥有独立的立法权。此外,立法院的委员们也基本上由国民党员来担任,从而更加确保了国民党对立法活动的掌控,各种利益集团无法通过合法的渠道和机制来表达自己的意志。

(二) 法律制定的速度较快

尽管南京国民政府所规定的立法程序较为科学,按照立法程序纲领的规定,任何一部法律要想获得通过,从议案提起,到法律案形成,直至最后审议通过,必须经过反复讨论、广泛听取各方意见,但由于整个立法过程被执政党所完全控制,因而立法所设计的各种环节均未能发挥实际作用,导致法律制定的速度快,修改的频率高。

(三) 数量大、内部协调性较差

南京国民政府存在期间所制定的法律数以万计。如果仅从表面看,各种门类的法律一应俱全,达到了中国近代以来的最完备的阶段。但由于立法过程中讨论不够充分,加之因人设法等问题,法律内在的协调问题一直未能解决好,从而极大地降低了其质量。

第二节 南京国民政府的宪法和行政法

一、宪法

南京国民政府时期先后制定了《中华民国训政纲领》、《中华民国训政时期约法》、《中华民国宪法草案》(又称《五·五宪草》)、《中华民国宪法》等宪法及宪法性文件。其中较为重要的是《中华民国训政时期约法》和《中华民国宪法》。

(一) 宪政理论

南京国民政府公开标榜自己的宪政实践秉承的是孙中山先生的宪政理论,这些理论包括建国三时期学说、权能分治和五权宪法理论等。

孙中山先生认为,要在中国这样一个封建军阀割据,人民缺乏起码民主常识的国家里实现宪政必须经过三个时期:即军政时期,行军法之治;训政时期,行约法之治;宪政时期,行宪法之治。孙中山先生主张一个国家的权力应该分为政权和治权两种,政权包括选举、罢免、创制、复决四项,政权属于全体国民;治权是指具体治理国家的权力,它属于少数经人民选举的有能力的官吏,由一些有能力的官吏建立一个全能的政府实现国家的有效管理。[①] 孙中山先生认为国家权力应一分为五,即立法权、行政权、司法权、考试权和监察权。

孙中山先生的宪政理论本身也有一个形成和发展的过程,这些理论在《中华民国临时约法》中并未得到体现,对此孙中山先生曾公开指出,《临时约法》中"只有中华民国主权属于国民全体一条是兄弟所主张的,其余都不是兄弟的意思,兄弟不负这个责任"[②]。南京国民政府成立后,蒋介石一方面沿用了孙中山的上述宪政学说,另一方面又将其改造成为适合专制统治需要的理论体系。

(二)《中华民国训政时期约法》

1. 制定

1928年12月,奉系军阀张学良在东北易帜,归顺南京国民政府,中国获得了形式上的统一,南京国民政府随即宣布军政时期结束,训政时期开始。1928年10月,国民党又公布了"训政纲领",为其在训政时期实行一党专制提供了理论基础和立法依据。但此后相当长一段时间内蒋介石却忙于内战,未能制定出训政约法,为政敌提供了反对的口实,引起了党内外的不满。为改变政治上的被动局面,1931年3月国民党召开了常务会议,决定召开国民会议,并推举王宠惠等人为约法起草委员,草拟约法。同年4月草案起草完毕,并提交给随后召开的国民会议讨论、审议。5月12日国民会议通过了《中华民国训政时期约法》,同年6月1日公布实施。

2. 基本内容

《中华民国训政时期约法》共有总纲、人民之权利义务、训政纲领、国民生计、国民教育、中央与地方之权限、政府之组织、附则等8章,共89条。

(1)国体方面。《训政时期约法》仍然规定"中华民国永为统一共和国","中华民国之主权属于国民全体"。

(2)政体方面。该法一方面把国家权力分为政权与治权两种,从政权的角度讲,该约法的最大特点是确立了国民党一党专政的国

[①] 参见《孙中山全集》第九卷,中华书局1984年版。
[②] 《孙中山全集》第五卷,中华书局1984年版,第497页。

家体制。它规定政权属于人民,但同时又规定在训政时期国家不设民意机关,由中国国民党全国代表大会代表国民行使中央统治权,国民党全国代表大会闭会时,其职权由国民党中央执行委员会行使。不仅如此,约法还规定由国民党中央执行委员会选任的委员组成国民政府,训导国民行使政权,这便以根本法的形式明确了国民党"以党治国"的统治地位与合法性。至于治权,该约法的最大特点是确立了以国民政府主席为首的五院制政府体制,规定国家设国民政府总揽治权。国民政府设主席一人,委员若干,国民政府主席代表国民政府为国家实际上的元首。国民政府下设行政、立法、司法、考试、监察五院分别行使行政权、立法权、司法权、考试权、监察权,五院院长由国民政府主席提请,国民政府任免。

此外,该约法规定了中央与地方采取"均权制度"的原则,并规定了地方自治制度。依据孙中山先生地方自治思想,该约法规定国家地方为省、县两级,但两者的性质又完全不同。省为中央法令执行机关,县设立筹备自治会,实行调查人口、测量土地、修筑道路,训练民众行使政权等自治活动。

(3)人民的权利与义务方面。该约法规定了公民无男女、种族、宗教、阶级之区别,在法律面前一律平等;在完全自治之县,享有选举、罢免、创制、复决四项政权;公民非依法律不得逮捕、拘禁、审问和处罚,公民住宅不受侵入、搜索或禁锢;公民享有迁徙、通信、通电、结社集会、发表言论、刊行著作及宗教信仰的自由权;公民财产非依法律不得查封或没收及继承;公民依法享有诉讼、诉愿、请愿之权;公民享有应考试、服公务之权。公民的义务规定有纳税、服兵役及工役、服从公署依法执行职权行为三项。值得注意的是,对于公民权利该法强调国家本位,规定"人民财产因公共利益之必要,得依法律征用或征收"。

(4)经济文化方面。该约法规定了兴办实业、调节经济关系、发展教育等纲领。

该法是对1928年所制定的《训政纲领》的具体化,其最大特点就是确立了国民党"以党治国"的方针,其实现方式是将国民党的最高权力机关变成了国家的最高权力机关,人民的政权演变为由国民党来享有和实行。《训政时期约法》是南京国民政府在大陆存在期间使用时间最长的根本法。

(三)《中华民国宪法》

1. 制定

《中华民国训政时期约法》所确定的一党专政体制受到了国内各界的普遍批评,而"九一八事变"后民族矛盾的彰显,则使这种不满进一步加剧。结束训政,制定宪法,实行宪政,共同对外,成为整个社会的普遍要求。在此背景下,南京国民政府于1933年成立了以孙科为首的宪法起草委员会起草正式宪法,至1934年完成初稿,后经立法院及国民党代表大会反复审议修改,1936年5月5日由国民政府公布,名为《中华民国宪法草案》,史称《五·五宪草》。不久抗战爆发,该草案被搁置。抗战胜利后,制宪问题重被提起,在中国共产党的积极努力下,1946年,国共双方召开了政治协商会议,会议通过了召开国民大会、改组国民政府、修改宪法草案(《五·五宪草》)等决议。关于修改宪法的决议主要包括实行国会制、责任内阁制、省自治等核心内容。但同年6月内战又爆发,南京国民政府违背政协会议之决议于11月单方面召开了国民大会,匆忙地通过了由王宠惠等人在《五·五宪草》基础上根据形势变化修改的《中华民国宪法》,并于1947年1月1日公布,1947年12月25日开始实施。但时隔不久,由于内战加剧南京国民政府又于1948年5月公布了《动员戡乱时期临时条款》作为宪法的补充,赋予了总统在"动员戡乱时期"有不受宪法限制的"紧急处分权",从而使刚刚开始的宪政大打折扣。该宪法是中国近代史上正式公布的第二部宪法。

2. 基本内容

1946年的《中华民国宪法》共有总纲、人民之权利义务、国民大会、总统、行政、立法、司法、考试、监察、中央与地方之权限、地方制度、选举罢免创制复决、基本国策、宪法之实施及修改等14章,175条。

(1) 国体。该宪法规定"中华民国基于三民主义,为民有、民治、民享之民主共和国"。

(2) 政体。该宪法规定国家设国民大会,代表人民行使政权,具体而言是选举、罢免总统、副总统,修改宪法及复决立法院所提之宪法修正案等四项职权。但创制、复决两项权力要在全国有一半以上的县市实行自治后才可行使,也就是说创制、复决两项权力暂缺。国民大会每届任期六年。同孙中山先生的五权宪法理论和《五·五宪草》相比,该宪法缩小了国民大会的权力,如《五·五宪草》中规定的国民大会对立法、监察两院院长的选举,对立法、司法、考试、监察各院的罢免权均被取消。

该宪法规定国家设总统,为国家元首。同《五·五宪草》相比,中华民国总统权力也有了一定的限制,如宣布戒严、紧急命令权要经过立法院通过或追认,任命五院院长要经过相关院的同意等。设行政、立法、司法、考试、监察五院,行使五种治权。就总体而言,该宪法兼采责任内阁制和总统制混合之精神。

实行省、县两级自治。该宪法规定实行省、县两级自治。省得召开省民代表大会,制定省自治法,省设省议会,为省立法机关,省政府为省行政机关。县得召开县民代表大会,制定县自治法,县设县议会,为县立法机关,县政府为行政机关。

(3) 人民之权利义务。该宪法对国民的平等权、自由权、选举罢免创制复决等参政权、诉愿权、受教育权等以及纳税、服兵役、受国民教育等义务均做了规定。在当时风起云涌的民主宪政运动影响下,该宪法对国民的权利自由规定比以往任何宪法的规定都更加具体和详细,而且还规定了具体的保障措施,如除一般原则性地规定了人身自由权外,具体规定除现行犯之逮捕由法律另行规定外、非经司法或警察机关依法定程序,不得逮捕拘禁;非经法院依法定程序,不得审问处罚;非依法定程序之逮捕、拘禁、审问、处罚,得拒绝之;人民因犯罪嫌疑被逮捕拘禁时,其逮捕拘禁机关应将逮捕、拘禁原因,以书面告知本人及其本人指定之亲友,并至迟于24小时内移送该管法院审问。本人或他人亦得声请该管法院于24小时内向逮捕之机关提审。法院对于前项声请,不得拒绝,并不得先令逮捕拘禁之机关复查。逮捕拘禁之机关,对于法院之提审,不得拒绝或迟延;人民遭受任何机关非法逮捕拘禁时,其本人或他人得向法院声请追究,法院不得拒绝,并应于24小时,向逮捕拘禁机关追究,依法处理。值得注意的是该法在罗列的各项具体权利自由之外,专门附加强调"凡人民之其他自由及权利,不妨害社会秩序公共利益者,均受宪法保障"。此外,与《五·五宪草》不同的是,该宪法一是规定了国家赔偿原则,公民因受公务员违法侵害其自由与权利可向国家请求赔偿;二是对国民权利自由采取了"宪法保障原则",删除了《五·五宪草》中凡人民权利、自由后面都有可"依法律"加以限制的字样。

(4)基本国策。该宪法规定对国民经济采取积极干预的原则,实施平均地权,节制资本的政策,公用事业原则上采取公营;军队国家化原则;中央与地方实行均权原则和基本国策。

就体系和内容而言,这部宪法从形式上讲在中国近代以来所制定的一系列宪法类法律中最为系统和详备。但事实上,该宪法却几乎未及实施。譬如,一方面该宪法对人民的权利规定得十分详细,但另一方面,在南京国民政府时期,特务军警人员随意践踏人民权利的现象又极为普遍。有宪法,无宪政,这一点在南京国民政府统治时期表现的极为明显。1949年国民党政权败退中国台湾地区,《中华民国宪法》在祖国大陆完全被废止。

二、行政法

(一)行政法的制定和分类

1. 制定

南京国民政府时期,作为六法体系之一的行政法受到进一步关注,行政法制建设得到了重大发展,无论是行政立法,还是行政救济制度均较北洋政府时期有了长足的发展与进步,行政法律制度体系基本完备。突出表现在行政法规数量的增多和体系的完备两个方面。

南京国民政府时期行政法并未法典化,而是颁布单行的行政法规,这在国民政府的六法体系中是唯一的。这些单行的行政法规称之为法、律、条例、通则、规程、规章、细则、办法等,系由立法机关、行政机关以及地方自治团体制定公布施行的,总数达到数千件。

2. 分类

南京国民政府时期行政法规按照调整对象的不同划分为行政组

织法和行政行为法两大类。

(1) 行政组织法。主要有《国民政府组织法》、《行政院组织法》、《省政府组织法》、《县组织法》等。

(2) 行政行为法。行政行为法又根据内容的不同,细分为:第一内政类,包括《国籍法》、《户籍法》、《工会法》、《农会法》、《商会法》、《医师法》、《药师法》、《都市计划法》、《建筑法》、《出版法》、《著作权法》、《行政执行法》、《违警罚法》等;第二军政类,主要有《兵役法》、《海陆空军惩罚法》等;第三地政类,主要有《土地法》、《土地法施行法》、《土地登记规则》、《地价调查估计规则》等;第四财政类,主要有《预算法》、《决算法》、《公库法》、《会计法》、《审计法》、《统计法》、《银行法》、《所得税法》、《营业税法》、《盐法》等;第五教育类,主要有《大学法》、《中学法》、《小学法》、《师范学校法》、《职业学校法》、《学位授予法》、《专科学校法》、《幼稚园设置办法》等;第六经济类,主要有《商业登记法》、《商标法》、《标准法》、《专利法》、《度量衡法》、《矿业法》、《水利法》、《邮政法》等;第七人事类,主要有《公务人员任用法》、《公务人员俸给法》、《公务人员服务法》、《公务人员考绩法》、《公务人员惩戒法》等具体行为法。

(二) 行政组织法

1. 中央行政体制

南京国民政府时期的中央行政机关为行政院,行政院院长初由国民政府委员任之,1947年后,由总统提名,经立法院同意任命之。下设内政、外交、军政、财政、教育、交通等各部,以及根据特定事宜设置的各委员会分掌行政职权。行政院长、副院长及各部部长、各委员会委员长组成行政院会议,讨论并决定重要行政事务,行政院所有的命令和处分决定均须有院长的署名及相关部长的副署才能生效。

此外,南京国民政府中的考试院主管公职人员的考试、任用、考绩、升迁、退休等事宜,其职权按照西方的权力分类方式,亦应属于行政权的范畴。

2. 地方行政区划

地方行政区划仍分为省、县两级,但在工商业较为发达、人口集中的地方则设有市一级行政区划,市又可以分为直辖市与省辖市两种。

省级行政机关为省政府,长官为省长,初由国民政府在省政府委员中任免,后由民众选举产生,下设民政、财政、建设、教育等厅及秘书、保安等处。县级行政机关为县政府,长官为县长,初由省政府任用,后由民众选举产生,下设司、科,管理辖区内具体行政事宜。1939年,南京国民政府颁布了《县各级组织纲要》,实行新县制,以县为地方自治单位,县政府不再是国家行政机关,而是自治行政机关。

(三)公务员制度

1. 沿革

南京国民政府时期的公务员制度是以北洋政府时期的文官制度为基础,同时继承、吸收中国传统考试监察制度和西方文官制度而形成的。它本身亦是一个动态的发展、完善过程,并非一蹴而就。所谓公务员,是指经由国家特别选任,对国家服务,并负有忠实义务的人员,包括行政、司法、考试等机关的事务人员,亦包括立法、监察及省市县各级民意机关的事务人员,自治行政机关的事务人员及公营事业人员等。

2. 选任

按照《公务人员考试法》规定,公民只有通过公务人员考试,成绩合格,方可获得公务人员任用资格。公务人员考试每年或两年举行一次,仍分高等及普通两种。应试者的条件为:年满20岁以上的中华民国公民;专科以上学校毕业资格(高等)或高级中学毕业资格(普通)。禁止应试的情形为被褫夺公权者、亏空公款、因赃私处罚有案者、吸食鸦片或其代用品者。考试方法因类别不同而相异,大致可以说职务性质侧重于行政方面的,先试以基本知识,再试以专门学科,最后面试才识与经验;职务性质侧重于技术性的,则先试专门学科,再试一般知识和面试等。考试合格后,根据考试成绩,区分不同等级加以任用。公务员的等级区分为特任、简任、荐任、委任四等。负责考试的单位不再是北洋政府时期的行政机关,而是由考试院进行。

3. 权利与义务

公务员及其遗属依法享有的权利主要有俸给权、退休金、保险金权、抚恤金权、身份保障权(指非因法定原因和法定程序,不得予以免职、停职及处分的权利)。义务主要包括执行职务、服从长官命令、忠实于国家利益、保守秘密、保持品行等。

4. 考绩

公务员的考绩分年考、总考两种。年考是对同一机关任同等职务的公务员1年内成绩之考核,于每年末月举行,由各机关自行办理。总考是对同等职务之公务员3年成绩合并之考核,由铨叙部办理。考绩的标准为本职工作、学识和操行,评定出若干等级,分别予以晋级、记功、不奖不惩、记过、降级或解职等奖惩。

5. 惩戒

惩戒的原因主要有违法和废弛职务、失职等。惩戒种类有免职、降级、减俸、记过、申诫五种。公务员惩戒的机构是公务员惩戒委员会。该委员会不再是北洋政府时期的行政机关,而是隶属于司法院,设委员长1人,委员9至15人,其中至少要有5至7人曾任过司法官。

此外,还规定有公务员任用时必须举行宣誓,离任时须与继任者交接等制度。

南京国民政府时期的公务员制度,就法律文本以及制度创新而言,具有一定的开创意义。但由于战争、党派之争等原因,实际实施状况则不尽如人意,特别是南京国民政府存在后期,公务员滥竽充数、贪污腐败等现象较为突出,公务员惩戒形同虚设。

(四) 行政行为法

中华民国时期所制定的行政行为法数量极为庞大,我们仅根据其重要程度对下面几部作一简要介绍。

1. 行政执行法

南京国民政府成立后,于1932年制定和颁布了《行政执行法》。该法规定主管行政机关必要时,可以对拒不履行行政义务者在法定的条件范围内,按照法定的程序行使直接或间接强制措施。直接强制措施包括对人身的管束,对物的扣留、使用、处分、限制使用,对住宅及其他场所的侵入搜查等;间接强制措施有代执行和30元以下的罚锾等。无论是直接或间接强制措施,均不得滥用。这一法规对于规范行政机关的行政行为,制约行政权限,保障公民权利,改变传统观念具有一定的积极意义。

2. 土地法

土地占有严重两极分化是中国封建社会突出的社会问题之一。为此,孙中山先生将"平均地权"作为其主要的政治纲领之一。南京国民政府成立后即开始起草土地法,并于1930年6月颁布,1936年4月公布了配套的《土地法施行法》,宣布《土地法》的实施时间为1936年6月。但时隔不久,抗战爆发,该法并未施行。1946年南京国民政府又公布了第二部《土地法》,对旧法进行了若干修改。

新《土地法》计有总则、地籍、土地使用、土地税、土地征收等5编247条。新旧土地法的立法宗旨为使土地尽其用,并使人民有平均享有使用土地的权利,防止私人垄断土地谋取不当之利。具体办法是测量全国土地进行总登记,明确每一块土地的等级,确定地价,一方面作为开征地价税的依据,地价税的基本税率为地价的10%左右,与地租基本相等,此举使地主无法轻易坐收地租之利,迫使其只能通过改良土地来获取收益,达到使土地尽其用,最终推动社会经济的发展;另一方面作为以后土地转让时开征土地增值税的基准,而土地增值税率按照超额累计征收,为20%至100%。同时对私人占有土地的数量也进行限制,实现平均地权。需要指出的是,新《土地法》也未真正施行,因而土地两极分化问题一直是困扰中华民国的一大问题。

3. 劳动法

伴随着资本主义在中国的出现,新兴的资产阶级和无产阶级也相伴而生,并逐渐在社会阶级结构中占据突出地位,劳资纠纷与矛盾便在所难免。南京国民政府成立后不久即着手编订《劳动法典》,但后来又决定以单行法规形式进行劳动立法,相继于1928年6月、1929年10月、1929年12月公布了《劳资争议处理法》、《工会法》、《工厂法》等。

(1)《劳资争议处理法》。1930年该法更名为《劳资争议法》,1943年又恢复为《劳资争议处理法》,共6章47条。它规定劳资争议事件的处理机构是劳资争议调解委员会或仲裁委员会,调解委员会由双方当事人代表各2人、官署代表1或3人组成,而仲裁委员会则由政府、国民党党部、法院及与争议无利害关系的劳资双方各派代表1人组成。调解为自愿程序;仲裁则为强制程序。在调解、仲裁期间不得停业或罢工。

(2)《工会法》。该法的立法宗旨,一是维护与改善工人的劳动条件及生活;二是增进知识技能,发展生产。也就是说是在于平衡、协调劳资、工会与政府的关系。出于此种目的,该法对工会之目的、性质、任务、种类、成立、解散、工会之监督、保护以及会员等均做了规定。按照规定同一行业、职业在同一地区只能成立一个工会。成立工会必须报请主管官署核准。尤其引人注意的是该法在对工会维护与改善工人的劳动条件及生活方面做了必要的规定后,对工会在解决劳资纠纷,特别是罢工方面采取了限制原则。该法规定工会不得为要求超过标准工资而举行罢工,罢工不得妨害公共秩序、危害雇主或他人的生命财产。凡交通、军工、国营事业、教育、公用事业的工人不得罢工。劳资纠纷必须先经过调解、仲裁无效,并经工会全体会员三分之二以上多数同意,才可以罢工等。这种过分强调维持社会秩序的规定使原本就处于弱势的劳动者失去了一种重要的保护手段,进一步加剧了双方的不平等,并最终不利于社会的进步。

《工厂法》初公布于1929年12月,1930年公布《工厂法实施条例》,因遭到实业界的抵制而被迫修改,并更名为《修正工厂法》,共13章77条,1932年12月30日公布实施。该法详细地规定了工人的工作条件、工厂安全、工伤赔偿等事宜,因其立法时以当时欧美等国的劳动法为参照而制定,因而规定大都合理但却较为超前,如规定实行8小时工作制,禁止雇佣14岁以下童工等等,与当时中国国情相去较远,未得到实际实施。

第三节 南京国民政府的民法和刑法

一、民法

(一)民商合一体例的确定

南京国民政府成立后,即着手编订民商法,1929年又成立了傅秉常、焦易堂、史尚宽等组成的民商法起草委员会,并聘请了法国人宝道和著名法学家王宠惠等为顾问,具体负责起草。起草过程中,立法院院长胡汉民、副院长林森等根据中国自古民商不分,商业不发达,商人本无特殊地位的现实,建议立法上采取民商合一体例。起草委员会采纳了这一建议,在立法上采用瑞士民法体例,不再编订独立的商法典,实行民商合一,将通常属于商法总则之经理人及代办商、商行为之交互计算、行纪、仓库、运送营业及承揽运送等项,编入民法典债编,其他实在不宜编入民法典的内容,如《票据法》、《公司法》、《海商法》、《保险法》等单独编订,作为民事特别法。这种体例对日后中国民商立法、民商法学科的发展产生了巨大的影响。

(二)《中华民国民法》

《中华民国民法》的起草开始于1929年。从1929年至1930年各编相继完成,陆续颁布,最后统一定名为《中华民国民法》,该法是中国历史上第一部正式民法典,在中国民法发展史上占有重要的地位。《中华民国民法》从颁布后至南京国民政府垮台未再进行过修订。

1. 概况

《中华民国民法》由总则、债、物权、亲属、继承5编构成,共计29章1225条。其中,总则又分法例、人、物、法律行为、期日及期间、消灭时效、权利之行使等7章;债编分通则、各种之债2章;物权分通则、所有权、地上权、永佃权、地役权、抵押权、质权、典权、留置权、占有10章;亲属编分通则、婚姻、父母子女、监护、抚养、家、亲属会议等7章;继承编分遗产继承人、遗产之继承、遗嘱3章。

《中华民国民法》是在晚清以来历次民法草案的基础上,同时又吸收借鉴了世界上一些民法的最新变化而编订的,尽管体例上较为详密,但考虑到民法调整的范围和领域过于宽泛,因而,该民法第1条仍然规定"民事法律无规定者,依习惯,无习惯者,依法理",也就是说,除民法典之外,习惯和法理也构成南京国民政府民事法律的渊源。这种做法源于北洋政府时期。同历次民法草案相比,《中华民国民法》在内容与指导思想上仍然是继受和固有相结合,但又有了一些新的变化。

2. 主要特点

《中华民国民法》的特点大致可以概括为如下两个主要方面：

(1) 对西方法律的继受和移植

《中华民国民法》对外来法的移植可以说是全方位的，包括指导思想、体例、术语、技术、原则乃至内容。在立法原则方面，坚持起源于西方的自由、平等、博爱等精神，排斥中国传统的等级、身份等观念，具体而言如在亲属和继承两编中强调男女在法律上之地位完全平等，奖励亲属互助，增进种族健康、废除封建的宗祧继承等原则。反映在条文中如该民法第 12 条及第 13 条规定，妻不再作为限制行为能力人，改变了《大清民律草案》中将妻作为限制行为能力人的规定。第 1052 条规定，在请求离婚的条件方面，夫妻享有完全的对等权利等等。

在指导思想方面，吸收国家本位的法律指导思想，保护社会公益。众所周知，西方社会在进入 19 世纪后期以来，随着社会的发展和变迁，开始由自由竞争资本主义进入到垄断资本主义时期，国家对经济的干预逐渐增多，与此相适应，社会连带主义法学派和社会法学派也开始盛行于法律思想领域。表现在民法方面，就是传统的个人本位主义原则被社会本位主义原则所替代，权利的行使受到了更多的限制。《中华民国民法》也采纳了社会本位主义的法律思想，注重社会公益的保护。该法典起草委员会在民法总则编的立法理由中公开表明："我国人民，本已自由过度，散漫不堪，尤须及早防范，藉障狂澜。本党既以谋全民幸福为目的，对于社会公益，自应特加注重，力固社会之安全。此编之所规定，辄孜孜致意于此典，如对于法人取干涉主义，对于禁治产之宣告，限制其范围，对于消灭时效，缩短其期间等皆是。"[①]这一原则在具体条文中得到了充分的体现，如该民法第 72 条规定"法律行为有悖于公共秩序或善良风俗者无效"等。

(2) 对中国固有法的保留和改造

适当地保留中国传统民商习俗，是清末以来几乎所有民商法制定者的又一个重要的指导思想。南京政府也不例外。具体而言《中华民国民法》对中国固有民商法的保留主要体现在以下几个方面：

---

① 谢振民编著：《中华民国立法史》(下)，中国政法大学出版社 2000 年版，第 756 页。

一是典权制度。典权制度是中国古代特有的民事法律制度,大清民律草案中未能将其合理吸收,《中华民国民法》制定者则认为:"我国习惯无不动产质,而有典……两者比较,典之习惯实远胜于不动产质"①,因而在法典中专设"典权"一章,加以保留,并从法律性质上对典权作了明确规定:"典权者,谓支付典价,占有他人之不动产而为使用及收益之权",此外,还对典权的期限、典权人与出典人各自的权利与义务等均做出了严格的界定,如典权的约定期限不得逾30年,典权人可以将典物转典或出租他人等,避免了双方可能发生的矛盾,在继承的同时又有所发展。二是家庭制度。关于家庭制度,在国民党中央政治会议所制定的亲属编立法原则中明确提出:"个人主义与家属主义之在今日,孰得孰失,故尚有研究之余地,而我国家庭制度,为数千年来社会组织之基础,一旦欲根本推翻之,恐窒碍难行,或影响社会太甚。在事实上似以保留此种组织为宜,在法律上自应承认家制之存在,并应设专章详定之。"②为此,《中华民国民法》中专设"家"一章,规定"家务由家长管理","子女之特有财产由父管理,父不能管理时,由母管理","父母得于必要范围内惩戒其子女"等。三是在一定程度上维护夫权等。尽管《中华民国民法》在亲属编中以源于西方的男女平等精神为指导,但在一定程度上仍然保留了一些维护夫权的内容,如规定"妻以其本姓冠以夫姓","妻以夫之住所为住所",父母教养未成年子女"权利之行使意思不一致时,由父行使之"等。

对这些固有法的保留应一分为二地进行分析。其中有一些,如典权制度在中国沿用已久,并被社会所广泛接受,保留下来,在当时无论是从维护社会秩序角度,还是从民事法律建设方面而言都有一定的积极作用,但毋庸讳言,其中也有一些,如维护夫权等,是对社会落后方面的迁就,不利于社会的进步与发展。

(三) 民事特别法

南京国民政府在其存在期间,曾在《中华民国民法》之外,制定

---

① 《民法物权编》立法原则,国民党中央政治会议第 202 次会议决议,转引自张晋藩主编:《中国民法通史》,福建人民出版社 2003 年版,第 1209 页。
② 谢振民编著:《中华民国立法史》(下),中国政法大学出版社 2000 年版,第 787 页。

过一些民事特别法,其中以《公司法》、《票据法》、《海商法》、《保险法》、《破产法》最为重要。

1.《公司法》

南京国民政府成立后,即着手起草公司法,屡经讨论,于1929年12月公布了《中华民国公司法》,并于1931年7月1日正式生效。该公司法仍然仿效日本公司法,施行后经过多次修改,其中1946年12月的修改变动最大,尤其引人注意的是这次修改吸收了英美等国公司法的一些内容。新公司法分为定义、通则、无限公司、有限公司、两合公司、股份有限公司、股份两合公司、外国公司、公司之登记及认许、附则等10章,361条。

2.《票据法》

鉴于票据在现代商业交往中的重要,南京国民政府成立后在历次草案的基础上,同时又参照德国、日本、英国、美国、法国的票据立法以及1923年海牙国际票据会议修订的《国际统一票据法案》,迅速制定了自己的票据法,并于1929年10月30日公布施行,该法是中国历史上第一部票据法。它共分总则、汇票、本票、支票、附则等5章,139条。该法的制定与实施对近代中国商业和企业的发展起了一定的促进作用。

3.《海商法》

自鸦片战争后,国门大开,中外之间贸易往来日益频繁,为了海上贸易发展、规范的需要,海商法的制定日显迫切。清末变法时,即曾草拟过海船法,即《大清商律草案》(志田案)中海船法部分。1926年北洋政府在清末海船法草案的基础上制定公布了新的海船法草案,但未经立法机关议决。南京国民政府在听取各方意见,特别是海关、轮船招商总局等相关单位的意见后,对上述两个草案又进行了修改,更名为《海商法》,并于1929年12月公布,1931年1月1日施行。该法系中国历史上第一部海商法,有总则、船舶、海员、运送契约、船舶碰撞、救助及捞救、共同海损、海上保险等8章,174条。

该法基本上以德国海商法为立法蓝本,本法所指之海船系在海上航行之船舶,不包括在内水航行之船只;船舶的国籍以船舶所有人来确定;除了有特别规定者外,船舶适用民法有关动产的规定;船舶运送契约为要式契约;共同海损采取"残存主义"原则,共同海损发生后以留存的船舶积货价格、运费的半额,与共同海损的损害额比例,由各利害关系人分担等内容。

4.《保险法》

中国自古无所谓保险业务,更无相关法规。清末《大清商律草案》(志田案)第二编商行为中始涉及保险法。北洋政府时期,又曾于1917年聘请外国法律顾问起草了《保险法契约草案》,但亦未及颁行。南京国民政府立法院商法起草委员会在此基础上稍加修改,定名为《保险法》,于1929年12月30日公布,但却未公布生效时间。该法是中国历史上第一部保险法。1937年南京国民政府又公布了第二部《保险法》,计有总则、损失保险、人身保险、附则等4章,98条。

5.《破产法》

1904年清王朝制定公布了中国历史上第一部破产法。该法因内容简略等原因,颁布不久即被废止。司法实践中主要依靠商业习惯和法理来处理破产问题。随后,清修订法律馆又聘请日本法学家松冈义正草拟了新的《破产法草案》,但未及颁行。北洋政府在此基础上进行了修订。司法部于1925年通令各级法院在审判中可参酌援用此草案。该草案几乎全盘抄袭德国破产法,同中国国情脱节较为严重,又极为烦琐,因而窒碍难行。南京政府成立后,未及时制定破产法,至1933年起始由立法院民法起草委员会开始草拟,1935年公布了草案,在广泛征求了各方意见后,经立法院通过,1937年7月17日正式公布施行。该法分为总则、和解、破产、附则等4章,159条。

该法的特点是:指导思想上充分考虑结合西方两大法系破产法各自的优点,同时也尽量照顾中国传统习惯;体例上采用英美法系的体例,不按实体法与程序法来分编、章;适用上根据"民商合一"的原则,不作商人与非商人之区分,统一适用;将和解作为专章加入破产法的规定;注意保护债务人等。

上述法规尽管存在着种种问题,但其对中国商法的形成、发展,以及当时中国经济的发展还是起了一定的作用。

二、刑法

（一）刑法典

1. 制定

1927年南京国民政府成立后即开始制定刑法典。这次制定刑法典是在北洋政府1919年刑法修正案基础上进行的，因而用时较短，至1928年3月立法院通过并公布，同年9月1日施行，名为《中华民国刑法》，通称旧刑法。旧刑法颁布不久，国内外形势发生了很大的变化，西方各国刑法理论也有了新的发展，同时也是为了协调刑法与其他陆续颁布的法律之间的关系，统一法律体系，为此，南京国民政府从1931年即责成专人着手对该法进行修改，其修改的宗旨是"参酌最近外国立法例"，"由客观主义而侧重于主观主义，由报应而侧重于防卫社会主义"，克服实施中的"窒碍难行之处"。至1934年10月该法修改完毕提交立法院审议通过，1935年1月1日颁布，同年7月1日施行，统称新刑法。

2. 体例和原则

1935年的《中华民国刑法》在体例上仍然分为总则和分则两编，计357条，较之《大清刑律》、《暂行新刑律》有了很大的变化。总则编12章，具体为法例、刑事责任、未遂犯、共犯、刑名、累犯、数罪并罚、刑之酌科及加减、缓刑、假释、时效、保安处分。

新刑法在刑法基本原则上，一方面继续秉承清末大清刑律所确定的源自于西方近代的罪刑法定、罪责自负、刑罚人道主义等三大原则；另一方面则尽量消除传统礼教的影响，但即便如此仍然保留了一定程度的中国宗法伦理的传统特色，如新刑法在亲属关系中继续维护对尊长的保护，规定对于直系血亲尊亲属有诬告、伤害、遗弃、妨害自由等犯罪行为，比侵犯常人加重刑罚；对于普通人施加暴力而未致伤的不构成犯罪，但对直系血亲尊亲属施加暴力即使未致伤的也构成犯罪；杀害直系血亲尊亲属及侵害直系血亲尊亲属尸体、发掘坟墓等加重量刑。此外，该法典还适当保留了传统的"亲属容隐"制度，规定凡配偶、五亲等内之血亲或三亲等内之姻亲有便利犯人脱逃、藏匿，或使之隐蔽、顶替、湮灭证据者，可视具体情节减免刑罚。

就体例和形式而言,新刑法则比前几部刑法典或修正案无疑更加合理与完善。

3. 主要变化

第一,刑罚方面的变化。刑罚方面的变化最主要体现在三点:一是从刑方面进一步完善。同《大清新刑律》相比,《中华民国刑法》中规定的主刑在刑种上没有变化,但从刑则更加完善。尽管新刑法规定的从刑种类仍是褫夺公权和没收两种,但在具体内容方面却有一些变化。就褫夺公权而言,新刑法规定的内容是成为公务员、公职候选人及行使选举、罢免、创制、复决等政权的资格;凡被判处死刑或无期徒刑者,宣告褫夺公权终身,判处6个月以上有期徒刑者,根据犯罪的性质,可宣告褫夺公权1年以上10年以下,自主刑执行完毕之日起计算。至于没收则规定,没收的违禁物不管是否属于犯罪人所有一律没收。二是易科制度进一步完善。在原有的两种易科方式之外,又新增加了易以训诫。三是增加了保安处分。新刑法根据社会防卫理论,对于那些可能犯罪的人强化预防,专门增加了保安处分一章,以弥补刑罚的不足。保安处分种类包括感化教育、监护、警戒、强制治疗、强制工作、保护管束、驱除出境等,保安处分一般在裁判时宣告。

第二,罪名方面的变化。新刑法根据社会经济发展的需要,同时考虑到中国传统法律的影响,对罪名进行了新的整合,将罪名分为35类,即分则中的35章,其中较为重要的罪名有内乱罪、外患罪、妨害国交罪、妨害公务罪、妨害秩序罪、公共危险罪、鸦片罪、杀人罪、妨害自由罪、窃盗罪、抢夺强盗及海盗罪、侵占罪、赃物罪、恐吓及掳人勒赎罪等,较之大清刑律变化较大。罪名方面的变化一方面反映了刑事法律本身的发展,同时另一方面反映了南京国民政府打击重点的转移。

(二) 刑事特别法

除刑法典之外,南京国民政府还仿效北洋政府的做法,制定了一系列刑事特别法,如《暂行反革命治罪法》、《共产党人自首法》、《危害民国紧急治罪法》、《妨害兵役治罪条例》、《国家总动员法》、《惩治盗匪条例》、《戡乱时期危害国家紧急治罪条例》,等等,数量十分庞大。刑事特别法数量大,变动频繁成了南京国民政府立法的一大特点。通过这些刑事特别法,南京国民政府设立了反革命罪、危害民国罪、叛乱罪、妨害国家总动员罪等新的罪名。"刑事特别法的大量制定及频繁变更,使法律在更大程度上作为国民党的'党治'工具而存在,体现了政治上的反动性;同时,它也使刑法体系处于经常的变动之中,直接影响了法律在维持社会秩序、规范公民行为方面的功能,表现了技术上的落后性。"①

第四节　南京国民政府的司法制度

南京国民政府成立后,陆续制定了《刑事诉讼法》(1928年公布,1934年重新修订,并于次年1月1日公布。该法共9编,516条、编目为总则、第一审、上诉、抗告、再审、非常上诉、简易程序、执行、附带民事诉讼)、《特种刑事临时法庭诉讼程序暂行程序》、《民事诉讼法》(1930年公布,1935年从新修订。共5编,600条,编目为总则、第一审程序、上诉审程序、再审程序和特别诉讼程序)、《行政诉讼法》(1932年公布,共27条,1942年修订从新公布,对行政诉讼的提起条件、提起、审理、判决、执行的程序和评事的回避等内容进行了规定)和《法院组织法》(1932年公布,此后多次修订)等一系列相关法律,此外,《国民政府组织法》和《司法院组织法》等也从政府构成和职能等角度与上述法律一道为司法制度的确立提供了法律上的依据。

一、司法机关

(一) 普通司法机关

按照《法院组织法》的规定南京国民政府的普通法院分为最高法院、高等法院和地方法院三级。实行三级三审制,前两审为事实审,第三审为法律审,上下级法院之间非隶属关系。各级法院均设有院长负责本院行政工作,但不得干涉法官审判事务。地方法院除重大案件外采用独任审判制,高等法院和最高法院采用合议制审判。

---

① 张晋藩主编:《中国法制通史》第九卷,法律出版社1999年版,第654页。

1. 地方法院

地方法院设于县和市,管辖面积较小的县市可数县市合设,地域广阔之县市可设分院。地方法院审理民事、刑事第一审诉讼案件和非诉事件。未设法院的县在政府中设司法处从事审判事务。根据《县司法处组织条例》(1944年公布),司法处设审判官从事审判,县长兼理检察事务。

2. 高等法院

高等法院设于省会、行政院直辖市、特别区和首都,凡区域辽阔者可设高等法院分院。高等法院管辖内乱罪、外患罪和妨害国交罪等刑事第一审案件,以及不服地方法院判决、裁定的上诉和抗告案件。

3. 最高法院

最高法院设于国民政府所在地,审理不服高等法院判决和裁定的一审和二审案件。

南京国民政府时期,实行审检合署制。检察机关设于同级法院之内。最高法院内设检察署,高等法院和地方法院内设首席检察官和检察官,负责案件的侦察、提起公诉、担当自诉及指挥刑事裁判之执行。检察官实行垂直领导。

(二) 特种刑事法庭

1928年南京国民政府一成立即颁布《特种刑事临时法庭组织条例》在各省市设立"特种临时地方法庭",在首都设"特种刑事中央临时法庭",分别审理反革命案件和土豪劣绅案件的第一审和上诉审,但由于反对者较多,1929年撤销。1948年解放战争进入关键时刻,为维护其统治又颁布了《特种刑事法庭组织条例》,在各省设立"高等特种刑事法庭",在首都设"中央特种刑事法庭",负责审理《戡乱时期危害国家紧急治罪条例》所规定的案件。高等特种刑事法庭所审理的案件"不得上诉及抗告",五年以上之有期徒刑得申请中央特种刑事法庭复判,无期徒刑以上之案件,原审法院须移送中央特种刑事法庭复判。

(三) 行政法院

南京国民政府于1933年在首都设立了行政法院,但地方不设,行政法院负责审理全国行政诉讼审判案件,行政法院实行五人评事合议制,由于中国地域辽阔,国家交通又不便利,加之法律规定行政诉讼之前必须先经过两次诉愿,条件过于严格,因而行政法院所起作用不大。

(四)监理军法司法法院

南京国民政府仿效北洋政府也设有监理军法司法法院。根据1938年5月军事委员会颁布的《县长及地方行政长官监理军法暂行办法》规定,凡依法令应归军法审判的案件,得由县长或地方行政长官监理,但县长和行政长官审理的军法案件,必须由中央最高军事机关核定。

除设有上述司法机关之外,南京国民政府为方便对一切进步人士和共产党人的镇压,还设有中央执行委员会调查统计局、国民政府军事调查统计局和中美合作所等秘密的特务组织,这些机构可以不受任何法律程序约束、不受任何监督地行使司法审判权。

二、诉讼审判制度

南京国民政府时期的诉讼审判制度内容较多,其主要特点包括:

(一)收回领事裁判权

自1843年领事裁判权确立后,中国的司法主权受到了极大的伤害,收回领事裁判权就成了中国社会各界和历届政府的努力奋斗的目标。但至1943年对英、美、法等主要资本主义国家仍未收回领事裁判权。1941年太平洋战争爆发后,美国卷入对日战争,与中国成了同盟国,为了鼓励中国坚持对日抗战,1943年1月11日中美之间签订了《中美关于取消美国在华治外法权及处理有关问题的条约》,同日中英之间也签订条约取消英国在华的治外法权。此后又先后从法国、比利时、巴西、瑞士、挪威等国收回其在华领事裁判权,这样加之此前放弃领事裁判权的德国、苏联、奥地利、波兰、墨西哥、希腊等国,在中国延续了一百年之久的领事裁判权制度终于被取消。

(二)民事诉讼采取不干涉主义原则

不干涉主义是指在民事诉讼活动中完全以当事人的意愿为准,法院一般不作主动干涉。从理论上讲不干涉主义适合于民事诉讼,也是世界各国民事诉讼普遍发展的趋势,但由于《中华民国民事诉讼法》中案件分类详细、程序规定的多而严谨,如民事诉讼程序规定有第一审程序、上诉审程序(又含第二审程序、第三审程序、报告程序)、再审程序、督促程序、保全程序、公示催告程序、人事诉讼程序(含婚姻事件程序、亲子关系事件程序、禁治产事件程序、宣告死亡事件程序)等,加之当时中国文化教育落后,法律援助制度又开展得不好,因而,在当时的条件下坚持不干涉主义事实上并不利于当事人,特别是占中国绝大多数人口的贫穷当事人,同时也在很大程度上造成了案件审理周期的延长。

(三) 刑事诉讼和特种刑事诉讼并存

按照南京国民政府的法律规定,其刑事诉讼分为普通刑事诉讼和特种刑事诉讼两大类。如果仅从普通刑事诉讼而言,其立法精神和立法技术基本上符合当时世界各国刑事诉讼的发展趋势。该法坚持职权主义原则,法院在刑事诉讼活动中处于主导地位,对自诉诉权加以限制,如规定同一案件经检察官侦察终结者,不得再行自诉;直系尊亲属和配偶不得提起自诉等。在证据方面坚持"自由心证"原则,有利于法官的自由判断。同时加强了对被告人诉讼权利的确认和保护,如对法定最高刑5年以上有期徒刑或高等法院管辖的第一审案件,未经选定辩护人的被告,法院应制定公设辩护人为其保护等。

然而,由于特种刑事诉讼的同时并存,普通刑事诉讼中所规定的内容又被特种刑事诉讼事实上所限制。如法官的审判权力方面,特种刑事诉讼程序规定对于反革命案件只能由法院所在地的国民党党部选任国民党党员担任陪审员,并参加案件的裁判和评议;对于反革命罪,如各省市及中央国民党党部认为判决违法,分别有权直接向中央特种刑事法庭提起非常上诉和指令中央特种刑事法庭复审。如对于被告的诉权,《特种刑事法庭审判条例》规定,五年有期徒刑以下的判决不得上诉和抗告等。

普通刑事诉讼程序和特种刑事诉讼程序间的矛盾是南京国民政府刑事诉讼中一直未能解决好的问题。

第十七章　革命根据地时期人民民主政权的法律制度

（1927—1949）

1927年第一次大革命失败后，中国共产党领导人民同国民党展开了艰苦卓绝的武装斗争，并在一些政治力量相对薄弱的地区开辟了一个个根据地，建立起具有新型国家雏形的人民民主政权。由于近代中国国情的复杂，这些人民民主政权经历了第二次国内革命战争时期、抗日战争时期和第三次国内革命战争时期三个阶段。除第二次国内革命战争时期曾一度成立有统一的中央政府之外，不同时期的根据地的人民民主政权大都各自为政，但为了适应政权建设和斗争需要，各根据地又都依据马克思列宁主义的国家观和法律观，以及中国共产党的方针和政策，制定了一系列法律规范，初步形成了独具特色的法律体系。这些法规，不仅较好地贯彻了中国共产党在不同时期的路线、方针和政策，也为根据地政权的建设提供了有利的保障，并为日后新中国的法制建设积累了经验。根据地的法律从性质上讲"一方面与社会主义的法律相区别，另一方面，又与欧美日本一切资本主义的法律相区别"[①]，同时也与南京国民政府的法律制度有着明显的不同。根据地的法律是为了实现中国共产党在新民主主义革命时期的任务而制定的，是新民主主义的法律。如果仅从法律本身的发展而言，第二次国内革命战争时期是新民主主义法律的草创时期，抗日战争时期则是完善时期，而第三次国内革命战争时期是新民主主义法律走向胜利的时期。

---

① 《毛泽东书信选集》，人民出版社1983年版，第280页。

学习本章,应重点掌握革命根据地法制的发展概况,根据地时期所制定的宪法性文件、刑事法律、土地立法、婚姻立法和诉讼审判制度,深刻认识革命根据地法制的重要历史意义。

第一节 人民民主政权的宪法性文件

中国共产党从创建的那天起,就明确提出了自己的宪政主张,并开始了宪政建设。随着革命根据地人民民主政权的建立,宪政建设进入了一个全新的阶段:不同时期的根据地政权为了配合中国共产党在不同时期的具体纲领和路线方针,相继制定了一些宪法性文件。这些宪法性文件大都带有根本法和革命政纲的双重属性,这些宪法性文件在中国宪政发展史上占有突出的地位,开创了中国宪政史上新的一页。

一、《中华苏维埃共和国宪法大纲》

(一) 制定

自1927年第一个农村革命根据地——井冈山根据地建立后,根据地建设取得了显著的成绩。随着根据地的发展,到1930年前后,全国苏维埃区域已达到十五六万平方公里,拥有人口一千多万。建立统一的苏维埃政权的条件已经基本具备。1930年全国苏维埃大会中央准备委员会在上海召开,会上讨论确定了由中共中央提出的《中华苏维埃共和国根本法(宪法)大纲草案》及基本原则,该原则主要有七项:

第一,实现代表广大民众真正的民权主义。保障劳动群众自由、平等。

第二,真正实现劳动群众自己的政权工农兵会议(苏维埃),使政治的权力握在最大多数工农群众自己手里。

第三,彻底地实行妇女解放,实行各种保护女性的办法和保障青年的一切权利。

第四,彻底地承认并且实行完全的民族自决,一直承认到各弱小民族有成立独立国家的权利。

第五,争取并且确立中国经济上政治上真正的解放,推翻帝国主义对于中国的统治,取消帝国主义在中国的一切特权。确立中国劳动民众完全的主权。同时与世界无产阶级和被压迫民族,尤其是苏联结成巩固的联盟。

第六,实行工农民权的革命独裁,在将来社会主义的阶段更进于无产阶级的独裁。

第七,要彻底拥护工人阶级利益,实行土地革命,消灭一切封建残余,有系统地进攻资本主义的剥削关系,努力进到社会主义发展的道路。

1931年1月中共六届四中全会在此基础上又草拟了《中华苏维埃共和国宪法草案》,制定宪法的前期准备大致完成。1931年11月7日,第一次全国苏维埃代表大会在江西瑞金召开,会上以《中华苏维埃共和国宪法草案》为依据,经过讨论修改,正式通过了《中华苏维埃共和国宪法大纲》。该大纲虽然不是正式的宪法,只是未来制定正式宪法的纲领,因而从形式上较为简单,但在当时具有宪法的效力。该大纲共计17条。1934年1月,在第二次全国苏维埃代表大会上对其进行过局部修改,主要是增加了"同中农巩固的联合"的原则,使之更加符合中国共产党在民主主义革命时期的阶级路线和基本政策。

(二) 基本内容

1. 确定苏维埃政权的性质和任务

大纲规定:中华苏维埃共和国是"工人和农民的民主专政的国家,苏维埃政权是属于工人、农民、红色战士及一切劳苦民众的",而"军阀、官僚、地主、豪绅、资本家、富农、僧侣及一切剥削人的人和反革命分子,是没有选派代表参加政权和政治上自由的权利的"。至于苏维埃政权的基本任务是"保证苏维埃区域工农民主专政的政权和达到它在全中国的胜利",达到"消灭一切剥削残余,赶走帝国主义列强在华的势力,统一中国,有系统地限制资本主义的发展,进行苏维埃的经济建设,提高无产阶级的团结力与觉悟程度,团结广大贫农群众在它的周围,同中农巩固的联合,以转变到无产阶级的专政"的目的。

2. 规定苏维埃政权的组织形式

大纲规定:"中华苏维埃共和国之最高政权为全国工农兵代表大会,在大会闭幕期间,全国苏维埃临时中央执行委员会为最高政权机关"。由它制定法律,议决大政方针;中央执行委员会下设人民委员会,处理日常政务,发布一切法令和决议案,国家政权组织实行"议行合一"。

3. 规定工农民众的各项基本权利

大纲规定凡在苏维埃政权区域内的工人、农民、红色战士及一切劳苦民众和他们的家属,不分男女、种族、宗教,均为苏维埃共和国的公民。公民依法享有如下民主权利:参政权;平等权;参军权;民主自由权,即言论、出版、集会、结社的自由权;信教的自由权;婚姻的自由权;劳动权;受教育权等。

4. 规定经济、民族和外交政策

大纲规定经济上以消灭封建剥削和彻底改善农民的生活为目的。颁布土地法,没收一切地主的土地分配给农民,同时消灭一切苛捐杂税;保障工农利益;承认中国境内的各少数民族拥有完全自决权,苏维埃政权帮助弱小民族脱离帝国主义、国民党、军阀、王公、喇嘛、土司等的压迫和统治;外交上宣告同全世界无产阶级与被压迫民族站在同一条战线上,同苏联建立巩固的同盟。

(三) 历史意义

《中华苏维埃共和国宪法大纲》是中国历史上第一部新民主主义性质的宪法性文件,是第二次革命战争时期根据地的根本大法,同时也是一部具有宣示性的政治纲领,它肯定了劳动人民取得的胜利成果,又为人民指明了进一步斗争的方向,具有极其重要的历史意义。但由于受王明"左"倾思想的影响,大纲也存在着一些错误和不足。主要表现在:剥夺了资本家、富农参加政权的权利以及政治上的自由权利;土地政策上强调土地国有,混淆了民主革命与社会主义革命的界限;在民族问题上规定少数民族享有"完全自决权"等。这些错误在第二次国内革命战争后期,逐步得到了克服。

二、抗日民主政权的《施政纲领》

抗日战争时期,随着抗日民族统一战线的建立,抗日根据地民主政权的性质和任务发生了根本的变化,中国共产党成了合法政党,根据地也成了南京国民政府的特别行政区,在此背景下,中国共产党及时地对自己的政策、方针,特别是对各阶级之间的关系作了相应的调整,提出了《抗日救国十大纲领》。与此相适应,各个根据地也不再进行直接的制宪活动,而是根据中国共产党的《抗日救国十大纲领》,以团结、抗日、民主为宗旨,制定了带有根本法性质的施政纲领和保护人权条例,如《陕甘宁边区抗战时期施政纲领》、《晋察冀边区军政民代表大会宣言》等,在中国近现代宪政史上进行了新的积极的探索。这些施政纲领经过一段时间的实施,到1941年前后又都根据形势的变化进行了修改,在这些修改后的施政纲领中,1941年11月颁布的《陕甘宁边区施政纲领》最具代表性。该纲领由陕甘宁边区中央局提出,在内容上大大发展了原《陕甘宁边区抗战时期施政纲领》,经中共中央政治局批准,边区政府公布实施,共计21条,是陕甘宁边区中后期边区政府各项工作的基本法,不仅为各种具体法规的制定提供了依据,还对边区政权建设,促进抗日战争的胜利起了重大的作用。

(一)边区政府的基本任务和奋斗目标

根据《陕甘宁边区施政纲领》序言、第1章、第2章的规定:边区政权的基本任务和奋斗目标是"团结边区内部各社会阶级、各抗日党派,发挥一切人力、物力、财力、智力,为保卫边区、保卫西北、保卫中国、驱逐日本帝国主义而战"。

(二)为保证完成基本任务而设计的各项制度

1. 政治制度

要想保证抗战的胜利,就必须加强一切抗日党派、团体、军队的合作与团结,就要注意调整各抗日阶级的利益关系。为此,施政纲领规定,在政治上,要贯彻"三三制"原则。所谓"三三制"原则,即在政权人员的构成比例上实行三三制,代表无产阶级和贫农的共产党员、代表农民和小资产阶级的非党的左派进步人士、代表民族资产阶级和开明士绅的中间分子各占三分之一,在中国共产党的领导下,建立最广泛的抗日民族统一战线。此外,在政府活动上,厉行廉洁政治,以为人民服务作为各级政府的天职,对公务人员实行供给制,保证公务人员无后顾之忧。

2. 民族问题

在民族问题方面,施政纲领规定加强民族团结,实行民族平等,在少数民族,如蒙、回等民族聚居地区,建立区、乡民族自治政府,管理自己的事务。这一规定与《中华苏维埃共和国宪法大纲》中的规定有了较大的差别,是新民主主义宪政史上民族平等权利的重大发展。

3. 公民权利

施政纲领规定凡是拥护抗日和民主的人民都享有广泛的民主自由权利,不分阶级、职业、文化程度、宗教信仰,边区政府保护一切抗日人民的人权、财权和参政权,以及集会、出版、结社、信仰、居住、迁徙的自由。依据这一原则,陕甘宁边区政府还于1942年制定了《陕甘宁边区保障人权财权条例》,其他的一些根据地,如山东省、冀鲁豫边区等也都制定了相应的条例,如《山东省人权保障条例》、《冀鲁豫边区保障人民权利暂行条例》等,从根本法和诉讼程序上做出了保障人权的规定。实行普遍、平等、直接、无记名投票的选举制度。

4. 经济制度

实行减租减息、交租交息,调整地主与农民的关系。改善工人生活,实行10小时工作制,但同时又要让资本家有利可图,调整工人与资本家的关系。实行公平合理的累进税制,调节各阶层人民的经济负担。

《施政纲领》的制定与实施,对于边区的政权建设、边区的发展乃至抗战的展开起了极大的推动作用,产生了积极的影响。

三、《陕甘宁边区宪法原则》

(一)制定

抗日战争胜利后,为了适应根据地政权的性质开始由抗日民主政权向人民民主政权转变的需要,为了满足人民对和平的迫切愿望以及开展解放区政治、经济、文化建设的需要,一些边区政府根据1946年重庆政治协商会议通过的《关于宪草问题的协议》中确定的省自治原则和省可以制定省宪的规定,制定了宪法原则或宪法纲领,将中国共产党在新民主主义革命阶段的宪政主张具体化,其中1946年4月由陕甘宁边区第三届参议会通过的《陕甘宁边区宪法原则》最具代表性。

(二)基本内容

该文件共分政权组织、人民权利、司法、经济和文化五个部分,24条。主要内容为:

1. 政体及国体

该宪法原则规定边区的权力机关由抗战时期的以"三三制"为核心的参议会过渡到人民代表会议制度。就性质而言,人民代表会议按照《陕甘宁边区宪法原则》的规定:"边区、县、乡人民代表会议为人民管理政权机关",它同由一切拥护抗日与民主的人士组成的边区参议会有了明显的不同。其组成办法为"人民普遍直接平等无记名选举各级代表",然后再由"各级代表会选举政府人员","各级政府对各级代表会负责,各级代表对选举人负责"。这一规定为日后的人民代表大会制度奠定了基础。

2. 权利义务

在人民的权利义务方面,规定人民拥有选举和被选举的参政权,思想、言论、出版、集会、结社、通讯、人身、居住、迁徙、宗教信仰及游行示威的自由权,不分性别、民族、宗教信仰的平等权和婚姻自由权等。

3. 经济制度

在经济政策方面,规定应保障耕者有其田、劳动者有职业、企业有发展的机会;用公营、合作、私营三种方式组织所有的人力、财力繁荣经济,消灭贫困等。其中耕者有其田的规定表明边区政府已经决定将抗日战争时期的减租减息政策改变为消灭封建土地剥削制度的政策。

4. 民族问题

在民族问题方面规定民族区域自治原则。各少数民族居住集中的地区,可以组织民族自治政权,制定自治法。这一规定进一步更正了工农民主政权时期根本法中规定的带有"左"倾错误的民族自决政策。

5. 司法体制

在司法体制方面宪法原则规定各级司法机关独立行使职权,除服从法律外,不受任何干涉。这是在新民主主义宪政史上第一次明确提出司法独立的主张。

此外,《宪法原则》还规定了文化政策。

四、《中国人民解放军宣言》

1947年中国人民解放军开始转入战略反攻,为了适应革命事业的发展需要,1947年10月10日中国人民解放军总部发布了《中国人民解放军宣言》,对第三次国内革命战争后期党和根据地的大政方针做了具体规定,提出了著名的八项基本政策:组成民族统一战线、成立民主联合政府;逮捕、审判和惩办内战罪犯;保障人们言论、出版、集会、结社等项自由;肃清贪官污吏,建立廉价政治;没收四大家族及首要战犯的财产,没收官僚资本,发展民族工商业;废除封建剥削制度,实行耕者有其田;承认各少数民族有平等自治的权利;否认一切卖国外交,废除一切卖国条约,否认内战外债。其中最核心的内容是"联合工农兵学商各被压迫阶级、各人民团体、各民主党派、各少数民族、各地华侨和其他爱国分子,组成民族统一战线,打倒蒋介石独裁政府,成立民主联合政府。"这一宣言严格讲并非法律文本,但属于党和人民政权的政治纲领。

五、《华北人民政府施政方针》

《中国人民解放军宣言》发布后,革命形势发展十分迅速,1948年8月,原晋察冀边区和晋冀鲁豫边区合并,组成华北人民政府,通过了《华北人民政府施政方针》,该施政方针是这一时期根据地政权所制定的施政纲领中较有代表性的一部。《华北人民政府施政方针》由序言、军事方面、经济方面、政治方面、文化教育方面、关于新解放区与新解放城市的政策五部分组成。其主要内容有:

(一) 规定了华北人民政府的基本任务

其基本任务是:继续进攻敌人,为解放全华北而奋斗,并继续以人力、物力、财力支援前线,夺取全国的胜利;有计划、有步骤地举行各种经济建设,恢复和发展生产;建设民主政治,培养干部,吸引各种人才参加建设,以奠定新中国的基础。

(二) 规定了各项基本方针和政策

其一,在政治方面,自上而下地建立地方各级人民代表会议,选举各级人民政府。提高行政效力,加强行政能力。实行男女平等、民族平等。

其二,在经济方面,恢复和发展生产,实行土地改革,确认农民的土地所有权。在自愿的基础上建立农业生产合作社。发展工商业。

其三,在军事方面,继续消灭华北地区的国民党反动派残余军事力量,继续动员华北地区的人力、物力、财力支援前线。

其四,在文化教育方面,有计划、有步骤地发展文化教育事业,建立广泛的文化教育统一战线。

(三) 规定了新解放区和新解放城市的政策

这些政策包括:对敌方人员及普通人民区别对待,除主要战犯、罪大恶极的反革命分子外,一般不予逮捕;对城市中的财产进行区别处理,除敌方公共财产、四大家族、主要战犯和官僚资本一律没收之外,其他财产一律加以保护。

《华北人民政府施政方针》的颁布,不仅使华北人民政府的各项工作有了法律依据,还为新中国的成立在制度上进行了有益的探索。

第二节 人民民主政权的民商事法制

新民主主义革命的任务是反帝反封建,而封建主义又主要集中反映在封建的土地制度和封建的婚姻家庭制度中。众所周知,根据地时期的法律从作用上讲被界定为社会改革的工具,其立法是以中国共产党的政策为依据的,因而为了配合中国共产党的政策和革命任务的完成,制定新的土地法规、债权法规和婚姻家庭法规就自然成了根据地民商法制建设的主要内容。通过立法将工农大众在新民主主义革命中所获得的权利确定下来,是这一时期民商法制建设的主要任务。这种状况决定了根据地时期的民商法制除土地、婚姻家庭等方面内容之外,其他方面的内容则较少涉及。此外,就具体形式而言,这一时期的民商法规主要是各种单行的和地方性的,从未制定过统一的民商法典,也没有形成系统的民商法律体系。

一、土地立法

在旧中国,土地占有的两极分化情况极为严重,少数地主占有着绝大多数的土地,这种现象极大地制约着社会的发展。实现"耕者有其田"自然成了中国共产党所领导的土地革命的主要任务和根据地土地立法的基本原则。为此,各根据地的政权都相继制定了一系列土地法规,积极探索如何将中国共产党的土地政策以法律的形式确定下来。这些法规形式上均较为简略,从内容方面讲则主要围绕着以下几个方面问题而展开:没收土地的对象和范围;没收后土地的分配方法;土地所有权的归属。这些土地法规的制定和实施对根据地范围内的土地改革运动起了重要的作用。

(一) 第二次国内革命战争时期的土地法

1927年召开的中国共产党"八七会议"决定在农村开展土地革命,并明确提出了土地革命的方针,即消灭封建的土地剥削制度,揭开了根据地土地立法的序幕。在这一时期所制定的土地法规中较为重要的有1928年毛泽东主持起草的《井冈山土地法》,1929年的《兴国县土地法》等,而影响最大、最有代表性的则是1931年中华苏维埃代表大会制定的《中华苏维埃共和国土地法》,该法共14条。这些土地立法的主要内容如下:

1. 关于没收土地的范围

由于经验不足,加之受王明"左倾"错误的影响,这一时期土地立法关于没收土地的范围屡经变动。《井冈山土地法》规定没收的对象是"一切土地";《兴国县土地法》更正为"没收一切公共土地及地主阶级的土地";《中华苏维埃共和国土地法》又规定为"所有封建地主、豪绅、军阀、官僚及其他大私有主的土地,无论自己经营或出租,一概无任何代价地实行没收",富农的土地亦在没收之列。1935

年12月中央执行委员会制定的《关于改变对富农策略的决定》进一步更正为"富农自耕及雇人经营之土地,不论其土地之好坏,均一概不在没收之列",最终对没收土地的范围做出了科学的规定。

2. 没收后土地的分配方法

在分配方法上大多数土地法规都采取了以乡为单位,按人口平均分配给农民的做法。但《中华苏维埃共和国土地法》则规定采取按最有利于贫农、中农利益的方法分配土地。

《中华苏维埃共和国土地法》受"左倾"错误影响,采取了"地主不分田,富农分坏田"的极端做法,规定"被没收土地的以前的所有者,没有分配任何土地的权利","富农在被没收土地后,如果不参加反革命活动,而且用自己的劳动耕种这些土地时,可以分得较坏的劳动份地"。这种主张在肉体上消灭地主,在经济上消灭富农的极端做法,将地主和富农彻底地推到了对立面,给边区的工作造成了较大的损害。1935年后这一错误规定得以纠正。地主和富农也可以分得一份土地,自食其力。

3. 土地所有权的归属

这一时期大多数的土地法都规定没收后的土地归国家所有,分得土地的农民只有占有权、使用权和收益权。《中华苏维埃共和国土地法》对此稍有改变,一方面规定土地实行国有,但另一方面又规定"现在仍不禁止土地的出租与土地的买卖",实际承认了农民的土地所有权。

(二) 抗日民主政权的土地法

抗日战争时期,为了适应中国社会阶级关系和中国社会主要矛盾的变化,各根据地依据中国共产党新近提出的"停止没收地主土地的政策"[①]和"减租减息"的土地政策[②],制定了新的土地法规,如1939年4月的《陕甘宁边区土地条例》,1940年11月的《山东省减租减息暂行条例》等,主要内容有:

1. 土地所有权

抗日根据地的土地所有权分为公有和私有两类。公有土地属边

---

① 《中共中央文件选集》(10),中共中央党校出版社1982年版,第135页。
② 《抗日救国十大纲领》。

区政府所有；私有土地分下列几种情况区别对待：凡已经进行过土地改革的地区，人民分得的土地归人民依法所有；在没有进行土地改革的地区，土地仍归原所有人所有；没收死心塌地的汉奸的土地，分配给抗日军人及其家属或贫困人民。私人依法享有的土地，经政府登记后，发给土地所有权证，确认土地的所有。

2. 减租交租

这一时期的土地法规都规定允许地主出租自己合法的土地给农民耕种，但必须降低租率，一般减租率不得少于25%，即比抗战前原租额减收25%（即"二五减租"）。减租后农民则必须按时足额交租，如承租人无故不交租，出租人有权请求政府依法追缴。为了保护承租人的利益，防止出租人减租后随意收回土地，不再租给农民使用，使减租政策落到实处，有些根据地还专门规定了出租人收回土地的法定条件，如租佃期满，承租人无正当理由一年不耕种，不交租；承租人为谋私利，将承租土地转租他人；承租人死亡；承租人主动放弃等，使租佃关系进一步规范。

（三）第三次国内革命战争时期的土地法

抗日战争胜利后，中国共产党为了满足广大农民对土地的迫切要求，对土地政策再次进行了调整，重新确立了"耕者有其田"的土地政策。1946年5月4日中共中央发表了《关于土地问题的指示》（简称"五四指示"），决定把抗战期间实行的减租交租政策转变为没收地主土地分配给农民的新土地政策。1947年7—9月，中共中央又召开了全国土地会议，制定了《中国土地法大纲》，并于1947年10月10日公布。该大纲共计16条，主要内容为：

1. 没收、征收土地财产的范围

大纲明确规定"废除封建性及半封建性剥削的土地制度"，没收的对象和范围是一切大中小地主，同时废除一切祠堂、庙宇、寺院、学校、机关及团体的土地所有权和乡村土地改革前的债务；征收的对象和范围是富农多余的土地、牲畜、农具、房屋及其他财产。

2. 分配方法

以乡为单位，不分男女老幼按人口平均分配一切土地，并进一步规定在土地数量上抽多补少，在质量上抽肥补瘦，使全乡村人民获得同等的土地。没收的财产亦平均分配给贫困人民。

3. 所有权的归属

分配给农民的土地由政府发给土地所有证,承认其有自由经营、买卖及在特定条件下(如身老孤独、家无劳力)可以出租的权利。

4. 规定了保护土地改革的司法措施

大纲规定"为贯彻土地改革的实施,对于一切违抗或破坏本法的罪犯,应组成人民法庭,予以审判及处分。人民法庭由农民大会或农民代表大会所选举及政府所委派的人员组成"。

5. 确认保护工商业的原则

大纲规定在土地改革中应保护工商业者的财产及其合法经营不受侵犯。

《中国土地法大纲》是整个根据地时期较为成熟的土地立法,但其中在土地分配上仍然存在着绝对平均主义的不足,为了更好地贯彻中共中央所指定的"依靠贫农,团结中农"的土地改革路线,大纲颁布不久,中共中央即对平均分配土地的规定做了调整,改为"中间不动两头平"①的方针,即团结中农,对于中农的土地原则上不再随意抽调。大纲的颁布拉开了解放区声势浩大的土地改革运动。通过土地改革,废除了封建的土地制度,铲除了国民党政权的统治基础。不仅如此,经过土地改革,广大农民分得了土地,还极大地激发了革命热情,促进了生产力的发展,为解放战争的最终胜利奠定了物质基础。

二、债权立法

高利贷剥削在历史上是中国农村的主要剥削方式之一,因而,中国共产党自从成立后就把取缔高利贷作为反对封建剥削的任务之一。早在1925年广东省第一次农民代表大会所作的《经济问题决议案》中就明确规定要废除高利贷,次年广东省第二次农民代表大会上又做出了《取缔高利贷决议案》,纵观大革命时期,各根据地所制定的法律文件基本上都规定借贷年利息不得超过20%。

---

① 《毛泽东文集》第五卷,人民出版社1996年版,第324页。

抗日战争爆发后,鉴于特殊的历史环境,各根据地又都根据中共中央的文件相应地把这一政策调整为减轻债务利息,普遍规定:抗战前已经废除的旧债,不得再行索还;现存的债务一律实行减息。减息的办法以年利一分或一分半为标准,付息已超过原本一倍者,停利还本,已超过原本两倍者,本利停付,原借贷关系消灭;新借贷的利率,在社会经济许可的范围内由双方自行议定。减息之后,债务人应按时交息。如遇天灾人祸,债务人无力偿还,可请求政府调处,酌情减息,或免息还本。这一政策的调整,对债权人与债务人的权益均作出了维护,符合当时社会的客观需要,有利于抗战的民族大业。

三、婚姻家庭与继承立法

破除封建的婚姻家庭制度,解放广大的妇女是新民主主义革命的重要任务之一。为此,早在第二次国内革命战争时期,各根据地就开始相继制定婚姻条例和法规,此后不同时期的根据地也都制定了许多类似的法规,其中较为重要的有 1931 年 12 月公布的《中华苏维埃共和国婚姻条例》、1934 年 4 月公布的《中华苏维埃共和国婚姻法》、1939 年颁布的《陕甘宁边区婚姻条例》、1945 年颁布的《山东省婚姻条例》,等等。

(一)婚姻家庭法

1. 立法的基本原则

根据地时期婚姻立法的基本原则主要有:

(1)婚姻自由。婚姻自由原则是根据地各个时期婚姻法规所确立的基本原则之一。早在《中华苏维埃共和国婚姻法》中就明确规定"确定男女婚姻以自由为原则"。婚姻自由包括结婚自由和离婚自由两个方面,其含义是指婚姻的成立和解除均出自双方当事人的自由意志和愿望。为落实这一原则,各个时期的婚姻法都规定严格禁止强迫、包办、买卖婚姻,废除童养媳,严禁强迫寡妇守寡等。

(2)一夫一妻。各个根据地婚姻立法均明确规定任何人都只能有一个配偶,一切公开的或变相的一夫多妻或一妻多夫都是非法的,有妻妾者,以重婚论罪。

(3)男女平等。第二次国内革命战争时期,立法者考虑到旧中国妇女所受的压迫甚于男子,经济尚未独立,因而在离婚等问题上应偏重于保护妇女。1942年《晋冀鲁豫边区婚姻暂行条例》首先提出了男女平等原则。1945年的《山东省婚姻暂行条例》对此作出了明确表述:"本条例根据山东省战时施政纲领男女平等、婚姻自由及一夫一妻制之原则制定之。"

(4)保护军婚。为了保障革命战争的胜利,从《中华苏维埃共和国婚姻法》起,就对红军官兵的婚姻予以特殊的保护,规定:红军战士之妻要求离婚,须得其夫同意。只有其夫无音信回家,通讯便利的地方满两年,通讯不便利的地方满四年,其妻方可向政府登记离婚。抗日根据地政权的婚姻法规不但保护军婚,还保护军人的婚约。由此可见,保护军婚是根据地婚姻法规中的基本原则之一。

2. 结婚

按照这一时期婚姻立法的规定,结婚必须具备实质要件和形式要件。

(1)实质要件。实质要件大致有五:第一,双方自愿。第二,符合法定婚龄。《中华苏维埃共和国婚姻法》规定的婚龄为男子满20岁,女子满18岁,方可结婚。抗日根据地各边区政府所规定的婚龄从总体上讲有下降的趋势,如陕甘宁边区政府初期规定的婚龄为男子18岁,女子16岁。第三,无禁止结婚的血缘亲属关系。工农民主政权时期规定,凡三代以内血亲不得结婚。而抗日根据地边区政府对此规定更为严厉,如山东省规定,本族五服以内之血亲不得结婚,亲姑表姨亦应尽量避免缔结婚姻等。第四,无禁止结婚的疾病。工农民主政权时期规定,凡患花柳病、麻风病、肺病等危险性传染病者不得结婚。第五,无其他禁止条件。如抗日根据地边区政府一般还规定有因奸经判决离婚或受刑之宣告者,不得和相奸者结婚的条款。

(2)形式要件。形式要件主要是婚姻登记。根据地婚姻法明确规定结婚实行登记制,男女双方必须到政府进行登记,领取结婚证。有些抗日根据地边区政府受中华民国民法典的影响,规定除登记之外,还须举行仪式。如《晋察冀边区婚姻条例》规定"结婚应有公开之仪式及两人以上之证人",又增加了一层社会的保障。

3. 夫妻之间的权利和义务

与第二次国内革命战争时期的婚姻法相比,有些抗日根据地边区政府在婚姻法规中还专门增加了有关夫妻之间权利和义务的规定,使婚姻法规在体例上、结构上更加完善和科学。

依据《晋察冀边区婚姻条例》等法规规定,夫妻之间的权利包括:

(1)双方均有保留各自结婚前独立财产的所有权。《晋察冀边区婚姻条例(草案)》规定:"结婚前双方之各自财产及结婚后一方以各自劳力所获得之报酬,均为各自特有财产。特有财产离婚后得各自取回,但以某种契约或双方自愿变为共同财产或变更其财产所有权者,不在此例。夫妻一方对他方之特有财产处理时,须先征得他方之同意。"

(2)双方均有处理其共同财产的权利。双方均有继承对方遗产的权利。《冀鲁豫行署关于女子继承权等问题的决定》规定:"配偶双方之遗产有相互继承权。"

(3)双方均有使用自己姓名的权利。

(4)双方均有对子女进行教育的权利。

双方必须遵守的义务则有:

(1)同居义务。《晋察冀边区婚姻条例》规定:"夫妻互负同居之义务,但有正当理由不能同居者,不在此限。"

(2)贞操义务。婚姻存在期间,夫妻双方均负有保持贞操之义务,一方有通奸等不贞行为时,对方可提出离婚之诉讼,过失方还应向无过失方赔偿由此造成的损失。

(3)抚养义务。《晋察冀边区婚姻条例》规定:"结婚后夫妻一方既无职业又无土地财产,其同居生活及子女所需之费用,应由他方负担",故意遗弃对方者负刑事责任。

4. 离婚

从法律上讲,离婚主要涉及的问题包括:离婚的方式、条件和程序;离婚后财产处理和子女抚养等。

(1)离婚的方式、条件和程序。第二次国内革命战争时期婚姻法规采取离婚完全自由原则,规定双方自愿协商同意离婚者,婚姻关系得以解除;一方坚决要求离婚者,婚姻关系亦可以解除。抗日民主政权时期则对一方要求的离婚条件作了具体规定。如《陕甘宁边区婚姻条例》规定,男女一方有下列情形之一者,可请求离婚:感情意志根本不合,无法继续同居者;重婚者;与他人通奸者;虐待他方者;恶意遗弃他方者;图谋陷害他方者;生死不明已过三年者;患有不治之症或不能人道者;不务正业经劝解无效,影响他方生活者。第三次国内革命战争时期根据地政权在处理离婚问题时,除强调感情因素外,还规定了夫妻一方是恶霸、地主、富农或有反革命活动的,另一方可以提出离婚的政治条件。

此外,为了保护妇女、儿童的权益,根据地婚姻法规还规定,男方不得在女方怀孕或乳婴期间提出离婚。有些根据地,如晋西北边区还对离婚次数作了限制,规定"男女一方离婚三次者,不得再行请求离婚"。

至于离婚的程序,双方自愿者到政府机关登记即可;发生争执者,一般由司法机关处理。

(2) 离婚后财产的处理。对于离婚后财产处理,根据地时期的法律均规定,婚前的财产和债务自行处理,婚后共同的财产双方平分;婚后所负的共同债务,第二次国内革命战争时期出于保护妇女的考虑规定为由男方清偿,抗日民主政权修改为原则上由男女共同清偿,女方如无职业或无劳动能力,由男方清偿。

此外,第二次国内革命战争时期还规定,离婚后女方如未再婚,且缺乏劳动能力,没有生活来源,男方需负扶养义务。抗日民主政权时期修改为男方需帮助无职业、无财产或缺乏劳动力的女方至再婚时为止,但最多以三年为限。

(3) 离婚后对子女的抚养。根据地法规规定婚姻存在期间所生子女及尚怀孕的子女,均归女方抚养,女方不愿抚养的才由男方抚养;对年长的子女尊重其本人的意愿。但归女方抚养的子女,工农民主政权时期规定,男方须承担 2/3 的生活费,至 16 岁为止。女方若再婚,新夫愿意代为抚养的,男方始免抚养之责。抗日民主政权修改为女方再婚,新夫即负抚养女方所带子女的义务,不以其同意为条件。

（二）继承法

抗日根据地时期，边区政府对抗日人民的私有财产继承权依法加以保护。这种保护有的体现在边区政府所制定的有关婚姻条例、土地租赁条例等法规中，有的边区政府还专门制定了有关继承方面的单行条例和法令，如制定于1942年的《陕甘宁边区继承条例》，1945年的《山东省女子继承暂行条例》等。就立法的目的讲，这些法规主要是为了配合边区的妇女解放运动，提高妇女的政治经济地位；从形式上讲，这些法规均较为简略，即使是相对较为完善的《山东省女子继承暂行条例》，也只有11条。

这些法规的基本内容包括：继承的基本原则；继承的方式、顺序和时效等。

1. 继承的基本原则

（1）男女平等原则。如《山东省女子继承暂行条例》第1条就规定："本条例以男女平等原则制定之。"这里的平等原则包括被继承人与继承人不分性别有同样处分自己遗产的权利和继承遗产的权利。值得一提的是大多数根据地的法规中还明确规定，女子取得应继承的遗产，即取得了该遗产的所有权，有权携带该项遗产再婚，任何人不得干涉。

（2）赡养父母原则。根据地继承法规坚持权利与义务相统一的原则，明确规定继承人不仅有继承父母遗产的权利，还有赡养父母的义务。如继承人对被继承人有虐待和遗弃行为者，司法机关有权剥夺其继承权。

2. 继承的方式、顺序

继承的方式分为法定继承和遗嘱继承两种。法定继承的顺序依次为：子女、父母、亲兄弟姐妹、亲兄弟之子女、祖父母等。遗产的内容包括被继承人生前所拥有的生活资料和生产资料。分配的方法原则上为同一顺序继承人的继承份额一律平等。但有的法规，如《冀鲁豫行署关于女子继承权等问题的决定》同时也考虑到"中国一般社会情形多系男子与父母同财共居，以家庭为经济单位，因而在遗产的分配上，应按各家庭情况，具体研究分配比例"。

遗嘱继承分口头与书面两种。口头遗嘱，要有第三人证明；书面遗嘱要有本人签字,本人不能签字者,可由第三人代签。

根据地的继承法规与婚姻法规一起,在反对封建的婚姻家庭制度方面起了重要的作用。

第三节　人民民主政权的刑事法制与劳动法

除上面提到的土地、债权和婚姻立法外,根据地各时期的人民政府还普遍制定有刑事法规和劳动法规等。

一、刑事法制

(一) 制定

打击镇压各种敌对势力的破坏行为,维护根据地的秩序和安全,保证中国共产党在各个时期所制定的方针政策的顺利完成,是根据地刑事立法的主要任务。换言之,根据地时期刑事立法大多是为了配合各个时期的军事政治斗争的任务和需要而制定的单行条例,这一特点决定了根据地时期不仅未能制定出统一的刑法典,而且,不同时期的立法其侧重点也是不同的。

第二次国内革命战争时期,刑事立法的主要任务是打击和镇压各类反革命分子和革命队伍内部的腐败变节分子,巩固工农民主政权,相应的这一时期所制定的刑事立法主要有:1929年江西信江工农民主政权的《肃反条例》;1930年闽西工农民主政权的《惩办反革命条例》;1932年中华苏维埃共和国中央执行委员会的《关于惩治贪污浪费行为》的训令;1934年中华苏维埃共和国中央执行委员会的《中华苏维埃共和国惩治反革命条例》等,其中《中华苏维埃共和国惩治反革命条例》共41条,无论是内容还是形式上都是这一时期最有代表性的刑事立法。

抗日战争时期,各根据地刑事立法的主要任务大致有二:一是惩治汉奸和盗匪;二是打击经济领域的犯罪。根据地所处的区域大都为穷乡僻壤,经济上十分贫穷落后。特别是1940年以后,随着抗战进入战略相持阶段,各根据地经济上的困难更显突出,为了维护、巩固边区政权,在总结工农民主政权刑事立法的经验教训基础上,各边区政权都制定了一些惩治汉奸、盗匪及经济犯罪的刑事单行条例,如陕甘宁边区政府制定的:《抗战时期惩治汉奸条例》(1939)、《抗战时期惩治盗匪条例》(1939)、《破坏金融法令惩罚条例》(1941)、《禁止粮食出境暂行条例》(1941);山东省政府制定的《惩治贪污暂行条例》;晋冀鲁豫边区政府制定的《禁止敌伪钞票暂行办法》(1941);晋察冀边区政府制定的《破坏坚壁财物惩治办法》(1942);等等。特别值得一提的是,在这些条例的基础上,1942年陕甘宁边区政府曾经起草了《陕甘宁边区刑法总分则草案》,形成了一些重要的刑法原则和制度,在刑事立法规范化方面向前大大迈进了一步。就整体而言,这一时期的刑事立法是新民主主义法律发展史上最为成熟的时期。此外,还有一点需要说明,与第二次国内革命战争时期不同的是:由于抗战时期各根据地之间没有隶属关系,因而未能形成统一的刑事立法。

第三次国内革命战争时期,刑事立法的主要任务转变为摧毁一切反动组织,镇压反革命分子,保证解放战争的胜利。由于这一时期战争形势发展得太快,因而,刑事立法大都以中国共产党、中国人民解放军所发布的宣言、布告和指示等形式出现,如中国人民解放军总部发布的《惩处战争罪犯的命令》等,从而使新民主主义的刑事立法又有了新的发展。

(二) 基本内容

1. 刑法及定罪量刑的原则

根据地时期的刑法原则是在接受西方近现代刑法基本原则的基础上,结合中国,特别是边区的实际情况逐渐形成的。这些原则主要有:

(1) 从唯成分论到法律面前人人平等。第二次国内革命战争时期由于经验的不足,加之王明"左倾"错误路线的影响,在刑事立法方面曾出现过唯成分论的做法,如《中华苏维埃共和国惩治反革命条例》中明确规定:"工农分子犯罪……得依照本条例各项条文的规定,比照地主、资产阶级分子有同种犯罪行为者,酌减轻其处罚。"抗战时期这一错误规定被纠正。如晋冀鲁豫边区太岳区《暂行司法制度》中规定:"人民在法庭上,不论贫富男女,一律平等,没有等级。"

（2）罪刑法定与类推相结合。罪刑法定是根据地各个时期刑法的基本原则之一，但由于当时刑事立法的不完备，加之形势瞬息万变，在此基础上各个根据地及根据地的各个时期出于维护社会秩序的需要又都普遍实行了类推为补充的规定。如《中华苏维埃共和国惩治反革命条例》中规定："凡本条例所未包括的反革命犯罪行为，得按照本条例相似的条文处罚之。"

（3）刑罚人道主义原则。表现在两个方面：一是坚持罪责自负，反对株连。早在1930年颁布的《闽西苏维埃政府裁判条例》中就已经明确规定："刑罚只及罪犯本身，不得株连其家属"，此后，所有的根据地刑事立法都坚持了这一原则。二是废除肉刑。废除肉刑是根据地刑事立法的一贯主张，早在第二次国内革命战争时期就有专门规定。

至于定罪量刑的主要原则有：

（1）自首减免。《中华苏维埃共和国惩治反革命条例》中规定：犯罪后"未被发觉而自己向苏维埃报告者或既被发觉而悔过、忠实报告其犯罪内容帮助肃反机关破获其他同谋犯罪者，得按照各该条文的规定减轻处罚"。《陕甘宁边区抗战时期惩治盗匪条例》中也规定，犯罪"未经发觉而自首者得减刑"。

（2）共同犯罪区分首从，首犯从重，从犯从轻。《中华苏维埃共和国惩治反革命条例》中规定："凡被他人胁迫非本人愿意，又确无法避免其胁迫因而犯法者"，"得按照各该条文的规定减轻或免除其刑罚"。抗战时期这一原则也被坚持，各根据地刑事立法中均有此类规定。而第三次国内革命战争时期1947年发布的《中国人民解放军宣言》又把这一原则具体细划为首恶者必办，胁从者不问，立功者受奖。

（3）老幼减免。1931年颁布的《赣东北苏维埃暂行刑律》规定："未满十二岁或满八十岁人犯罪者，得减本刑一等或二等。"1939年的《陕甘宁边区抗战时期惩治汉奸条例（草案）》中亦规定："犯第三条各款之罪，年龄在十四岁以下八十岁以上者，得减刑或免除其刑。"这显然是对中国传统法律矜老爱幼原则的继承。

（4）共产党员犯罪加重量刑。抗战时期的《陕甘宁边区施政纲领》中规定:"共产党员犯罪,加重治罪。"根据这一原则,抗战时期各根据地的刑事立法中均做了专门规定。

2. 主要刑罚

由于根据地时期未能形成统一的刑法典,有关刑罚的规定散见于各种单行条例之中,缺乏刑罚的统一规定。综合各种刑事立法中所规定的刑罚,其中主刑主要有:

(1) 死刑。第二次国内革命战争时期,死刑主要适用于反革命犯罪,如《中华苏维埃共和国惩治反革命条例》中列举的 27 条反革命罪行,有 26 条规定对情节严重的,可适用死刑。由于缺乏经验和"左倾"错误路线的影响,这一时期,曾经出现过死刑适用较多的不足。抗日战争时期对此作了纠正,法律规定,死刑只适用于罪大恶极、死不悔改的汉奸、盗匪、敌特的首要分子。第三次国内革命战争时期则主要适用于危害解放区罪、破坏土地改革罪、战争罪等。死刑的执行方式为枪决,反对活埋、暗杀等野蛮手段。

(2) 无期徒刑。由于动荡、险恶的战争环境,只是在抗日战争和第三次国内革命战争时期的一些根据地,如晋察冀边区、晋冀鲁豫边区等规定有无期徒刑,但基本上没有适用。

(3) 有期徒刑。又称之为监禁。第二次国内革命战争时期刑事立法规定,有期徒刑最高刑期为 10 年,最低为 3 个月。抗日战争时期各根据地的规定不尽相同,如晋察冀边区最高刑期为 15 年,陕甘宁边区初期为 5 年,后改为 10 年,最低刑期为 6 个月等。第三次国内革命战争时期各解放区所规定的有期徒刑最高刑期一般仍为 10 年,最低刑期也一般为 6 个月。

(4) 拘役。又称劳役和苦役。第二次国内革命战争时期法律规定拘役期为 1 日以上,1 个月以下。抗日战争时期则规定为 1 日以上,2 个月以下。一般适用于较为轻微的犯罪。

(5) 管制。第三次国内革命战争时期创立的新刑种。1948 年 11 月中共中央发布的《关于军事管制的指示》中规定,对于反动党团各级负责人在进行登记后,将其中一些罪恶不太严重的分子实行管制,其具体做法是在登记以后交由当地政府及群众监督,定期向指定机关报告行动,限制自由。

(6)罚金。早在第二次国内革命战争时期就有罚金刑的规定,如《中华苏维埃共和国违反劳动法令惩罚条例》等。抗战时期罚金刑得到了广泛发展,既有独立适用的"专科",也有与其他刑罚并用的"并科"、"选科",还有与其他刑罚互换的"易科"等。主要适用于以谋利为动机的犯罪。第三次国内革命战争时期仍然沿用抗战时期的规定。

除此之外,根据地时期还曾经适用过驱逐出境、当庭训诫、教育释放等主刑。

从刑主要有:

(1)褫夺公权。根据地各个时期的法律均有褫夺公权的规定。第二次国内革命战争时期一般适用于监禁以上的犯罪;抗战时期一般适用于政治上的犯罪。具体内容一般是指剥夺犯罪者的选举权、被选举权,充当红军或担任公职的权利等。至于刑期分为两种:一是终身,主要适用于死刑;二是有期徒刑,适用于判处有期徒刑的罪犯。刑期从徒刑或监禁执行完毕之日算起。

(2)没收财产。根据地各个时期的法律均有没收财产的规定。没收的范围包括犯罪所用之物、所得之物及犯罪者本人财产的全部或一部。抗战时期主要适用于汉奸、盗匪等犯罪。

3. 主要罪名

各个时期的根据地政权根据形势需要均规定了一些特定的罪名,主要有:

(1)反革命罪。反革命罪是第二次国内革命战争时期的主要罪名。《中华苏维埃共和国惩治反革命条例》规定:"凡一切图谋推翻或破坏苏维埃政府及工农民主革命所得到的权力,意图保持或恢复豪绅地主资产阶级的统治者,不论用何种方式,都是反革命行为。"由此可见,反革命罪的构成要件是指:犯罪者主观目的必须是意图保持或恢复豪绅地主资产阶级的统治;客体则必须是根据地苏维埃政府及工农民主革命所得到的利益。凡具备这两者,不论采取何种方式,都构成反革命罪。

(2)汉奸罪。汉奸罪是抗日战争时期的主要罪名,是指以破坏抗日运动为目的的各种犯罪。一般包括:企图颠覆边区政府,阴谋建立傀儡政府;破坏人民抗日运动和抗日动员;进行各种侦察间谍及一切秘密特务活动;组织及领导土匪扰乱活动;为敌人指示轰炸目标;组织和领导部队叛逃;谋害党政军及人民团体之负责人;侮辱凌虐或毒害人民生命;拖枪逃跑,哗变投敌;藏匿、贩运及买卖军火图叛变;以粮食、军器资送敌人以及以文字、图画、书报宣传或以宗教迷信破坏抗战等行为。

（3）盗匪罪。盗匪罪是抗日战争时期的主要罪名,是指以抢劫财物为目的各种犯罪行为。包括:聚众持械抢劫;暴力劫夺他人财物;掠人勒赎;藏匿、贩运及买卖军火;窝藏分赃;伤毙人命;乘机强奸妇女;纵火焚烧房屋;破坏阻塞交通;抢夺武器;勾引军队为匪等。

（4）破坏坚壁财物罪。破坏坚壁财物罪是抗日战争时期的主要罪名。所谓坚壁财物是指因防止日寇汉奸之破坏与掠夺,而移藏于地窖、山沟及其他隐藏地点之衣被粮食公文器具等一切公私财物。凡在敌伪扫荡之时,勾结敌伪破坏坚壁财物的,不论以何种方法都构成此罪。

（5）战争罪。战争罪是第三次国内革命战争时期的主要罪名。凡国民党军官及其党部各级官吏犯有下列行为者:屠杀人民,抢掠人民财物或拆毁焚烧人民房屋者;杀害俘虏者;破坏武器弹药者;破坏通讯器材,烧毁一切文电案卷者;毁坏粮食、被服仓库及其他军用器材者;毁坏市政水电设备、工厂建筑及各种机器者;毁坏海陆军交通工具及其设备者;毁坏银行金库者;毁坏文化古迹者;毁坏一切公共资料及其建筑者;空袭轰炸已解放之人民城市者,均构成战争罪。

除上述主要罪名外,散见于其他法律文件中的罪名还有很多,如贪污罪、烟毒罪、破坏土地改革罪、破坏金融罪、妨害婚姻家庭罪,等等。

二、劳动法

（一）制定

鸦片战争后中国社会开始缓慢地由农业社会向工商社会转型。但由于商品经济发展程度不够,在进入 20 世纪后,传统的封建势力仍然十分强大。不但如此,即使是建立在人身平等的雇佣关系基础上的劳资关系内部也还存在着一定程度上的封建剥削和压榨。作为无产阶级领导的政权组织,为实现无产阶级的自身解放,各时期根据地的人民政府都理所当然地按照中国共产党的劳动政策,制定了一系列劳动法规,完善了根据地的法律体系,丰富了根据地的法制建设。劳动法是根据地立法的一个重要方面。

早在第二次国内革命战争初期,各根据地政权为了维护工人阶级的利益,废除或限制对工人的各种封建剥削和压榨,就根据中国共产党第六次代表大会提出的"实行八小时工作制、增加工资、失业救济与社会保险"的劳动政策,开展了劳动立法。中华苏维埃共和国成立后,于1931年11月制定颁布了《中华苏维埃共和国劳动法》。该法共计12章75条。从形式上讲,该法是根据地时期所制定的同类法规中较为规范的一部。但由于受王明"左倾"错误路线影响,该法在注重对工人阶级的权利进行保护的同时,也对工人的福利作了许多不切实际的规定。1933年中华苏维埃政府在对该法进行了必要修改的基础上重新加以公布。重新公布的《劳动法》共15章,121条。第二次国内革命战争时期劳动法的制定与实施,极大地提高了根据地工人的社会地位和组织程度,激发了工人的劳动热情,但过高的工资福利要求也在一定程度上阻碍了经济的发展。

抗日战争时期,各根据地政府根据中国共产党政策的调整以及施政纲领的规定,制定了新的单行劳动法规,如1941年晋冀鲁豫边区的《劳工保护暂行条例》和1942年的《陕甘宁边区劳动保护条例草案》等,其中以《劳工保护暂行条例》7章45条,最具代表性。依靠工人阶级,团结资本家共同抗日是这一时期劳动立法的指导思想。由于这一时期的劳动法规纠正了原苏维埃时期劳动法的某些不足,适应当时的阶级状况和社会发展程度,实施后取得了较好的效果。

第三次国内革命战争时期,特别是第三次国内革命战争后期,当中国共产党开始由农村进入城市后,随着管理区域内工人人数的增多,阶级结构的变化,各人民政府又根据中国共产党所提出的"公私兼顾,劳资两利"的方针,及时地制定了一些劳动法规,如1948年12月的《东北公营企业战时劳动保险条例》等等,适应了形势的变化和发展需要,同时也使根据地劳动立法发展到了一个新的阶段,奠定了中华人民共和国初期劳动立法的基础。

(二) 基本内容

根据地时期劳动立法的基本内容概括起来主要有：

1. 适用范围

1931年劳动法规定凡在企业、工厂作坊及一切生产事业和各种机关(包括国家的、协作社的、私人的)的雇佣劳动者，都受此法保护。1933年后对这一适用范围作了必要的变通，凡雇佣辅助劳动力的中农、贫农、小船主、小手工业者及手工业生产合作社，经工人与工会的同意，可不受本法某些条文的限制。

2. 废除对工人的各种封建剥削和压榨

法律规定废除工头、包身工等封建剥削以及克扣工资等不合理的陋习，凡雇佣工人必须经介绍所或工会，依照集体合同进行。反对雇主虐待、打骂、侮辱工人以及额外盘剥工人，雇主与工人人格一律平等。

3. 保护工人各种合法权益

这些权益包括：集会结社权利、劳动及休息权利、获取劳动报酬权、社会保障权以及女工、青工和童工的特殊权利等。

(1) 集会结社权。规定工人有集会结社及参加工会的权利，保证工人有一定的时间参加社会活动，资方不得克扣工资。

(2) 劳动及休息权利。第二次国内革命战争时期劳动法规规定，所有雇佣劳动者每日劳动时间不得超过8小时，危害身体健康的工作部门需减至6小时。此外，该法还对休息时间进行了规定，每个工人每周"须有继续不断的四十二小时的连续休息"，即周一至周五每天工作8小时。抗日战争时期修改为实行8—10小时工作制，为抗战需要工人自愿做义工，不受限制。雇主如要工人加班时，须征得工人同意，并发给额外工资。

(3) 劳动报酬权。根据地时期的法律规定，任何工人的工资不得少于政府劳动部门规定的最低工资，工资以现金方式支付，禁止拖欠工资。抗日战争时期规定，工资标准由工会、雇主和工人协商确定，一般以再供养一个人至一个半人的最低生活费用为标准，工资形式也改为货币实物混同。

（4）女工、青工、童工的特殊权益。根据地法律规定禁止特别繁重和危险的行业使用女工和青工，禁止雇佣未满 14 岁的童工，男女同工同酬，女工产前产后不得任意开除，并给予 6—8 周产假，工资照发，哺乳女工给予一定的哺乳时间，此外抗战及解放战争时期，有些根据地还规定了女工每月可享有特殊例假 1—3 天。

（5）劳动保护和社会保障权利。根据地法律规定机器要设有防护器，工人应该发给工作服和其他保护用具。雇主支付社会保险金，保险金按全部工资总额的 10%—15% 支付，解决工人的医疗费和各种津贴。抗战时期社会保险分公营与私营而不尽相同，如《陕甘宁边区战时公营工厂集体合同标准》规定，工人因病医治或住院，医药费由厂方负责。工人因工伤而不能工作，厂方除负责医药费外，应发给其原有工资至病愈时，受伤致残不能工作者，发给半年平均工资及适当抚恤金。

4．劳资纠纷的处理

根据地法律规定劳资纠纷处理办法为先由劳资双方派代表进行磋商，或交劳动部门的仲裁委员会解决，如还不能解决，由劳动法庭判决。

第四节 人民民主政权的司法制度

一、司法体制

根据地政权从建立之初就把司法机关的建立和完善作为自己的一项重要工作，为此还颁布过一系列法律法规，使司法机关的建立具有法律依据，这些法律法规大致包括两类：一是各级政权组织法；二是单行法规，如 1931 年颁布的《鄂豫皖区苏维埃政府革命军事法庭暂行条例》等，但由于战争环境和农业社会的现实，纵观整个根据地时期，司法机关和司法制度的完善程度均不太高。

（一）司法体制

从体制上讲，根据地时期为了适应战时需要和农业社会的特点，司法机关大都实行政审合一和司法审判与司法行政合一的体制。所谓政审合一是指各级司法机关在同级政府的领导下,独立行使司法权;而司法审判与司法行政合一则是指在根据地时期,除中华苏维埃共和国和华北人民政府存在的短暂时期在中央一度实行审判和行政分离制外,大都未设置专门的司法行政机关,而由审判机关行使司法行政事务。上述体制的出现主要源于艰苦的战争环境所导致的对政权机关高效、简单化的客观要求。

(二) 主要任务

根据地时期司法机关的主要任务一是打击各种敌对势力;二是保护人民群众获得的革命成果,同时肩负着解决人民内部矛盾,维护根据地的秩序的任务。如1941年晋冀鲁豫边区高等法院公布的《抗日民主司法建设》中规定:"推行新民主主义政权之司法建设,为粉碎敌寇以华制华之毒计,本院首要任务着重于镇压死心塌地之汉奸,对压迫附逆分子,采取争取感化教育方法,同时切实保障所有抗日人民的人权、政权、财权,以维护社会秩序,增强战斗力量。"[1]

(三) 特点

1. 方便民众

"建立便利于人民的司法制度",这是根据地时期的司法制度,当然也包括司法机关的最大特点。根据地时期由于战争的需要,一切机关能简化者尽量简化,因而司法机关无论是组织建设,还是人员配备均采取方便人民、及时快捷的简化原则。

2. 形式多样

由于各个时期根据地成立的时间不同,根据地之间除统一接受中共中央的领导外,在政权建设上具有较大的独立性,结果导致司法机关在组织形式上多样化。如工农民主政权时期,行使审判权的机关包括革命法庭、裁判部、军事裁判所等。此外,诸如政治保卫局和肃反委员会也拥有着一定的审判权。

3. 事实上独立

这里讲的事实上的独立指的是抗日战争时期各根据地司法机关同国民政府中央司法机关之间的关系。从法律上讲抗日战争时期各

---

[1] 张希坡主编:《革命根据地法制史》,法律出版社1994年版,第508页。

根据地司法机关隶属于中华民国国民政府,属地方性司法机关,但事实上它只执行边区政府的法律和政策,保持着完整的独立性。

二、司法机关

(一) 中央司法机关

1. 第二次国内革命战争时期

第二次国内革命战争初期各根据地各自为政,中华苏维埃共和国成立后,虽然曾决定成立最高法院,但由于种种原因却一直未能成立,始终以临时最高法庭为最高审判机关。临时最高法庭下设刑事法庭、民事法庭和军事法庭,分别审理不同性质的案件。临时最高法庭设主席一人,副主席二人,由中央执行委员会任命,但凡属法庭内部的重大事项和重大案件则均由委员会集体讨论决定。临时法庭的职权为:对现行法律条文进行司法解释;审理不服地方司法机关审理的上诉案件;审查地方司法机关的判决书;等等。

2. 抗日战争时期

抗日战争时期根据地没有建立统一的中央政府,从1937年起各边区政府陆续建立的边区高等法院就成了边区内部事实上的最高审判机关。高等法院实行院长负责制,院长由边区参议会选举,边区政府任命。下设刑事庭、民事庭、检查处、看守所和总务科。高等法院的职权为:重要的刑事案件的第一审;不服地方法院第一审判决的上诉案件和不服地方法院之裁定的抗告案件。由于边区大都幅员辽阔,交通不便,因而,为了方便群众诉讼,陕甘宁边区从1943年起陆续在分区专员公署设立了高等法院分庭作为派出单位。按照《高等法院分庭组织条例》的规定,分庭不是独立审级,它代表高等法院受理不服该分区所辖范围内地方法院第一审判决的上诉案件。

3. 第三次国内革命战争时期

第三次国内革命战争时期由于局势发展过于迅猛,各解放区司法机关的设置因地而异,但大都延续原抗日根据地的做法。1948年华北人民政府成立后,司法机关的设置开始相对规范。华北人民政府下设华北人民法院为最高审判机关。

(二) 地方司法机关

1. 第二次国内革命战争时期

地方各级工农民主政府内分别设裁判部,审理除现役军人和军事机关之外的一切民刑案件。裁判部下设刑事、民事和劳动法庭,实行省、县、区三级结构。

2. 抗日战争时期

为了与南京国民政府体制一致,曾短暂地实行过三级三审制度外,基本上实行二级二审制,地方司法机关大体上分为县、市地方法院和县司法处或司法科。就职权而言,地方法院和司法处大致相同,都作为县级司法机关行使审判、检察和司法行政之权。区别之处为地方法院由院长统一管理法院事务,而司法处的行政事务由县长兼理,推事审理案件。

3. 第三次国内革命战争时期

第三次国内革命战争初期各根据地司法机关无论是体制,还是名称均较为混乱,华北人民政府成立后开始规范司法机关,地方司法机关实行行署和县二级司法体制,且审判机关的名称一律改称为人民法院。

(三) 特殊司法机关

除上述正常的司法机关之外,由于环境的特殊和政治斗争的需要,根据地时期还事实上存在着一些特殊的司法机关,其中最主要的有第二次国内革命战争时期的肃反委员会和第三次国内革命战争时期的人民法庭。

1. 肃反委员会

肃反委员会是第二次国内革命战争时期司法机关的一种过渡形式。按照《中华苏维埃共和国地方苏维埃暂行条例草案》规定,在红军新占领的地区成立临时革命政权——革命委员会,革命委员会下设肃反委员会。肃反委员会接受同级革命委员会的领导,同时绝对服从上级肃反委员会的命令。肃反委员会设侦察和执行两组。从性质上讲肃反委员会的主要任务是镇压反革命,但同时也负有打击刑事犯罪的任务。

2. 土地改革中的人民法庭

1947年颁布的《中国土地法大纲》规定,为保卫土地改革工作的顺利进行,各解放区设人民法庭配合工作,专门审理违抗和破坏土地法大纲、危害土地改革运动和侵犯人民民主权利的案件,人民法庭为临时性的机关,土地改革工作结束后即撤销。人民法庭设审判委员会,委员由政府委派和村民选举产生。

三、诉讼与审判制度

根据地时期随着法律制度的逐渐完善,有关诉讼与审判制度方面的立法也在逐步加强,相继制定了一系列有关法律法规,如《中华苏维埃共和国司法程序》(1934)、《陕甘宁边区军民诉讼暂行条例》(1943)、《晋察冀边区关于改进司法制度的决定》(1944)等,使边区司法制度得以完备。

(一) 诉讼与审判制度的基本原则

根据地时期的诉讼与审判原则是在实践中逐步发展和完善的。这些原则包括:

1. 保障人权、诉权平等

工农民主政权时期,由于斗争残酷,加之经验不足,曾一度犯了唯阶级成分论的错误。抗日战争时期这一错误不但得以纠正,诉权平等还被写入了法律之中,成了根据地诉讼与审判的基本原则。按照根据地法律规定,一切抗日人民都享有充分的诉权,在诉讼活动中人身权利均不受非法侵害。此外一切抗日人民,不论出身和阶级,一切公务人员不论职务高低,一切民族不论大小,在适用法律上均一律平等。

2. 简化程序、方便民众

不搞形式主义,不唯书本,一切从边区的战争环境和农村社会的实际出发来设计诉讼审判制度,这是根据地诉讼与审判制度的基本原则之一。如山东省根据地在《改进司法工作纲要》中明确指出:"诉讼手续务求简捷,凡不利于抗战期间之诉讼手续,应酌予变通或修改之。"①

3. 相信群众、依靠群众

相信群众,依靠群众是根据地时期诉讼审判的又一基本原则。晋察冀边区在《关于执行改进司法制度的决定应注意事项的命令》中规定:"打破旧的司法工作的一套,使我们的司法工作真正是为群众服务的。进行工作要深入群众去作切实的调查研究,实事求是,肃清主观主义的作风和'明公'、'清官'自命的态度。"②而抗战时期的太岳分区规定得则更加明确:"法庭应重视群众意见,采纳群众意见。"

(二) 起诉

根据地时期法律中规定的起诉方式可分为公诉、自诉和群众团体起诉等几种。

1. 公诉

公诉是由公安机关、检察机关等代表国家控告罪犯的起诉形式。但有时军队、群众团体等也可以提起公诉。公诉必须以书面方式进行。

2. 自诉

自诉是当事人或其法定代理人直接向司法机关提起的诉讼。自诉以口头、书面的形式都可以,但在案件类型和罪名上有限制条件,如《陕甘宁边区刑事诉讼条例草案》规定内乱罪、汉奸罪、故意杀人罪等罪名由公安、检察机关负责公诉,其他案件方可自诉。某些抗日根据地为了方便群众诉讼,设有专人免费为当事人书写诉状。

3. 群众团体起诉

群众团体起诉既不同于公诉,也不同于自诉,对于群众团体起诉,按照抗日战争时期太岳分区规定,只要证据充分,法庭不得拒绝受理。

(三) 人民调解制度

通过调解手段解决纠纷是根据地政权所一贯强调的,也是根据

---

① 张希坡:《革命根据地法制史》,法律出版社 1994 年版,第 526—527 页。
② 同上书,第 527 页。

地诉讼审判制度的一大特点。众所周知,重调解轻诉讼是中国传统法律文化的特色之一,边区政府在新的形势下成功地将这一传统法律文化资源进行了改造,使之为根据地的建设和法制服务。

1. 人民调解制度的缘起

人民调解制度萌芽于工农民主政权时期,但发展、定型于抗日战争时期的陕甘宁边区,解放战争时期仍然发挥着重要的作用。为了规范边区的调解制度,各个时期的根据地政权先后制定了一系列法律,使调解工作进一步制度化和法律化,如《陕甘宁边区民刑事案件调解条例》、《晋察冀边区行政村调解工作条例》、《山东省调解委员会暂行组织条例》等。

2. 调解的范围

工农民主政权时期调解的对象明确规定为民事案件,抗日根据地时期按照《陕甘宁边区民刑事案件调解条例》的规定,调解案件的范围有所扩大,一般以民事案件为主,但轻微的刑事案件也可以通过调解来解决。

3. 调解的形式

从形式上讲,根据地时期的调解当属全民型的调解,包括民间调解、群众组织调解、政府调解和司法调解四种。所谓民间调解就是指当事人主动邀请邻里、族长、乡绅等地方上的一些公正和权威人物出面解决纠纷。从解决的纠纷数量角度讲以民间调节最为重要,如1944年陕甘宁边区政府所发布的《关于普及调解、总结判例、清理监所指示信》中明确规定:"百分之九十以上,甚至百分之百的争执,最好都能在乡村中,由人民自己来调解解决。"① 群众组织调解是指根据地时期各民众团体,如工会、青年联合会和妇女联合会等群众团体内部均成立有调解机构,负责调解团体内部群众之间的纠纷。政府调解是指基层乡村和县政府内设立调解委员会等专门组织主持调解工作。司法调解则是针对某些案件而规定的审判前置程序,即某些案件必须先调解,只有在调解解决不了的情况下再进行审判。司法调解与我们前述的各种调解形式有着本质的不同,经司法调解达成

---

① 《陕甘宁边区政府文件》(第八辑),档案出版社1988年版。

的协议具有法律效力。

4. 调解的原则

人民调解工作在推行过程中由于经验的不足,曾出现过一些问题,如强制调解,坚持"调解为主,审判为辅"等,后经过不断摸索和完善,逐渐形成了以下三大原则:调解不是诉讼的必经程序;调解必须自愿,不能强迫;调解不能不讲原则,必须依据国家的法律、政策和民间善良民俗。

5. 调解的方法和纪律

调解的方法一般分为赔礼、道歉、认错、赔偿损失等。至于调解的纪律主要有调解人必须廉洁奉公、遵守纪律等,如各根据地法律都规定调解人不得利用调解的机会收受礼物、吃请;不得徇私、报仇;必须尊重和保护当事人的人权等。

6. 调解制度的意义

根据地时期的调解制度在中国调解制度发展史上具有极为重要的意义。一是通过调解的方法解决纠纷,不但易于被群众所接受,还有效地避免了矛盾的激化,有利于社会秩序的形成;二是通过动员社会各种力量解决纠纷,使大量的纠纷快速解决于民间,有利于司法机关集中精力办大案和要案,提高办案质量;三是由于边区政府坚持调解必须以党的政策和国家的法律为依据,因而,调解的过程既是解决问题的过程,又是普及法律常识和法律意识的过程,真正做到了案结事了。

(四) 审判制度

1. 审判方式

除调解之外,尚有大量的案件是通过审判方式得以解决的。纵观根据地时期的审判,就方式而言大致包括如下几种:

(1) 法庭审判。根据地时期法庭审判仍然是主要方式之一,尽管根据地时期环境较为艰苦,条件较为简陋,但为了强调审判的严肃性,各个时期的根据地政权对于法庭审判的形式仍有一定的要求。如解放战争时期的陕甘宁边区高等法院就曾于1946年8月专门制定有《陕甘宁边区法庭规则》,对法庭审判的形式、程序等做出了明确和具体的规定。法庭审判除自诉案件采取独任审判外,其他案件均采用合议制度。

（2）就地审判。就地审判是指法官走出机关，携卷下乡，深入农村，亲赴争论地点，依靠群众现场审判。作为一种审判方式，就地审判被确认于1942年起草的《民事诉讼条例草案》之中，该草案第四条规定："司法机关得派审判人员流动赴事件发生之乡、市，就地审理。"就地审判多适用于第一审司法机关，主要适用于"久悬不决之案件，或比较复杂有教育意义之案件，及牵连人数较多，不便传讯的案件"①。

（3）巡回审判。巡回审判是指司法机关组织巡回法庭到出事地点进行审判。早在工农民主政权时期，巡回审判就已采用，抗日战争时期更是普遍适用。1939年颁布的《陕甘宁边区高等法院组织条例》第10条规定："高等法院得设立巡回法庭。"至于巡回审判的好处，边区政府认为是能够发动群众参与"某些特殊案子，当地群众很注意，倘在司法机关审判，当地群众难以参加，不能了解法庭的处理，因此举行巡回审判，更能实地考察案情，倾听人民意见，而给人民影响也更深刻"②。

（4）群众公审。所谓群众公审，既不同于公开审判，也有别于公开宣判，是边区司法机关摸索出来的一种特殊形式，它是在发案地点，由司法人员和发案地点或发案单位的群众代表共同审判的一种方式。在审判过程中，群众的意见对判决结果会产生一定的影响。按照陕甘宁边区高等法院的规定：凡对群众有特殊教育意义的案件，各级法院或县司法处得举行公审；公审的案件必先经过法庭预审，需有充分的准备，公审法庭的组织，以法官为主审，人民的代表为陪审（陪审的代表由有关系的机关团体选出）；公审必须发动群众参加，群众得报名按次发表对于案件的审判意见，但不得表决；案件的判决由审判官（主审和陪审）合议，根据法律裁决。③ 从案件的性质上讲，群众公审有两类：一类是政治性的，主要是盗匪、汉奸、反革命和敌特

---

① 《陕甘宁边区高等法院指示信》(1944年8月)，陕西省档案馆档案，全宗号一五。
② 《陕甘宁边区政府工作报告》(1939—1941年)，陕西省档案馆档案，全宗号一五。
③ 《陕甘宁边区高等法院一九四二年工作计划大纲》，陕西省档案馆档案，全宗号一五。

案件;另一类是人命案,多为仇杀、奸杀、谋财害命等。

2. 马锡五审判方式

马锡五审判方式是抗日战争时期陕甘宁边区高等法院陇东分庭庭长马锡五同志根据战争环境和陕甘宁边区地域辽阔、交通不便、文盲率较高等农村社会特点,为了方便民众所创造的一种审判方式。

马锡五同志原本为陕甘宁边区陇东分区专员,1943年起兼任陇东分庭庭长。他在任期间,通过认真学习和反复摸索,成功地审理了一系列疑难案件,深受当地民众的欢迎。边区政府对其经验加以总结,正式命名为马锡五审判方式,并在整个根据地范围内加以推行和普及。马锡五审判方式的核心是司法审判的民主化。其特点:第一,深入基层和农村调查研究,了解案情,不搞坐堂办案,提高办案质量;第二,不拘形式,简化程序,方便群众;第三,注意倾听群众的声音,尽量做到将边区的法律和群众的意见相结合,让人民群众满意。

根据地时期的司法制度,包括诉讼审判制度是特定时期的产物,在当时为打击敌人、解决民众之间的纠纷发挥了重要的作用。

四、解放区新司法原则的确立

第三次国内革命战争进行到1949年,中国共产党的胜利已成大势所趋,在历史转折的关键时刻,为了统一人民的思想,确立人民司法原则,1949年2月,中共中央发布了《关于废除国民党的〈六法全书〉与确立解放区的司法原则的指示》一文,在解放区范围内一举废除了南京国民政府的法律体系。该指示的基本精神是:宣布废除国民党的全部法律体系,规定"人民的司法工作,不能再以国民党的《六法全书》为依据";规定人民司法工作必须以人民政府新的法律为依据。在新的法律还没有系统发布之前,司法机关的办事原则是:以人民政府、人民解放军已发布的各种纲领、法律、命令、条例、决议为依据,没有上述法规的以新民主主义的政策为依据。

《关于废除国民党的〈六法全书〉与确立解放区的司法原则的指示》的发布及实施,为新中国成立后的司法工作奠定了基础。

后　　记

经过我们的共同努力,新版法律专业《中国法制史》自学考试教材与大家见面了。此书借鉴以往《中国法制史》教材的优点,结合自学考试的特点编写而成。参加本书撰写的有:王立民、高珣、侯欣一、沈大明、洪佳期。

分工情况如下:

导论、第七章	王立民
第一章、第二章、第三章、第六章、第八章	高　珣
第四章、第五章、第十章、第十一章	洪佳期
第九章、第十三章、第十四章	沈大明
第十二章、第十五章、第十六章、第十七章	侯欣一

西北政法大学汪世荣教授、华东政法大学丁凌华教授、中山大学法学院任强教授参加了本教材审稿讨论会并提出修改意见,在此表示衷心的感谢!

全国高等教育自学考试指导委员会
法学类专业委员会
2008 年 3 月

全国高等教育自学考试

中国法制史自学考试大纲

全国高等教育自学考试指导委员会制定

出 版 前 言

为了适应社会主义现代化建设事业对培养人才的需要,我国在20世纪80年代初建立了高等教育自学考试制度。高等教育自学考试是个人自学、社会助学和国家考试相结合的一种高等教育形式,是我国高等教育体系的重要组成部分。实行高等教育自学考试制度,是落实宪法规定的"鼓励自学成才"的重要措施,是提高中华民族思想道德和科学文化素质的需要,也是培养和选拔人才的一种途径。自学考试应考者通过规定的专业课程考试并经思想品德鉴定达到毕业要求的,可以获得毕业证书,国家承认学历,并按照规定享有与普通高等学校毕业生同等的有关待遇。经过二十多年的发展,高等教育自学考试已成为我国高等教育基本制度之一,为国家培养造就了大批专门人才。

高等教育自学考试是标准参照性考试。为科学、合理地制定高等教育自学考试的考试标准,提高教育质量,全国高等教育自学考试指导委员会(以下简称"全国考委")按照国务院发布的《高等教育自学考试暂行条例》的规定,组织各方面的专家,根据自学考试发展的实际情况,对高等教育自学考试专业设置进行了研究,逐步调整、统一了专业设置标准,并陆续制订了相应的专业考试计划。在此基础上,全国考委各专业委员会按照专业考试计划的要求,从培养和选拔人才的需要出发,组织编写了相应专业的课程自学考试大纲,进一步规定了课程学习和考试的内容与范围,使考试标准更加规范、具体和明确,以利于社会助学和个人自学。

近年来,为更好地贯彻党的十六大和全国考委五届二次会议精神,适应经济社会发展的需要,反映自学考试专业建设和学科内容的发展变化,全国考委各专业委员会按照全国考委的要求,陆续进行了相应专业的课程自学考试大纲的修订或重编工作。全国考委法学类专业委员会参照全日制普通高等学校相关课程的教学基本要求,结合自学考试法律专业考试工作的实践,组织编写了新的《中国法制史自学考试大纲》,现经教育部批准,颁发施行。

《中国法制史自学考试大纲》是该课程编写教材和自学辅导书的依据,也是个人自学、社会助学和国家考试的依据,各地教育部门、考试机构应认真贯彻执行。

全国高等教育自学考试
指导委员会
2005 年 7 月

Ⅰ 课程性质和设置目的

中国法制史是我国高等学校本科法学专业中的一门核心课程、国家司法考试的必试科目,也是全国高等教育自学考试法律专业的必修课程。它在中国的法学教育中占有重要的地位,发挥着不可替代的作用。

中国法制史是一门专门反映中国历史上法律制度的产生、发展及其规律的学科。我们学习中国法制史,可以发现中国历史上法制发展的经验和教训,以史为鉴,为今天建设社会主义法治国家提供一定的历史资源。

设置此课程的基本要求主要是以下四个方面:

第一方面,以历史唯物主义为指导,介绍中国历史上各个时期主要的立法和司法等基本情况和内容。

第二方面,知晓中国历史上法制发展的基本线索和规律,把握中国历史上法制的总体面貌。

第三方面,培养法制史思维和运用法制史知识解决问题的能力,提高学生的综合素质。

第四方面,总结中国历史上法制发展的经验和教训,为今天的社会主义法治建设服务。

Ⅱ 课程内容和考核要求

第一章 中国法的起源与夏、商的法律制度

（约前 21 世纪—前 11 世纪）

学习目的与要求

了解中国法的起源及其特征；掌握夏、商法律制度的主要内容。

课程内容

第一节 中国法的起源与夏朝的法律制度

一、中国法的起源
礼化为法；刑起于兵；中国法起源的主要特征。
二、夏朝的法律制度
法制指导思想；法制概况；法制的主要内容；司法制度。

第二节 商朝的法律制度

一、法制指导思想
在夏朝奉"天"罚罪法制观的基础上发展为更强调"神"，尤其是

祖先神的作用。

二、法制概况

《汤刑》。

三、法制的主要内容

刑事法制;民事法制;行政法制。

四、司法制度

司法活动的参与者;诉讼审判制度;监狱制度。

考核知识点

奉"天"罚罪的法制观;《禹刑》;奴隶制五刑;昏、墨、贼三种罪名;圜土;夏台;商朝法制指导思想;《汤刑》;商朝的法外酷刑;父死子继,兄终弟及;"内服"、"外服";商朝司法活动的参与者;天罚、神判;圜土、羑里。

考核要求

一、夏朝的法律制度

识记:奉"天"罚罪的法制观;《禹刑》;奴隶制五刑;昏、墨、贼,杀;圜土、夏台。

二、商朝的法制指导思想

领会:商朝的法制指导思想。

三、商朝的法制概况

识记:《汤刑》。

四、商朝法制的主要内容

1. 识记:炮烙、剖心、醢、脯等酷刑。
2. 领会:"父死子继,兄终弟及";内服、外服。

五、商朝的司法制度

1. 识记:司法活动的参与者:商王、贵族、卜者;圜土、羑里。
2. 领会:天罚、神判。

第二章　西周的法律制度

（前 11 世纪—前 770）

学习目的与要求

本章是学习的重点,要求深刻理解西周法制指导思想的变化,掌握西周的法制概况及刑事法制、民事法制、司法制度的主要内容。

课程内容

第一节　西周的法制指导思想

一、"敬天保民,明德慎罚"
天命转移说,天命转移的依据在"德",有"德"表现为"敬天保民",在法律上表现为"明德慎罚"。
二、礼治思想
礼的核心原则;礼的基本内容;礼与刑的关系。

第二节　西周的法制概况

一、主要法制
周礼;《九刑》;《吕刑》。

二、主要的法律形式

除了礼与刑外,还有誓、命、诰等。

第三节 西周法制的主要内容

一、刑事法制

定罪量刑的原则;刑罚;罪名。

二、行政法制

西周的等级制;世卿世禄制。

三、民事法制

所有权制度;契约制度;婚姻、家庭和继承制度。

第四节 西周的司法制度

一、司法机关

中央司法机关;地方司法机关。

二、诉讼审判制度

诉讼种类;起诉与受理;审理;判决;刑罚的执行。

三、监狱制度

考核知识点

西周的法制指导思想;周礼;《九刑》;《吕刑》;主要的法律形式;西周定罪量刑的原则、刑罚与罪名;西周的等级结构;世卿世禄制;西周土地所有制形式;质剂;傅别;婚姻、家庭和继承制度;司寇;乡士、遂士;"狱"与"讼";"束矢";"钧金";"两造具备";"五听";"三刺之法";读鞫、乞鞫;秋冬行刑;圜土、囹圄。

考核要求

一、西周的法制指导思想

领会:"敬天保民,明德慎罚";礼治思想;礼的核心原则:亲亲、尊尊;礼的基本内容:五礼;礼与刑的关系:作用上礼"禁于将然",刑"禁于已然",地位上,礼外无法,出礼入刑,适用对象上,"礼不下庶人,刑不上大夫"。

二、西周的法制概况

识记:周礼;《九刑》;《吕刑》;除了礼与刑外,还有誓、命、诰等法律形式。

三、刑事法制

识记:矜老恤幼原则;区分故意与过失、惯犯与偶犯原则;罪疑从轻、众疑从赦原则;世轻世重原则;九刑;违抗王命罪;不孝不友罪;杀人罪;寇攘奸宄罪;失农时罪;群饮罪。

四、行政法制

领会:通过分封制建立的以周王为中心,下领诸侯、卿大夫、士组成的金字塔式的等级制,及其彼此间"大宗"与"小宗"的关系;"世卿世禄"制。

五、民事法制

1. 识记:质、剂、傅别。

2. 领会:土地国有制;婚姻的基本原则:一夫一妻多妾制;婚姻成立的要件:父母之命、媒妁之言;婚姻成立的限制:同姓不婚;婚姻成立的程序:六礼;婚姻的解除:七出、三不去;父权家长制;嫡长子继承制。

六、司法机关

识记:司寇;地方司法机关:乡士、遂士。

七、诉讼审判制度

1. 识记:"狱"、"讼";"钧金";"束矢";审理要求两造具备;圜土、囹圄。

2. 领会:五听;"三刺之法";读鞫、乞鞫;公开行刑;秋冬行刑。

第三章 春秋战国时期的法律制度

(前770—前221)

学习目的与要求

春秋战国时期,是中国历史上一段重要的社会变革时期,中国法制在此时发生了重大转变。学习本章,重点把握法律变革问题,理解春秋时成文法的公布及战国时期的变法两方面内容。

课程内容

第一节 春秋时期成文法的公布

一、立法活动

楚国、晋国、郑国的立法活动;郑国子产铸刑书于鼎,这是中国历史上第一次公布成文法。

二、成文法的公布引起的争论

叔向和孔子对公布成文法的异议。

三、成文法公布的意义

法的公开成为历史潮流;刑依法定的局面逐渐打开;为新的封建制法律制度的形成奠定了基础;中国法学伴随成文法的公布而初步萌芽,私家法律教育逐步兴起。

第二节　战国时期的变法

一、法制指导思想
厉行法治;法律公开;轻罪重罚。
二、《法经》
制定;内容;历史地位与影响。
三、商鞅变法
背景;主要内容;意义。

考核知识点

楚国、晋国、郑国立法活动的概况;郑国子产铸刑书于鼎,这是中国历史上第一次公布成文法;郑国、晋国公布成文法所引起的争论;成文法公布的意义;法家法律思想的主要表现;《法经》的制定、内容、历史地位与影响;商鞅变法的背景、主要内容和意义。

考核要求

一、春秋时期的立法活动
1. 识记:楚国、晋国、郑国的立法活动。
2. 领会:郑国子产铸刑书于鼎,这是中国历史上第一次公布成文法。
二、春秋时期成文法的公布引起的争论
领会:郑国、晋国公布成文法所引起的争论。
三、春秋时期成文法公布的意义
领会:成文法公布的意义。
四、战国时期法制指导思想
领会:法家法律思想的主要表现。

五、《法经》
领会:《法经》的制定、内容、历史地位与影响。
六、商鞅变法
识记:商鞅变法的背景、主要内容和意义。

第四章　秦朝的法律制度

（前 221—前 206）

学习目的与要求

了解秦朝的立法活动,理解秦朝法制指导思想对秦朝法制的影响,掌握秦朝主要的法律形式、定罪量刑的原则与刑罚体系以及司法制度。

课程内容

第一节　秦朝的法制指导思想

一、事皆决于法
二、法令由一统
三、轻罪重刑

第二节　秦朝的立法概况

一、法制概况

分六类十种,主要有《秦律十八种》、《效律》、《秦律杂抄》、《法律答问》、《封诊式》、《语书》、《为吏之道》等。

二、主要的法律形式

律;制、诏;式;法律答问;廷行事;程;课等。

第三节 秦朝法制的主要内容

一、刑事法制
定罪量刑的原则;罪名;刑罚。

二、民事法制
所有权;债权;婚姻家庭制度。

三、行政法制
行政机关;官吏管理制度。

四、经济法制
农业和畜牧业管理法规;手工业管理法规;市场贸易管理法规。

第四节 秦朝的司法制度

一、司法机关
中央司法机关;地方司法机关。

二、诉讼审判制度
诉讼的提起;审讯;判决与再审;司法官员的责任。

考核知识点

秦朝的法制指导思想;云梦秦简;主要的法律形式;定罪量刑的原则;主要罪名;具五刑;劳役刑;封;三公九卿;郡县制;"五善";察举;征召;手工业管理法规;市场贸易管理法规;廷尉;公室告与非公室告;州告;上、下、败;读鞫;乞鞫;司法官员的责任。

考核要求

一、秦朝的法制指导思想
领会:秦朝以"事皆决于法"、"法令由一统"、"轻罪重刑"为法制指导思想。

二、秦朝的立法概况
识记:云梦秦简;法律答问;《封诊式》;廷行事。

三、秦朝法制的主要内容
识记:以身高确定刑事责任能力;区分有无犯罪意识;故意与过失;共犯加重处罚;自首减刑;诬告反坐;犯罪连坐;盗徙封罪;以古非今罪;非所宜言罪;投书罪;具五刑;城旦舂;鬼薪、白粲;三公九卿;郡县制;"五善";察举;征召;手工业管理法规;市场贸易管理法规。

四、秦朝的司法制度
识记:廷尉;公室告与非公室告;州告;上、下、败;读鞫;乞鞫;司法官员的责任。

第五章 汉朝的法律制度

（前206—220）

学习目的与要求

了解汉朝立法概况,理解汉朝法制指导思想的演变,掌握汉朝主要的法律形式、定罪量刑的主要原则与刑制改革及春秋决狱等司法制度。

课程内容

第一节 汉朝的法制指导思想

一、黄老"无为而治"思想
无为而治;轻徭薄赋;约法省刑。
二、以儒为主,礼法并用
独尊儒术;德主刑辅、礼法并用。

第二节 汉朝的立法概况

一、主要立法
西汉初期的主要立法;西汉中后期的主要立法;东汉时期的主要

立法。

二、主要的法律形式

律、令、科、比。

第三节　汉朝法制的主要内容

一、刑事法制

定罪量刑的原则;主要罪名;西汉中期的刑制改革。

二、民事法制

所有权;债权;婚姻家庭制度;继承制度。

三、行政法制

行政机关;官吏管理制度;监察制度。

四、经济法制

赋税制度;工商业法律制度;对外贸易法律制度。

第四节　汉朝的司法制度

一、司法机关

中央司法机关;地方司法机关。

二、诉讼审判制度

起诉;逮捕与羁押;审判;复审与上报;录囚;大赦。

三、春秋决狱与秋冬行刑

春秋决狱;秋冬行刑。

考核知识点

汉朝法制指导思想;"约法三章";汉律六十篇;律、令、科、比;矜老恤幼原则;上请;亲亲得相首匿;僭越;犯跸;首匿;通行饮食;见知故纵;左官;酎金不如法;阿党附益;文景时期的刑制改革;取息过律;"非正"与"非子";尚书台;州郡县三级制;上计;六条问事;廷尉;读鞫;乞鞫;录囚;春秋决狱。

考核要求

一、汉朝的法制指导思想

领会:汉朝的法制指导思想的演变。

二、汉朝的立法概况

识记:汉律六十篇;律、令、科、比四种主要法律形式。

三、汉朝法制的主要内容

1. 识记:矜老恤幼原则;僭越;犯跸;首匿;通行饮食;见知故纵;左官;酎金不如法;阿党附益;取息过律;"非正"与"非子"罪;尚书台;州郡县三级制;上计;六条问事。

2. 领会:亲亲得相首匿原则确立的意义;文景时期刑制改革的内容与意义。

四、汉朝的司法制度

1. 识记:廷尉;读鞫;乞鞫;录囚。

2. 领会:春秋决狱的内容及其影响。

第六章 三国两晋南北朝的法律制度

(220—589)

学习目的与要求

三国两晋南北朝的法律制度是中国法制史上重要的承上启下阶段。学习本章,重点理解三国两晋南北朝时期体现法律儒家化的内容;了解这一时期法律所出现的为后世所继承的新变化。

课程内容

第一节 三国两晋南北朝的法制指导思想

一、三国时期:"治定之化,以礼为首,拨乱之政,以刑为先"
二、两晋时期:纳礼入律
三、南北朝时期:礼律进一步融合

第二节 三国两晋南北朝的立法概况

一、主要立法
三国时期;两晋时期;南北朝时期。

二、法律形式的变化

"律"与"令"有了明确的区分;"科"的变化及"以格代科";"式"也发生变化。

三、律学的发展

法律注释水平明显提高;法典编纂技术渐趋成熟;律学理论水平进一步发展。

第三节 三国两晋南北朝法制的主要内容

一、刑事法制

定罪量刑原则的发展变化;刑罚的发展变化。

二、民事法制

关于人的身份;关于土地制度;关于婚姻制度。

三、行政法制

行政机关的演变;官吏管理制度。

第四节 三国两晋南北朝的司法制度

一、司法机关的演变

中央司法机关;地方司法机关。

二、诉讼审判制度的发展

直诉制度的形成;刑讯的制度化;皇帝参与审判录囚;死刑复奏制的形成。

考核知识点

三国两晋南北朝的法制指导思想;曹魏的《新律》、西晋的《泰始律》、北齐的《北齐律》;"律"与"令"有了明确的区分;"科"的变化及"以格代科";"式"也发生变化;律学的发展;"八议";"准五服以制罪";"重罪十条";"官当";废除宫刑;士族与庶族;曹魏的屯田制、西晋的占田制、北魏的均田制;"士庶有别,良贱不婚";中央三省制的形成;九品中正制;大理寺;律博士;登闻鼓的直诉制度;南梁的测囚之法与南陈的立测法;死刑复奏制的形成。

考核要求

一、三国两晋南北朝的法制指导思想
识记:三国两晋南北朝的法制指导思想。
二、三国两晋南北朝的立法概况
1. 识记:曹魏的《新律》;西晋的《泰始律》;北齐的《北齐律》。
2. 领会:"律"与"令"有了明确的区分;"科"的变化及"以格代科";"式"也发生变化;律学的发展。
三、三国两晋南北朝刑事法制的主要内容
1. 识记:废除宫刑。
2. 领会:"八议";"准五服以制罪";"重罪十条";"官当"。
四、三国两晋南北朝民事法制的主要内容
1. 识记:士族与庶族。
2. 领会:曹魏的屯田制、西晋的占田制、北魏的均田制;"士庶有别,良贱不婚"。
五、三国两晋南北朝行政法制的主要内容
1. 识记:中央三省制的形成。
2. 领会:九品中正制。
六、三国两晋南北朝的司法制度
1. 识记:大理寺;律博士;登闻鼓的直诉制度;南梁的测囚之法与南陈的立测法。
2. 领会:死刑复奏制的形成。

第七章　隋唐的法律制度

（581—907）

学习目的与要求

了解隋朝的立法概况，隋律的体例和内容；理解唐初的法制指导思想；掌握唐朝的立法概况、唐律的主要内容和唐朝主要的司法制度。

课程内容

第一节　隋朝的法律制度

一、立法概况
《开皇律》；《大业律》。
二、隋律的体例和内容
体例上共12篇,500条；内容上有刑罚制度、十恶制度、八议和官当制度等。

第二节　唐初的法制指导思想

一、礼法并用治国的思想
礼是治国的主要手段、法是治国不可缺少的工具、治国必须礼法结合。

二、法律内容要统一、简约和稳定的思想

法律内容要统一、法律内容要简约、法律内容要稳定。

三、慎重行刑的思想

严格依法办案、慎重审理重案。

第三节 唐朝的立法概况

一、主要的法律形式

律、令、格、式、典;律令格式间的关系。

二、唐律的制定

《武德律》、《贞观律》、《永徽律》及其《律疏》、《开元律》及其《律疏》。

三、唐律的特点

礼法结合;首创"疏议";律条简要;立法技术完善。

四、唐律的影响

对唐后中国的封建朝代立法的影响;对当时东亚国家的立法的影响。

第四节 唐律的主要内容

一、《名例律》总述

刑罚;重点打击的十类犯罪;贵族官吏的特权;老幼废疾减免刑罚原则;更犯的处罚原则;区分公罪与私罪原则;自首原则;共犯的处理原则;两罪从重处罚原则;同居相为隐原则;化外人相犯处理原则;类推原则。

二、其他十一律概述

十一律的内容规定;"六杀";"六赃";"保辜"制度。

第五节　唐朝的司法制度

一、司法机构
中央司法机关；地方司法机关。
二、诉讼制度
告诉的方式；告诉的限制；不合要求告诉的处罚。
三、审判制度
审判期限的规定；审判官回避的规定；刑讯的规定；判决与上诉的规定；死刑案件复奏的规定。
四、司法官的责任
审判责任；执行责任；监管责任。

考核知识点

《开皇律》和《大业律》的制定概况；隋律的体例和内容；唐初的法制指导思想；唐朝的法律形式及其彼此的关系；唐律的制定；唐律的特点；唐律的影响；五刑；十恶；贵族官吏的特权；老幼废疾减免刑罚原则；更犯的处罚原则；区分公罪与私罪原则；自首原则；共犯的处理原则；两罪从重处罚原则；同居相为隐原则；化外人相犯处理原则；类推原则等；其他十一律概述；"六杀"；"六赃"；"保辜"制度；唐朝的司法机关；诉讼制度；审判官回避的规定；刑讯的规定；判决与上诉的规定；死刑案件复奏的规定；司法官的责任。

考核要求

一、隋朝法律制度
1. 识记：《开皇律》与《大业律》的制定概况。
2. 领会：《开皇律》的体例和内容。

二、唐初法制指导思想

领会:礼法并用治国的思想;法律内容要统一、简约和稳定的思想;慎重行刑的思想。

三、唐朝立法概况

1. 识记:唐律的法律形式;唐律的制定。

2. 领会:唐朝法律形式彼此间的关系;唐律的特点;唐律的影响。

四、唐律的基本内容

1. 识记:"五刑";"加役流";"五流";"十恶";议、请、减、赎和官当;"公罪"和"私罪"、更犯、自觉举、同居相为隐等;除《名例律》以外的其他十一个律的律名及其所规定的内容;"六杀"、"六赃"和"保辜"制度等。

2. 领会:老幼废疾减免刑罚、更犯的处理、区分公罪与私罪、自首、共犯的处理、两罪从重处罚、同居相为隐、化外人相犯的处理和类推等原则。

五、唐朝司法制度

1. 识记:中央司法机关;"三司推事"和"三司使";地方司法机关;审判官回避的规定;判决与上诉的规定;死刑案件复奏的规定等。

2. 领会:告诉的方式;告诉的限制;不合要求告诉的处罚;刑讯的规定;司法官的责任。

第八章 五代十国与宋朝的法律制度

(907—1279)

学习目的与要求

了解五代十国及宋朝法制的概况,理解唐朝之后,宋朝法制在立法指导思想、法制内容及司法制度上所出现的变化,重点掌握宋朝法制与唐朝法制的不同之处。

课程内容

第一节 五代十国的法律制度

一、立法概况
主要立法;法律形式的发展。
二、法制内容的演变
刑罚空前酷烈;增设罪名,加重量刑;民事法制渐趋完备。
三、司法制度
司法机关;诉讼审判制度;监狱制度。

第二节　宋朝的法制指导思想

一、加强中央集权,防止分裂割据
二、崇文抑武,儒道兼用
三、强调慎法,法贵力行
四、义利并用,通商惠工

第三节　宋朝的立法概况

一、主要法律形式及立法
刑统;编敕;编例;条法事类。
二、法学成就
《洗冤集录》;《名公书判清明集》。

第四节　宋朝法制的主要内容

一、刑事法制
盗贼重法及重法地;折杖法;刺配;凌迟;新设罪名。
二、民商事法制
民事法律关系的主体扩大;义庄;买卖契约;婚姻家庭与继承制度;商事法律。
三、行政法制
行政机关;监察制度;官吏管理制度。

第五节　宋朝的司法制度

一、司法机关
中央司法机关;地方司法机关。
二、诉讼审判制度
大案奏裁制;鞫谳分司制;翻异别勘制;务限制;理雪制度。

考核知识点

《大周刑统》;刑罚空前酷烈;凌迟;宋朝的法制指导思想;《宋刑统》;编敕;编例;条法事类;《洗冤集录》;《名公书判清明集》;盗贼重法及重法地;折杖法;刺配;凌迟;新设罪名;义庄;不动产买卖契约成立的步骤;"立继子"、"命继子";"市舶司";"枢密院";"三司";地方行政机关;监察制度;官吏的选拔、任用、考课与待遇;审刑院;受理诣阙投诉的机关;大案奏裁制;鞫谳分司制;翻异别勘制;务限制;理雪制度。

考核要求

一、五代十国的立法概况
识记:《大周刑统》。
二、五代十国法制内容的演变
识记:刑罚空前酷烈;凌迟。
三、宋朝的法制指导思想
领会:加强中央集权,防止分裂割据;崇文抑武,儒道兼用;强调慎法,法贵力行;义利并用,通商惠工。
四、宋朝的主要立法
领会:《宋刑统》;编敕;编例;条法事类。
五、宋朝的法学成就
识记:《洗冤集录》;《名公书判清明集》。
六、宋朝法制内容的发展变化
1. 识记:盗贼重法及重法地;折杖法;刺配;凌迟入律;天地坛非执事辄临;盗剥桑柘之禁;义庄;"立继子"、"命继子";"市舶司";"枢密院";"三司";府、州、军、监;风闻弹人;"糊名考校法"、"誊录试卷法";差遣制;致仕。
2. 领会:不动产买卖契约成立的步骤。

七、宋朝的司法制度

1. 识记:审刑院;受理诣阙投诉的机关。

2. 领会:大案奏裁制;鞫谳分司制;翻异别勘制;务限制;理雪制度。

第九章 辽、西夏、金和元朝的法律制度

(947—1368)

学习目的与要求

了解辽、西夏、金和元朝的立法概况、主要法律内容和特点;理解各少数民族政权吸收汉民族先进法律文化、结合自己民族习惯建立法制体系的必然性。

课程内容

第一节 辽、西夏、金的法律制度

一、辽的法律制度
主要立法;法制的主要内容;司法制度。
二、西夏的法律制度
主要立法;法制的主要内容;司法制度。
三、金的法律制度
主要立法;法制的主要内容;司法制度。

第二节 元朝的立法概况

一、法制指导思想
循旧礼,重纲常之教;"附会汉法",构建封建法制;延续蒙古旧

制,实行民族分治。

二、主要立法

部落时期;蒙古建国时期;元朝建立以后。

第三节　元朝法制的主要内容

一、刑事法制

有民族特色的刑罚体系。

二、民事法制

等级制度;财产法律制度;婚姻与继承制度。

第四节　元朝的司法制度

一、司法机关

中央司法机关;地方司法机关。

二、诉讼审判制度的变化

"诉讼"在法典中开始独立成篇;诉讼代理制度的出现;诉讼的管辖;审判制度;监狱管理制度。

考试知识点

《咸雍重修条例》、《天盛改旧新定律令》、《皇统制》、《泰和律义》;元朝的法制指导思想;《大扎撒》;《至元新格》;《大元通制》;《元典章》;《至正条格》;以七为尾数的十一等笞杖刑;流刑;等级制度;财产法律制度;婚书;赘婿;收继婚;继承制度;大宗正府;宣政院;行省,达鲁花赤的设置,"诉讼"独立成篇。

考核要求

一、辽、西夏、金的法律制度

识记:《咸雍重修条制》,《天盛改旧新定律令》,《皇统制》,《泰和律义》。

二、元朝的立法概况

1. 识记:《大扎撒》,《条画五章》,《至元新格》,《大元通制》,《元典章》。

2. 领会:元朝的法制指导思想。

三、元朝法制的主要内容

1. 识记:以七为尾数的十一等笞杖刑;流刑;关于损害赔偿的规定;阑遗物;婚书;赘婿;收继婚。

2. 领会:等级制度;不动产买卖和典当的四个程序。

四、元朝的司法制度

识记:大宗正府;宣政院;行省;达鲁花赤;"诉讼"独立成篇。

第十章 明朝的法律制度

(1368—1644)

学习目的与要求

了解明朝的立法概况,理解明初法制指导思想对其立法的影响,掌握明朝定罪量刑原则、刑事法制的特点以及主要司法制度。

课程内容

第一节 明朝的法制指导思想

一、重典治国
重典治吏,重典治民。
二、明刑弼教
大诰与榜文;"申明亭";"乡饮酒礼"。
三、"法贵简严"
法律简单明了,严惩重罪。

第二节 明朝的立法概况

一、《大明律》
二、《大明令》
三、《大诰》与"教民榜文"
四、"条例"
五、《大明会典》

第三节 明朝法制的主要内容

一、刑事法制
定罪量刑的原则;刑罚;刑事法制的特点。
二、民事法制
所有权;契约制度;婚姻与继承制度。
三、行政法制
行政机关;官吏管理制度。
四、经济法制
赋税制度;市场管理;海外贸易立法。

第四节 明朝的司法制度

一、司法机关
中央司法机关;地方司法机关;特殊司法机关。
二、诉讼审判制度
起诉;管辖;以民间半官方组织调解息讼;会审制度。

考核知识点

明朝的法制指导思想;《大明律》;《大明令》;《大诰》与"教民榜

文";《问刑条例》;《大明会典》;比附原则;化外人相犯属地主义原则;充军;廷杖;刑事法制的特点;先占原则;违禁取利;内阁制;考满与考察;都察院和六科;一条鞭法;把持行市;朝贡贸易;三法司;申明亭;"厂卫";诬告加等反坐;会审制度。

考核要求

一、明朝的法制指导思想
领会:明朝的法制指导思想及其对明朝立法的影响。
二、明朝的立法概况
1. 识记:《大明律》;《大明令》;《问刑条例》;《大明会典》。
2. 领会:《大诰》与"教民榜文"的立法特点。
三、明朝法制的主要内容
1. 识记:比附原则;化外人相犯属地主义原则;充军;廷杖;先占原则;违禁取利;内阁制;考满与考察;一条鞭法;把持行市;朝贡贸易。
2. 领会:与唐律相比,明律在刑事法制方面呈现"重其所重"、"轻其所轻"的特点。
四、明朝的司法制度
1. 识记:三法司;申明亭;"厂卫";诬告加等反坐。
2. 领会:明朝会审制度的内容及其特点。

第十一章　清朝的法律制度

(1644—1840)

学习目的与要求

了解清朝的立法概况,理解清朝法制指导思想对其立法的影响,掌握清朝犯罪与刑罚的特点,民事法律制度的发展以及主要司法制度。

课程内容

第一节　清朝的法制指导思想

一、"详译明律,参以国制"
二、崇儒术、重礼教
三、维护旗人特权

第二节　清朝的立法概况

一、律
《大清律集解附例》;《刑部现行则例》;《大清律集解》;《大清律例》。

二、会典
《大清会典》。
三、例
条例、则例与事例等。
四、少数民族聚居区的立法
《蒙古律例》、《西宁青海番夷成例》、《钦定西藏章程》、《理藩院则例》等。

第三节 清朝法制的主要内容

一、刑事法制
刑罚;刑事法制的特点。
二、民事法制
典权制度;宗法制度;继承制度。
三、行政法制
行政机关;官吏选任制度;官吏考绩制度;官吏的监察制度。
四、经济法制
赋税制度;对外贸易制度。

第四节 清朝的司法制度

一、司法机关
中央司法机关;地方司法机关。
二、诉讼审判制度
诉讼的限制;会审制度;胥吏、幕友参与并干预司法。

考核知识点

清朝的法制指导思想;《大清律集解附例》;《大清律集解》;《大清律例》;条例;《西藏通制》;刑罚;刑事法制的特点;典权制度;独子

兼祧;军机处;京察与大计;地丁合一;对外贸易制度;三法司;理藩院;农忙止讼;会审制度;胥吏与幕友。

考核要求

一、清朝的法制指导思想
领会:清朝法制指导思想的确立以及对其立法的影响。
二、清朝的立法概况
1. 识记:《大清律集解附例》;《大清律集解》;《大清律例》;条例;《西藏通制》。
2. 领会:例是清朝最重要的法律形式。
三、清朝法制的主要内容
1. 识记:发遣;死刑;典权制度;独子兼祧;军机处;京察与大计;地丁合一。
2. 领会:清朝刑事法制的特点;清朝对外贸易制度。
四、清朝的司法制度
1. 识记:三法司;理藩院;胥吏与幕友。
2. 领会:清朝的会审制度。

第十二章 太平天国的法律制度

（1851—1864）

学习目的与要求

掌握太平天国的主要纲领性文件的基本内容；了解太平天国法制的指导思想、太平天国刑事立法和婚姻立法的基本内容、太平天国司法制度和诉讼审判制度的特点。

课程内容

第一节 太平天国的法制指导思想

一、平等、民主思想
二、宗教思想
三、封建思想
四、偏激思想

第二节 太平天国的纲领性文件

一、《天朝田亩制度》
制定；基本内容；意义与不足。

二、《资政新篇》
制定;基本内容;意义和特色。

第三节 太平天国法制的主要内容

一、刑事法制
制定;基本特点。
二、婚姻家庭法制
制定;基本原则。

第四节 太平天国的司法制度

一、诉讼审判制度
二、诉讼审判制度的特点
程序繁琐;天王专断;神明裁判;注重结果。

考核知识点

太平天国的法制指导思想;《天朝田亩制度》;《资政新篇》;刑事法制的基本特点;婚姻家庭法制的基本原则;诉讼审判制度的特点。

考核要求

一、太平天国的法制指导思想
识记:平等、民主思想;宗教思想;封建思想;偏激思想。
二、《天朝田亩制度》
领会:《天朝田亩制度》的制定、基本内容、意义与不足。

三、《资政新篇》
领会:《资政新篇》的制定、基本内容、意义和特色。
四、太平天国的刑事法制
识记:太平天国刑事法制的制定、基本特点。
五、太平天国的婚姻家庭法制
识记:太平天国婚姻家庭法制的制定、基本原则。
六、太平天国的司法制度
识记:太平天国诉讼审判制度的特点。

第十三章 晚清的法律制度

(1840—1911)

学习目的与要求

了解晚清修律的背景、内容、实质与影响,了解领事裁判制度的内容以及晚清诉讼审判制度改革的主要内容,理解预备立宪的主要活动与影响,把握中国法制近代化的曲折与艰难。

课程内容

第一节 晚清的预备立宪

一、预备立宪的背景
八国联军战争的重创、"新政"的推行、西方各国的压力、立宪派的要求。

二、预备立宪的主要活动
官制改革;《钦定宪法大纲》的颁布及其内容、影响;资政院和谘议局的设立;《宪法重大信条十九条》的颁布;预备立宪的实质、影响与意义。

第二节　晚清的修律活动

一、修律的指导思想

西法与中法相结合；修律与促进法制文明相结合；修律与传播法律新思想相结合。

二、修律的主要内容

删改旧刑律，颁行《大清现行刑律》；制定并公布《大清新刑律》；制定《大清民律草案》；《大清商律草案》和其他商事立法；诉讼律的制定；修律过程中的"礼法之争"。

三、修律的影响

直接导致了传统法律体系的解体；为中国法制的近代化奠定了基础；直接促进了西方法律思想、法律观念的引进和传播。

第三节　晚清的司法制度

一、外国在华的领事裁判制度

领事裁判权的确立；会审公廨制度；观审制度。

二、近代司法组织体系的建立

法部；大理院、高等审判厅、地方审判厅、初级审判厅，检察厅等的设立；警察机构的建立；新式监狱的建立。

三、诉讼审判制度的改革

《各级审判厅试办章程》；实行四级三审制；司法上开始采用近代西方国家的一些原则和制度；其他改革内容。

考试知识点

预备立宪的背景、实质、影响与意义；晚清官制改革；《钦定宪法大纲》的内容、影响；资政院和谘议局；《宪法重大信条十九条》的内容与意义；晚清修律的指导思想、主要内容与影响；《大清现行刑律》;《大清新刑律》;《大清民律草案》;《大清刑事民事诉讼法》;《大清刑事诉讼律草案》、《大清民事诉讼律草案》的制定;"礼法之争"及其影响;领事裁判制度;会审公廨制度;观审制度;四级三审制;晚清诉讼审判制度改革的内容。

考核要求

一、晚清的预备立宪
1. 识记:官制改革;《钦定宪法大纲》的内容、影响;《宪法重大信条十九条》的内容与意义;资政院;谘议局。
2. 领会:预备立宪的背景、主要内容、实质、意义与影响。

二、晚清的修律活动
1. 识记:《大清现行刑律》;《大清新刑律》;《大清民律草案》;《大清商律草案》;《大清刑事诉讼律草案》;《大清民事诉讼律草案》。
2. 领会:晚清修律的背景、指导思想、主要内容、意义与影响;"礼法之争"的内容及其影响。

三、晚清司法制度的变化
1. 识记:法部;大理院;四级三审制。
2. 领会:领事裁判权;会审公廨;观审制度;晚清诉讼审判制度改革的内容。

第十四章　南京临时政府的法律制度

(1912年1月—1912年3月)

学习目的与要求

掌握以孙中山为代表的资产阶级革命派的法律思想和革命纲领,以及在这一纲领指导下的系列立法制宪活动,掌握临时政府颁布的重要革命法令的主要内容、时代意义和影响,了解其改革司法体制、推进司法独立的主要举措。

课程内容

第一节　南京临时政府的制宪活动

一、立法指导思想
"三民主义"的革命纲领;"五权宪法"与"权能分治"理论。
二、《中华民国临时政府组织大纲》
《中华民国临时政府组织大纲》的颁布、主要内容、特点、地位。
三、《中华民国临时约法》
《中华民国临时约法》的诞生、性质、主要内容、特点、地位与历史意义及历史局限性。

第二节　南京临时政府的革命法令

一、保护私人财产
二、振兴实业发展资本主义
三、发展文化教育
四、改革旧俗,保障民权
五、整饬吏治,严格铨选
六、制定财政法规,建立金融制度
七、其他行政军事法规

第三节　南京临时政府的司法制度

一、司法机关的变革
《临时中央审判所官制令草案》拟订的方案。
二、保障司法独立的措施
设立专门审判机构,推行律师辩护与法官考试制度。
三、诉讼审判制度的改革
　　禁止刑讯;禁止体罚;罪刑法定,不溯及既往;实行审判公开和陪审制;反对株连。

考试知识点

"三民主义"的革命纲领;"五权宪法"与"权能分治"理论的内容;《中华民国临时政府组织大纲》;《中华民国临时约法》;《保护人民财产令》;《慎重农事令》;改革旧俗,保障民权的措施;临时政府保障司法独立的措施;临时政府诉讼审判制度改革的内容。

考核要求

一、南京临时政府的制宪活动

1. 识记:《中华民国临时政府组织大纲》的颁布、主要内容、特点、地位;《中华民国临时约法》的颁布、内容、特点、地位、历史意义与历史局限性。

2. 领会:"三民主义"的革命纲领;"五权宪法"理论;"权能分治"思想。

二、南京临时政府的革命法令

识记:《保护人民财产令》;《慎重农事令》;改革旧俗,保障民权的措施。

三、南京临时政府的司法制度

识记:临时政府推进司法独立、进行诉讼审判制度改革的主要措施。

第十五章　北洋政府的法律制度

（1912—1928）

学习目的与要求

了解北洋政府刑事法律制度、行政法律制度、民商事法律制度的主要内容，掌握北洋政府的制宪活动及其司法制度的特点。

课程内容

第一节　北洋政府的立法指导思想

一、隆礼
二、重刑

第二节　北洋政府的制宪活动

一、《中华民国宪法草案》
制定；主要内容和特点。
二、《中华民国约法》
制定；主要内容及特点。

三、《中华民国宪法》
制定；主要内容。

第三节　北洋政府法律制度的主要内容

一、行政法
概况；行政组织法；行政行为法。
二、刑法
《暂行新刑律》；刑事特别法。
三、民商法
民法；商法。
四、特点
创新和继承并存；实施情况较差。

第四节　北洋政府的司法制度

一、司法机关
普通司法机关；特别司法机关。
二、司法制度的特点
军事审判范围扩大；新旧杂陈。

考核知识点

北洋政府的立法指导思想；《中华民国宪法草案》；《中华民国约法》；《中华民国宪法》；《暂行新刑律》；刑事特别法；司法机关；北洋政府司法制度的特点。

考核要求

一、北洋政府的立法指导思想
领会:北洋政府的立法指导思想。
二、《中华民国宪法草案》
领会:《中华民国宪法草案》的制定、主要内容和特点。
三、《中华民国约法》
领会:《中华民国约法》制定、主要内容及特点。
四、《中华民国宪法》
领会:《中华民国宪法》的制定、主要内容。
五、北洋政府的刑法
识记:《暂行新刑律》;刑事特别法。
六、北洋政府的司法制度
识记:普通司法机关;特别司法机关。
七、北洋政府司法制度的特点
识记:北洋政府司法制度的特点。

第十六章 南京国民政府的法律制度

(1927—1949)

学习目的与要求

了解南京国民政府的立法概况及行政法、民商法、刑法的主要内容;掌握南京国民政府的宪法和司法制度。

课程内容

第一节 南京国民政府的立法概况

一、立法体制和指导思想
立法体制;指导思想。
二、立法阶段
草创时期;完善时期;瓦解时期。
三、法律体系
成文法;判例及解释。
四、立法特点
立法权由国民党直接控制;法律制定的速度较快;数量大、内部协调性较差。

第二节　南京国民政府法制的宪法和行政法

一、宪法
宪政理论;《中华民国训政时期约法》;《中华民国宪法》。
二、行政法
行政法的制定和分类;行政组织法;公务员制度;行政行为法。

第三节　南京国民政府的民法和刑法

一、民法
民商合一体例的确定;《中华民国民法》;民事特别法。
二、刑法
刑法典;刑事特别法。

第四节　南京国民政府的司法制度

一、司法机关
普通司法机关;特种刑事法庭;行政法院;监理军法司法法院。
二、诉讼审判制度
收回领事裁判权;民事诉讼采取不干涉主义原则;刑事诉讼和特种刑事诉讼并存。

考核知识点

立法体制和指导思想;立法阶段;法律体系;立法特点;《中华民国训政时期约法》;《中华民国宪法》;行政法的制定;公务员制度;土地法;劳动法;《中华民国民法》;民事特别法;刑法;刑事特别法;普通司法机关;特种刑事法庭;行政法院;监理军法司法法院;收回领事裁判权;民事诉讼采取不干涉主义原则;刑事诉讼和特种刑事诉讼

并存。

考核要求

一、南京国民政府的立法体制和指导思想
识记:立法体制;指导思想。

二、南京国民政府的立法阶段
识记:草创时期;完善时期;瓦解时期。

三、南京国民政府的法律体系
识记:成文法;判例与解释。

四、南京国民政府的立法特点
识记:南京国民政府的立法特点。

五、《中华民国训政时期约法》
领会:《中华民国训政时期约法》的基本内容。

六、《中华民国宪法》
领会:《中华民国宪法》的基本内容。

七、南京国民政府的行政法
1. 识记:行政法的制定。
2. 领会:公务员制度。

八、南京国民政府的民法
1. 识记:民商合一体例的确定;民事特别法。
2. 领会:《中华民国民法》。

九、南京国民政府的刑法
识记:刑法典;刑事特别法。

十、南京国民政府的司法机关
识记:普通司法机关;特种刑事法庭;行政法院;监理军法司法法院。

十一、南京国民政府的诉讼审判制度
识记:收回领事裁判权;民事诉讼采取不干涉主义原则;刑事诉讼和特种刑事诉讼并存。

第十七章 革命根据地时期人民民主政权的法律制度

（1927—1949）

学习的目的与要求

了解革命根据地时期人民民主政权法制的主要内容；掌握人民民主政权宪法性文件、土地立法及婚姻立法；把握人民民主政权司法制度的主要内容。

课程内容

第一节 人民民主政权的宪法性文件

一、《中华苏维埃共和国宪法大纲》
制定；基本内容；历史意义。
二、抗日民主政权的《施政纲领》
边区政府的基本任务和奋斗目标；为保证完成基本任务而设计的各项制度。
三、《陕甘宁边区宪法原则》
制定；基本内容。

四、《中国人民解放军宣言》
基本内容。
五、《华北人民政府施政方针》
规定了华北人民政府的基本任务；规定了各项基本方针和政策；规定了新解放区和新解放城市的政策。

第二节 人民民主政权的民商事法制

一、土地立法
第二次国内革命战争时期的土地法；抗日民主政权的土地法；第三次国内革命战争时期的土地法。
二、债权立法
基本规定。
三、婚姻家庭与继承立法
婚姻家庭法；继承法。

第三节 人民民主政权的刑事法制与劳动法

一、刑事法制
制定；基本内容。
二、劳动法
制定；基本内容。

第四节 人民民主政权的司法制度

一、司法体制
司法体制；主要任务；特点。
二、司法机关
中央司法机关；地方司法机关；特殊司法机关。
三、诉讼与审判制度
诉讼与审判制度的基本原则；起诉；人民调解制度；审判制度。

四、解放区新司法原则的确立

《关于废除国民党的〈六法全书〉与确立解放区的司法原则的指示》的发布及实施。

考核知识点

《中华苏维埃共和国宪法大纲》的制定、基本内容与历史意义；抗日民主政权的《施政纲领》的基本情况；《陕甘宁边区宪法原则》的制定、基本内容；《华北人民政府施政方针》的基本情况；第二次国内革命战争时期的土地法；抗日民主政权的土地法；第三次国内革命战争时期的土地法；婚姻法的基本原则；继承的基本原则；刑事法规的有关规定；劳动法规的有关规定；司法体制的有关规定；司法机关的有关内容；诉讼审判制度的基本原则；起诉的有关规定；人民调解制度；审判制度的有关规定；解放区新司法原则的确立。

考核要求

一、《中华苏维埃共和国宪法大纲》

领会：《中华苏维埃共和国宪法大纲》的制定、基本内容及历史意义。

二、抗日民主政权的《施政纲领》

1. 识记："三三制"原则
2. 领会：抗日民主政权的《施政纲领》所制定的边区政府的基本任务和奋斗目标以及为保证完成基本任务而设计的各项制度。

三、《陕甘宁边区宪法原则》

领会：《陕甘宁边区宪法原则》的制定与基本内容。

四、《华北人民政府施政方针》

领会：《华北人民政府施政方针》的基本内容。

五、第二次国内革命战争时期的土地法
领会：第二次国内革命战争时期的土地法的基本内容。

六、抗日民主政权的土地法
领会：抗日民主政权的土地法的基本内容。

七、第三次国内革命战争时期的土地法
1. 识记：《关于土地问题的指示》。
2. 领会：《中国土地法大纲》的基本内容。

八、婚姻家庭与继承立法
识记：婚姻家庭与继承立法的基本原则。

九、刑事法规
识记：制定的基本情况、定罪量刑的主要原则、主要刑罚、主要罪名。

十、劳动法规
识记：劳动法规的基本内容。

十一、司法体制
识记：司法体制的特点。

十二、司法机关
识记：特殊司法机关。

十三、诉讼与审判制度
1. 识记：诉讼与审判制度的基本原则。
2. 领会：人民调解制度；马锡五审判方式。

十四、解放区新司法原则的确立
识记：《关于废除国民党的〈六法全书〉与确立解放区的司法原则的指示》的发布及实施。

Ⅲ 有关说明与实施要求

一、"课程内容和考核目标"中有关提法的说明

1. 大纲与教材的关系:大纲是考生进行学习与考核的依据,教材是考生学习掌握中国法制史知识的基本内容与范围,教材的内容是大纲所规定的课程知识和内容的扩展与发挥。考生在学习时,应将大纲与教材结合起来。

2. 对考核目标的说明:

(1) 本课程要求考生学习与掌握的知识点内容,都作为考核内容。

(2) 对三个能力层次概念的解释:

识记:要求考生理解本课程中有关的名词、概念、原理的含义,并能正确表述。

领会:要求考生在识记的基础上,能够全面掌握本课程的基本概念、基本原理,能够正确把握相关概念、原理的关系(联系与区别)。

应用:要求考生在识记与领会的基础上,能够运用本课程中的基本概念、基本原理分析具体问题。

二、自学教材

指定教材:《中国法制史》,全国高等教育自学考试指导委员会组编,王立民主编,北京大学出版社 2008 年版;

参考书:考生可自备相关学习参考书。

三、自学方法指导

考生应在全面系统学习的基础上,从整体上掌握中国法制史的基本概念、基本知识、基本理论。不能只学重点,不能猜测考点,而应在系统学习、全面理解的基础上,把握本课程的重点、难点与疑点。

四、对社会助学的要求

1. 社会助学单位应当以本大纲规定的考核知识点与考核要求

为根据,认真研究指定教材内容,从整体上掌握本课程的体系、内容与要求。要明确本课程的特点,对自学考生进行切实有效的辅导。

2. 社会助学单位应妥善处理一般与重点的关系。任何课程内容都有一般与重点之分,但是考试内容并不仅限于重点。社会助学单位应当在指导考生系统学习、全面理解的基础上再突出重点、难点与疑点。

3. 社会助学单位应当引导考生分析问题,提高考生分析问题、解决问题的能力。

五、关于命题考试的若干规定

1. 本课程考试采取闭卷考试的方式。考试时间为 150 分钟。考试时必须携带准考证、身份证以及考试所需的书写工具。

2. 本大纲各章所规定的基本要求、知识点以及知识点下的知识细目,都属于考核内容。考试命题覆盖到章。

3. 本课程在试卷中对不同能力层次要求的分数比例大体为:识记占 30%,领会占 50%,应用占 20%。

4. 试题的程度大体分为易、较易、较难、难四个等级,每份试卷中,不同难度试题的分数比例一般为 2:3:3:2。

5. 课程考试命题的主要题型一般有:单项选择题;多项选择题;名词解释题;简答题;论述题。

Ⅳ 题型示例

一、单项选择题(在每小题列出的四个备选项中只有一个是符合题目要求的,请将其代码填写在题后的括号内。错选、多选或未选均无分。)

1. 西周穆王时期,命吕侯重修刑书,史称(　　)。
A.《吕刑》　　B.《九刑》　　C.《汤刑》　　D.《禹刑》

2. 春秋末期,撰写"竹刑"的是(　　)。
A. 子产　　B. 赵鞅　　C. 邓析　　D. 范武子

二、多项选择题(在每小题列出的五个备选项中有二至五个是符合题目要求的,请将其代码填写在题后的括号内。错选、多选、少选或未选均无分。)

1. 春秋时期,晋国的立法活动包括(　　)。
A. "被庐之法"　　　　B. "赵盾之法"
C. "范武子之法"　　　D. "茅门之法"
E. 赵鞅铸刑鼎,公布"赵盾之法"

2. 元代不动产买卖需经过的程序包括(　　)。
A. 先问亲邻　　　　B. 经官给据
C. 签押文契　　　　D. 印契税契
E. 过割赋税

三、名词解释题

1. 义绝
2. 务限法

四、简答题

1. 简述西周时期实行"同姓不婚"的原因。
2. 简述《晋律》在内容上的创新之处。

五、论述题

1. 试述唐朝的中央司法机关及职能。
2. 试述清末变法修律的影响。

Ⅴ 后　　记

西北政法大学汪世荣教授、华东政法大学丁凌华教授、中山大学法学院任强教授参加了大纲审稿会,为本大纲的修改定稿提出了宝贵的意见,在此表示衷心的感谢!

全国高等教育自学考试指导委员会
法学专业委员会
2008 年 1 月